U0126151

清代揚州
學術研究(下)

主編　祁龍威
　　　林慶彰

編輯　黃智明

臺灣學生書局印行

清代揚州學術研究

目　次

上　冊

圖　片

一、揚州學術總論

二、揚州學者分論

下　冊

阮元〈釋訓〉析論

劉玉國*

壹、前言

　　「訓」、「順」二字古音相近❶，古書以至銘文裡都有通用之例，如〈狘尊銘〉文「順我不每」，「順」即「訓」字。❷《書・洪範》「于帝其訓」，「是訓是行」❸，《史記・宋微子世家》分別作「于帝其順」，「是順是行」。❹《詩・周頌・烈文》「四方

＊　　劉玉國，臺北科技大學共同科副教授。

❶　　訓，古音曉紐文部。順，古音船紐文部。詳郭錫良：《漢字古音手冊》
　　（北京：北京大學出版社，1986 年），頁 243、248。

❷　　洪家義編著：《金文選注繹》（南京：江蘇教育出版社，1988 年 5
　　月），頁 38。

❸　　〔唐〕孔穎達：《尚書正義》（臺北：藝文印書館，《十三經注疏》本，
　　1965 年 6 月），頁 173 下。

❹　　〔漢〕司馬遷：《史記》（北京：中華書局標點本，1972 年），冊 5，頁
　　1614。

其訓之」❺，《左傳》哀公二十六年引，「訓」作「順」。❻《國語・周語上》「宣王欲得國子之能導訓諸侯者」❼，《史記・魯周公世家》「訓」作「順」。❽《國語・周語上》「先王之訓也」❾，《史記・周本紀》「訓」作「順」。❿上述例子實具提醒作用：讀古書，遇到可能有通假字時，不可掉以輕心，否則認借字爲本字，極易誤解文意。阮元（1764－1849）嘗撰〈釋訓〉一文，便針對古書中幾則「訓」、「順」通假的例子提出辨解。其說是否允當？其方法有何啓發性？此本文所欲辨析者。

貳、阮說與舊詁之較析

〈釋訓〉一文分作上、下兩篇，分別見於《揅經室集》及《續集》，其言曰：

> 《禮記・王制》曰：「言僞而堅，行僞而辨，學非而博，順

---

❺ 〔唐〕孔穎達等：《毛詩正義》（臺北：藝文印書館，《十三經注疏》本，1965 年 6 月），頁 712 上。

❻ 〔唐〕孔穎達等：《春秋左傳正義》（臺北：藝文印書館，《十三經注疏》本，1965 年 6 月），頁 1053 上。

❼ 〔周〕左丘明：《國語》（上海：上海古籍出版社，1928 年），上冊，頁 23。

❽ 〔漢〕司馬遷：《史記》，頁 1528。

❾ 〔周〕左丘明：《國語》，頁 4。

❿ 〔漢〕司馬遷：《史記》，冊 1，頁 136。

非而澤。」此節鄭氏《注》似第四句難得其解而略之。按「順」乃「訓」之假借字，言其所訓說者似是而非，強釋之以惑人也。順是而澤者，《爾雅·釋訓》之道也。如此爲解，乃與「學非而博」同類相近，語有倫次。《大戴記·小辨篇》曰：「士學順，辨言以遂志。」此「順」字亦「訓」字之假借，後人昧之，致失其解。《史記·孝武紀》：「振兵澤旅。」徐廣云：「古『釋』字作『澤』。」此亦「澤」、「釋」相假之據也。⓫

余于〈釋訓篇〉言「順」、「訓」二字常相通借，又于《詩》得「義同字變」之例，後人不知，每每兩解，失古人本義。如昔所舉「襃如充之」，「進退維谷」之類是也。癸未冬，適雷州，于肩輿中憶〈抑〉詩「無競維人，四方其訓之。有覺德行，四國順之」，知此亦義同字變也。「四國順之」，即是「四國訓之」，與上「四方其訓之」無異，詩人變其字爲「順」以書之也。〈抑〉詩「無競」二句，乃引〈烈文〉「無競」二句舊文而證之也；若曰〈烈文〉常謂：無競維人，四方其訓之矣。果有覺德行，必四國訓之也。順即訓也，訓即順也，此《詩》反覆于訓行之義。其九章曰：

⓫ 〔清〕阮元撰，鄧經元點校：《揅經室集》（北京：中華書局，1993 年 5 月），上冊，頁 33－34。題目作〈釋釋訓〉，應是初刻時衍一「釋」字。觀〈釋訓〉下篇「余于〈釋訓〉篇……」可知。又文中所引《禮記·王制》「言僞而堅，行僞而辨」，《禮記》原文實作「行僞而堅，言僞而辨」。（見《禮記正義》（臺北：藝文印書館，《十三經注疏》本，1965 年 6 月），頁 260 上。）

「其維哲人，告之話言，順德之行」。此「順」字亦是
「訓」之通變，與「四國順之」相同。《左傳》哀二十六
年：「《詩》：『四方其訓之。』」唐石經、岳本俱作
「順」。蓋《左氏》本作「順」，「順」、「訓」無異也。
夫曰「告之話言」，此明是我以言訓之也。訓之，即誨諄諄
用爲教也。「順德之行」之德行，即「有覺德行」之德行
也。《詩》：「申伯之德，柔惠且直。揉此萬邦，聞于四
國。」「揉」即上「柔」字。上「柔」爲「剛柔」之
「柔」，下「揉」爲「揉之」，即《左傳》「吾且柔之」之
「柔」，加「手」變字也。周人以《詩》說《詩》，自
〈抑〉始。《詩》之訓詁，傳自孔子「故有物必有則」始；
《詩》之考證，自《孟子》「由此觀之，雖周亦助」始。又
《禮記·坊記》：「〈君陳〉曰：『女乃順之于外』。」
「順」亦「訓」之假借字。宋人以爲諛順，且咎成王失言。
此不知僞古文及假借也。❷

一、「順非而澤」解詁之檢討

《禮記·王制篇》曾述及四類殺無赦之罪狀，其一爲：

行僞而堅，言僞而辯，學非而博，順非而澤以疑衆。❸

---

❷　〔清〕阮元撰，鄧經元點校：《揅經室集》，下冊，頁 1015－1016。

❸　〔唐〕孔穎達等：《禮記正義》（臺北：藝文印書館，《十三經注疏》
　　本，1965 年 6 月），頁 260 上。

《鄭注》於此數句沒有逐一疏解，但總其言曰：

　　皆謂虛華捷給無誠也。❹

孔穎達《正義》則曰：

　　行偽而堅者，行此詐偽而守之堅固，不肯變改；言偽而辯
　　者，謂習學非違之書而又廣博；順非而澤者，謂順從非違之
　　事而能光澤文飾，以疑於眾。❺

自孔氏釋「順非而澤」之「順」為「順從」，「澤」為「光澤文
飾」之後，注解該句者率承孔說。❻阮元則獨排眾議，謂「順」與
「澤」非本字，而係「訓」與「釋」之借字，「言其所訓說者，似

───────────────

❹　〔唐〕孔穎達等：《禮記正義》，頁 260 上。

❺　〔唐〕孔穎達等：《禮記正義》，頁 262 上。

❻　如〔元〕陳澔《禮記集說》：「順非文過也。所行雖非，而善於文飾，其
　　言滑澤無滯。」（見景印《四庫全書》，冊 121，頁 756 下。）〔明〕胡
　　廣等所撰《禮記集說》、〔清〕李光地《禮記述注》所釋皆與《禮記集
　　說》相同。（見景印《四庫全書》，冊 122，頁 183 下；及冊 127，頁
　　432 下。）〔清〕杭世駿《續禮記集說》：「非既順而文飾甚澤。」（見
　　《續禮記集說》（臺北：明文書局，1992 年 7 月），冊 3，頁 1384。）
　　〔清〕孫希旦《禮記集解》：「順從非違之事，而文飾光澤。」（見《禮
　　記集解》（上海：上海商務印書館，1929 年 5 月），冊 4，頁 35。）
　　〔清〕朱彬《禮記訓纂》：「順從非違之事，而能文飾。」（見《禮記訓
　　纂》（上海：中華書局據咸豐刻本校刊本），冊 2，頁 20。）

是而非，強釋之以惑人也。」

阮說與舊解孰爲之當，吾人當從原文繹察求索。案〈王制篇〉該段文字所敘述者乃刑法上之罪與罰，一般來說，法令文書屬封閉式文體，因此在罪項的名實上，均應作明確的界定。試觀原文：

> 析言破律，亂名改作，執左以亂政，殺。作淫聲，異服、奇技、奇器以疑眾，殺。行僞而堅，言僞而辯，學非而博，順非而澤以疑眾，殺。假於鬼神，時日卜筮以疑眾，殺。此四誅者，不以聽。⓱

第一、第二、第四類中所舉列的罪項明晰而互見區分⓲，第三類中的「行僞而堅，言僞而辯，學非而博」，彼此之間亦涇渭分明。若依舊注「順從非違之事」，則所指罪項寬泛，行爲內容上無以與「行僞而堅」、「言僞而辯」、「學非而博」相別。若依阮說「順乃訓之借字」，而「訓」者，「說教」也。⓳「順非」即「訓非」，即「教人以非」。如此爲解，則不但在罪行的界定上趨于明

⓱ 《禮記正義》，頁 260 上。

⓲ 《鄭注》：「析言破律，巧賣法令者也。亂名改作，謂變易官與物之名，更造法度。左道若巫蠱及俗禁。淫聲，鄭衛之屬也。異服，若聚鷸冠瓊弁也。奇技奇器，若公輸般請以機空。」（見《禮記正義》，頁 260 上。）「假於鬼神、時日、卜筮」，孔穎達《正義》：「妄陳邪術，恐懼於人；假託吉凶，以求財利。」（見《禮記正義》，頁 262 下。）

⓳ 〔漢〕許慎撰，〔清〕段玉裁注：《說文解字注》（臺北：漢京文化事業有限公司，1980 年），頁 91 下。

確;且「教」與「學」相對,正與同句中「言」「行」相對、相呼
應。阮元曰:「如此爲解,乃與『學非而博』同類相近,語有倫
次」,意或指此。王夢鷗氏初箋此句,蓋依孔氏《正義》,釋「順
非」爲「行爲非法」❷;二十五年後王氏再註原句,則改弦易轍,
謂「順」當爲「訓」字,「教導」也。❷或堪爲阮說可取之佐證。
而其他古書中相類之句例,更可以支佐上述之不誣。《說苑·指
武》嘗記孔子(前551-前479)誅少正卯(?-前498)之言曰:

> 夫王者之誅有五,……一曰心辨而險,二曰言僞而辯,三曰
> 行辟而堅,四曰志愚而博,五曰順非而澤。……❷

「順」既與「心」、「志」等並列,位格當同,尤可證「順」當屬
名詞,爲「訓」之借字。若依舊注解作「順從」,則詞性難與

---

❷ 王夢鷗:《大小戴記選註》(臺北:正中書局,1959年1月),頁398。
❷ 王夢鷗:《禮記今註今譯》(臺北:臺灣商務印書館,1969年11月),
  頁189。
❷ 〔漢〕劉向撰,趙善詒疏證:《說苑疏證》(上海:華東師範大學出版
  社,1985年),頁420-421。又《荀子·宥坐》記此事作「……一曰心
  達而險,二曰行辟而堅,三曰言僞而辯,四曰記醜而博,五曰順非而
  澤,……」(見〔漢〕荀況撰,〔清〕王先謙集解:《荀子集解》(北
  京:中華書局,1988年),下冊,頁520-521。)此外,《荀子·非十
  二子》、《管子·法禁》、《孔子家語·始誅》、《淮南子·氾論》皆有
  類似之記載。

「心」、「志」等相應矣。❷

　　惟「順非而澤」之「澤」，雖與「釋」字音近，並有通假之用例❷，仍當從本字疏解爲是。蓋從句法觀之，「行偽而堅」、「言偽而辯」、「學非而博」、「順非而澤」爲整齊之對應句組，

---

❷　郭在貽氏亦嘗據句法結構，判定「順非」爲「主謂結構」，而贊同阮元「順乃訓借字」之說。惟謂「訓者，辭也」（見郭在貽：《訓詁叢稿》（上海：上海古籍出版社，1985 年 2 月），頁 255），則稍嫌不妥；蓋「訓」之義項無見「辭」者（參《漢語大字典》（武漢：湖北、四川辭書出版社，1989 年 9 月），冊 6，頁 3942），仍當從王夢鷗氏解作「教導」爲宜。

❷　澤，古音定紐鐸部。釋，古音書紐鐸部。（見張日昇、林潔明編：《周法高上古音韻表》（臺北：三民書局，1973 年），頁 39、57）至於「澤」與「釋」通假之例，如《史記·孝武本紀》「振兵澤旅」，《集解》：「徐廣曰：古釋字作澤。」《漢志》、《通鑑》「澤」並作「釋」。（見王叔岷：《史記斠證》（臺北：中央研究院歷史語言研究所，1983 年 10 月），冊 2，頁 456）《史記·孝武本紀》「澤兵須如」，《漢志》、〈封禪書〉、《通鑑》「澤」並作「釋」。（見同上。）《詩·周頌·載芟》：「載芟載柞，其耕澤澤。」鄭玄《箋》：「將耕，先始芟其草木，土氣烝達而和，耕之，則澤澤然解散。」陸德明《釋文》：「澤澤，音釋釋，注同。《爾雅》作釋，音同，云：『耕也。』郭云：『言土解也。』」（見《毛詩正義》，頁 746、747 上。）《馬王堆漢墓帛書老子乙本道經》：「渙呵其若凌澤。」（見黃釗：《帛書老子校注析》（臺北：臺灣學生書局，1991 年 10 月），頁 456 引）今本《老子》第 15 章則作「渙若冰將釋」。（見朱謙之：《老子校釋》（北京：中華書局，1963 年 9 月），頁 38）黃釗曰：「『渙呵，其若凌釋』，《帛書》甲乙本並如此，惟『釋』誤作『澤』。」（見《帛書老子校注析》，頁 75、76）此不知古人「澤」、「釋」二字通用，故以爲誤。

「堅」、「辯」、「博」、「澤」在詞性上應屬一致。「澤」有「潤」意，孔穎達釋爲「光澤」，在詞格上頗能與「博」解作「廣博」，「辯」解作「明辯」，「堅」解作「堅固」相應。若依阮元之說，視「澤」爲「釋」之借字，解爲「強釋之」，則「澤」之詞性爲動詞，與「堅」、「辯」、「博」不相稱矣。又漢語語法中，「而」字係用於連接動詞與動詞或形容詞與形容詞㉕，連接形容詞與動詞者則無。《禮記・王制》「僞而堅」、「僞而辯」、「非而博」三句，「而」字所連接者皆爲形容詞。「澤」作本字解，便與前三句相應；若視爲「釋」之借字，訓爲「強釋之」，則「而」字所連接者便一爲形容詞，一爲動詞，衡以語法，亦難成立。㉖

二、「士學順辨言」解詁之檢討

阮元又謂「士學順辨言以遂志」之「順」亦爲「訓」字之假借，此說與盧辯（？－？）《大戴禮記注》、王聘珍（1746－？）《大戴禮記解詁》、孔廣森（1752－1787）《大戴禮記補注》、汪照（？－？）《大戴禮注補》之解不同㉗，而孫詒讓《大戴禮記斠

㉕　孫錫信：《漢語歷史語法要略》（上海：復旦大學出版社，1992 年 12 月），頁 213。

㉖　王夢鷗氏《禮記今註今譯》雖棄往昔釋「順非而澤」之「順非」爲「行非」，而改同阮元「順爲訓」之說；惟「澤」字仍從本字疏解，或即著眼於「堅」、「辯」、「博」、「澤」四字之對應關係。

㉗　盧辯注「士學順」爲「學順成之道。」（見景印《四庫全書》，冊 128，頁 513 上。）孔廣森與汪照從之。（見《皇清經解》，冊 11，頁 8308 上；《皇清經解續編》，冊 13，頁 9610 上。）王聘珍則取《孝經》「以

補》則從阮說。❷案該句語見《大戴記·小辨》篇：

> 子曰：「……天子學樂辨風，制禮以行政；諸侯學禮辨官政
> 以行事，以尊事天子；大夫學德別義，矜行以事君；士學順
> 辨言以遂志；庶人聽長辨禁，農以行力。……」❷

上引資料，若從章法結構上看，「士學順辨言」與「天子學樂辨
風」、「諸侯學禮辨官政」、「大夫學德別義」、「庶人聽長辨
禁」爲對應之句。吾人若仔細研讀，將不難發現，各句中「所學」
與「所辨」之間，亦即「樂」與「風」、「禮」與「官政」、
「德」與「義」、「長」與「禁」之間，均存有密切關係。王聘珍
《解詁》所引註之材料可作證明：

> 「學樂辨風」　《左氏》昭二十一年《傳》曰：「天子省風
> 以作樂。」
> 「學禮辨官政」　〈禮運〉曰：「諸侯以禮相與。」〈聘
> 義〉曰：「盡之於禮，則內君臣不相陵，而外不相侵。故
> 天子制之，而諸侯務焉。」《左氏》襄二十一年《傳》

敬事長則順」詁之。（見〔清〕王聘珍撰，王文錦點校：《大戴禮記解
詁》（北京：中華書局，1983 年 3 月），頁 205）所詁雖非全同，惟皆以
「順」爲本字。

❷　見〔清〕孫詒讓撰，雪克點校：《大戴禮記斠補》（濟南：齊魯書社，
1988 年 1 月），頁 246。

❷　見〔清〕王聘珍撰，王文錦點校：《大戴禮記解詁》，頁 205。

曰：「禮，政之輿也。」（案：此句原係註解「制禮以行
政」。）

「學德別義」　《新語》云：「義者，德之經也。」盧
《注》云：「別，猶辨也。」

「聽長辨禁」　聽，從也。長，上也。盧《注》云：「辨
禁，識刑憲也。」（案：刑憲禁令頒訂於上，是「禁」與「長」關
係密切。）❸⓪

「學順辨言」既與「學樂辨風」等並列對應，自不能例外。也就是
說：「順」與「言」亦關係密切。則「順」字究應何解，結穴之處
繫乎「言」。「言」，王聘珍曰：「訓詁言也。」❸①盧辯解「順」
為「順成之道」，王聘珍曰：「以敬則順。」❸②阮元謂「順」當為
「訓」之借字，「即訓詁之訓字」❸③三說孰為允當，不言自明。再
者，緊接著前引「天子學樂辨風……」之後，尚有如下一段文字：

子曰：「……道小不通，通道必簡。是故循弦以觀於樂，足
以辨風矣；《爾雅》以觀於古，足以辨言矣。傳言以象，反

---

❸⓪　見《大戴禮記解詁》，頁 205。
❸①　見《大戴禮記解詁》，頁 205。
❸②　同註❷⑦。
❸③　〔清〕阮元：〈與郝蘭皋戶部論爾雅書〉有云：「……子曰：『士學順辨
言以遂志。』順與訓通假，即訓詁之訓。遂志者，通其意也。不學其訓，
則言不辨，意不通矣。……」（見《揅經室集》，上冊，頁 124。）

舌皆至，可謂簡矣。……」❸❹

「《爾雅》以觀於古」者，「讀《爾雅》以通解古今語」也。❸❺而《爾雅》者，訓詁言之淵藪也。❸❻故「《爾雅》以觀於古，足以辨言」，實與「學訓辨言」意同，尤可取資爲阮元謂「順辨言」爲「訓辨言」之本證。❸❼

---

❸❹　《大戴禮記解詁》，頁 206。

❸❺　王聘珍詁解此句，以爲「爾雅」即指《爾雅》一書，並引班固之言曰：「《書》者，古之號令。令於眾，其言不立具，則聽受施行者不曉。古文讀應《爾雅》，故解古今語而可知也。」（見《大戴禮記解詁》，頁 206）從「《爾雅》以觀於古」，下接「足以辨言矣」，可證王氏之說的當。

❸❻　〔漢〕王充（27—約 97）《論衡·是應篇》：「《爾雅》之書，五經之訓故，儒者所共觀察也。」（見黃暉：《論衡校釋》（北京：中華書局，1990 年 2 月），冊 3，頁 765）〔晉〕郭璞（276—324）《爾雅·序》：「夫《爾雅》者，所以通詁訓之指歸。」（見周祖謨：《爾雅校箋》（南京：江蘇教育出版社，1984 年 12 月））〔清〕宋翔鳳（1779—1860）《爾雅義疏·序》：「《爾雅》二十篇，則訓詁之淵海，五經之梯航也。」（見〔清〕郝懿行：《爾雅義疏》（上海：上海古籍出版社，1983 年 6 月））

❸❼　依上所述，阮元釋「士學順辨言」之「順」爲「訓」，屬的當可從。然在另文〈釋順〉「《禮》稱『順』者最多，亦孔子《孝經》、《春秋》之義也」句下，廣徵古書論「順」之例，竟將〈小辨篇〉「士學順」、盧《注》「學順成之道」引入，形成前後矛盾的現象。（見《揅經室集》，上冊，頁 28—29）或者〈釋順〉成文較早，彼時對〈小辨〉「學順」之「順」未及細察，有以致之歟？

三、「順之于外」解詁之檢討

又《禮記·坊記》:「〈君陳〉曰:『女乃順之于外。』」阮元以為句中之「順」亦為「訓」之借字。案該句見《尚書·君陳》篇:

　　……爾有嘉謀嘉猷,則入告爾后于內,女乃順之于外曰:「斯謀斯猷,惟我后之德」。嗚呼!臣人咸若時,惟良顯哉。[38]

「順之于外」,偽《孔傳》疏之為「順行之於外」[39],其後注此句者多從其說。[40]惟「順」字無「行」義[41],「順行之於外」實屬「增字解經」,係於說解中添入原文所沒有的詞語或詞義;這情形就如同《詩·邶風·終風》「終風且暴」,《毛傳》在「終」下增「日」,解為「終日風」一樣[42],犯了王引之所說「……失其本訓而強為之說,乃于句之間增字以足之,……此強經以就我」的毛

38　見《尚書正義》,頁 274 上。

39　見《尚書正義》,頁 274 上。

40　如《尚書全解》:「順行之於外。」《尚書講義》:「順而奉行於外」等。(可參見景印《四庫全書》所載之有關《尚書》注疏之作。)

41　見《漢語大字典》(武漢:湖北、四川辭書出版社,1990 年 5 月),冊 7,頁 4357「順」字注解。

42　見《毛詩正義》,頁 79 上。

病。㊸

　　復從語法上看，「入告爾后于內」與「順之于外」實屬對應句，「順之于外」之「順」爲動詞，「之」爲受詞，就如同「入告爾后于內」之「告」爲動詞、「爾后」爲受詞一樣；僞《孔傳》增一「行」字之後，「之」字轉爲「行」的受詞，「順」字轉成修飾「行」字之副詞，「順」與「之」脫卻了原來密切的關係，顯然破壞了原有之語態與句構。若將阮說代入原文，「女乃訓之于外」，「訓」有「告」意，則句法語意上不僅與「入告爾后于內」相應，語勢文氣上，更可與其下之「曰」字密合無間。

　　在歷代《尚書》注疏中，宋夏僎（？－？）《夏氏尚書詳解》係唯一注解「順之于外」句未從僞《孔傳》者。其言曰：

　　　　……成王此意，蓋謂周公之政已盡善盡美，不可改易。或汝
　　　　果有高見遠識，自有嘉謀嘉猷，足以變易前規，必須告於
　　　　我，然後言之於外，以爲我之所爲，則非惟汝不敢輕變舊
　　　　章，而天下之民亦以爲其事出於君，而不敢於違趨向
　　　　也。……㊹

夏氏蓋將「順之于外」解爲「言之於外」，惟未說明何以詁「順」爲「言」。阮元謂「順」爲「訓」之借，而「訓」有「告」意，

────────────

㊸　見〔清〕王引之：《經義述聞》（臺北：廣文書局，1963 年），下冊，頁 790 下。

㊹　見景印文淵閣《四庫全書》，冊 56，頁 892 下。

「告之于外」即「言之于外」。阮說與夏解不僅未謀而合，更以
「音近通假」補充了夏說。

四、「四國順之」、「順德之行」、
「四方訓之」解詁之檢討

至於《詩・大雅・抑》「無競惟人，四方其訓之。有覺德行，
四國順之。」阮元亦認為「四國順之」之「順」為「訓」之通借
字，「四國順之」原應作「四國訓之」，詩人因嫌其與上句「四方
其訓之」之「訓」重複，故假「順」字以代之，阮元命之為「義同
字變」。此項由修辭角度著眼而提出之義例，乃阮元首倡，為訓解
古書增添了新的考量依據，並且獲得其後注家之認同與採用。❹惟
阮元以「四國順之」之「順」為「訓」，「訓之即誨諄諄用為教
也」的說法則有待商榷。下引資料，有助辨明阮說之欠妥：

㈠《孝經・孝治章》：

> 子曰：「昔者明王之以孝治天下也，不敢遺小國之臣，而況
> 於公侯伯子男乎？故得萬國之懽心，以事其先王。治國者不
> 敢侮於鰥寡，而況於士民乎？故得百姓之懽心，以事其先

---

❹ 如〔清〕馬瑞辰撰〈詩人義同字變例〉一文，闡發阮元之說。（見《毛詩
傳箋通釋》（北京：中華書局，1989 年），上冊，頁 19）郝懿行《爾雅
義疏》註「草蟲」曰：「《詩》作草蟲，蓋變文以韻句。」（見《爾雅義
疏》（上海：上海古籍出版社，1983 年），下冊，頁 1138）即用阮元
「義同字變」之說。今人林義光氏註《召南・草蟲》亦然。見《詩經通
解》（臺北：臺灣中華書局，1971 年 10 月），頁 11。

君。治家者不敢失於臣妾，而況於妻子？故得人之懽心，以事其親。……是以天下和平，災害不生，禍亂不作，故明王以孝治天下也如此。《詩》云：『有覺德行，四國順之。』」❹

(二)《左傳》昭公五年：

……南遺使國人助豎牛以攻諸大庫之庭，……豎牛取鄆三十邑以與南遺。昭子即位，朝其家眾曰：「豎牛禍叔孫氏，使亂大從，殺適立庶，又披其邑，將以赦罪，罪莫大焉，必速殺之。」豎牛懼，奔齊，孟仲之子殺諸塞關之外。……周任有言曰：「為政者不賞私勞，不罰私怨。《詩》云：『有覺德行，四國順之』。」❹

(三)《韓詩外傳》卷五第二十一章：

水淵深廣，則龍魚生之。山林茂盛，則禽獸歸之。禮義脩明，則君子懷之。故禮及身而行脩，禮及國而政明。能以禮

---

❹ 見《孝經注疏》（臺北：藝文印書館，《十三經注疏》本，1965 年 6 月），冊 8，頁 33－34。由「得萬國之懽心，……天下和平，……」可以推知《孝經》作者所理解「四國順之」之「順」為順從之意。邢昺《疏》即云：「有大德行，天使順從其化。」（見《孝經注疏》，頁 34 下。）

❹ 見《春秋左傳正義》，頁 743。由所述之事與所引《詩》比照觀之，「四國順之」之「順」，當指「順服」。

扶身，則貴名自揚，天下順焉，令行禁止，而王者之事畢
矣。《詩》曰：「有覺德行，四國順之。」夫此之謂矣。㊽

㈣《韓詩外傳》卷六第二章：

齊桓公見小臣，三往不得見。左右曰：「夫小臣，國之賤臣
也。君三往而不得見，其可已矣。」桓公曰：「惡！是可言
也？吾聞之，布衣之士，不欲富貴，不輕身於萬乘之君。萬
乘之君，不好仁義，不輕於布衣之士，縱夫子不欲富貴可
也，吾不好仁義不可也。」五往而得見也。天下諸侯聞之，
謂桓公猶下布衣之士，而況國君乎？於是相率而朝，靡有不
至。桓公之所以九合諸侯，一匡天下者，此也。《詩》曰：
「有覺德行，四國順之。」㊾

㈤《禮記·緇衣》：

子曰：「上好仁，則下之爲仁爭先人。故長民者，章志貞
教，尊仁以子愛百姓，民致行己以說其上矣。《詩》云：

㊽ 見〔漢〕韓嬰撰，許維遹校釋：《韓詩外傳校釋》（北京：中華書局，
1980 年），頁 189。

㊾ 見《韓詩外傳校釋》，頁 202－203。「相率而朝，靡有不至」，即是四
國「順服」之意。

　　　『有梧德行，四國順之。』」❺⓪

（六）《春秋繁露·郊祭篇》：

　　　《詩》曰：「有覺德行，四國順之。」……王者有明著之德
　　行於世，則四方莫不響應風化，善於彼矣。❺①

由上各例可知，先秦至漢引用〈抑〉「有覺德行，四國順之」之詩
句時，皆將「順」字理解爲「順從」，同於鄭《箋》、孔《疏》❺②，
而非阮元所說「順當爲訓」，訓誨之意。

　　再就〈抑〉詩本文來看：緊接著「有覺德行，四國順之」之下
有「敬愼威儀，維民之則」兩句；「敬愼威儀」可謂「有覺德行」
之外在表現，「維民之則」即是民之表率，爲天下所依循、遵從，
正與「四方順之」解爲「四方從之」相呼應。若依阮元「順」爲
「訓」之借字，「訓之即誨諄諄用爲教」，則施教者、爲表率者轉
爲「四國之人」，而非「有覺德行」之「在位者」，顯與原詩文意
相左。

---

❺⓪　見《禮記正義》，頁 928 下。民「說」其上，即是四國「順服」之意。故
　　孔穎達《疏》曰：「言賢者有大德行，四國從之。」（見頁 928 下。）

❺①　見《子書四十種》（臺北：文文書局，1976 年 4 月），冊 1，頁 380。
　　「四方響應風化」，亦即「四國從其教化」。

❺②　〈抑〉詩：「有覺德行，四國順之。」鄭《箋》：「有大德行，則天下順
　　從其政。」孔穎達《疏》曰：「四方之民得其教化，其皆慕仰而順從
　　之。」（見《毛詩正義》，頁 645 上。）

　　阮元又謂〈抑〉詩第九章「其維哲人，告之話言，順德之行」[53]中之「順」字亦是「訓」字之通變，而「德之行」即是「德行」，與「有覺德行」之「德行」相同。此說亦屬失察。果如其言，不僅「順德之行」與上句「告之話言」語意重複[54]，形同贅文；亦與原詩句法相舛而乖違詩意。蓋「順德之行」上承「其維哲人，告之話言」，下接「其維愚人，覆謂我僭，民各有心」[55]，就前後文意觀之，該句所扮演的角色，在敘明「告之話言」後哲人之表現；一如「覆謂我僭」句，係傳達愚人聽了「話言」後之反應（語法上，「其維愚人」與「覆謂我僭」兩句之間，原應有「告之話言」句，但基於修辭之需要，為免重複，於是省略）。因此「順德之行」的「行」當為動詞；而「之」的作用亦與詩中「維德之隅」、「庶人之愚」[56]的「之」字不同，係用於標明、強調動作所施的對象，同於《左傳》定公十三年「富而不驕者鮮，吾唯子之見」[57]或《韓非子・外儲說左下》「我且賢之用，能之使，勞之論」[58]中的「之」字，相當於「是」字。故「順德之行」的「順」，不宜視為「訓

---

[53]　見《毛詩正義》，頁 648 下。

[54]　「話言」，鄭《箋》、毛《傳》皆云：「古之善言也。」（見《毛詩正義》，頁 648 下。）若依阮元，解「順德之行」為「訓以德行」，則與「告之善言」語意重複。

[55]　同註[53]。

[56]　見《毛詩正義》，頁 644。

[57]　見《春秋左傳正義》，頁 982 下。

[58]　見〔清〕王先慎：《韓非子集解》（臺北：臺灣商務印書館，1956 年 4 月），冊 3，頁 49。

誨」之「訓」；「德之行」亦不可解作「德行」。「順德之行」應依從鄭玄之箋註，意指「順著善言去做」。⑤《新序·雜事》有如下一段記載：

> 葉公諸梁問樂王鮒曰：「晉大夫趙文子爲人何若？」對曰：「好學而受規諫。」葉公曰：「疑未盡之矣。」對曰：「好學，智也；受規諫，仁也。……人而好學受規諫，宜哉其立也。」《詩》曰：「其惟哲人，告之話言，順德之行。」此之謂也。⑥

觀上文引《詩》「告之話言，順德之行」以況「好學受規諫」，則「順德之行」實即「從善而行」益明。

至於「無競維人，四方其訓之」中之「訓」字，究係本字抑或「順」之借字，當從《周頌·烈文》一詩求之。蓋該句原見〈烈文〉，阮元以爲「〈抑〉詩『無競』二句，乃引〈烈文〉『無競』二句舊文而證之。」案：〈烈文〉作於周初⑥，〈抑〉詩成於衛武

---

⑤ 「告之話言，順德之行。」鄭《箋》云：「語賢智之人以善言，則順行之。」（見《毛詩正義》，頁648下。）

⑥ 見〔漢〕劉向撰，盧元駿註譯：《新序今註今譯》（天津：天津古籍出版社，1987年10月），頁143-144。

⑥ 《魯說》曰：「〈烈文〉一章十三句，成王即政，諸侯助祭之所歌也。」《韓說》曰：「〈烈文〉，成王初即洛邑，諸侯助祭之樂歌也。」《毛序》：「成王即政，諸侯助祭也。」（見〔清〕王先謙撰：《詩三家義集疏》（臺北：明文書局，1988年），下冊，頁1005。）

公之手⑫，阮說可從。〈烈文〉者，成王即政，以朝享之禮祭於祖考，諸侯助祭之樂歌也。⑬詩末云：

> 無競維人，四方其訓之；不顯維德，百辟其刑之。於乎！前王不忘。⑭

其旨在緬懷先王之德業而歎美之。其中「四方其訓之」與「百辟其刑之」的「其」，皆係用於強調主語與謂語的關係，並延宕語氣。因此，「四方其訓之」與「百辟其刑之」實即「四方訓之」、「百辟刑之」，「百辟刑之」意謂「諸侯百君師法文王之德」。⑮「四方訓之」句法既與「百辟刑之」相同，若依阮元，將「訓」字視為本字，解作「訓誨」，則「四方訓誨之」便與「百辟師法之」文意扞格。且「四方其訓之」乃承接上句「無競維人」之文意，一如「百辟其刑之」之於「不顯維德」；「無競維人」既謂「得賢人則

---

⑫　《韓說》曰：「衛武刺王室，亦以自戒。」《毛序》：「衛武公刺厲王，亦以自警。」《申論·盧道篇》：「昔衛武公年過九十，猶夙夜不怠，……又作〈抑〉詩以自儆也。」陳奐據《史記·年表》推定，武公以宣王 16 年為衛侯，至平王 13 年卒。（見《詩三家義集疏》，下冊，頁 928－929。）

⑬　同註⑪。

⑭　見《毛詩正義》，頁 712 上。

⑮　「百辟其刑之」，鄭《箋》：「卿大夫法其所為也。」（見《毛詩正義》，頁 712 上。）又《禮記·中庸》引《詩》「不顯惟德，百辟其刑之。」鄭玄《注》曰：「此《頌》也。言不顯乎文王之德，百君盡刑之，諸侯法之也。」（見《禮記正義》，頁 900 下。）

國家彊矣」❻，若將「四方其訓之」詁爲「四方訓誨之」，前後文意亦覺齟齬。而《左傳》哀公二十六年引《詩》「無競」二句，「訓」正作「順」。❼王先謙曰：「『訓』、『順』古通。《箋》『訓』讀爲『順』，言無彊惟在得賢，得賢則四方皆順之矣。」❽其說得之。

參、結語

在這則釋例中，阮元運用了語法的分析和通假字的辨識，辨正了幾則相因甚久，習焉不察的古書訓詁。由於古人用字，未若後人有明確區分之觀念與要求，音同、音近借用的情形十分普遍，因此訓解古書某一語詞，不能僅按形求義，必須兼及其在整句中之位格。以「順非而澤」的「順」字爲例，千年一解的注家們之共誤，在於見樹不見林。他們只考慮和「順」這個字形相應的字義，以及訓解能否通讀，而忽略了文句結構、整體搭配等問題。也就是說，「順非而澤」不是一個孤立的句子，它與其他句組之間，存在著互相呼應的密切關係。阮元說：「……如此爲解，乃與『學非而博』同類相近，語有倫次。……」正是看出了這種結構性、語法上的要求。其〈與郝蘭皋戶部論爾雅書〉有云：

---

❻　見〔漢〕鄭玄：《毛詩箋》，《毛詩正義》，頁 712 上。
❼　見《春秋左傳正義》，頁 1053 上、下。
❽　見《詩三家義集疏》，下冊，頁 1006。

> ……《大戴記・小辨》一篇，足明《爾雅》之學，……孔子曰：「士學順辨言以遂志。」「順」與「訓」通借，即「訓詁」之「訓」，遂志者，通其意也。……又曰：「……《爾雅》以觀于古，足以辨言矣。……」孔子此數言，述《爾雅》之學甚明，何後儒之昧昧也。……⑭

細繹此段文字，可以推知阮元詁解「士學順辨言」之「順」爲「訓詁」之「訓」時，已注意並運用了前後文（「士學順辨言」與「《爾雅》以觀於古，足以辨言」）參伍互證的方法。至於「義同字變」條例之提出，更將語法、修辭與訓詁綰合，大有功於古書解讀（特別是《詩經》）。雖然疏解〈抑〉詩「四方其訓之」、「四國順之」失察，然一眚難掩大德，譬諸定律、公式一旦確立，終不因驗算之誤而稍損其價值也。

---

⑭　同註㉝。

《漢學師承記》史源考辨

漆永祥*

　　《漢學師承記》八卷，爲清中葉學者江藩（1761－1830）之代表作，亦爲研治清代學術必備之書。民國時期，周予同先生曾有《漢學師承記選註》，頗便學人，厥功甚偉。然因其一則爲選註，未成全帙；二則處戰亂歲月，周先生所睹之書有限，即今日尋常可見之《清史稿》，也因在禁而未能翻檢。故所註尚多錯訛漏略。筆者十餘年來讀清人之書，於《師承記》亦多所留意，久欲賡前修之美，成《漢學師承記詳註》，然終因學力不逮，加之時日倉匆，皆未能果。現先將篋中拉雜所積之材料，爲江書做一史源之考查，所據之本爲中華書局出版，鍾哲先生整理之校點本。全文分三部分：一、考全書傳記之史料來源，無考者暫付闕如；二、江書之訛誤舉例；三、餘論。

*　　漆永祥，北京大學文獻研究所副教授。

一、《漢學師承記》史源考

清人傳記之書甚多，一人之傳狀，有多達十數家者，其中謹實可信者少，而踵訛沿謬者多。此文所錄者，皆江藩之前人或同時人所作傳狀文字，意其必能耳聞目睹，依據採擇；若清國史館所存之稿及江氏身後人所作，則其撰《師承記》時難以寓目，故概不及焉。

卷一〈閻若璩記〉　考有關閻氏之傳記資料，先有其子閻詠所撰〈行述〉，案：今閻氏著述中，皆不見附有〈行述〉。鄧之誠《清詩紀事》卷六曰：「初印本《潛邱剳記》附有〈行述〉，述雍邸恩數綦詳。」後來印本撤去。然張穆《閻潛邱先生年譜·題識》曰曾從閻氏後人處得〈行述〉，故《年譜》中多稱引。爾後有趙執信〈墓志銘〉，見趙執信《飴山文集》卷七。曰閻氏疾革，命詠曰：「必使趙夫子銘我墓！」繼有李光地〈閻百詩小傳〉，見李光地《榕村全書》道光九年刻本第一二〇冊。曰閻詠求李氏為其父撰墓碣，李以「不工金石之文，故謝不為，而其學行大致，則趙〈志〉具焉。聊寫余〈那〉、〈頌〉先民之思，仿司馬氏〈伯夷〉、〈屈原〉體，為〈閻先生小傳〉」。後有杭世駿〈閻先生傳〉，見杭世駿：《道古堂文集》卷二九。杭氏以為李〈傳〉「不能旁魄而論，亦似牽率酬應之作，而于閻氏毫無加損也。余據其子詠所撰〈行述〉及〈墓志〉，參以〈剳記〉，別創為〈傳〉，以待秉筆者為考信之地，〈儒林〉、〈文苑〉惟國史之位置，草莽不敢專也。」錢大昕〈閻先生若璩傳〉雖最後出，見《潛研堂文集》卷三八。然江藩〈閻若璩記〉卻全本錢〈傳〉而成，偶有參考杭〈傳〉者。周予同先生云：「此〈傳〉蓋據杭〈傳〉。」見周〈註〉「皆折行輩與交」下註文。非是。錢氏所引閻氏諸書，依次為《古文尚書疏證》卷一第一〈言兩漢書載古文篇數與今

異〉、第三〈言鄭康成註古文篇名與今異〉、卷二第十七〈言安國
古文學源流真偽〉、二十三〈言晚出書不古不今非伏非孔〉、十九
〈言安國註論語與今書傳異〉、卷四第六十三〈言泰誓有族誅之刑
為誤本荀子〉、第六十四〈言胤征有玉石俱焚語為出魏晉間〉、五
十三〈言武成癸亥甲子不冠以二月非書法〉、卷五上第六十六〈言
今皋陶謨益稷本一別有棄稷篇見揚子〉、卷六上第八十七〈言漢金
城郡乃昭帝時置安國傳突有〉諸條。江氏所刪者，錢氏引閻氏所論
「孔門從祀顏、曾之外，當廣為十二哲」一節，蓋以為其不關經學
故也。此閻氏〈孔廟從祀末議十一事〉文。

　　〈胡渭記〉　胡渭之傳狀文字，今可考見者，有杭世駿〈墓志
銘〉，見《道古堂文集》卷四〇。作于乾隆二十四年，為胡氏死後四十二年方應
其孫彥穎所請而撰。又錢大昕〈傳〉，見《潛研堂文集》卷三八。而杭、錢
二氏所據資料，則有胡會恩〈禹貢錐指紀恩〉、胡渭《禹貢錐指》
及其他著書。江氏〈胡渭記〉亦以錢〈傳〉為主，兼採杭〈傳〉。
錢〈傳〉中採胡氏論學之語，依次為《禹貢錐指》卷六「三江既
入」下、卷五「浮于淮泗」下、卷八「滎波既豬」下、卷九「華陽
黑水惟梁州」、卷一二「導黑水至于三危」、卷首〈例略〉以及
〈禹貢圖序〉、《禹貢錐指》卷一三、〈易圖明辨序〉、〈洪範正
論序〉、〈大學翼真〉等。

　　〈張爾歧記〉　張爾歧生平傳狀資料，先有自撰〈墓志〉，見
《蒿庵文集》卷三。李煥章〈傳〉、《蒿庵集》附。為張氏逝後三十年時撰。
乾隆時，有羅有高〈傳〉、見《尊聞居士集》卷三。錢載〈墓表〉、見
《籜石文集》卷二四。時張氏來孫克明已年過三十，當為錢氏晚年撰。盛百二
〈蒿庵遺事〉。《碑傳集》卷一三〇。云讀李〈傳〉而意猶未盡，故摭其遺事

以補之，使後人有所考焉。江《記》皆不似之，然似採《四庫全書總目》卷四《經部·禮類二·儀禮鄭註句讀提要》，又錄張氏〈儀禮鄭註句讀序〉文。

〈馬驌記〉　施閏章〈墓志銘〉。《學餘文集》卷九一。張氏歿後臨葬前，應其弟馬駉所請而撰。江氏採施〈銘〉而成。

卷二〈惠周惕記〉　三惠之傳狀文字，惠周惕有鄭方坤〈傳〉。《碑傳集》卷四六。惠士奇有楊超曾〈墓志銘〉、《碑傳集》卷四六。錢大昕〈傳〉。《潛研堂文集》卷三八。惠棟有陳黃中、顧棟高、王昶先後撰〈墓志銘〉，分見《碑傳集》卷一三三、《萬卷樓文稿》卷七與《春融堂文集》卷五五。錢大昕〈惠先生棟傳〉。《潛研堂文集》卷三九。江藩所作，〈惠周惕記〉前論其家世源淵，皆襲楊超曾所撰惠士奇〈墓志銘〉；惠士奇、惠棟二〈記〉則全錄錢〈傳〉而成，並於〈惠棟記〉明引錢〈傳〉文。錢氏所參考摘錄者，則有惠士奇《易說》、《禮說》、《春秋說》中文字，惠棟《周易述》卷五〈明夷〉疏、卷六〈升〉疏、卷一〈乾〉疏〈屯〉疏、《易例》卷一「占卦」條、「左氏所占皆一爻動者居多」條、卷二「九六義」條及《明堂大道錄》、《禘說》、《古文尚書考》卷一〈鄭氏述古文逸書二十四篇〉及〈辨正義四條〉、〈左傳補註序〉、《論語古義》等。

〈沈彤記〉　惠棟〈墓志銘〉、《松崖文鈔》卷二。為沈氏卒後兩月，其孤子培本將葬前乞惠氏銘之。全祖望〈沈果堂墓版文〉、《鮚埼亭集》卷二〇。沈廷芳〈墓志銘〉，皆見《碑傳集》卷一三三。沈廷芳曰乃沈彤遺志。陳黃中〈傳〉。《碑傳集》卷三三。江《記》皆不似之。似參考《四庫總目》卷十九·經部十九·禮類一《周官祿田考》、卷二十

《儀禮小疏》之〈提要〉。

〈余蕭客記〉 任兆麟〈墓志銘〉。《碑傳集》卷一三三。乾隆四十二年，余氏卒後將葬時撰。江《記》不似之。

〈江聲記〉 孫星衍〈傳〉。《平津館文稿》卷下。江《記》不似之，採江聲《尚書集註音疏》卷五〈太誓中〉文。

〈褚寅亮記〉 任兆麟〈墓表〉。《碑傳集》卷六〇。為褚氏卒之明年十月將葬時撰。江《記》全採錢大昕為褚氏所作〈儀禮管見序〉。《潛研堂文集》卷二四。錢氏曰寅亮沒後「其次子鳴喊始出其《儀禮管見》稿本，將付諸梓，而囑予序之」。錢〈序〉又採《儀禮管見》卷上之四、之五、之六、卷中之一、之五、卷下之三、之四中論學語。案：錢氏所引，皆非《儀禮管見》原文，蓋褚氏請序之時，摘錄其所發明者示之，錢氏據褚氏文撰序，故與書中原文稍異。

卷三〈王鳴盛記〉 錢大昕〈墓志銘〉、《潛研堂文集》卷四八。王昶〈傳〉。《春融堂文集》卷六五。江氏全採錢〈墓志銘〉而成。

〈錢大昕記〉 錢東壁等〈行狀〉、錢大昕自訂《年譜》、王昶〈墓志銘〉。《春融堂文集》卷五五。為大昕卒後翌年，應其子東壁等請而銘之。江《記》錢氏生平參考王氏〈墓志銘〉，有關錢氏論學之語，則依次採錄《潛研堂文集》卷四〈答問〉一論《易》之「先天後天」條、「之卦」條、「爻辰」條、卷五中〈答問〉二論《書》之「鄭玄何以不註孔壁《尚書》」條、《十駕齋養新錄》卷一「毛傳多轉音」條、《文集》卷七〈答問〉四論《春秋》條、卷八〈答問〉五論「婦人七出之說」條、卷九〈答問〉六論「性與天道之說」條、同卷論《孟子》「決汝漢排淮泗而注之江」條等。

〈錢塘記〉 錢大昕〈別傳〉。《潛研堂文集》卷三九。江《記》

全出〈別傳〉，然〈別傳〉中引錢塘〈律呂古義序〉、〈明算篇〉、〈較度篇〉等文，江氏皆刪之。

〈錢坫記〉　錢坫自為〈墓志銘〉及〈行述〉。據《國朝耆獻類徵初編》卷二五七包世臣所撰錢氏〈傳〉，然亦曰未及見。包氏所作〈傳〉，多言其事功之學，江氏蓋未及見。江《記》不似之。

卷四〈王昶記〉　嚴榮《述庵先生年譜》、阮元〈神道碑〉、《揅經室二集》卷三。為受王氏遺言所撰。秦瀛〈墓志銘〉、《小峴山人文集》卷五。參王氏子肇和所述王昶遺言及嚴氏《年譜》而撰。管同〈行狀〉等。《因寄軒文初集》卷八。極簡略。江《記》參阮氏〈神道碑〉文而成。

〈朱筠記〉　汪中〈朱先生學政記敘〉、《述學·別錄》。乾隆三十八年，朱氏罷安徽學政去職後撰。李威〈從游記〉、《筍河文集》附。乾隆四十六年，記于山東水驛舟次。朱錫卣等〈行狀〉、朱珪〈墓志銘〉、《筍河文集·卷首》。其兄死後第二年，參〈行狀〉而撰。章學誠〈墓志銘〉、《筍河文集》附。朱氏歿後翌年三月撰。王昶〈墓表〉、《春融堂文集》卷六〇。朱氏卒後第三年，在都中撰。孫星衍〈行狀〉、《碑傳集》卷四九。時錫卣已為福建鹽場大使、錫庚山西候補直隸州知州，孫氏不識筠，而與錫庚交久，故書之。姚鼐〈別傳〉、《惜抱軒文集》卷一〇。洪亮吉〈遺事〉、《更生齋文甲集》卷四。朱氏去安徽學政後二十餘年，約逝後二十年左右時撰。江《記》全採朱珪〈墓志銘〉。

〈武億記〉　朱珪〈墓志銘〉、《知足齋文集》卷五。乃武氏卒後第二年，應其子穆淳謁請而撰。法式善〈傳〉、《存素堂文集》卷四。又有孫星衍〈武億傳〉、《五松園文稿》。洪亮吉〈遺事〉、《更生齋文甲集》卷四。成于孫〈傳〉後。姚鼐〈墓表〉。《惜抱軒文後集》卷六。為嘉慶十八

年二月應穆淳請撰。江〈傳〉採朱〈銘〉、孫〈傳〉而成。

〈洪亮吉記〉　趙懷玉〈墓志銘〉、《亦有生齋文集》卷一八。吳錫麟〈墓表〉、《有正味齋駢文續集》卷六。以上皆洪氏卒後，其子飴孫等乞而銘表之。謝階樹〈洪稚存先生傳〉、《碑傳集》卷五一。惲敬〈遺事述〉。《大雲山房文稿二集》卷三。江《記》皆不似之。

卷五〈江永記〉　戴震〈事略狀〉、《戴震文集》卷一二。江氏卒後兩月撰。王昶〈墓志銘〉、《春融堂文集》卷五五。江氏卒後十餘年，應戴震之請而撰，參考戴〈狀〉及汪世重等《年譜》。錢大昕〈傳〉、《潛研堂文集》卷三九。參考戴〈狀〉而成。劉大櫆〈傳〉。《海峰文集》卷六。江氏全襲戴〈狀〉，並明引之，然刪其所引江氏〈深衣考誤〉中文。

〈金榜記〉　吳定〈墓志銘〉。《紫泉山房文集》卷一〇。江《記》不似之。採金榜《禮箋》卷一〈周官軍賦篇〉、〈以國服爲之息篇〉與卷三〈禘篇〉文。

〈戴震記〉　洪榜〈行狀〉、《初堂遺稿》。乾隆四十二年六月，戴氏卒後，應其子中立所請而撰。王昶〈墓志銘〉、《春融堂文集》卷五五。王氏門人黟縣知縣張善長走書來告而撰，成于洪氏〈行狀〉後。錢大昕〈傳〉、《潛研堂文集》卷三九。淩廷堪〈事略狀〉、《校禮堂文集》卷三五。戴氏卒後十年左右撰。余廷燦〈事略〉。《存吾文稿》卷四。爲戴氏卒後十二定，來京聞士大夫緒論而撰。江《記》主要採錢〈傳〉，偶有參洪氏〈行狀〉、王氏〈墓志銘〉者。所採戴氏論學之語，分別見《戴東原集》卷一〈春秋改元即位考中〉、卷五〈周髀北極璿機四游解一〉、卷三〈爾雅文字考序〉〈爾雅註疏箋補序〉〈與王內翰鳳喈書〉、卷六〈水經酈道元註序〉、卷九〈與是仲明論學書〉以及《原善》、《孟子字義疏證》等而成。

　　卷六〈盧文弨記〉　臧庸〈行狀〉、《拜經堂文集》卷五。臧庸為盧氏弟子，此文成於「庚申仲冬」，庚申為嘉慶五年。然段玉裁撰〈墓志銘〉所據，當即臧氏此〈狀〉，蓋草創甚早，而定稿於庚申。段玉裁〈墓志銘〉、《經韻樓集》卷八。嘉慶元年底，應臧庸之請而撰。翁方綱〈墓志銘〉。應盧氏子慶詒等請而撰，約與段氏同時。側重於記盧氏校讎書籍之功。江《記》襲段〈銘〉而稍異之。

　　〈紀昀記〉　紀汝傳等〈狀略〉、朱珪〈墓志銘〉、《知足齋文集》卷五。嘉慶十年冬，應汝傳等請而銘，參考〈狀略〉而成。江《記》全依朱氏〈墓志銘〉而成。又採紀昀〈考工記圖序〉文。《紀曉嵐文集》卷八。

　　〈邵晉涵記〉　錢大昕〈墓志銘〉、《潛研堂文集》卷四三。王昶〈墓表〉、《春融堂文集》卷六〇。成於錢氏〈墓志銘〉後。章學誠〈別傳〉。《碑傳集》卷五〇。章氏晚年，應邵氏弟子朱錫庚請而撰。江《記》全採錢氏〈墓志銘〉而成。

　　〈任大椿記〉　施朝幹〈墓表〉、《碑傳集》卷五六。任氏卒後臨葬時撰。章學誠〈別傳〉、《碑傳集》卷五六。乾隆五十五年冬撰。姚鼐〈墓志銘〉。《惜抱軒文集》卷一二。乾隆末，應大椿弟大楷之請而銘之。江《記》皆不似之。

　　〈洪榜記〉　洪氏生平資料，未能流傳，今鮮有見者。江氏全錄其《初堂遺稿·上笥河先生書》文。

　　〈孔廣森記〉　阮元〈傳〉。《碑傳集》卷一三四。江《記》不似。全採孔氏〈戴氏遺書總序〉一文。《儀鄭堂文》。

　　〈李文藻記〉　李氏自編《年譜》、錢大昕〈李南澗墓志銘〉、《潛研堂文集》卷四三。李氏逝後，遺命不作〈行狀〉。翌年，其弟文濤

以《年譜》乞錢氏銘之。翁方綱〈墓表〉。《復初齋文集》卷一四。爲李氏卒後四年撰。江《記》襲錢氏〈墓志銘〉而成。

卷七〈陳厚耀記〉 阮元〈傳〉。《疇人傳》卷四〇。末註引用之書爲《欽定四庫全書·春秋長歷》、《增刪算法統宗》、《陳氏家譜》、《召對紀言》。江《記》參阮〈傳〉而成，又似參《四庫總目》卷二九經部·春秋類四《春秋長歷》《春秋世族譜》、卷五〇史部六·別史類《春秋戰國異辭》諸書〈提要〉。

〈程晉芳記〉 翁方綱〈墓志銘〉、《復初齋文集》卷一四。袁枚〈墓志銘〉、《小倉山房文集》卷二六。程氏逝後翌年撰。徐舒受〈墓表〉、《碑傳集》卷五〇。成於袁〈銘〉之後。江《記》採袁氏〈墓志銘〉而成。

〈賈田祖記〉 汪中〈墓志銘〉。《述學·外篇》。江《記》採錄並明引之。

〈李惇記〉 汪中〈墓志銘〉、《述學·外篇》。焦循〈傳〉、《雕菰樓集》卷二一。阮元〈傳〉。《揅經室續集》卷二。江《記》採汪氏〈墓志銘〉而成。

〈江德量記〉 汪中〈墓志銘〉、《述學·別錄》。江《記》略有參考。

〈汪中記〉 淩廷堪〈墓志銘〉、《校禮堂文集》卷三五。汪氏將葬時撰，其孤子喜孫尚幼。孫星衍〈汪中傳〉、《五松園文稿》。劉台拱〈汪君傳〉、《劉端臨先生遺書》卷八。作於孫〈傳〉後。洪亮吉〈遺事〉、《更生齋文甲集》卷四。王引之〈行狀〉、《王文簡公遺集》卷四。作於嘉慶二十年六月。陳壽祺〈墓志銘〉、《國朝耆獻類徵初編》卷四二〇。作於道光時。江《記》採淩氏〈墓志銘〉，並全錄汪中《述學補遺·自序》

一文。

〈顧九苞記〉　章學誠〈傳〉。《章氏遺書》卷一九。江《記》不似之。

〈劉台拱記〉　朱彬〈行狀〉、《游道堂集》卷三。阮元〈墓表〉、《揅經室二集》卷二。江《記》採朱氏〈行狀〉而成。

〈徐復記〉　焦循〈書事〉。《雕菰樓集》卷二三。江《記》不似之。

〈汪光爔記〉　焦循〈傳〉。《雕菰樓集》卷二一。江《記》不似之。然錄汪氏〈萐稗釋〉一篇。

〈李鍾泗記〉　焦循〈事狀〉。《雕菰樓集》卷二三。江《記》採錄之。

〈淩廷堪記〉　戴大昌〈事略〉、《國朝耆獻類徵初編》卷二五八。阮元〈傳〉。《揅經室二集》卷四。江《記》參考戴氏〈事略〉而成。

卷八〈黃宗羲記〉　黃百家〈行略〉、全祖望〈神道碑〉、《鮚埼亭集》卷一一。曰黃氏卒後，「其子百家爲之〈行略〉，以求埏道之文于門生鄭梁，而不果作，既又屬之朱檢討彝尊，亦未就。迄今四十餘年無墓碑。」故應宗羲孫千人之請撰，摭拾遺書，參以〈行略〉而撰此文。邵廷采〈傳〉。《思復堂文集》卷三。江《記》採全氏〈神道碑〉而成。

〈顧炎武記〉　全祖望〈神道表〉、《鮚埼亭集》卷一二。王峻〈傳〉、《艮齋文集》卷三。彭紹升〈傳〉、《二林居集》卷一九。劉紹頒〈傳〉、石韞玉〈傳〉。以上見《國朝耆獻類徵初編》卷四○○。江《記》參考全氏〈神道表〉而成。

二、江書之訛誤舉例

如前所考，《師承記》之史料來源，或採自碑狀，或出於自撰，然書中錯訛，所在多有，有襲自前人之誤而以訛傳訛者，亦有江氏自撰失實者。本文略舉數例以明之，至于詳盡之糾謬補闕，姑俟諸來日。

(一)有姓名字號誤者

卷三〈錢大昕記〉：「蔡君謨說于〈豫〉云〈復〉初之四。」案：周予同註：「錢氏原書作蔡景君，江引蓋誤。蔡君謨係宋蔡襄之子，在虞翻之後，何能有《易》說爲虞氏所稱引？蔡景君，漢人，在虞翻前，正史無傳。」

卷六〈桂馥記〉：「曲阜桂馥，字未谷，亦深小學。」案：蔣祥墀〈傳〉：「君諱馥，字多卉，未谷其號也。」李玉棻《甌鉢羅室書畫過目考》卷三、《墨林今話》卷一〇、《清史稿》卷四八一本傳皆同。朱克敬《儒林瑣記》、《儒林傳錄存》又同《師承記》。然以名與字之關係論之，當以字多卉、號未谷爲是。

(二)有生卒年月誤者

卷二〈沈彤記〉：「得年六十有四」。案：據惠棟〈墓志銘〉，沈氏生於康熙二十七年，卒於乾隆十七年，「得年六十有五」。陳黃中〈傳〉、朱克敬《儒林瑣記》皆同。又惠棟《惠松崖文鈔》卷一〈周官祿田考序〉：「余少沈君九年，兄事之。」惠氏生於康熙三十六年，此亦沈氏生於康熙二十七年之證，江氏誤。

卷二〈余蕭客記〉：「卒年七十有八」。案：閔爾昌《江子屏先生年譜》：嘉慶四年條下曰：「是年，江艮庭先生歿。」註：孫淵如《平津館文稿·江聲傳》：『嘉慶四年九月三日卒，年七十有九。』《續疑年錄》同。《漢學師承記》云：『年七十有八。』卒年未詳。案：《尚書集註音疏》卷十二末艮庭自識：『乾隆五十四年，年六十有九。』又〈小引〉：『五十八年，年七十有三。』以此計之，卒嘉慶四年，實七十有九。若年七十八，則當卒嘉慶三年矣。疑《漢學師承記》誤。」

卷三〈王鳴盛記〉：「卒年七十有八。」案：江藩此記，襲自錢大昕〈墓志銘〉，然錢氏曰「春秋七十有六」，是。黃文相《王西莊先生年譜》嘉慶二年條下曰：「《漢學師承記》、李元度《國朝先正事略》、道光《蘇州府志》並云卒于嘉慶二年，春秋七十有八，皆誤。」

卷六〈紀昀記〉：嘉慶十年二月「十五日，卒于位。」朱珪〈墓志銘〉：「十日而公病，十三日艮，予過門視疾，見公于床。執手曰：『昀無他病，苦痰涌耳。』明日酉劇，公薨。」然則紀氏逝於十四日。又《仁宗實錄》云：嘉慶十年二月己巳，「協辦大學士、禮部尚書紀昀卒。」己巳為十五日，乃告訃於朝廷之日，非逝之日也。

㈢有仕履年月事實誤者

卷一〈閻若璩記〉：「祖世科，明萬曆甲辰進士，官至布政使司參議。」案：趙執信〈墓志銘〉：「官至遼東寧前兵備道參議」。杭世駿〈傳〉同。張穆《年譜》：「官至遼東兵備道參

議」。又引《萬曆甲辰進士履歷便覽》曰：「閭世科，……癸丑，升郎中，遼東管糧。……丁巳，升寧前參議。戊午，回籍。」江氏全襲錢大昕〈傳〉，錢氏不知何據，江氏襲之未改耳。

又同卷康熙「三十一年，客閩歸，乾學延至京師為上客。」案：杭世駿〈傳〉作「二十一年」。張穆《年譜》引〈行述〉曰：「二十一年，客福建。……二十二年，客福建方歸，司寇公來邀，復至京師。」《疏證》卷一：「癸亥秋，將北上。……六月……二十二日夜半，泊武進郭外。」然則二十二年，至京師時，已後半年矣。杭氏、江氏皆誤。或為江氏襲自杭〈傳〉，而手民氏訛為「三十一年」。

卷一〈胡渭記〉：「四十二年，法駕南巡，渭撰〈平成頌〉一篇，獻諸行在。」案：夏定域《年譜》引李振裕〈禹貢錐指序〉曰：乙酉「三月，南巡狩，駐蹕吳郡。渭親齎是書，并所撰〈平成頌〉一篇，恭詣行宮以獻。」又引〈禹貢錐指紀恩〉末註曰：「按乙酉漱六軒本《錐指》，卷面題『康熙乙酉孟夏，草莽臣胡渭恭進』。首頁印有康熙御筆『耆年篤學』四字，并題『康熙四十四年四月十七日賜臣胡渭』。按《文獻徵存錄》、錢〈傳〉、《國朝先正事略》、《清國史稿》本傳均繫此事於康熙四十三年，又《師承記》與閻《譜》繫於四十二年。均誤。」

卷三〈錢大昕記〉：「己卯、壬午、乙酉、甲午，充山東、湖南、浙江、河南主考官」又「三十七年，改補侍讀學士。其年冬，擢詹事府少詹事。」案：乙酉為乾隆三十年，錢氏自訂《年譜》：「六月，奉命充浙江鄉試副考官，正考官則曹公秀先也。」又見《高宗實錄》卷七三八，六月己未（十五日）條。然則曰乙酉為浙

江鄉試主考官者誤也。又《年譜》：三十八年，「十一月，擢詹事府少詹事」，則云三十七年冬者，亦非是。江氏此記襲王昶〈墓志銘〉，沿王氏之誤而未能正之。

㈣有引文誤者

卷二〈褚寅亮記〉：褚氏「嘗謂宋人說經，好爲新說，棄古註如土苴，惟《儀禮》一書爲樸學，空談義理者不能措辭，而晦庵、逸齋、信齋又崇信之，故鄭氏之學未爲異義所汨。至元吳興敖繼公撰《集說》，雖云探先儒之言，其實自註疏而外，皆自逞私意，專攻鄭氏，學者苦註疏之難讀，而喜其平易，乃盛行于世。蓋君善之意不在解經，而有意與康成立異，特其巧於立言，含而不露，若無意于排擊者，是以入其玄中而不悟。至於說有不通，甚且改竄經文，曲就其義，不幾于無所忌憚乎！」案：江氏此記襲自錢大昕〈儀禮管見序〉，然自「嘗謂宋人說經」至「乃盛行于世」，乃錢氏之說，非褚氏之語；自「蓋君善之意不在解經」至「不幾于無所忌憚乎」，方爲錢氏述褚氏語。江藩皆以爲褚氏論學之語，大誤。

卷三〈錢大昕記〉：「因搜羅元人詩文集、小說、筆記、金石、碑版，重修《元史》，後恐有違功令，改爲《元詩紀事》。」案：《竹汀居士年譜》乾隆五十六年，「撰《元氏族表》四卷，《補元史藝文志》四卷」條下，錢慶曾註：「公少讀諸史，見《元史》陋略謬盭，欲重纂一書。又以元人氏族最難考索，創爲一表，而後人所撰三史藝文，亦多未盡，更搜輯補綴之。其餘紀傳志表，多已脫稿，惜未編定。是年精力少差，先以《氏族》、《藝文》二稿，繕成清本。又有《元詩紀事》若干卷，以稿屬從祖同人及陶鳧

香兩先生編次成書。」然則《元史稿》與《元詩紀事》乃兩書，非一書也。

(五)有事實不清可補者

卷二〈沈彤記〉：「有人薦修《三禮》及《大清一統志》」。案：惠棟〈墓志銘〉曰：沈氏著「《群經小疏》若干卷，凡所發正，咸有義據。侍郎方苞絕重之。晚節尤精《三禮》。」沈廷芳〈墓志銘〉亦曰：「雍正間至京師，望溪方公見其所疏三經，謂得聖人精奧；讀其文，又謂氣格直似韓子。乾隆初元，輯《三禮義疏》，遂薦入館，名動輦下。」又全祖望〈墓版文〉：「大科之役，有薦之者，始入京，方侍郎望溪、李侍郎穆堂皆稱之，予亦由二公以識君。」又吳德旋《初月樓續聞見錄》卷一：「冠雲以諸生應博學鴻詞舉，至京師，最爲方侍郎靈皋所推重，薦修《一統志》。書成，授九品官，不就。」又李富孫《鶴徵後錄》云：沈彤「由內閣學士吳家騏薦舉」。然則薦舉入京者爲吳家騏，而薦入三禮館者，則爲方苞也。江藩書中多誣方氏，故諱而不舉其名耳。至劉聲木《桐城文學淵源考》卷二更以沈彤「師事方苞，湛深經術，所爲文深厚古質，格律端謹，不事文飾，務蹈理道，無譁囂浮侈之習。中歲，與方苞商訂《三禮》，辯論精核，述作矜愼，不輕意下筆。」此則又以沈氏爲方苞弟子，較之江藩，正所謂過猶不及矣。

卷三〈王鳴盛記〉：「有御史論其馳驛濫用驛馬，罣吏議，左遷光祿寺卿。」案：錢大昕〈墓志銘〉：「未幾，御史論其馳驛不謹，部議降二級。明年，授光祿寺卿。」黃文相《王西莊先生年譜》乾隆二十四年條：六月甲子，充福建鄉試正考官。十二月，罣

吏議，去官。《實錄》云：「吏部議，御史羅典參奏內閣學士王鳴盛，奉命典試，于路置妾，奉旨交部議處，應將王鳴盛照不應重律私罪，降三級調用。有加一級準抵，仍降二級調用。從之。」案：黃氏所云，詳見《高宗實錄》卷五八八、六〇三。然則所謂「濫用驛馬」者，為王氏諱之也。若無《實錄》所載，今人又安能知為王氏「于路置妾」而降調耶？

卷六〈盧文弨記〉：「戊子，以學政言事不合例，部議左遷。」案：臧庸〈行狀〉略同。然段玉裁〈墓志銘〉曰：「戊子，以條奏學政事，奉旨撤回，吏議左遷。」又案《碑傳集》卷四八所錄「失名」之〈銘〉，實即段氏此〈銘〉，文字小有出入。原文作「以學政言州縣吏不應杖辱生員，左遷。」蓋段氏初稿，後改定時刪節去。然則由此初稿可知盧氏左遷之由。初稿之可寶，亦由此可見也。

㈥有傳述誣罔失實者

卷一〈閻若璩記〉：「藩聞之顧君千里云：『曾見初印亭林所刊《廣韻》，前有校刊姓氏，列受業閻若璩名。』則若璩常贄昆山門下。然若璩所著書中不稱亭林為師，豈亭林沒後遂背其師耶！」案：《年譜》末引諸家論閻氏之學及著述後，引江氏此語，並曰：「顧、閻相見，在康熙十一年壬子，而《廣韻》刻于康熙六十年丁未，王山史《山志》云：『李子德嘗得《廣韻》舊本，顧亭林言之陳祺公，托張力臣鋟木淮陰。』」案：書前列正字姓氏四行云：『上谷陳上年祺公、吳郡顧炎武寧人、關中李因篤天生、淮陰張弨力臣』。與山史之言正合。此事本于潛丘無涉，何為無端拉入，若今

日名士之標榜乎。且四人皆冠以地，不應潛丘獨稱受業，即眞執贄門下，《廣韻》非顧氏私書，受業之稱于誰加之。惟四行後，空白一行，下又記云：『悉依元本，不敢增添一字。』千里因從此空白之一行生波。夫太沖、亭林，皆潛丘心折之人，太沖卒，潛丘仿雙江故事，追稱弟子，豈有于亭林而反背之。千里天性輕薄，于總角至交之李尙之其歿也，乃造作文字，重相詆毀。常熟王應奎《柳南隨筆》曰：『陳在之學詩于馮定遠，盡得其指授，而背輒毀定遠，不遺餘力，定遠比之于逢蒙，遍訴邑中士大夫，在之反以此得名。于是，邑中後進之士從定遠游者，或因聲名未立，遂有效在之故事者矣。』然則千里殆漸染在之之風，而并欲污前賢以自蓋也。此論又何足怪，但不可使後進少年以潛丘爲藉口耳，余所以不能已于辯也。」然則江氏此語，了無證佐，幾于厚誣閻氏矣。

卷六〈任大椿記〉：「同時有歸安丁小疋名杰者，謂曾著《字林考逸》一書，稿本存子田處，子田竊其書而署其名，作書遍告同人，一時傳以爲笑。然子田似非竊人書者。」案：姚鼐〈墓志銘〉曰：任氏著書「惟《字林》已刊，《詩集》已刊者四卷，其餘與雜文未刊者，又若干首。」章學誠〈別傳〉：「余訪君屬疾，延見臥所，則君方輯呂忱《字林》，逸文散見，蒐獵橫博，楮墨紛挐，狼藉枕席間。君呻吟謂余：『病不可堪，賴此消長日耳。』」又《國朝耆獻類徵初編》卷二五七許宗彥〈丁杰傳〉：丁氏「所著書曰《周易鄭氏後定》、《大戴禮記繹》、《小西山房文集》，其爲人校定刊行之書，曰《毛詩草木蟲魚鳥獸疏》、《方言》、《漢隸字原》、《復古編》、《困學紀聞補箋》、《字林考逸》、《蘇詩補註》」。同卷陳康祺所撰〈丁杰傳〉、翁方綱《復初齋文集》卷一

四〈丁小疋傳〉、李斗《揚州畫舫錄》卷三〈新城北錄〉上、《清史列傳》卷六八、《清史稿》卷四八一丁杰〈傳〉，亦皆不言丁氏有著《字林考逸》事，汪喜孫《尚友記》引江說，支偉成《清代樸學大師列傳》本許氏說。然則江藩所云，道聽途說耳，以此等文字入史，亦其不謹之甚也。

㈦有故意歪曲史實者

　　卷五〈江永記〉：「是時三禮館總裁方侍郎苞自負其學，見永，即以所疑〈士冠禮〉、〈士昏禮〉數事爲問，從容答之。苞負氣不服，永哂之而已」。案：江永與方苞論學之事，諸家皆有記述。戴震〈事略狀〉：「先生嘗一游京師，以同郡程編修恂延之至也。三禮館總裁方侍郎苞素負其學，及聞先生，願得見，見則以所疑〈士冠禮〉、〈士昏禮〉中數事爲問，先生從容置答，乃大折服。」王昶〈墓志銘〉：「先生年六十，嘗偕友人入都，時開三禮館，總裁方閣學苞以經術自命，舉〈冠禮〉、〈昏禮〉數條爲難，先生從容詳對，方公折服。」錢大昕〈傳〉從戴、王之說。又劉大櫆〈傳〉：「嘗一至京師，朝廷方開三禮館，卿士預修《三禮》者，尤質所疑，先生爲置辨，皆暢然意滿稱善。」《清史列傳》卷六八本傳：「嘗一至京師，桐城方苞、荊溪吳紱質以〈禮經〉疑義，皆大折服。」諸家記述皆同戴震之說，唯江藩改爲「苞負氣不服，永哂之而已」，然則是誣苞矣。無怪乎方東樹著《漢學商兌》，專與江藩立異，正所謂風起浪興、良有以也。

　　《師承記》中之謬誤，如上所列者尚甚夥，此不再一一詳舉。

三、餘論

(一)《師承記》參考史料析類

　　《漢學師承記》全書正記 40 人，附記 17 人，共 57 人。就前文考查，可做如下歸類：(1)正記中汪元亮、賈田祖、江德量、顧九苞、鍾褒、李鍾泗六人，附記張弨、黃儀、金日追、張惠言、臧琳、桂馥、顧鳳毛七人，此十三人所記皆極簡略，無考察史源之必要與價值。(2)無明顯參考前人及同時人傳狀文字痕跡可尋，或者因筆者搜覓材料未及目睹者，有沈彤、余蕭客、江聲、錢坫、洪亮吉、金榜、任大椿、洪亮吉、孔廣森、桂馥、徐復、汪光爔等十二人。此十二人中，除沈彤外，余蕭客、江聲爲江藩業師，其餘學者則多爲江氏同輩或友人，記中資料，多爲江氏自得。(3)張爾岐、馬驌、惠周惕、王昶、朱筠、盧文弨、紀昀、陳厚耀、程晉芳、賈田祖、李惇、江德量、汪中、劉台拱、李鍾泗、凌廷堪、黃宗羲、顧炎武等十八人，則爲參考諸家傳狀文字而成，或明引之，或暗襲之。而王昶、袁廷檮、武億、洪亮吉、李惇、汪中、凌廷堪等人，則多爲江氏親見之師友，記中既有襲自同時人碑狀者，亦有江氏自得之史料。(4)最爲有趣的是，《師承記》一書中全襲或摘錄最多者爲錢大昕之著述，幾占全書字數之三分之一。如閻若璩、胡渭、惠士奇、惠棟、褚寅亮、王鳴盛、錢塘、戴震、邵晉涵、李文藻等十人之記皆出錢氏碑狀或序跋文字，即〈錢大昕記〉亦是如此，摘錄錢氏論學諸語較他人爲多。尤其值得注意的是，此十人無論從所占篇幅及學術地位而言，皆爲《師承記》一書之主幹，而〈錢大昕

記〉更是全書中篇幅最大之一人。從此一程度上說，《漢學師承記》亦幾爲錢、江二氏之合著矣。

(二)《師承記》著成之時間推定

《漢學師承記》之撰成時間，汪喜孫作跋文是在嘉慶十七年（1812），但《經師經義目錄》跋識中又稱江藩「既爲《漢學師承記》之後」，又「作《經師經義目錄》一卷」云云，末署「嘉慶辛未良月既望」，則此二書當至遲應完成於嘉慶十六年（1811）十月之前。阮元做〈序〉時爲「戊寅除夕」，即嘉慶二十三年（1818），而此書最早的刻本也是嘉慶二十三年的阮氏刻本，實際刻成應爲二十四年。又因爲《師承記》卷二〈余蕭客記〉中，江藩慨嘆「今年已五十，忽忽老矣，嘆治生之艱，蹈不習之罪，有負師訓，能不悲哉！」故閔爾昌《江子屏先生年譜》隷此書之成在嘉慶十六年江氏五十一歲時。然從書中情況看，似江書完全定稿則要遠遠遲于嘉慶十六年。

江藩書中述及在世之學者時，一般會提到其當時所任之官職，如卷七〈淩廷堪記〉末云阮元「今官詹事府少詹事」，時爲乾隆五十六年。《清史列傳》卷三六〈阮元傳〉，乾隆五十六年升「詹事府少詹事。」又據〈雷塘庵主弟子記〉卷一，同年，升詹事府詹事。而可考任職時間最晚者，又如卷六〈任大椿記〉：胡長齡「今官兵部侍郎」。時爲嘉慶十五年。《國朝耆獻類徵初編》卷一○七〈胡長齡傳〉；嘉慶十五年「二月，授兵部右侍郎。十六年，署工部右侍郎兼管錢法堂事務。十七年，調禮部侍郎。」又卷六〈任大椿記〉末云汪廷珍「今官內閣學士兼禮部侍郎」，時爲嘉慶二十三年。《清史列傳》卷三四〈汪廷珍傳〉：嘉慶二十三年十一月，

「以原任內閣學士兼禮部侍郎銜。」由此可大致推定，江藩編著《師承記》一書，當自乾隆末始零星收集史料，而主要著述階段則在嘉慶十二年至十六年間，因爲《師承記》參考錢大昕之文甚多，而錢氏《潛研堂全書》正是在嘉慶十二年才面世的。但全稿著成後，在嘉慶二十三年底開雕前，才算是最終定稿。

㈢《漢學師承記》簡評

如前所論，《漢學師承記》一書錯訛闕略不少，有待糾補。然就其書整體而言，仍不失爲研讀清代學術尤其是乾嘉漢學之重要參考書。其原因在於：⑴所記人物全面準確。江書正、附記 57 人，皆爲當時已逝之學者，由於體例所限，故當時在世之學者皆未之記，如錢大昭、段玉裁、王念孫、王引之、程瑤田、顧廣圻、孫星衍、任兆麟、郝懿行、邵晉涵、焦循、阮元、宋葆淳、張敦仁、費士璣、李賡雲、錢東垣、錢繹、錢侗、錢東壁、錢東塾、戴敦元、王紹蘭、鈕樹玉、朱錫卣、朱錫賡、李威、吳鼐、莊炘、趙懷玉、董士錫、臧庸、劉逢祿、鄭牧、方矩、汪龍、汪廷珍、胡長齡、洪梧、汪萊、羅永符、洪瑩、孔繼涵、趙曾、許鴻磐、王夏、汪喜孫、阮常生、張其錦、宋綿初、宋葆、秦敦夫、楊貞吉、黃承吉、許珩等人，江氏著書時皆尚康健在世，故只是在相關傳記末略附及姓名、仕履及所治之學等，凡正、附記及涉及之學者，約爲 120 人左右。因此可以說，江氏比較全面地覆蓋到了清代漢學的各個層面，反映了學術界研究的最高成就，尤其是突出凸現了其經學研究成就。⑵所據史料徵實可信，且多出自名家之手。江書多爲採自名家碑狀序跋文字而成，其自著之成份不及全書五分之一，但對所採

諸家文字，卻並非毫無別擇，其主要採錄者，除錢大昕外，如全祖望、惠棟、戴震、杭世駿、朱珪、段玉裁、王昶、汪中、焦循、阮元等人，皆爲漢學家或表彰漢學之學者，而諸家之文亦皆質樸求實，少有虛飾，較爲可信。但對於李光地、方苞、姚鼐、劉大櫆、章學誠、羅有高等人之文則視而不見，因其人重理學，與漢學家別徑他途。可見江氏選擇史料也是有嚴格之別擇，而非隨意取之。由於作者本人既是一位經學考據者，又是以當時人記當時事，故其對書中學者的記述有較強的學術性和可靠性。(3)《漢學師承記》實際上即《經學師承記》，作者認爲清儒之學上承兩漢，下啓當時，準確地把握住了清代經學重師法，溯淵流，遵古訓，重證佐，輕臆說的學術特徵；基本上客觀、全面地對自清初至清中葉經學之淵源、師承關係、學術宗旨及成就得失等進行了較爲詳盡的論述，是最早對清代經學進行總結與評價的專著。也正因爲如此，《漢學師承記》直至今日仍是學者案頭必置之書，具有很高的文獻價值。由於江藩主張嚴判漢、宋之別，黜宋崇漢，因之在論述漢、宋爭執時，往往是棄宋尊漢，甚或有歪曲史料之舉。這些過失，既同當時考據學興盛的大背景有關，也是江藩本人學術宗主與好惡的具體反映。

主要參考徵引書目

〔清〕江藩撰，鍾哲整理：《國朝漢學師承記》（北京：中華書局，1983 年）

〔清〕江藩撰，周予同選註：《漢學師承記選註》（臺北：明文書局，1985 年，《清人傳記叢刊》本）

鄧之誠：《清詩紀事》（臺北：明文書局，1985 年，《清人傳記叢
　　刊》本）

〔清〕張穆撰，鄧瑞點校：《閻若璩年譜》（北京：中華書局，
　　1994 年 6 月）

〔清〕錢大昕撰，呂友仁標校：《潛研堂集》（上海：上海古籍出
　　版社，1989 年）

〔清〕趙執信撰：《飴山文集》（乾隆 39 年刻本）

〔清〕李光地撰：《榕村全書》（道光 9 年刻本）

〔清〕杭世駿撰：《道古堂文集》（光緒間汪氏振綺堂補刊本）

〔清〕閻若璩撰：《尚書古文疏證》（上海：上海古籍出版社，
　　1987 年）

〔清〕閻若璩撰：《潛邱札記》（清大成齋重刻眷西堂本）

〔清〕張爾歧撰，張翰勛整理：《蒿庵集》（濟南：齊魯書社，
　　1991 年）

〔清〕羅有高撰：《尊聞居士集》（《國朝文錄續編》本）

〔清〕錢載撰：《籜石文集》（光緒 4 年重刻本）

〔清〕錢儀吉編，靳斯標點：《碑傳集》（北京：中華書局，1993
　　年）

〔清〕永瑢等纂：《四庫全書總目》（民國 22 年商務印書館鉛印
　　本）

〔清〕施閏章撰：《學餘文集》（康熙 47 年刻本）

〔清〕王昶撰：《春融堂文集》（嘉慶 12 年刻本）

〔清〕惠棟撰：《周易述》（上海：上海古籍出版社，1990 年影印
　　文淵閣《四庫全書》本）

〔清〕惠棟撰：《松崖文鈔》（《聚學軒叢書》本）

〔清〕全祖望撰：《鮚埼亭集》（嘉慶9年刻本）

〔清〕孫星衍撰：《平津館文稿》（光緒 11 年長沙王氏刊《孫淵
　　　如先生全集》本）

〔清〕江聲撰：《尚書集註音疏》（《皇清經解》本）

〔清〕褚寅亮撰：《儀禮管見》（《叢書集成初編》本）

〔清〕錢東壁、錢東塾編：《竹汀府君行述》（清姚氏師石山房抄
　　　本）

〔清〕錢大昕撰：《竹汀居士年譜》（上海：上海書店，1983 年，
　　　《十駕齋養新錄》附）

〔清〕錢大昕撰：《十駕齋養新錄》（上海：上海書店，1983 年）

〔清〕李桓編：《國朝耆獻類徵初編》（湘陰李氏刻本）

〔清〕嚴榮撰：《述庵先生年譜》（臺北：臺灣商務印書館，1978
　　　年，《新編中國名人年譜集成》本）

〔清〕秦瀛撰：《小峴山人文集》（嘉慶 22 年城西草堂刻本）

〔清〕阮元撰，鄧經元點校：《揅經室集》（北京：中華書局，
　　　1993 年）

〔清〕汪中撰：《述學》（《粵雅堂叢書》本）

〔清〕朱筠撰：《笥河文集》（《畿輔叢書》本）

〔清〕姚鼐撰：《惜抱軒文集》（北京：中國書店，1991 年，《惜
　　　抱軒全集》本）

〔清〕洪亮吉撰：《洪北江詩文集》（《四部叢刊初編》本）

〔清〕朱珪撰：《知足齋文集》（《畿輔叢書》本）

〔清〕孫星衍撰：《五松園文稿》（光緒 11 年長沙王氏刊《孫淵

如先生全集》本）

〔清〕趙懷玉撰：《亦有生齋文集》（嘉慶 24 年序刻本）

〔清〕惲敬撰：《大雲山房文稿》（《四部叢刊》本）

〔清〕戴震撰，趙玉新點校：《戴震文集》（北京：中華書局，
　　　1980 年）

〔清〕劉大櫆撰：《海峰文集》（乾隆間縹碧軒刻本）

〔清〕洪榜撰：《初堂遺稿》（清刻本）

〔清〕淩廷堪撰：《校禮堂文集》（道光 6 年宣城張氏刊本）

〔清〕臧庸撰：《拜經文集》（漢陽葉氏刊本）

〔清〕段玉裁撰：《經韻樓集》（道光元年七葉衍祥堂刊本）

〔清〕紀昀撰，孫致中等點校：《紀曉嵐文集》（石家莊：河北教
　　　育出版社，1991 年）

〔清〕翁方綱撰：《復初齋文集》（清光緒 3 年重刻本）

〔清〕阮元等編：《疇人傳》（光緒 32 年石印本）

〔清〕袁枚撰，周本淳點校：《小倉山房文集》（上海：上海古籍
　　　出版社，1988 年）

〔清〕焦循撰：《雕菰樓集》（《文選樓叢書》本）

〔清〕劉台拱撰：《劉瑞臨先生遺書》（道光間刻本）

〔清〕王引之撰：《王文簡公文集》（《高郵王氏遺書》本）

〔清〕章學誠撰：《章氏遺書》（清光緒 3 年貴陽刻本）

〔清〕邵廷采撰：《思復堂文集》（《紹興先正遺書》本）

〔清〕彭紹升撰：《二林居集》（《長洲彭氏家集》本）

〔清〕李玉棻撰：《甌鉢羅室書畫過目考》（臺北：明文書局，
　　　1985 年，《清人傳記叢刊》本）

〔清〕蔣寶齡撰：《墨林今話》（《掃葉山房叢鈔》本）

〔民國〕趙爾巽等撰：《清史稿》（北京：中華書局，1991 年）

〔清〕朱克敬撰：《儒林瑣記》（《挹秀山房叢書》本）

〔民國〕閔爾昌編：《江子屏先生年譜》（民國 16 年江都閔氏刊
　　本）

《清實錄》（北京：中華書局，1988 年影印本）

〔清〕李元度編：《國朝先正事略》（《四部備要》本）

〔清〕吳德旋撰：《初月樓續聞見錄》（臺北：明文書局，1985
　　年，《清人傳記叢刊》本）

〔清〕李富孫撰：《鶴徵後錄》（臺北：明文書局，1985 年，《清
　　人傳記叢刊》本）

〔清〕李斗撰，汪北平、涂雨公校點：《揚州畫舫錄》（北京：中
　　華書局，1960 年）

〔清〕支偉成撰：《清代樸學大師列傳》（長沙：岳麓書社，1986
　　年）

批判繼承與創造發展

——焦循手批《十三經註疏》的學術價值

賴貴三*

前　言

中央研究院歷史語言研究所「傅斯年圖書館」典藏明崇禎間毛氏汲古閣❶線裝刊本《十三經註疏》二十函，一二○冊，三百三十

---

* 　賴貴三，臺灣師範大學國文系教授。

❶ 　據《周易兼義》版末陰文篆印牌記：「皇明崇禎四年歲在重光協洽古虞毛氏繡鎸」。案：《爾雅‧釋天‧第八》「大歲在甲曰閼逢。……在辛曰重光。……大歲在寅曰攝提格。……在未曰協洽。……」可知此本刊刻於明思宗崇禎四年辛未（1631）。而各經陸續刊刻，牌記時間各有不同。
又據清葉德輝《書林清話‧明毛晉汲古閣刻書之一》載：「明季藏書家以常熟之毛晉汲古閣爲最著，當時遍刻《十三經》、《十七史》、《津逮祕書》，唐、宋、元人別集，以至道藏、詞、曲，無不搜刻傳之。」案：毛晉（1599－1659），明常熟人。原名鳳苞，字子晉，號潛在、讀禮齋；晚號隱湖，別署汲古閣主人、篤素居士。家富圖籍，世所傳影宋精本，多所藏收。家有汲古閣，傳刻古書，流布天下。在明季，以博雅好事名一時。所抄之書甚精，版心有「汲古閣」三字，格欄外有「毛氏正本汲古閣藏」

三卷。❷首冊《周易兼義》內有清嘉慶五年庚申（1800 年）及十三年戊辰（1808 年），焦循手書題記二則：

> 余己亥、庚子間，始學經，敬讀《欽定詩經彙纂》，知漢、唐經師之說；時時欲購《十三經注疏》竟觀之。乾隆辛丑，買得此本，珍之不啻珠玉。時肄業安定書院中，宿學舍，夜秉燭閱之。每風雨，窗外枇杷樹擊門作彈紙聲，時有句云：「驚人似鬼窗前樹，誘我如癡几上書。」於今蓋二十年矣。購此書時，實無資；書肆索錢五千，僅得二千。謀諸婦，以珠十餘粒，質三千。珠價實值數倍，以易贖寡取之，然究未

八字以爲鑒定；刻書以「汲古閣」爲牌記。事詳見錢謙益〈毛君墓誌銘〉、毛襄〈先府君行實〉、錢大成《毛子晉年譜稿》、《明人小傳》5、《明詩綜》80 下。

❷ 全書內容函裝詳目如下：

第一函（冊 1－4）：《周易兼義》。第二函（冊 5－10）：《尚書註疏》。第三函（冊 11）至第五函（冊 30）：《毛詩註疏》。第六函（冊 31）至第七函（冊 42）：《周禮註疏》。第八函（冊 43）至第九函（冊 52）：《儀禮註疏》。第十函（冊 53）至第十二函（冊 72）：《禮記註疏》。第十三函（冊 73）至第十五函（冊 92）：《春秋左傳註疏》。第十六函（冊 93－100）：《春秋公羊傳註釋》。第十七函（冊 101－106）《春秋穀梁傳註釋》。第十八函（冊 107）：《孝經註疏》。（冊 108－110）：《論語註疏解經》。第十九函（冊 111－117）：《孟子註疏解經》。第二十函（冊 118－120）：《爾雅註疏》。

此汲古閣本，宋體字雕印，每頁 9 行，每行 20 字。首冊《周易正義·序》題下鈐有「傅斯年圖書館」（陽篆）、「恨不十年讀書」（陽篆）、「焦氏藏書」（陰篆）印記；序文以紅筆圈點句讀，眉批以墨筆楷、行書並用。

能贖也。爲購此書者吳君至，言購之於書客吳叟；叟未幾，以遊湖死於道，思之尚爲悼嘆。嗟乎！購一書艱難若此，子孫不知惜，或借人，甚或散失，眞足痛恨，故書以告之。嘉慶庚申四月上弦，江都焦循記。（《周易註疏》卷首扉頁墨筆行書題記）

余初（讀）學《易》，有所得，則書於闌上；然一時偶會，非定說也。以今所撰《易釋》、《易注》校異同，枘鑿十之五六，後人比而觀之，可知余用力於此經之勤，而不可遽以此爲臧否也。戊辰閏五月，里堂老人記。（〈周易正義序〉末墨筆題記）

　　冊內各卷，並有焦循手批、校改、圈點及眉批資料；各書卷首鈐有「焦循私印」（陰文）、「理堂」（陽文）、「焦氏藏書」（陰文）、「恨不十年讀書」（陽文）、「江都焦循」（陰文）諸篆印款識。其中，《周易》、《毛詩》、《左傳》三經，批語較多；《毛詩註疏》諸卷前後，並以朱、墨筆識校讀年月及當時情境；另有標「琥記」多處，爲焦循子廷琥所記。凡所親見，誠爲研究焦循經學初貌，不可輕忽的重要珍貴文獻，極富參證考斟的價值。

　　筆者數年前有志於撰述焦循《雕菰樓易學》，曾費心搜羅國內可見的焦循傳世著作，撰成〈焦循里堂先生見存著述考錄〉一文❸；

---

❸　刊於《師大國文學報》第 22 期，1993 年 6 月 5 日，頁 13－64。

當時曾喜見周法高先生〈漢堂讀書續記〉❹首載「焦理堂手批十三
經註疏」，謂舊藏於北平人文科學研究所，今藏於中央研究院歷史
語言研究所，此篇周先生記於楊梅寓廬，時為一九五二年三月十二
日。而傅斯年圖書館此書編目日期為一九九三年四月十五日，並有
光碟可供閱覽，代號為：ODO11A（第一至五十九冊），ODO11B
（第六十至一二〇冊）。

據周法高先生〈漢堂讀書續記〉云：

> 中央研究院歷史語言研究所藏焦理堂手批《十三經註疏》，
> 舊藏北平人文科學研究所。該所簡目云：「《十三經註
> 疏》，明崇禎間毛氏汲古閣原刊本，有清焦循批校。二〇
> 函，一二〇冊，八二六一號。」

閔爾昌先生《焦里堂先生年譜》中，嘗補述此書梗概云：

> 友人傅沅叔嘗收得先生所藏汲古閣刻本《十三經註疏》，於
> 《周易》、《毛詩》、《左傳》、《公羊》、《論語》、
> 《孟子》、《爾雅》批註甚多；《尚書》、《周禮》、《儀
> 禮》、《禮記》均有批註，惟《穀梁》、《孝經》未動筆。
> 此書已讓歸他人，沅叔曾錄存先生題識四則，茲列二則於

---

❹ 該文原刊《大陸雜誌》特刊第二輯《慶祝朱家驊先生七十歲論文集》，
　1962 年 5 月，頁 193－308。後收入周先生《中國語文論叢》下編〈讀書
　記〉（臺北：正中書局，1991 年），頁 389－394。

此，餘二則則分列庚申、戊辰二年。

此書之傳，由以上引述可以略知脈絡；而焦氏子孫不肖，未能典守先人寶籍遺藩，以致散落失傳者，尤爲可嘆。筆者於一九九九年二月二日，親訪揚州博物館（原天寧寺），於館中閱得阮元手書，始瞭然焦循遺書所以散藏四方之原因，謹鈔錄以爲考證之資：

> 《北湖小志》乃里堂先生所撰，乃元所刻板，今欲取印，乃自然之理；而焦外孫固留不付，意欲何爲？焦外孫賣其父、祖之書，已爲公論所不許，今又揹留阮氏之板，更爲無理！字到即命一船去取，不許少一塊。「散頭」二字何解？他是秀才，若差門斗來取，恐不便；且《孟子》、《周易》也是阮氏所刻之板，莫非也「散頭」耶？　頤性老人。

焦循子廷琥有子三人：授易、授書、授詩，焦循命名之深義，蓋希望子孫能克紹箕裘；及祖、父皆歿，而子孫未能竟守家業，以致鬻賣祖、父之書，阮元之義憤填膺尤可想知。筆者親赴北湖，焦莊之雕菰淘已不復見，焦循所築之雕菰樓亦灰飛煙滅，不留痕跡；焦循墓塋雖毀圮，已新建於北湖麥田之中。筆者隨同邗江縣黃玨橋鎮文化站站長、副站長及耆老闞牧謙老先生，並中央研究院中國文哲研究所林慶彰、蔣秋華、楊晉龍、黃智信諸先生暨近代史研究所張壽安教授，揚州大學張連生、趙葦航教授等一行虔誠探訪，冬寒料峭，而麥田新苗綠發，文化薪傳不絕，蓋如是也。

焦循手批《十三經註疏》爲乾隆四十六年辛丑（1781）十九歲

時購於書叟，自此斆力經學。《毛詩註疏》卷六題記云：「單點，乃乾隆辛丑所閱，今閱則加圈耳（嘉慶 3 年 10 月 20 日）。」焦循往復研閱此書十數年，觀其手批題記，可知其用功勤謹；而卷五扉頁題記，最能表現焦循手批此書的心路歷程（詳見本文：三、《毛詩註疏》第一則）。

筆者曾於一九九九年一月三十一日，親臨揚州市邗江縣黃珏鎮北湖拜謁里堂先生新墓，心中已許下宏願，誓志斆力完成焦循遺著的撰述，以慰其在天之靈。爲期紀念乾嘉樸學通儒焦里堂先生，並考驗筆者之誠心與願力；靜夜枯燈之下，冥想神會，意馳心交，而焦循秉筆疾書之情態，宛然赴目，遂提撕後生之勁氣，搖曳小子之風華，疏董成篇，敢效拋磚野曝之功，敬祈　前輩方家多所教正。

一、焦循手批《周易兼義》

焦循一生治《易》專勤，蜚聲士林，號爲名家。而其研究有成的淵源根柢，則濫觴於購得此本《十三經註疏》，其中《周易兼義》精讀詳批的豐富內容，奠定日後治《易》良好的基礎，爲其詮解注《易》的初稿。緣此可以追蹤焦循《周易》學術發展的軌轍，並考察其後創造詮釋的進路，具有「辨章學術，考鏡源流」的積極意義與作用。

焦循《易》學著作多種，傳世者有《易章句》、《易圖略》、《易通釋》，合稱《雕菰樓易學三書》，《易話》二卷，《易廣記》三卷，《周易補疏》二卷及《注易日記》（有不分卷手稿本及三卷傳錄本，皆藏北京大學圖書館）等。此本《周易兼義》爲其讀

《易》、注《易》濫觴，最爲原始。

　　《周易兼義》一函四冊，據版末牌記知此書刊刻於明崇禎四年辛未（1631），每頁版心下鐫「汲古閣」三字。線裝全書，經仔細測量，長二十五點五公分，寬十六點二公分；天頭五點五公分，地腳二點零公分；每頁兩面，每面九行，每行二十字，行寬一點二公分，內文每面長十八公分，寬十二點四公分，可以觀汲古閣版本的大概，也是版本學考斠的重要資料。

　　試鈔引其中手批資料二則，窺探其研治《周易》的基本體式與一貫的治學風格：

（一）《上經》卷第二：釋「〈小畜〉：亨。密雲不雨，自我西郊。」❺

　　（頁21－22）

---

❺　焦循於其《易》學進程中，精研單究「密雲不雨，自我西郊」最爲關鍵，
　　《易通釋·敘》自述云：
　　　循承祖、父之學，幼年好《易》。憶乾隆丙申夏，自塾中歸，先子問
　　　曰：「所課若何？」循舉〈小畜〉象辭，且誦所聞於師之解。先子曰：
　　　「然所謂密雲不雨，自我西郊者，何以復見於〈小過〉之六五？童子宜
　　　有會心，其思之也。」循於是反復其故，不可得。……循既學洞淵九容
　　　之術，乃以數之比例，求《易》之比例，向來所疑，漸能理解。……用
　　　是憤勉，遂成《通釋》一書。
　　　復參酌其《易話》卷上〈學易叢言〉，益信之，云：
　　　〈小畜〉旁通於〈豫〉，而有「密雲不雨，自我西郊」之辭；〈小過〉
　　　旁通〈中孚〉，而有「密雲不雨，自我西郊」之辭。〈小畜〉二之〈豫〉
　　　五，而後上之〈豫〉三；爲〈中孚〉二之〈小過〉五，而後〈中孚〉上
　　　之三之比例。如此貫之，《易》義明白了然，譬如繪句股割圓者，以甲
　　　乙丙丁等字指識其比例之狀，按而求之，一一不爽。義存乎甲乙丙丁等
　　　字之中，而甲乙丙丁等字則無義理可說。於此言「密雲不雨，自我西

密雲不雨，自我西郊。　虞曰：「密，小也。兌爲密；需，坎升天爲需，墜地爲雨，上變爲陽，坎象半見，故『密雲不雨，尚往也。』」

荀曰：「體兌位秋，故曰『西郊』也；時當收斂，臣不專賞，故『施未行』，喻文王也。」　虞曰：「豫坤爲自我，兌爲西，乾爲郊，雨生於西，故『自我西郊』。九二未變，故『施未行』矣。」

循按：夬爲五陽決一陰，陰自此消矣。乃四與上易，則陰畜于內，故爲小畜。畜之義與夬相反，可知其變自夬也。陰來居四，由陽往居上，故曰「尚往」；大畜言剛上，亦謂大壯之四與上易也。惟上與四相易，則在夬、在小畜均不成坎，以夬之上合小畜之四而後成坎，是似坎非坎。坎爲密雲不雨之象也，在夬爲兌，故曰「自我西郊」；兌爲西，乾爲郊，正夬卦矣。小畜自夬來往已明之，而虞氏遠取于需、豫，未聞小過六爻初、二、五、上皆陰，三、四皆陽，有似于坎而實非坎，故亦得密雲不雨之象，自六五發之。（此段「循按」以下墨筆框括）

小過六五　虞氏曰：「密，小也。晉坎在天爲雲，墜地成雨，上來之三，折坎入兌，小爲密，坎爲自我，兌爲西，五

郊」，於彼亦言「密雲不雨，自我西郊」，即猶甲乙丙丁等字之指識其比例也。義存於「密雲不雨，自我西郊」之中，而「密雲不雨，自我西郊」則無義理可說也。……《易》之辭，指識其卦爻之所之，以分別當位、失道也。……

動乾爲郊，故『密雲不雨，自我西郊』，傳曰『密雲不雨，已上也』。」

㈡《上經》卷第二：釋「〈剝〉六二：剝床以辨，蔑貞凶。」（頁28）

鄭曰：「足上稱辨，謂近膝之下，屈則相近，申則相遠，故謂之辨，辨、分也。」　虞曰：「指閒稱辨。剝二成艮，艮爲指，二在指閒，故剝床以辨；無應在剝，故蔑貞凶也。」馬曰：「辨，足上也。」　黃穎曰：「辨，床簀也。」　薛虞曰：「辨，膝下也。」

惠氏曰：「辨本作釆，《說文》『象獸指爪分別也，讀若辨，古文作乎』。《古文尚書》『辨章百姓』（「百姓」二字框括）、『辨秩』，字皆作『乎』，魏晉以後亂之，讀爲平也。乎在指閒分別之象，故讀爲辨，辨亦別也。」（此段地腳手批）

毛大可曰：「兩物交縫俱謂之辨，如革之中絕爲辨。」（地腳手批）

崔憬曰：「以床言之，則辨當在第足之間，是床桄也。未有與者，言至三則應，故二未有與也。」

循按：「《考工記》『輻之入牙處爲蚤』，蓋弓之末亦爲蚤，鄭《注》謂『蚤當作爪』，乎亦爪也，自身體言之，乎在指間；而自柄言之，乎在床足之上，震爲足，艮爲指，指本在足之末，今復之震在下，剝之艮在上，是指在足上矣！夫指在足上，惟床足有然，故取象于辨，象于六二何也？虞

日『剝二成艮』，蓋剝上卦本是艮，剝乾至二又成艮，故于
二取之也。」（此段已至頁29）

　　由焦循手批資料及後期《易》學著述綜合驗證，可以考察焦循
《易》學淵源，除家學淵源外，更進而能求諸漢、魏，研究於鄭
（玄）、馬（融）、荀（爽）、虞（翻）諸家。❻而以引虞翻《易
注》最多，其次爲荀爽、鄭玄、馬融、侯果、京房、蜀才、姚信、
《子夏傳》、《九家易》、崔憬、何妥、干寶、孟喜、劉向、服
虔、應劭、翟玄（焦批避康熙玄燁名諱作元）、陸績、宋衷、陸希
聲、張軌、薛氏、王肅、向秀、劉瓛、魏徵及李鼎祚等；並及於清
朝前修惠棟《周易述》、《易說》、《易例》及毛奇齡《仲氏易》。❼

----

❻　其手稿《易釋》8 卷，卷 1〈自序〉云：
　　循承祖、父之學，幼年好《易》；已而得李氏《集解》，乃窺漢、魏以
　　來說《易》之法。乾隆己酉（1789），鄭柿里舍人每以《易》中滯義見
　　問，日數往來，循率依荀慈明、虞仲翔等之說答之；門人記其所言，不
　　下數百條，久亦忘之矣。……
　　《雕菰集》卷 24〈告先聖先師文〉亦曰：
　　循家三世習《易》，循幼秉父教，令從《十翼》求經；然弱冠已前，第
　　執趙宋人說。二十歲，從事於王弼、韓康伯注；二十五歲後，進而求諸
　　漢、魏，研究於鄭、馬、荀、虞諸家者，凡十五年。年四十一，始盡屏
　　眾說，一空己見，專以《十翼》與上下兩經，思其參互融合，脈絡緯
　　度，凡五年，三易其稿。

❼　毛批全文援據時儒之說，大抵見惠定宇（棟）、毛大可（奇齡）二家，要
　　以惠氏之說爲主。案：毛西河淹貫群經，其所自負者在經學，於《易》著
　　有《仲氏易》30 卷、《推易始末》4 卷、《易小帖》5 卷、《易韻》4 卷
　　等。惠定宇爲吳派宗師，年五十後，專心經術，於諸經熟洽貫串，尤虔於
　　《易》；錢大昕竹汀先生謂擬諸前儒，當在何休、服虔之間，馬融、趙岐

可見其手批《易》注，基本上以唐朝李鼎祚《周易集解》所輯引漢魏《易》學家，以及同朝先進吳派鼻祖惠棟的《易漢學》為主要材料，要以漢學為尚，講求「義本乎故訓」，義理有據，象數有宗。本此可以肯定焦循《雕菰樓易學》以漢魏象數《易》學為基礎，又能就王弼、孔穎達《周易注疏》相關內容，或信守肯定，或指正辯駁，論其是非，議其去取，評其優劣，可為王《注》、孔《疏》的針砭注腳；尤其，《周易補疏》二卷多根本於此，而增益發揮，補苴罅漏，手批《周易》誠為不刊明證。焦循融會貫通《周易正義》與《周易集解》，匯象數、義理為一爐，故能進而開創其一家專門之學。

由手批《易》注中，可以觀察焦循出入有得的治學方法及研究心得。首先引據漢魏《易》家資料，而後多另有一段「循按」的文字，以闡述、增益或批判漢魏《易》家諸說的闕遺訛誤，去取之間均能有所說解發揮；又多以墨筆框括，或硃筆圈點重要段落，使作者、閱者能加強注意及研讀的思辨，這是焦循手批著述中的普遍特色，也是他治學一貫刪削損益的精神展現。而此一「循按」的表述形式，深刻影響著焦循日後著述的體例，《易通釋》、《周易補疏》等有關《雕菰樓易學》著作及其他相關撰述，大都以這種形式

革不及也。於《易》著有《周易述》一編 23 卷（一作 25 卷）、《易漢學》8 卷、《易微言》、《易例》2 卷、《周易古義》2 卷等。焦循取資二家，別裁經術，故能出入有得。然其〈與王引之論易書〉（見羅振玉輯印之《昭代經師手簡二編》），於惠氏《易》頗有批評，曰：

東吳惠氏為近代名儒，其《周易述》，循最不滿之！大約其學拘於漢之經師，而不復窮究聖人之經，譬之管夷吾，名曰尊周，實奉霸耳。

表現，可說奠立於早期治學的基本型範。由焦氏引用原典持本有據，可以考察其去取的甄別標準，更能追索其思想的淵源❽；益以焦循按語，立破損益，一覽無遺。

焦循《易》學以晚期《雕菰樓易學三書》爲最後的結響，推原其因爲此手稿批注的深造有得。焦循《易》學撰述以手批《周易兼義》爲最早，自漢魏象數《易》學家的基本創造中，醞釀出「旁通、相錯、時行」的體例，架構一套「比例、變通」的法則；並透過「以經證經、以傳證經」的文本傳統，鉤貫《易》辭中外在形式與內在義涵的有機聯繫，以《周易》卦辭、爻辭的相同、相似類比，綜合歸納出其中的《易》學詮釋理路──「以辭比例，以例通辭」。手批《周易》中已隱約完成此一基型，雖然尚未完全成熟，而其中的發展脈絡可以尋跡追蹤而得。

焦循按語，除奠定日後《易》學著作的基本型態外，更是開創後來融文字訓詁與思想義例於一體的濫觴。文字訓詁持據上，多引《爾雅》、《說文》、《釋名》、《廣雅》、《釋文》、及《毛詩傳》、《尚書》、鄭玄《禮注》、《左傳》、《穀梁傳》、《後漢書注》、《離騷》、《昭明文選》、《顏氏家訓》諸書以爲論證考資；思想義例的批判繼承與創造發展，尤其爲焦循獨特出眾的慧識

---

❽　《雕菰集》卷14〈復江艮庭處士書〉云：

循學無師傳，竊謂：「西京拘守之法，至鄭氏而貫通，其經注炳如日星，不難於阿附，而難於精核。果有以補其所不足，則經賴以明；不則其書自在，非易者所能蔽。《詩箋》多異毛《傳》，《禮注》屢更先鄭，鄭氏說經之法，正如是也。

卓見，故云「凡舊說今不用者，皆刪去」，「此說非是」，「此條宜審」，「與下一條參酌之」，「此說宜細酌」，「此爲旁通之證」，「王氏之說爲得，可參合觀之」；有以爲「當細酌」者，有以爲「余終不謂然也」者，有以爲「與經傳正合」者，有以爲「存酌心中，尙以爲未然也」者，有以爲「恐無此義也」者。凡此正其所合，疑其不安，「證之以實，運之於虛」❾，治學研《易》風範，在此畢露無遺。而其墨筆、硃筆圈點、框括、乙塗，驗其後定《易通釋》各條說解，可謂深造自得，鞭辟入微。

　　焦循以小學通經義，求義理於故訓，特重《易》例的旁通、相錯、比例、時行與變通之道，自成一套詮釋體系，由經傳條綜字義、詞義，而以往來升降的爻位卦變，縮繫形式與義涵的統一律則，以具體的訓詁、抽象的邏輯結合爲之樞紐，故其解《易》時人以爲渙然冰釋，怡然理順，通達無礙。而焦循用功勤謹，與時俱進，嘗自言「字字求著落詮釋，此眞學《易》至要之法」❿，驗諸手批《周易兼義》全文，「統之有宗，會之有元」，焦循《雕菰樓易學》體大思精，淵源所自，由來深矣！

二、焦循手批《尚書正義》

　　焦循手批親校本《尚書註疏》，爲其最早的《尚書》治學原稿，至今二百餘年，未曾披露，而焦循就其閱覽所見，校改其中甚

---

❾　詳見〈與劉端臨教諭書〉，《雕菰集》，卷 13。
❿　詳見《易廣記》，卷 3。

多錯誤，可爲版本與斠讎學的典範。又與阮元《尚書注疏校勘記》互相證明，有比較異同的價值；而於訓詁、義理的詮釋，又與其後《尚書補疏》互通有無，可相印證。於批校中，又可見焦循輾轉鉤貫，以傳解經，以疏釋傳的文本考證傳統，不僅彰顯乾嘉樸學的菁華，更具有詮釋學與方法論的意義。

　　焦循見存《尚書》著述可考見者，有以下五種：《尚書正義》手批本（傅斯年圖書館典藏）、《尚書補疏》二卷（《焦氏遺書·六經補疏》本）、《禹貢鄭注釋》二卷（《焦氏叢書》本）、《古文尚書辨》八卷（《清頌堂叢書》本）、《書義叢鈔》四十卷（稿本，傅斯年圖書館典藏〈盤庚〉至〈微子〉3 卷 9 篇；北京圖書館典藏，僅存 7 卷。）。

　　《尚書正義》手批本爲焦循《尚書》學的根本基礎。謹迻錄手批二則，以爲參考：

㈠卷第十四《康誥·第十一》：「乃惟眚適爾，既道極厥辜。」
　　（頁 9）

　　　　《正義》解「適」爲「當」，非《傳》義。適，如也；謂如
　　爾盡聽訟之道，以窮極其罪，然不可殺。

　　案：《尚書補疏》：「循按：《傳》以汝字解爾字，以盡字解既字，以聽訟之理解道字。適字未有明解，《正義》以適爲當，云『汝當盡斷獄之道，以窮極其罪』，經文適在爾字上，《正義》汝在當字上。『汝當盡斷獄之道，以極其罪』，則爲督責之辭，非經意，亦非《傳》意。適訓當，亦訓如，宜解爲『如得其情』之

『如』，謂有大罪非終，乃惟眚災，如爾盡聽訟之道，以窮極其罪
之大。然是人既非終乃惟眚災矣，則不可殺。《傳》以聽訟之理解
道字，則斯時所以救康叔者，救其於大罪之中，知其非終，非救其
窮極其罪也。玩下云『亦不可殺』，亦字從適字轉出，《傳》雖未
明破適字，而適字之義自見。」此條詳說，可證成手批的具體而
微，有前略後詳的參照作用。

㈡**卷第十九《呂刑·第二十九》：「鴟義姦宄，奪攘矯虔。」**（頁
　25）

　　　馬讀「鴟」爲「蚩」，《廣雅》：「蚩，輕也。」《三蒼》：
　　「蚩，輕侮也。」《一切經音義》、《蘇氏演義》：「蚩
　　者，海獸也」。漢武帝作柏梁殿，有上疏者云：「蚩尾，水
　　之精，能辟火災，可置之堂殿。」今人多作「鴟」字，顏之
　　推亦作此「鴟」。

　　案：鴟爲輕慢不恭，王引之云：「鴟者，冒沒輕儳。義者，傾
邪反側也。」又《潛夫論·述赦篇》云：「古者唯始受命之君，承
大亂之後，被前王之惡，其民乃並爲敵讎，罔不寇賊消義，姦宄奪
攘。」是說此經之義。或今文「鴟義」爲「消義」。義詳孫星衍
《尚書今古文注疏》（臺北：文津出版社，頁 520），而焦循《尚
書補疏》「鴟義姦宄」條本此爲說而增詳，可以互明，不具錄。

　　《尚書》向稱難讀，佶屈聱牙，實因文獻典奧，代久年湮，以
致訓詁難明，義旨未彰。然歷代官學，各朝鴻儒碩學潛心鑽研，反
復證論，已能開顯幽光，啓右聖道，還其本來清明面目，豁然昭

然，文從而理順，暢達無礙。有清乾嘉樸學大興，學者輩出，鉅著皇皇，粲然最備！若阮元重刊宋本《十三經注疏·附校勘記》，已爲典範，學之者無不景然牽宗；他如納蘭性德《通志堂經解》、阮元主編《皇清經解》、《經籍纂詁》諸洋洋宏製，薈萃群儒，殫精竭慮，經學炳蔚，遂成「恆久之至道，不刊之鴻教」。

　　焦循理堂先生躬逢乾嘉實學盛會，戮力研究，號爲經學通儒，宏篇偉論，不遑暇舉。筆者專志覽讀焦循早歲購藏毛氏汲古閣本《十三經註疏》，圈點眉批、題記校改，朱墨瀟然盈目；而焦循讀經之勤，運心潛思之跡，可以追蹤體會；雖片語隻言，猶存眞實之感動，令人怦然矣。審閱鈔錄全套《尚書註疏》手批文本，而乾嘉學者精於校讎，嫻於訓詁，明於義理的治學進路，可以領略一二者，是先生《尚書》之學的潛德幽光！

三、焦循手批《毛詩註疏》

　　焦循手批明汲古閣本《毛詩註疏》，係其研閱《毛詩》的初稿，內容豐富，歷時十數年，奠定其後《毛詩》學術撰述的基礎。藉此原始文獻，可以考察焦循治學的歷程及發展的進路。若以焦循《毛詩補疏》及阮元《毛詩注疏校勘記》二書核校，可以觀其異同，見其得失，又能匡補闕遺，斟酌損益。綜觀手批內容，焦循皆於每卷後題記批讀時地景況，並於毛《傳》、鄭《箋》及《正義》的短長失得，多能就其所見直書臧否，又引錄阮本及時儒之說以爲參證，據此可以略窺焦循運用乾嘉樸學詮解《毛詩》經學的方法與底蘊。手批全文疏落有致，亦可觀照焦循治學與書法風格的歸趣。

焦循有關《詩經》著述，可考見者有：《毛詩補疏》稿本、刊本，《毛詩物名釋》稿本，《陸氏草木鳥獸蟲魚疏疏》（《詩陸氏疏疏》）刊本，《推小雅十月辛卯日食詳疏》稿本，《毛詩草木鳥獸蟲魚釋》稿本、鈔本，《毛詩地理釋》稿本、鈔本，《毛詩傳箋異同釋》（《毛鄭異同釋》）未傳世。分別典藏於北京、南京、上海圖書館及中央研究院傅斯年圖書館及臺北國家圖書館，而以此手批《毛詩》爲其發展的基礎，觀以下手錄題記二則，可以體察一二：

㈠第五冊：《毛詩註疏》卷第五《齊風》

本冊卷首扉頁題記一則，甚具參考研證價值；反復讀之，心有戚戚焉。謹錄如下：

> 省試被落，緣此可以潛居讀書。《毛詩》久欲窮究之，因日間刪訂所撰《草木鳥獸蟲魚釋》及《詩地釋》兩書；晚間燈下衡定（「寫」？此字蠹損，待辨。）毛、鄭、孔之義。偶抽得《齊風》，及自此本起。時嘉慶三年九月十五日，燈下，焦循記。
>
> 榜發若得解，自此碌碌。明春北上，何暇讀書？以此一載功夫，當增學問幾何？當得失榮辱之際，恆作此想，則得不致于蕩廢，失不致于憤懣。書此，使子弟知之。

案：嘉慶三年戊午（1798），先生三十六歲。秋九月，省試被落，遂溫習舊業，刪益《釋弧》原上中二卷，因作《釋弧·自序》以紀焉。又本冊卷首下，有「江都焦循」、「恨不十年讀書」、

「焦氏藏書」三方藏書篆印，以及典藏單位印記三方同前各冊。另有一長方陽文篆印「括囊」，全書僅此一見，語出〈坤〉六四：「括囊，無咎，無譽」。是否爲焦循印記，猶待考查，因所見焦循諸書尙未見此篆識。

(二)第六冊：《毛詩註疏》卷第六《唐風》

首頁標題下有硃筆題記二則如下：

> 嘉慶三年十月廿日，閱起。
>
> 單點，乃乾隆辛丑所閱，今閱則加圈耳。（耳字似「了」，意均可通。）

案：乾隆辛丑，當乾隆四十六年（1781），先生十九歲。是年，買得汲古閣刻本《十三經註疏》，又《雕菰集》卷十五《詩益·序》：「乾隆辛丑，余始有志於經學，自《毛詩》始。」至嘉慶三年戊午（1798），先生三十六歲，已歷時十七載餘。

焦循《毛詩註疏》全文手批以「阮本」爲主，大量運用阮元考釋、校勘的成果，有其繼承延續的意義。而阮元《毛詩注疏校勘記》引用諸家以陸德明《毛詩音義》、山井鼎《考文毛詩》、浦鏜《毛詩注疏正誤》、陳啓源《毛詩稽古編》、惠棟《毛詩古義》、戴震《毛鄭詩考正》以及段玉裁《校定毛傳》、《詩經小學》爲主，其中段玉裁之說引用最多。由阮元所引據諸家，於文字、聲音、訓詁的原本考證特爲顯著，檢索手批全文可以參驗；而手批所引「阮本」，與今刊本校勘記內容不盡相同，頗多校勘記所未見收的相關內容，宜補入校勘記者逾數十條，又可觀其斟酌損益之功。

　　焦批除鈔錄「阮本」外，並多有個人所學的發揮判釋，於毛
《傳》、鄭《箋》、孔《疏》的確詁正解，多能正面肯定，加以揄
揚；而於毛《傳》、鄭《箋》、孔《疏》的謬誤拙陋，亦嚴詞以
待，針砭失當。**⓫**是其所是，非其所非，咸有持據，不託空言；又
大量運用《爾雅》、《說文》、《廣雅》、《玉篇》、《釋文》等
文字訓詁之書及相關經典文獻，論之有本，持之有故，可證其實事
求是、好學深思的治經涵養。而手批資料，除了為《毛詩補疏》的
底本外，更能匡補闕遺，提供《補疏》的注腳與參考。

　　透過焦循手批題記，並間見其哲嗣廷琥虎玉題記數則，均可以
概觀暸解焦循學行的自剖告白，提供相當豐富的生活點滴與學習記
錄，可以據以追蹤、繫聯焦循一生治經、讀經的心路歷程，勾畫其

⓫　焦循於毛《傳》、鄭《箋》、孔《疏》的相關內容，除了能明辨去取，論
　　其是非者外，多能本諸「闕則闕，疑則疑」的真誠態度，審慎處之，或曰
　　「當細為考核」、「此處當核」、「宜有所本」、「殊不可解」，或曰
　　「此詳審之」、「費解」、「宜詳」、「未詳」……，而觀其後著《毛詩
　　補疏》多能詳明之，此其一貫義法。
　　焦批於毛《傳》多持正面肯定之說，如有訛誤、脫奪、衍羨，或釋義之不
　　允洽處，亦能直指其非與失當；相對指於鄭《箋》，則非難指其甚多，用語
　　亦直接而較嚴，如「《傳》義自是，《箋》義甚鄙，不如《傳》也」、
　　「《箋》說太滯」、「《箋》滯不及毛」、「《箋》太鄙」……。然《箋》
　　之發明處，亦能持平衡定之，是又見其慧識也。
　　焦循手批於孔《疏》批釋最多也最嚴苛，如「《正義》之解每迂拙不
　　達」、「敷衍拙滯之至」、「此迂拙之至」、「未免迂極」；或中肯言
　　之，「《正義》略之，宜補」、「玩《正義》，當是《箋》」……，然於
　　孔《疏》之得當處，亦不吝譽以「通達不拘滯」、「精理」、「妙
　　解」……。則焦循之揚善去惡，實事求是，又可得其印證與理解。

一生的經學年譜。大抵而言，嘉慶三年（1798）題記最多，時年三十六；乾隆四十六年（1781）次之；其次，嘉慶四年（1799）、乾隆五十二年（1787）、五十五年（1790）；再次，嘉慶十二年（1807）、嘉慶七年（1802）、乾隆四十九年（1784）、五十七年（1792），但大體爲中年以後的學習寫照，正值生命豐實而潛養的階段，爲學程的最佳見證。透過整理，可以觀照焦循經學發展的進路。

三、焦循手批《三禮註疏》

《三禮註疏》焦循手批內容較前各經爲少，《儀禮註疏》牌記爲崇禎九年（1636）繡鐫爲最早，《周禮正義》繡鐫於崇禎十一年（1638）次之，《禮記正義》繡鐫於崇禎十二年（1639）最晚。綜觀三經批校資料，焦循以宋本爲據，並合阮元《校勘記》所考，多予三經文字中毛本誤刻、衍字等，校其訛奪羨增，又能明其同音假借、同義轉注之用。於《儀禮》、《禮記》頁次訂錯，紊亂失序者明察而正之，而《儀禮》疏文誤刻入大字者亦能糾其疵謬，是真能校書、讀書者。而焦循明於屬文之法，精通醫理、算學，於手批各條復能體會一二，而其博觀經、史、子、集之書，約取昔賢時儒之說，以爲經、傳、註、疏論證取資，更能發揮其徵實運虛的治學底蘊；其子廷琥克紹箕裘，又可於手批題記中，略窺一二。⓬謹錄手

⓬　焦廷琥，字虎玉，江都學廩膳優生，能讀書，傳父里堂先生業，編校父　書，以勞瘁臒疾卒，年僅四十，距父喪甫逾半載。著有《先府君事略》1

批二則，觀其梗概：

㈠第二冊：《曲禮下·第二》卷第四至《檀弓上·第三》卷第六

余向爲外號曰「妥之」，用此注也。不知者以爲怪，後遂不復用；其實非怪也。然人之見此注者少，何必定使人怪也？（卷4頁1，「大夫則綏之」註：「綏，讀曰妥，妥之謂下於心。」「讀曰妥」三字旁墨圈。）

宋本作「帥爾」。（卷4頁8，「侍於君子不顧望而對，非禮也」註：「禮尙謙也。不顧望，若子路率爾而對。」《校勘記》有考。）

爪。（卷4頁16，「乘髦馬」註：「蚤，讀爲□。」毛本脫「爪」字，阮刊本已補「爪」字。）

不讀神農、岐伯之書不可爲醫，名之爲醫則已能讀書矣！又必祖孫相傳，乃不致以紙上陳言，誤人生死也。（卷5頁20，「醫不三世，不服其藥。」）

此本《白虎通》宜明標所本爲是。（卷5頁35，「凡摯……」下疏：「《白虎通》云：『羔取其群而不黨，卿職在盡忠，率下不黨也。』」）

㈡第十冊：《內則·第十二》卷第二十七至《玉藻·第十三》卷第二十九

卷、《尚書伸孔篇》1卷、《冕服考》4卷、《讀書小記》2卷、《春秋三傳經文辨異》4卷、《益古演段補》2卷、《儀禮講習錄》2卷，《禮記講習錄》2卷等。

潤溪沼沚之毛，芼猶毛也。（卷 27 頁 5，「芼羹菽麥」註：「芼，菜也。」）

「柤梨之不臧，「柤」即「楂」，注作「棋」誤。（卷 27 頁 19，「棋棗栗榛」，《校勘記》有考可參。）

注明以捷爲勝，不爲速也；虛則不勝，強則勝矣！（卷 28 頁 15，「國君世子生，告于君，接以大牢宰掌具」註：「接讀爲捷。捷，勝也。」註：「……故知補虛強氣，宜速故也。」）

謂數計時日也。（卷 28 頁 26，「九年教之數日」《釋文》：「數，所主反。」《釋文》字旁均加墨圈爲記。）

釋，當「猶釋也」。（卷 29 頁 15，《釋文》：「連，力且反，猶也。」「猶也」焦批以爲當作「猶釋也」，脫奪「釋」字。）

爛。（同前疏：「連用湯者，連猶釋也，言釋去足垢而用湯闌也。」《校勘記》考云：「閩、監、毛本同。衛氏《集說》同。惠棟校宋本『闌』作『爛』。」）

紕。（卷 29 頁 23，「縞冠素紕，既祥之冠也」註：「紕，緣邊也；縞，讀如坤盆之坤。」「縞」字下每字旁加墨圈，「縞」毛刊誤，宜正爲「紕」，阮刊本作「紕」。）

有。（頁 29，「纊爲繭，縕爲袍」註：「衣者著之異名也。」「者」毛刊誤，宜正作「有」，阮刊本作「有」可證。）

嘉慶丁卯十二月廿六日，琥閱，是日風雨。

案：此爲卷末焦循子廷琥題記。嘉慶丁卯爲十二年（1807），先生四十五歲，廷琥二十五歲。（乾隆 47 年壬寅，西元 1782 年，廷琥誕生，里堂時年 20 歲。）

　　《三禮註疏》焦循手批資料以《禮記註疏》批校資料最多，而《周禮》、《儀禮》二經在伯仲之間，其中焦循於《周禮註疏》、《儀禮註疏》所據毛本文字，其誤刻訛字、衍文、異文、同義轉注字等，大率依宋本爲之刊正，與阮本《校勘記》所合者甚多，可爲夙稱善本的毛氏汲古閣本提供諸多校讎的參考資料；而於《儀禮註疏》中疏文誤刊入大字，及注、疏中與經文異同鑿枘處，亦能妥適指明，甚至引用文獻、時儒諸說予以駁正，爲經、傳、註、疏正本清源，著意多矣。

　　《禮記註疏》手批較詳，除版本校勘，訛字、衍文、異義的釐清外，復能考察經、注屬文之法予以臧否。而焦循廣泛引用經、史、子、集以證本經、註、疏，並輯錄夙儒時賢之說以爲釋證，尤見其博觀約取的治學涵養。焦循於醫理、算學精通，於手批中亦能體會一二；而其哲嗣焦廷琥題記，又可見父子箕裘之紹志。至於焦循自謂「余向爲外號曰妥之」，用〈檀弓〉之注，益增「好學深思，心知其意」的仰歎矣！

四、焦循手批《春秋左傳註疏》

　　焦循手批毛氏汲古閣本《春秋左傳註疏》，資料豐富，內容詳盡，實爲里堂研治《左傳》的具體紀錄，具有考察其經學進路的文獻價值。手批全文廣泛鈔陳諸史地理志、郡國志、郡縣方志……等書，以考證《春秋左傳》地名的古今沿革設置，不僅可以作爲地理考察的參據，尤可資以爲研究春秋戰國以還，中國封建疆域與政治軍事、歷史、地理交互錯綜，彼此聯繫的認知素材。而焦循於毛本

刊刻訛誤、錯置，與經、傳、註、疏的解讀詮釋，又有鉅細靡遺，優劣具陳的鑒識；尤其，講究《左傳》文章義法，而譽之為「寫生之妙，左氏真文章之祖也」，「文如龍蛇，不可測度」，「此等敘事之法，真是神品」，「左氏之筆，真奇變不可測」，「真妙文，隨手即離，無不如意」。故綜覽手批全文，可知焦循融鑄經、史、文學於一爐的造詣。以下迻錄手批二則，以為參驗之資：

㈠第二冊：卷第四〈隱公十年〉

> 《公》、《穀》皆作「載」，甾、載一音之轉。《詩》「俶載南畝」，亦非載。蓋載與戴通，〈月令〉「載青旂」、「載以弓韣」，《詩》「載弁俄俄」，皆戴也。（頁 23，「經十年：秋，宋人、衛人入鄭，宋人、蔡人、衛人伐戴，鄭伯取之。」）
>
> 《後漢》陳留「屬」考城故甾。注「陳留」，《志》曰：「大戴國。」《地名》引《爾雅》曰：「木立死曰甾。」《呂氏春秋》曰：「艸鬱即為甾。」《詩》「無甾無害」，音災；《大學》「甾必逮夫身」，是甾、載同音也。（同前）

㈡第十七冊：卷第五十一〈昭公二十五年〉

> 此等敘事之法，真是神品。（頁 20 硃批，「傳二十五年：初，季公鳥娶妻於齊鮑文子生甲，公鳥死，季公亥與公思展、與公鳥之臣申夜姑相其室；及季姒與饔人檀通，而懼……。」）
>
> 此事詳見後。（頁 21 硃批，「故郈昭伯亦怨平子。」每字旁加硃圈為識。）
>
> 此近敘前拘臧氏者事也。（頁 29 硃批，「傳二十五年：初，臧昭伯

如晉，臧會竊其寶龜。」）

為此句，故詳敘上文，《左氏》之筆，真奇變不可測。（頁
29 硃批，「及昭伯從公平子立臧會。」傳文每字旁加硃圈為記。）

　　焦循手批《春秋左傳註疏》大量引用文獻資料，以證成補遺。
如以類別分，遍及經、史、子各部專著，尤以史部文獻最多，茲依
統計所得，粗列如下：

　　1.史部：《史記》、《漢書》（〈律歷志〉、〈地理志〉）、
《後漢書·郡國志》、《晉書·地理志》、《隋書·藝文志》、
《隋書·地理志》（《晉書》、《隋書》二史〈地理志〉引見資料
最多）。他如《戰國策》、《國語》、《水經注》、《輿地廣
記》、《元和郡縣志》、《路史》、《括地志》、《文獻通考》、
《陳留志》、《河南志》……等，可謂搜羅宏富，索隱多方。

　　2.經部：《左傳》、《公羊傳》、《穀梁傳》、《毛詩》、
《周易》、《易林》、《尚書·周書》、《禮記·月令》、《禮
記·大學》、《孟子》；及與《三傳》有關之著述，如服虔
《注》、賈逵《注》、杜預《注》、范甯《注》、劉歆《章句》、
杜預《春秋釋例》、潁容《春秋條例》，並旁及京相璠《春秋土地
名》（最常見引）、《春秋古地》、《三傳異同說》、《三家經異
同》，趙匡、啖助《春秋集傳》等，可謂墳典具列，專家並陳。

　　3.子部：《荀子》、《呂氏春秋》、《神農本草經》、《證類
本草》、《名醫別錄》等相關著作，凡有可採擷者，莫不輯引以證
成其說。

　　4.小學及類書：《爾雅》、《說文》、《方言》、《玉篇》、

《釋文》、《韻會》、《廣韻》、《集韻》、《字典》、《六書
故》以及類書《太平御覽》等，旁徵博引，窮研究索，又可謂之條
達清明矣。

　　再就手批內容而論，焦循除依宋本校勘汲古閣毛本的訛誤、錯
亂、衍奪外，尤著意於經、傳、註、疏四者間文義的妥適一貫，凡
有所當、有所失，皆直書臧否；其有不可解者，則「疑則疑，闕則
闕」以俟來考，雖其按語不似《周易》如是之多，但偶有獨到之
處，亦可見其鑒識與別裁。

　　如互校其後撰《春秋左傳補疏》一書，能於經傳註疏可信、可
疑處，獲得諸多驗證，其求真寓善的精神，朗朗畢現，具可考知。
而其批正文字錯訛，多與阮元《校勘記》相合，又可相觀而善，證
成焦循考證、釋義、詮理的精實學養。至於研究方法，以經傳解經
傳，由主證、旁證而輔證，相因相成，乾嘉樸學的治經進路，焦循
充分體現，並能如實印證於其學程之中，此其難能可貴處，證諸他
經，其成果皆如是也。

　　焦循手批全文，於左氏文法頗為推崇，屢見褒揚，其至者如
「寫生之妙，左氏真文章之祖也，韓昌黎輩幾曾夢見？」，「此等
敘事之法，真是神品！」，「左氏之筆，真奇變不可測！」，「真
妙文，隨手即離，無不如意！」；其隨意言之，如「補敘」、「高
調」、「繪色繪聲」……等，真可為後世文法家取則之本。此外，
焦循於《疏》文精到卓越處，亦頗有慧識，如「《疏》文用議論
體，凡《正義》中有如此者，當抄出誦之」，經義文法，隨處生
發，焦循於《春秋左傳》窮研極索，用心之廣，自得之深，又可領
略矣！

五、焦循手批《春秋公羊傳註疏》

　　焦循手批《春秋公羊傳註疏》，是其唯一傳世的《春秋公羊傳》研究資料，可與其《左傳》手批資料比而觀之，若再輔以其手著《左傳補疏》，可以清晰呈現焦循《春秋》學的全般樣貌。筆者透過鈔釋，完整記錄焦循手批原稿，除了保存經學文獻的基本價值外，更可透過此份資料，具體瞭解焦循研治《公羊傳》的入手進路，充分展現乾嘉樸學重考據、尚實證的學術風範。手稿中，焦循大量運用許慎《五經異義》、鄭玄駁議及惠棟《九經古義》考證成果，可與阮元《春秋公羊傳注疏校勘記》對勘，具有匡補闕遺的作用，並提供檢證的準據，可提供為清代「公羊學」研究的參考文獻。又《穀梁傳》無手批題記，附識於此。試攝錄手批二則，略識梗概：

㈠《春秋公羊傳註疏·隱公·卷第二：起二年，盡四年。》

　　　惠氏曰：「五年《傳》云：『始僭，諸公昉於此乎。』蔡邕《石經·公羊》『昉』作『放』。鄭康成注〈考工記〉云：『瓬，讀如放於此乎之放』，是漢時《公羊》昉皆作放。」
　　　（頁3「曷為貶？疾始滅也。始滅昉於此乎？」）

　　案：鈔見惠棟《九經古義》，阮元《公羊注疏校勘記》卷二「始滅昉於此乎」下云：「唐石經，諸本同。《隸釋》載漢《熹平石經》：『《公羊》殘碑，昉作放。』又鄭氏《詩譜·序》、〈考工記·注〉皆言『放於此乎』，本《公羊傳》文，是蔡、鄭所據本皆作『放』，當以『放』為正，『昉』俗字，下同。」又云：

「按：古多作放，後人作倣、作仿、作昉，皆俗字也。《公羊傳》寫作昉，俗字耳。惠棟乃疑嚴氏《春秋》作放，顏氏《春秋》作昉，何用顏，其說誤也。」

> 《五經異義》：「今書《春秋－公羊、穀梁》說卿大夫世位，則權并一姓，謂周尹氏、齊崔氏也。而古文《春秋－左氏》說卿大夫，皆得世祿，《傳》曰『官族』，《易》曰『食舊德』，謂食父故祿也。《尚書》曰：『世選爾勞，予不絕爾善』，《詩》云：『惟周之士，不顯奕世』，《論語》曰：『興滅國，繼絕世』，國謂諸侯，世謂卿大夫也。」（頁11至12「曷為貶？譏世卿。世卿，非禮也。」）

案：見惠棟《九經古義》，而文字有省簡。

> 碏，蔡《石經》作「踖」，《說文》無「碏」字，當從《石經》作「踖」。《潛夫論》云：「石氏，衛公族。」（頁21「然則孰立之，石碏立之。」）

案：阮元《校勘記》云：「唐石經，諸本同。《隸釋》載：漢石經《公羊》殘碑。『碏』作『踖』。惠棟《九經古義》云：『《說文》無「碏」字，當從漢石經作「踖」。』」

㈡《春秋公羊傳註疏・昭公・卷第二十二：起元年，盡十二年。》

> 惠按：「古祥字皆作詳。《易・履・上九》『視履考祥』，《釋文》云：『本又作詳。』《尚書・君奭》云：『其終出于不祥。』蔡邕《石經》云：『其道出于不詳。』〈呂

刑〉：『告爾祥刑。』《後漢·劉愷傳》引作『詳刑』。鄭
氏《周禮·注》亦云：『度作詳刑，以詰四方。』皆古祥
字，故《左傳》『禓祥』，服虔引《公羊》作『詳』；今
《公羊》作『侵羊』者，《春秋繁露》云：『羊之爲言猶
祥。』與鄭眾《百官六禮辭》亦云：『羊者，祥也。』疑古
祥字皆省作羊。詳，善也。鄭注〈車人〉亦云『羊，善
也。』祥亦訓善，見《說文》。」（頁 24 至 25「仲孫貜會邾婁
子，盟于侵羊。」）

　　檢視焦循手批《春秋公羊傳註疏》全文，基本上校改毛晉汲古
閣刊本中有關形、音、義的訛誤與失當，正本字，考音讀，歸義
理，原本有據；引證專家之說，不誣不妄。此一精審的考據功夫與
成果，足與阮元《公羊注疏校勘記》等量齊觀，並且可以補阮記的
闕漏與違失，有核校匡遺之功。

　　手批中大量引用《五經異義》，此書原爲東漢許慎撰，共十
卷。原書已佚，僅散見於徐堅《初學記》、杜佑《通典》及李昉
《太平御覽》等書；清人王復有輯本一卷，並附鄭玄《駁五經異
義》一卷；陳壽祺撰有《五經異義疏證》、皮錫瑞亦有疏證之作，
皆可與焦循手批所見校其異同，藉以考察今文經學與古文經學的不
同內容。

　　此外，焦循又廣泛運用清儒惠棟《九經古義》資料，以檢證
《公羊傳》諸多的考據問題，擷取時儒先輩學術菁華，充分反映出
焦循博觀約取的學術客觀精神。案：《九經古義》凡十六卷，包含
《周易》、《尚書》、《毛詩》、《周禮》、《儀禮》、《禮記》、

《左傳》、《公羊傳》、《穀梁傳》、《論語》十種，其中《左傳》六卷，後刊版別行，故惟存其九；是書大抵蒐採舊文，互相參證，精核者多，漢儒專門訓詁之學於今得以考見，可與王應麟《詩考》、鄭氏《易注》諸書並重。惠棟開吳派漢學一脈，焦循兼容並蓄，故能大其學，而廣其識。

六、焦循手批《孝經註疏》

焦循手批《孝經註疏》，僅一條引錄《爾雅·釋詁》文，爲全書特例，焦循亦無有關《孝經》的專著❸，而此條與其《易通釋》相互鉤貫，可見其學術輾轉旁達之功。

卷第一〈開宗明義章·第一〉頁四，「立身行道，揚名於後世，以顯父母，孝之終也」天頭眉批：

《爾雅》：「顯，代也。」

案：見《爾雅》卷第二〈釋詁·第一下〉：「鴻、昏、於、顯、間，代也。」焦循於此義頗多措意，屢見於其經解之中，如《易通釋》卷十七「鴻　楊」條即云：「循按：〈漸〉六爻皆取象於鴻，說者或以爲大雁（虞翻），或以爲水鳥（王弼）；或謂隨陽

---

❸　《雕菰集》卷 12〈勘倭本鄭注孝經議〉云：

武康徐熊飛所得日本《鄭注孝經》一本，以《經典釋文》及《正義》核之，固有合者，而舛而不備者甚多，今略舉其可疑者。……嘉慶六年五月二十六日，江都焦循議。

鳥，喻女從夫（李鼎祚），然皆執鴻之爲鳥名耳。《易》之繫辭，每假借於聲音訓詁，閒以爲之義。……因究《爾雅・釋詁》之文云『鴻，代也』，〈康誥〉『乃洪』，《大誥》『洤』，鄭康成注云『洪，代也』，洪、鴻二字通，鴻之爲代，其義古矣！爻辭作於周公，〈釋詁〉亦周公所作，以周公之所釋，釋周公之書，則此鴻代之訓，以爲即疏解〈漸〉卦之鴻可也。……顯之義，同於揚；代之義，同於賡，《爾雅・釋詁》又云『賡、揚，續也』，〈夬〉『揚于王庭』，謂更變而通於剝也。《傳》贊〈大有〉云『君子以遏惡揚善』，『揚善』猶云『繼之者善也』……」以文字訓詁，聲音假借，以明經義，以通達鉤貫，可謂焦循經學的特識別裁。

七、焦循手批《論語註疏》

焦循手批《論語註疏解經》刊刻於明崇禎十年丁丑（1637），內容以文字衍誤辨正爲主，偶見引經、史、子資料爲之驗證，而於註、疏文義的當否精陋，並有吉光片語的揚抑。綜觀全文大抵爲焦循後定《論語補疏》所本，其繼承衍釋之跡，卓然可鑒。此外，焦循《論語通釋》在此基礎之上，遂開展其《論語》義理思想的全體大貌，此中繼承、發展的進路，斑然可考。試鈔錄其中二則，以爲參證之資：

㈠《論語註疏解經》卷第二《爲政・第二》：

> 「無邪」何得言「所重在思」。（頁1，「子曰：《詩》三百，一言以蔽之，曰思無邪。」「所重在思」四字旁加墨圈爲記。）
>
> 有恥則不爲不善矣！格，感也，且能相感，使人人皆恥也。

免則已是不爲惡，但非心不爲惡也，心不爲惡，則有恥。（頁2，「道之以政，齊之以刑，民免而無恥。」）

耳順即大舜之「察邇言」，「所爲舍己從人，樂取于人，以爲善也」。❹（此句每字旁墨圈）矩即絜矩之矩（同加墨圈），己欲立而立人，己欲達而達人，故從心所欲不踰矩也。❺（頁2，「六十而耳順，七十而從心所欲不踰矩。」）

㈡《論語註疏解經》卷第十《鄉黨・第十》

孔注精極！與卑者言易侮，故和樂可視；與尊者言多隨，故中正不阿。（頁1，「朝與下大夫言，侃侃如也；與上大夫言，誾誾如也。」註：「孔曰：『侃侃，和樂之貌；誾誾，中正之貌。』」）

《釋文》本無「進」字。（頁4，「沒階趨進，翼如也。」）

---

❹　焦循《論語補疏》本此爲說，而增衍其義曰：
　　順者，不違也；舍己從人，故言入於耳，隱其惡，揚其善，無所違也。學者自是其學，聞他人之言多違於耳；聖人之道一以貫之，故耳順也，謂知微旨，此在不惑、知天命時已然，不待六十矣！
　　案：《禮記註疏》卷52《中庸》曰：「舜其大知也與！舜好問而好察邇言，隱惡而揚善，執其兩端，用其中於民，其斯以爲舜乎？」
❺　《論語補疏》亦承此說，而增釋其義曰：
　　不踰者，所惡於上，不以使下也；所惡於下，不以事上也；所惡於前，不以先後也；所惡於後，不以從前也；所惡於右，不以交於左也；所惡於左，不以交於右也。皇侃解爲放縱其心意，而不踰法度，非是馬云「無非法」，尚未得。

　　焦循手批《論語註疏》全文，多爲後撰《論語補疏》所採，或全文鈔錄、略省，或衍釋增詳，爲焦氏《論語》學術開展一定的初基，而其《論語通釋》獨張義例，尤爲焦氏深造自得的結響。手批中對毛本刊誤、註疏文字衍奪，多與阮元校勘記相合，並可互校；而於注疏文字義理的精陋，亦偶有批判，可以略窺一二。而批文中所引資料，經部僅見《小雅》、《周禮》，史部有《戰國策》、《水經注》、《後漢書・郡國志》及小學書《釋文》、《一切經音義》，並皇侃《義疏》，朱熹《集注》等，雖不宏富，而其治學用心，亦云切矣！

八、焦循手批《孟子註疏》

　　焦循手批《孟子註疏解經》刊刻於明崇禎六年癸酉（1633），手批資料多引宋本、岳本、廖本、韓本、孔本、閩本、監本等爲之考訂訛誤、衍奪，尤以孔本（乾隆壬辰曲阜孔繼涵微波榭本）爲據，與阮元《校勘記》相合甚多，而其中對趙岐《注》句讀及章指誤入注文多有辨正，並能闡發義旨，爲晚年所撰《孟子正義》的張本，並可考察焦循經學的進程。試觀手批二則，以窺大略：

㈠《孟子註疏解經》卷第二下《梁惠王章句・下》：

> 《管子・大匡篇》：「公汗出曰『勿己其勉霸乎！』」又〈戒篇〉云：「勿己朋，其可乎？」此勿己即無己。（頁14，「無己，則有一焉。」）

案：《孟子正義》又增引「《呂氏春秋・尊師篇》云：『勿己者，則好學而不厭，好教而不倦。』勿己即無己。《史記》魯仲連說燕將曰『亡意！亦捐燕棄世，東游於齊乎？』亡意即無己。」手批與此先後相承之跡，斑然可見。

㈡《孟子註疏解經》卷第三上《公孫丑章句・上》：

> 《說文》「噎，飯窒也」，《一切經音義》引《通俗文》
> 「塞喉曰噎」，〈賈誼傳〉「子獨壹鬱，其誰語？」（頁
> 11，「志壹則動氣，氣壹則動志也。」《孟子正義》本此而有詳疏，可以
> 參較互明。）
> 本《淮南子》。（頁 12，「其為氣也，配義與道，無是餒也」註：
> 「道無形而生於有形，舒之彌六合，卷之不盈握，包絡天地，稟授群生者
> 也。」）

焦循手批《孟子註疏》，多與阮元《校勘記》與後定《孟子正義》密合，三者之間關係密切，值得探討。而於趙《注》句讀及其章指誤入正文者，多所議論，並加按語辨證闡釋，多為晚年成書《孟子正義》的張本，其先後承繼發揮的學思進程，均可一一考見。手批資料引書，子部多見如《管子》、《呂氏春秋》、《淮南子》、《春秋繁露》，經部有《禮記・雜記》及虞翻《易》說，小學書《一切經音義》、《說文》，皆為日後《孟子正義》引書詳贍豐博的初基，具有文獻考證的意義。

九、焦循手批《爾雅註疏》

　　焦循手批《爾雅註疏》共三冊，爲焦循傳世僅見有關《爾雅》的批校手稿，全稿雖未成系統，然其多方引據類書《初學記》、《太平御覽》，史書《史記》、《後漢書》及小學書《說文》、《玉篇》、《經典釋文》等專門著作，以釐清、辨證、考較文字訓詁的意義，具有版本學、校讎學以及文獻學的作用，足以勘補郭璞注，並增益阮元《爾雅注疏校勘記》的闕漏。尤有進者，焦循以《爾雅》字義訓詁，轉化爲《周易》義理詮釋的津渡，嘗云：「《周易》之辭，多以同聲爲假借，爲後儒訓詁之祖。」（《易通釋·卷十》「宮、躬」條），創造其通轉的《易》學特色，清明條達，義蘊酣暢。

　　本書刻藏印記甚富，茲依各冊先後臚列如下，可供考證典藏的參考。

㈠**第一冊**（第 1303 架－20 函－118 冊，178276 號）：

　　1.《爾雅註疏·序》標題首行下款：

　　　⑴「恨不十年讀書」長方陽文篆印。

　　　⑵「焦氏藏書」正方陰文篆印。

　　2.《爾雅註疏·卷上·卷第一·爾雅序》：

　　　⑴「焦循私印」正方陰文篆印。

　　　⑵「理堂」正方陽文篆印。

　　　⑶「傅斯年圖書館」長方陽文篆印。

　　　⑷「東方文化事業總委員會所藏圖書印」正方陽文篆印。

　　　⑸「史語所收藏珍本圖書記」長方陽文篆印。

3.《爾雅註疏·卷上·卷第三·釋親第四》卷末：

(1)「史語所收藏珍本圖書記」長方陽文篆印。

(2)「東方文化事業總委員會所藏圖書印」正方陰文篆印。

(二)**第二冊**（第 1303 架－20 函－119 冊，178277 號）：

1.《爾雅註疏·卷中·卷第四·釋宮第五》：

(1)「恨不十年讀書」長方陽文篆印。

(2)「焦氏藏書」正方陰文篆印。

(3)「史語所收藏珍本圖書記」長方陽文篆印。

(4)「傅斯年圖書館」長陽篆。

2.《爾雅註疏·卷中·卷第七·釋水第十二》卷末：

(1)「史語所收藏珍本圖書記」長方陽文篆印。

(三)**第三冊**（第 1303 架－20 函－120 冊，178278 號）：

1.《爾雅註疏·卷下·卷第八·釋草第十三》：

(1)「傅斯年圖書館」長方陽文篆印。

(2)「夢覘（覺）居」長方陽文古文篆印。（僅此一見）

(3)「柴門深處」正方陰文篆印。（僅此一見）

(4)「松石閒意」正方陽文篆印。（僅此一見）

(5)「史語所收藏珍本圖書記」長方陽文篆印。

(6)「東方文化事業總委員會所藏圖書印」正方陽文篆印。

(7)「恨不十年讀書」長方陽文篆印。

(8)「焦氏藏書」正方陰文篆印。

2.《爾雅註疏·卷下·卷第十一·釋畜第十九》卷末：

(1)「史語所收藏珍本圖書記」長方陽文篆印。

(2)「東方文化事業總委員會所藏圖書印」正方陰文篆印。

　　(3)牌記模糊不清，未能辨視雕刻時間。

茲節錄手批三則，以觀梗概：

㈠《爾雅·卷中·卷第六·釋丘第十》：

> 　　此敦字，宜是頓字。《釋名》作「頓邱」，下云：「如覆敦
> 者，敦邱。」則此非敦也。（頁13「丘一成爲敦丘。」）
> 　　《後漢·明帝紀》：「孫炎曰：『形如累兩盂也。』」（頁
> 13「再成爲陶丘。」）

　　案：「陶丘之北，漸就壞墳。」注文。

> 　　《月令·章句》：「管者，形長一尺，圍寸，有孔無底，其
> 器今亡。」—《五百八十》。（以下俱書中所附便條）
> 　　夏侯元《辨樂論》（《御覽·五百七十一》）：「伏羲有綱罟之
> 歌，神農有豐年之詠，黃帝有龍襄之頌。」
> 　　「《古樂志》：『陽陵、白靈、朝日、魚麗、白水、白雲、
> 江南、陽春、淮南、駕辯、綠水、阿阿、採菱、下狸、巴
> 人。』—並見《襄陽耆舊輔》，及《梁元帝纂要》。」（頁
> 16）

　　案：此條宜歸《卷五·釋樂第七》中。

㈡《爾雅·卷中·卷第七·釋山第十一》

> 　　李賢注《後漢》引有「曰」字。（頁2「山小而高，岑。」）

㈢《爾雅·卷下·卷第八·釋草第十三》

《御·九百八十九》：「蘄，音巨中切。」（頁 1「薛山
蘄。」）

案：見《太平御覽·藥部》「當歸」條所引《廣雅》。《釋
文》云：「蘄音芹。」

即今之淡竹葉，見《郡志》。（頁 2「菉王芻。」）
《御·九百九十七》引：「郭曰：『蒜，怒刃切。』」（頁 2
「蒿蒜，蔚牡蒜。」）

案：見《御覽·百卉部》。《釋文》云：「蒜，去刃切。」
本書批校特色，又可綜列如下：

1.印記多：屢見者有「恨不十年讀書」、「焦氏藏書」、「焦
循私印」、「理堂」四方；僅見者有「夢覺居」、「柴門深處」、
「松石閒意」等閒章，內文中並有「怡興加重」方章。

2.便條多：《爾雅註疏》三冊中，首冊批校不及十條，中冊逾
二十條，末冊近二百條，總二百二十餘條。每冊均粘貼或夾放行書
便條，星散達三十餘片，可見焦循治學的方法。

3.引書多：類書《藝文類聚》、《初學記》、《太平御覽》，史
書《史記》、《後漢書》，小學書《說文》、《釋名》、《廣雅》、
《玉篇》、《經典釋文》、《廣韻》、《集韻》，經書《毛詩》、《三
禮》、《三傳》為主。他如《山海經》、《本草經》、《古今注》、
《楚辭》、《異苑》、《野菜譜》、《夢溪筆談》、《困學紀聞》、
《嶺表錄異》、《襄陽耆舊輔》、《梁元帝纂要》、《廣志》、《郡

志》、《毛詩明辨錄》、〈上林賦〉、〈西京賦〉、柳宗元文……等
數十種（多間引自《御覽》），範圍廣泛，涉獵博贍。

4.輯佚多：遍引《太平御覽》、《初學記》中有關《爾雅》及
郭璞注佚文、異文；間引《史記》、《後漢書》中所見孫炎、徐廣
諸注，可與今本參校異同，訂訛勘誤。

5.補正多：所引類書及他書中，或注音，或釋義，或訓釋，或
異說，或補字，或正字，可見闕遺，返其本真。阮元《爾雅注疏校
勘記》所不足者，賴此稿可以匡補增益。

6.自釋多：焦循於徵引資料外，多陳己說，或分析句讀，或辨
正是非，或質疑見義，抒發一己觀點，實事求是。又將古物名，多
釋以今名、俗名以相驗證；或就其生活周遭所見、所用者，坦陳以
述，具客觀實徵的意義。

焦循手批《爾雅註疏》雖未具規模，不成系統；但由此基礎，
轉化而為註釋《周易》的進路，可謂昭明彰著。《易學三書》中
《易通釋》一書，以文字訓詁的輾轉通釋，「齊同比例」而建構出
《易》辭、《易》理「旁通、相錯、時行」的鉤貫系統，遂成為焦
循轉化、創造的學術特色與經學成就。

而有關《爾雅》釋《易》的卓見，焦循於其《易話》下卷，有
其獨到而精簡的說明，因資料不易覓見，謹分段迻錄原文，提供研
究《爾雅》及《周易》學者參考，並作為本文的最後註腳。

治《爾雅》者，但知敘詩人之興詠，不知〈釋詁〉中有關於
《易》者尤多。自《易》義不明，而此類訓詁遂不可通。蓋
《周易》一書，經文、傳文自相訓釋，其端倪存於《爾雅》

者，尚可考見也。

攻，善也。注云：「《詩》曰：『我車既攻。』」按：此詩，《傳》訓攻爲堅，堅猶賢也，賢猶善也。（〈內則·注〉攻與工通，〈楚茨〉「工祝致告」，《傳》云「善其事曰攻」，《周易·同人·九四》「攻吉」，惟善故吉。）

倫，敕也。按：倫、勞一聲之轉固矣！乃聲轉之字多矣，何獨取乎倫之爲勞？余謂：「轉注、假借，莫著於《易》·〈說卦傳〉『坎爲弓輪』，姚信作『倫』，倫與輪同聲通借也。〈說卦傳〉又云：『勞於坎。』是勞、倫皆坎。而『勞謙』之勞，即『曳其輪』之輪也。〈象傳〉云『木上有水，井。君子以勞民勸相。』，『雷電噬嗑，先王以明罰敕法。』，井旁通噬嗑，勞民即是敕法，以倫敕爲勞，爲《易》言之也，知倫之訓勞，則知曳其輪，即勞謙矣。知敕之訓勞，則知敕法即勞民矣。推之『君子以經綸』，綸與倫、輪亦通借也。賁者，飾也；蠱則飭也，飾、飭與敕亦通用也。由《爾雅》而知《易》，由《易》而知《爾雅》，好學深思之君子，自不難以三隅反耳。」

治，古，故也。注云未詳，按：古、故與蠱通。〈序卦傳〉云「蠱者，事也。」，〈象傳〉云「蠱，元亨而天下治。」，治訓事，見《淮南》、《戰國策》、《呂氏春秋》等注甚夥。故訓事，治亦訓事，則治之爲故，其轉注也。

鴻，昏，顯，代也。按：《說文》「代，更也。」《易》「鴻漸于干，鴻漸於磐，鴻漸于陸，鴻漸于木，鴻漸于陵。」，「其所由來者漸，辨之宜早辨。」，辨謂變通，變

通即更代，故借用鴻字爲代義也。辨之不早，至於爲匪，匪則致寇至，變通而更代之，則和解而爲媾，故云「匪寇昏媾」。匪則致寇，昏則相媾也；此昏爲更代之義也。比成屯，更代於鼎，爲「顯比」，故顯爲代。此皆解《易》，郭氏所未知。

神，治。按〈繫辭傳〉云：「通變之謂事，陰陽不測之謂神。」通變，故陰陽不測。

賡，揚，續也。按：賡通庚，「先庚三日，後庚三日」，謂變更也。〈繫辭傳〉云：「繼之者善也。」繼即續。〈大有·傳〉云：「君子以遏惡揚善。」揚善即續善也；夬變通於剝，爲「揚于王庭」。

凶，咎也。按《易》凡言「有咎則凶、無咎則吉」。

齊，壯也。按：〈晉〉卦，孟喜作「齊」，讀子西反。齊即躋也，壯即裝也；物之裝而上，即躋而上也。〈大壯〉、〈蹇〉相錯爲〈需〉、〈小過〉；〈需〉二之〈晉〉五，爲〈大壯〉二之五之比例，故二壯於五，亦二進於五。此《易》義之存於《爾雅》者也。

鹵，苦也。按〈說卦傳〉「兌爲剛鹵」，所以釋「苦節」之苦也。《周禮·鹽人》「共其苦鹽」，注「杜子春讀苦爲鹽」，苦即鹽鹽之鹽，鹵即鹽地之鹵。

濟，成也。濟，益也。按：「既濟，定也。」，定即成也。益，損上益下，謂上之三成既濟。

濟，謂之霽。按〈既濟〉「初吉終亂」，《傳》云「終止則亂」，濟有止義，既濟者，既止也；未濟者，未止也。

結論：批判繼承，證之以實；
創造發展，運之於虛

竊謂：「士人讀書當從經學始，經學當從註疏始。空疏之
士，高明之徒，讀註疏不終卷而思臥者，是不能潛心覃索，
終身不知有聖賢諸儒經傳之學矣！至於註疏諸義，亦有是有
非；我朝經學最盛，諸儒論之甚詳，是又在好學深思，實事
求是之士，由註疏而推求尋覽之也。……俾束身修行之士，
知我大清儒學遠軼前代，由此潛心敦品，博學篤行，以求古
聖賢經傳之本源，不爲虛浮、孤陋兩途所誤云爾。」（阮元
〈重刻宋版註疏總目錄序〉）

　　焦循手批《十三經註疏》，就版本而言係明末毛晉汲古閣所
刊，由各經卷末牌記大致可以考察各經繡鑴刊刻時間，大約在崇禎
十年（1637）前後十年之間；而版本素稱精善的毛氏本，對照焦循
手批及阮元《十三經注疏校勘記》，其中訛誤衍奪甚多，錯頁脫文
也不乏其例，著實讓我體會到「盡信書，不如無書」的眞切篤實。
而清儒從根本細密處，求眞臻善的治學功夫與用心，尤令後生印象
深刻，無限敬服！求善本、重校勘，可謂清儒治經的第一步。透過
全書各冊典藏印記，此部《十三經註疏》的流傳遷移，又大致可以
勾勒出一清晰的面貌，本篇於前言及各經的考述均有如實的記錄可
供參證：乾隆辛丑（四十六年，西元 1781 年），先生十九歲時，
以其婦珠十餘粒質三千，購之於書客吳叟；至嘉慶二十五年庚辰

（1820），焦循謝世，四十年間成爲焦循及其哲嗣焦廷琥批讀題記的經學張本，而子孫不知惜，焦外孫賣其父、祖之書，爲當時公論所不許。俟後此書歸傅沅叔先生，曾錄存先生題識四則，抗戰時期又爲日本收於北京東方文化研究所；抗戰勝利，此書收歸「東方文化事業總委員會」，藏於「北平人文科學研究所」；政府播遷來臺，此書又收歸中央研究院歷史語言研究所「傅斯年圖書館」典藏珍本善籍。一九五二年三月十二日，中研院周法高先生記於《漢堂讀書續記》中，時居臺灣桃園楊梅寓廬。一九九六年暑假，筆者於博士班畢業入伍服役之後，再度親炙鈔讀於傅斯年圖書館閱覽室，歷數寒暑，手戴紗套，握持鉛筆，一字一字鈔寫，一頁一頁翻讀，又索借光碟複印書影珍藏，至今千禧龍騰新歲而全書蕆事，歷史風華，人文化成，猗歟盛哉！

　　全書手批題記甚多，焦循識其校讀批閱的種種景況歷程，並有年月日可考，並觀筆者所著《焦循年譜新編》一書，可以貫串而成焦循經學著述行實繫年，俟後將專文爲之彙整，以見焦循經學研閱、撰述的學思進程。焦循經學批判繼承，創造發展的基礎奠定於此手批《十三經註疏》，其《周易補疏》二卷、《尚書補疏》二卷、《毛詩補疏》五卷、《春秋補疏》五卷、《禮記補疏》三卷、《論語補疏》三卷，以上六種爲《六經補疏》，皆以此爲張本而發揚增廣，歷歷可考，斑斑可證。而焦循手稿《易釋》八卷，卷一〈自序〉云：

　　　循承祖、父之學，幼年好《易》；已而得李氏《集解》，乃
　　　窺漢、魏以來說《易》之法。乾隆己酉（1789），鄭柿里舍人

每以《易》中滯義見問，日數往來，循率依荀慈明、虞仲翔
等之說答之；門人記其所言，不下數百條，久亦忘之矣！

印證手批《周易註疏》全文，焦循本唐李鼎祚《周易集解》以
窺漢、魏以來說《易》之法，亦依虞翻仲翔、荀爽慈明、鄭玄康
成……諸家之說鈔錄節引，以識其所學，而聚其一生精力而成後定
《雕菰樓易學三書》，突破二千年來傳註的重重樊籬，直接從六十
四卦象、辭、理、數的參伍錯綜關係中，歸納而演繹出三條治
《易》的根本原則：一曰旁通，二曰相錯，三曰時行，於是三百八
十四爻的變化，上下二經十翼七篇的旁通鉤貫，都依照這三大法則
加以推求闡釋，體現出先生治《易》深造自得的重大發現與新解創
見；而其登堂入室，撥雲見霧的兩把鑰匙，則是「以測天之法測
《易》」，「以數之比例，求《易》之比例」有關天文數學方面知
識；及其運用六書假借之理，以說明《易》辭用假借之例的有關訓
詁學方面的知識。而其「通核，據守，校讎，摭拾，叢綴」的學術
鑒識，以爲「五者兼之則相濟，學者或具其一而外其餘，余患其見
之不廣也」（文見《雕菰集》卷八〈辨學〉），在焦循一生專注經
學的研究撰作中，可謂爲通經澤古，精深雅邃了。

焦循研究《尚書》亦有獨到的心得見解，其手批《尚書註疏》
及後作《尚書補疏》，以發明孔《傳》兼抒參研所獲爲主；而其
《書義叢鈔》凡四十卷，就〈堯典〉以至〈秦誓〉二十八篇不僞的
經文，薈萃眾說，裒爲一帙，仿衛湜《禮記集說》的體例，不專一
家，不加斷語，以時代先後爲秩第，采集至四十一家五十七種之
多，已可見其搜繁羅富的根柢深厚。焦循六歲即誦《毛詩》，其後

撰述《毛詩地理釋》、《草木鳥獸蟲魚釋》、《毛鄭異同釋》三書
共二十餘卷，又刪錄合為一書名曰《毛詩補疏》五卷，焦循分別
《傳》、《箋》，摘出要義，加以疏通證明，多本於手批《毛詩註
疏》；而手批《毛詩》又多本於阮元舊本，與今本《毛詩注疏校勘
記》出入頗多，又可為考證之資。

　　王昶《春融堂集》卷六十〈焦君墓表〉，開宗明義即云：「焦
子循以通經澤古名於時，尤深於《三禮》。」李斗《揚州畫舫錄》
亦推尊先生「熟於《毛詩》、《三禮》」。可見焦循《三禮》研究
的深廣，有《群經宮室圖》二卷，為圖五十篇，以及《三禮便蒙》
二十三篇，皆為專考古代制度名物之專著。而其習《禮》，以為必
先明乎《禮記》，而後可學《周官》、《儀禮》，其手批《三禮註
疏》詳於《禮記》可為見證；後乃以之為本，搜輯此早年考究制
度、名物、訓詁之作而成《禮記補疏》三卷，其進學力行之跡，皆
可朗然明察得之。

　　《三傳》著作，焦循僅存《春秋左傳補疏》五卷成書，而手批
《左傳註疏》為其先聲，手批《公羊傳註疏》為其輔翼，此難得之
二經手稿，既經披露，可以明焦循《三傳》窮研索考的治學成績。
焦循無《孝經》著作，手批《論語註疏》及以此為基礎而彙聚增廣
成書的《論語補疏》，為焦循《論語》學的嚆矢；其後《論語通
釋》一卷十五篇，為仿戴震《孟子字義疏證》而作，為其儒家哲學
思想發揮闡揚的代表著作。而其晚年經學研究，哲學思想的絕妙結
響，在於《孟子正義》一書，全書三十卷通釋全經體例，也是發衍
於手批《孟子註疏》的未竟之功，不懈之志。焦循十九歲，始讀
《爾雅》，又見陸佃、羅願之書，心不滿之，思有所著述，以補兩

家所不足，遂成《毛詩鳥獸草木蟲魚釋》以匡補闕遺，而無《爾雅》專著，手批《爾雅註疏》，便是焦循唯一存世的《爾雅》論述了，具有其經學一貫的鑒證意義。

焦循治學研經，不但善於思辨，勤苦鑽探，又能親自手批，筆記備考，每治一經皆具短簿小冊，記錄心得，鈔撮要義，查檢進度，故能按部就班，日進有功，而卒能完成卷帙宏富的經學鉅著。又具備資料檢索、文獻儲存的治學能力，無怪乎上下古今均能牢籠爲其所用。焦循治學態度謙虛謹嚴，平日閱覽牽涉所及，不但特重漢、魏以來碩學鴻儒的專門著述，對當代學者的重要創獲與發現，也都能推美贊揚，取其所長，論其所失，體現焦循相觀而善，「不薄今人愛古人」，「轉益多師是汝師」的虛心精神，故能不驕矜，不尊大，不自固，「識見卓越，通方而不偏蔽；規模宏敞，匯納而不局隘。在乾嘉學者中，不愧爲傑出的第一流人物。」（引見張舜徽：《清儒學記》·《揚州學記》第八，頁 429。）

焦循研治經學，強調「旁通」，「一貫」的重要作用，而以檢索法、歸納法、演繹法、統貫法爲之進路，汎觀博覽，取精用宏，故能無所不通，無所不達。《雕菰集》卷十三〈與孫淵如觀察論考據著作書〉，可以作爲其經學體用兼賅的重要宣示，文曰：

> 經學者，以經文爲主，以百家子史、天文算術、陰陽五行、六書七音等爲輔，匯而通之，析而辨之，求其訓詁，核其制度，明其道義；得聖賢立言之指，以正立身經世之法，以己之性靈，合諸古聖之性靈，並貫通於千百家著書立言者之性靈。

　　焦廷琥《先府君事略》嘗引焦循教示之言，曰：「學貴善用思，吾生平最得力於『好學深思，心知其意』八字，學有輟時，思無輟時也。」「好學深思，心知其意」為焦循治學的一貫理念，故能以朏誠去其浮游之氣，而後乃曲中無不當，又嘗自謂：「學問之道，在體悟，不在拘執，故不憚耗精損神，以思其所以然之故；雖知無用，不能舍也。向亦為六書訓故之學，思有以貫通之，一滌俗學之拘執，用力未深，無所成就。」（引見羅振玉輯印《昭代經師手簡二編》焦循〈三月望日與王引之書〉），《易餘籥錄》卷十五，焦循又自謂嘗取《何大復文集》，檢所為〈與李空同論詩書〉觀之，見其所言：「僕觀堯、舜、周、孔、思、孟氏之書，皆不相沿襲，而相發明；是故德日新而道廣，此實聖聖傳授之心也。後世俗儒專守訓詁，執其一說，終身莫解，相傳之意背矣！」焦循深以為「不相沿襲，而相發明，此深得乎立言之恉者矣！」衡觀焦循手批《十三經註疏》，及其後定經學諸書之引申觸類，參伍錯綜，以成就漢學訓詁章句、宋學道德性命融匯一爐的焦學特色，《雕菰集》卷十三〈與劉端臨教諭書〉「證之以實，運之於虛」一語，可謂為焦循治學研經卓然有成的最佳詮釋指標，文曰：

　　近時數十年來，江南千餘里中，雖幼學鄙儒，無不知有許、鄭者；所患習為虛聲，不能深造而有得。蓋古學未興，道在存其學；古學大興，道在求其通。前之弊，患乎不學；後之弊，患乎不思。「證之以實，運之於虛」，庶幾學經之道也。

　　清代學術以乾嘉爲盛，自有吳、皖二派，吳派以惠棟爲首，皖派以戴震爲首，卓然爲經學宗師，焦循一生最推尊戴學，又服膺惠氏一派漢學義法，而能出入自得，與揚州學者高郵王氏、江都汪氏、儀徵阮氏，並爲揚州學術的四大巨擘，其治學的共同特點，誠如張舜徽先生《揚州學記》所言「首先在於能『創』，其次在於能『通』」，故「無吳、皖之專、精，則清學不能盛；無揚州之通學，則清學不能大」，焦循研究經學於漢、宋兩學，吳、皖二派，均能兼容並蓄，融會貫通，宜乎焦循故世，阮元題其傳爲「通儒揚州焦君」，「通儒」二字不愧爲焦循經學一生的定評，夙昔典型，誠爲學者宗師。

附錄

一：筆者有關焦里堂先生著述：

焦循里堂先生見存著述考錄　師大國文學報 22 期　1993 年 6 月

焦循年譜新編紀要　師大教學與研究 16 期　1994 年 6 月

焦循理堂先生手批《周易兼義》鈔讀記（一）　師大中國學術年刊
　　19 期　1998 年 6 月

焦循手批《尚書正義》釋文校案　師大國文學報27期　1998年6月

焦循理堂先生手批《周易兼義》鈔讀記（二）　師大中國學術年刊
　　20 期　1999 年 3 月

焦循手批《毛詩註疏》鈔釋（一）　師大國文學報 28 期　1999 年
　　6 月

焦循理堂先生手批《周易兼義》鈔讀記（三）　師大中國學術年刊
　　21 期　2000 年 3 月

讀焦循《推小雅十月辛卯日食詳疏》記　紀念程旨雲先生百年誕辰
　　學術研討會　1994 年 5 月　臺灣師大

清代揚州通儒——焦循《雕菰樓易學》述評　第三屆海峽兩岸周易
　　學術研討會　1997 年 7 月　大陸北京

焦循手批《爾雅註疏》鈔釋　第二屆國際暨第四屆全國訓詁學學術
　　研討會　1998 年 12 月　臺灣師大

焦循年譜新編　臺北：里仁書局　1994 年 3 月

焦循《雕菰樓易學》研究　臺北：里仁書局　1994 年 7 月

江都焦循定稿《仲軒易義解詁》寫本鈔釋　中研院文哲所「清代乾
　　嘉揚州學派研究計畫」成果報告　1999 年 8 月

焦循手批《春秋公羊傳註疏》釋文校案　師大劉正浩教授七十壽慶
　　暨榮退紀念論文集　臺北：文史哲出版社　1999 年 8 月

焦循手批《十三經註疏》研究　臺北：里仁書局　2000 年 3 月

二、其他重要相關焦里堂先生著述：

焦循研究　何澤恒　臺北：大安出版社　1990 年 5 月

揚州學派新論　趙航　南京：江蘇文藝出版社　1991 年 11 月

清儒學記　張舜徽　濟南：齊魯書社　1991 年 11 月

乾嘉學術研究論著目錄　林慶彰主編　南港：中研院文哲所　1995
　　年 5 月

從理學到樸學　艾爾曼著，趙剛譯　南京：江蘇人民出版社　1995
　　年 9 月

乾嘉考據學研究　漆永祥　北京：中國社會科學出版社　1998 年
　　12 月

昭代經師手簡箋釋——清儒致高郵二王論學書　賴貴三　臺北：里
　　仁書局　1999 年 8 月

惠棟、戴震與乾嘉學術研究　黃順益　高雄：國立中山大學　1998
　　年博士論文

「執兩用中」之恕道——焦循《論語》義理思想之闡發　石櫻櫻
　　臺中：私立逢甲大學　1997 年碩士論文

焦循《孟子正義》之義理學研究　劉德明　中壢：國立中央大學
　　1994 年碩士論文

焦循論語學研究　廖千慧　嘉義：國立中正大學　1994 年碩士論文

清焦循《易圖略》、《易通釋》研究　陳進益　中壢：國立中央大
　　學　1993 年碩士論文

焦循《易》學詮釋系統中的方法論及其《易》例的設立　陳進益
　　乾嘉學者之治經方法研討會　1999 年 9 月

清代的家學與經學——兼論乾嘉漢學的成因　陳居淵　漢學研究
　　1998 年 12 月

乾嘉學派成因新論——從清代的家學與經學談起　陳居淵　華學第
　　三輯　1998 年 11 月

著作考據之爭與焦循易學——焦循「徒託空言」發微　程鋼　華學
　　第三輯　1998 年 11 月

焦循發揚重智主義道德觀的「能知故善」說　張麗珠　漢學研究
　　1998 年 6 月

焦循易學觀念「八原」之分析　陳進益　健行學報　1996 年 12 月

焦循對漢《易》的繼承和發展　陳居淵　中國文化月刊　1996 年
　　1 月
焦循的數理哲學思想評述　李亞寧　哲學與文化　1993 年 4 月
焦循的數理演繹方法　何萍　中國文化月刊　1992 年 12 月

解釋學與修辭學
——以焦循易學的假借引申論爲例

程　鋼*

　　解釋學是以經典著作的解讀爲目標的一門學問，而修辭學則是研究根據具體的題旨、語境更爲恰當地表達思想的一種文學活動。在中國古代學術中，這兩門學問關係好的時候是沒有什麼聯繫、各自獨立發展，在關係壞的時候則相互對立——比如說在清代。這兩門學問關係在清代的惡化導致了一些經學上的問題，這些問題產生了特殊的政治－倫理涵義。因此有些學者就試圖調和這兩門學問的對立，這一和解亦有其經學上的乃至政治上的意義。本文以清代經學家焦循的易學研究爲案例，剖析修辭學與解釋學和解的解釋學中介，說明和解的經學意義與政治－倫理意義。

　　本文按照如下順序討論：(1)爲訓詁之學(2)詁學與修辭學(3)詁學與修辭學和解的經學意義(4)詁學與修辭學和解的政治－倫理意義。

---

* 　程鋼，清華大學思想文化研究所教授。

易為訓詁之學

清代學者焦循（1763－1820）易學理論的論題之一就是：就其實質而言，易學即為對於訓詁的反思，用他自己的話說：「易為訓詁之祖」。❶

焦循是清代著名的算學家與經學家（專攻易學、孟子學等），他早年的學術主要集中於算學領域，中晚年的主要精力集中於易學，其重要著作有《里堂學算記》和《雕菰樓易學》等。歷來研究焦循易學的學者多不詳論其易學的動機和旨趣，即便偶有論述也往往是就易學象數技術而論焦循易學，從而使得焦循易學對當時整體知識世界的整合旨趣變得晦澀不彰。由於這一旨趣晦澀不彰，所以對焦循易學的評論往往就集中在焦循解釋易學的技術上，最典型的看法是認為，焦循易學是象數易學，和漢易沒有本質區別。這樣的觀點不能說全無道理，但是決不能解釋焦循易學中的如下關鍵論述。比如說，焦循在他的易學著作的序文中明確表示：「孟子無一字及易，但孟子實深於易學」。如果說焦循易學是象數易學的話，則不能解釋《孟子》與象數思想無關這一基本事實。

其實，焦循的意思是說，儒家思想有歷史性的傳承譜系，即從伏羲、文王、周公到孔子、孟子的譜系。以上各位聖人，他們的道是一致的，但他們具體表述的道理，卻有差異。由於道是一致的，所以對孔孟的解釋，應當與對五經的解釋一致；對五經的解釋，也

---

❶ 關於這一論題，筆者曾專門論述過該問題。參見程鋼：〈焦循易學的引申論研究〉，《傳統文化與現代化》第 3 期（1997 年）。

應當與對孔孟的解釋一致。這個譜系的起點是伏羲畫卦，終點是孟子暢發儒家義理。伏羲簡略，孟子詳盡；伏羲以手指畫，孟子以文辭闡發。由於道是一致的，所以伏羲之道即為孟子之道；雖然他們闡發的根本道理是一致的，但孟子以闡發詳盡、透徹而佔優，所以說孟子最深於易。

從伏羲到孟子的儒家思想傳承的歷史發展就轉化為同一個根本道理的不同訓詁版本。《周易》以其特殊的文本結構向我們揭示了易學的這一根本特徵。從文本結構的角度看，在儒家經典之中，《周易》是頗為特殊的：《周易》由多位聖人作者寫成，伏羲畫卦（64 卦），文王、周公作卦辭、爻辭。❷《周易》自身同時包含如下兩部分：經與傳，經是原始文本，傳是對原始文本的解釋。因而，《周易》從文本結構上呈現出自己解釋自己的特點，儒家經書中這是唯一的一部。對清儒來說，後代聖人作者的思想意味著對前代聖人思想的繼承與發揮。繼承與發揮都是在解釋的過程中完成的。在易經之中，卦與卦辭、爻辭之間存在著解釋的關係，將這種解釋揭示出來的過程就是訓詁，所以也可以說，卦辭與爻辭的關係也是訓詁的關係。從訓詁學的視角看，《周易》的本質就在於自己訓詁自己，從而《周易》是一部向人們揭示訓詁學原理的經典。在這個意義上，「易為訓詁之祖」。

---

❷ 　《周易》的作者問題是易學史上的大問題，本文不予討論，直接表述焦循的看法。不論此看法是否具有歷史的真實性，它真實地代表了清儒的一種看法。關於焦循的觀點，見《易圖略·原卦》，其中，焦循專門反駁了「伏羲畫卦，文王重卦」的論點。

　　黃侃對訓詁學有一個簡略但卻十分有見解的定義：「詁者，故也，即本來之謂；訓者，順也，即引申之謂。訓詁者，用語言解釋語言之謂。若以此地之語釋彼地之語，或以今時之語釋昔時之語，雖屬訓詁之所有事，而非構成之原理，真正之訓詁學，即以語言解釋語言，初無時地之限域也。」❸

　　「以語言解釋語言之謂」，確是精闢的概括。黃侃的意思是說，訓詁的本質就在於以語言解釋語言。經書的訓詁包含有很多種複雜的成分，但是這些成分中最基本的、最具有哲學意義的特徵之一是：以語言解釋語言。前一個語言指解釋者所用的語言，後一個語言則指經書的語言。訓詁的定義中最重要的成分正是這種解釋者與被解釋者之間的相互關係。同樣的根本道理，用不同的方式來闡發，根本道理與敘述方式的關係就構成了訓詁的關係。黃侃定義的目的是針對當時流行、直到今天也仍有影響的一種看法：訓詁就是以今語解釋古語，以雅言解釋方言。以今語解釋古語，以雅言解釋方言，這是語言學的任務，而不是經學的最主要宗旨。換言之，訓詁的本質就在於解釋，訓詁學就等同於解釋學。黃侃的訓詁學是廣義的、經學的解釋學，今日通行的訓詁學則是狹義的、語言學的詞義學。本文中討論的訓詁學概念游離於兩者之間，有時指廣義的訓詁學，如「易為訓詁之祖」；當我們討論訓詁學與修辭學的關係時，則將訓詁學與修辭學暫時對立起來，訓詁學則指狹義的訓詁學。

---

❸　轉引自陸宗達、王寧：《訓詁方法論》（北京：中國社會科學出版社，1983 年），頁 3。

本來，在具體的訓詁活動中，訓詁總是針對某種具體對象（某段文本）、運用某種分析方法（如聲訓、形訓等）、意在克服某種意義障礙的解釋活動，因此，訓詁學就局限於某種對象、方法、意義障礙而成爲特殊的活動。訓詁學就是特殊的活動；而不能轉化爲以普遍性爲特徵的解釋學。世界上的許多高等古代文明都擁有悠久的解釋經典的歷史，但相當於施萊爾馬赫所說的那種解釋學的歷史並不長。施來爾馬赫的解釋學有一個中心思想：解釋學關注的不是局部性的解釋活動，而是一般性的解釋活動。具體些說，原先的解釋都依附於某一具體經典、分析方法，意在克服某些特殊種類的障礙，比如說中國最著名的訓詁書《爾雅》，就是以《詩經》這部經的解釋爲中心的，而解釋學討論的卻是所有經典解釋中的一般性特點。

在黃侃的界定中，將訓詁學界定成「以語言解釋語言」的活動，其實就意在把握解釋的一般特徵──解釋詞解釋被解釋詞這一十分形式化的特點，在其中，所有的特殊對象、方法、特殊障礙都被消解殆盡，剩下了抽象而普遍的「以語言解釋語言」這一抽象的關係。從而使得訓詁學構成爲解釋學。焦循提出了「易爲訓詁之祖」這一命題，在某種意義上預示了黃侃對訓詁的定義，標志著訓詁學史上對訓詁學基本概念進行反思的萌芽。

假借與焦循易學

假借是文字學中的六書之一，其餘五種是象形、指事、會意、形聲和轉注。六書是許愼在《說文解字》中著力闡釋的解釋文字起

源的技術，它在歷史上一般被看成是六種造字的途徑，它比較好地
解釋了漢字的歷史起源，對中國古典文字學產生了極大的影響。清
代學者戴震對這六書進行了重新詮釋，將六書分成「四體二用」，
即將象形、指事、會意和形聲看成是造字之法，而將假借與轉注看
成是用字之法。這一重新詮釋對清儒的文字學與訓詁學都產生了較
大的影響。就本文討論的問題而論，這一影響主要體現在，它區分
了單個字的造字與兩個字之間的關係。前四體可以較好地解釋單個
字的造字問題，後兩體則可以較好地解釋用字中產生的複雜關係。
有些文字從直觀上看不出它們之間的關係，只有藉助於假借這個訓
詁學技術，它們之間的關係才可以變得昭然若揭。揭示字與字之間
的假借關係的訓詁技術被稱作破假借字。破假借字是清代訓詁學的
重要成就之一。王引之說：「至於經典文字，聲近而通，則有不限
於無字之假借者，往往本字現存，而古本則不用本字，而用同聲文
字。學者改本字讀之，則怡然理順」。❹朱駿聲也說：「不知假借
字，不可與讀古書，不明古音者，不足以識假借，此《說文通訓定
聲》一書所為記也」。❺

　　假借是清儒進行訓詁的強有力武器之一。用假借來幫助人們解
釋古書，在乾嘉以後，成為清代學術的基本常識，無足為奇。如果
僅僅是在解釋《周易》中運用過假借技術，這似乎不值得大書特
書。但是，焦循用假借來解釋《周易》這件事卻有其特殊意義。假

---

❹　〔清〕王引之：《經義述聞·經文假借》。
❺　〔清〕朱駿聲：《說文通訓定聲·自敘》（武漢：武漢古籍書店，1983
　　年），頁4。

借在焦循易學中，不再僅僅作爲一項從外面引入的技術起輔助作用而已，假借已轉化成爲易學內部固有的、代表著易學本質的屬性。在一般情形下，假借僅僅一種訓詁手段，它本身沒有任何特定的內容，所以有些現代學者稱小學（當然包括假借技術）爲工具學科。但焦循爲假借賦予了特殊的內涵，對擴展訓詁學的概念自身起著積極的作用。

一般的易學都不以訓詁爲研究對象，因而在焦循以前，易學與假借本身之間就不會發生直接的、內在的聯繫。但這種常規看法並不適用於焦循易學。焦循易學中，假借具有特別的、超乎訓詁工具地位的重要意義。他寫過〈周易用假借論〉，此篇論文既收入《雕菰樓文集》，又收入了《易話》；更重要的是，在他的主要易學著作《易通釋》和《易圖略》中，他也多次論述假借對於易學的重要性。在這些論述中，他強調，假借不僅僅是訓詁學的一個工具，它還是易學自身得以成立的重要理由之一。

焦循的易學宗旨是說明「易爲訓詁之祖」，但這一命題僅僅在文本結構的層面上說明了易學與訓詁學的內在關聯，眞正要落實到訓詁實踐中，並在訓詁實踐中將易學與訓詁學的內在關係說明清楚，則是焦循全力以赴的任務。焦循的主要易學著作是《易通釋》和《易圖略》，前者解讀《周易》文本中的若干組詞，後者則說明解釋中所運用的象數學技巧（如爲研究焦循的學者所熟知的旁通、相錯、時行等）。以往的焦循易學研究幾乎無一例外地將重點放在《易圖略》上，而對《易通釋》的意義重視不夠。僅僅有這些象數學技巧，決不能使焦循易學與漢易區分開來。焦循的主要精力花在《易通釋》上，《易通釋》的論述使得《易圖略》上的象數學技巧

具有了超乎工具理性的地位，從而上升爲一種易學本體論中必不可少的運動模式。

《易通釋》的關鍵是「通」，更具體的說法是：「通其辭」。焦循說：「夫學易者，亦求通其辭而已矣」❻，而「通其辭」的過程就是在看似不同的詞之間發現訓詁聯繫的過程。「通其辭」的方式是由辭的內在本質屬性決定的。對《周易》中的辭，焦循作了如下的界定：「夫辭也者，各指其所之。」所謂「所之」，是指升爻象之間的交換，由某卦的某爻運動至某卦某爻，在焦循易學中謂之「某之某」，統稱之爲「所之」。焦循認爲，《周易》中的易辭具有特殊的含義，它們提示著卦爻象之間的運動與交換。如果聯想到訓詁學呈現出「以語言解釋語言之謂」的敘述結構，那麼，不難看出，「辭也者，各指其所之」，表現的正是這樣敘述結構。

對於易學來說，易辭層面的聯繫是清楚和簡單的，它們是淺層的聯繫，而卦爻象層面上的聯繫則是隱晦和複雜的，它們是深層的聯繫。自其易辭層面看，某些詞之間表現出「假借」的意義關聯；自其卦爻象層面看，表現出「所之」的關聯。由訓詁學的假借技術出發，揭示卦爻象之間的「所之」關係；或是由卦爻象之間的「所之」，論證訓詁學假借關係的正確性，這可以起到「通其辭」的作用。這就是「假借」在焦循易學中的作用。

---

❻　《易圖略·原辭》（《皇清經解》本）。

假借在《易通釋》中的運用案例

　　研究焦循的論著與論文中，一般將注意力全都集中在焦循對卦爻象運動規則的討論上，這些規則中最著名者有「旁通」、「相錯」、「時行」。但有一個普通的事實，卻往往爲研究焦循的學者所忽視：僅僅憑「旁通」、「相錯」、「時行」這些規則，實際上仍然無法解讀焦循的主要易學著作《易通釋》。要解讀《易通釋》，就必須理解「通其辭」的技術。

　　《易通釋》這部書是焦循易學中「通其辭」的示範性作品。關於這部書的宗旨，焦循自己說：「著《易通釋》，參伍錯綜以求其通……」。這實際上就是焦循在《易圖略·原辭》中所說的三通之一，三通指「橫通」、「縱通」、「參伍錯綜之通」。焦循說「夫學易者，亦求通其辭而已矣。橫求之而通，縱求之而通，參伍錯綜之而無不通，則聖人繫辭之本意得矣。」❼橫通和縱通都只涉及到一個卦範圍的「通」，是較爲簡單的問題，比較複雜的是「參伍錯綜之通。」用焦循自己的話來說：「如《比·初六》：『有孚盈缶，无咎。有孚盈缶，終來有它吉。』……『有孚』便與全經諸『有孚』一氣相貫，『盈』字便與全經『盈』字一氣相貫，『缶』字便與全經『缶』字一氣相貫，『終』字、『來』字、『有它』字便與全經『終』字、『來』字、『有它』字一氣相貫。此參伍錯綜之無不通也。」❽這裡所說的「一氣相貫」，就是意義的同一性與

---

❼　《易圖略·原辭下》。
❽　《易圖略，原辭下》。

等價性，處於不同卦爻位置的同一個詞應該有相同的意義，所謂
「全經」是指跨越升的界限尋求卦與卦之間的卦爻象聯繫。由於它
們分屬於不同的卦，處於不同的卦爻位，所以稱之爲「參伍錯
綜」，位於「參伍錯綜」的不同卦爻位的辭（卦爻辭）之間相互引
申，使得這些辭之間的意義象「氣」一樣地貫通了起來，是之謂
「一氣貫通」，「參伍錯綜之通」，是「通其辭之通」。

　　並非所有的辭之間都可以「一氣相貫」，只有那些在意義上有
某種特定關聯的辭之間才可以建立起「一氣相貫」的聯繫。這些在
意義上有特定關聯的辭之間的關係被稱作「引申」。焦循一共提出
了 12 種引申，其中最爲簡單的一種引申是「同辭引申」。上文舉
出的例子屬於「同辭引申」，最複雜的一種引申是「假借引申」。

　　在諸種引申關係之中，假借引申具有特別的意義。但是在進一
步討論假借引申的意義以前，先解讀一個假借引申的簡單例子。例
子取自《易通釋·卷十·紱沛》。現抄錄全文如下，括號爲引者所
加的簡要注解。需要說明的是，焦循在〈周易用假借論〉提到，
「紱」與「沛」爲通假關係，他在文中說：「沛紱爲同聲，以其剛
捪於困下，則借沛爲紱，以成兌於豐上，則借紱爲沛。」❾在下面
的論文中就沒有再明確交代兩者爲假借關係。

　　　　循按：紱，《説文》作「市，韠也。上古衣蔽前而已。以象
　　　　之。」天子朱市，諸侯赤市。〈玉藻〉作「赤韠」。《詩·

---

❾　〈周易用假借論〉，《雕菰集》（《叢書集成初編》本），卷 8，頁 125。

小雅》作赤芾，皆與綍同。

綍取義於蔽。「困爲剛揜」（《易·困·象》：「困，剛揜也。」），即蔽也，蔽猶藏也，謂困二不之貫五而四之初，貫上又之困三，成需下乾，爲君。（本句前半涉及焦循易學的卦爻象技術細節，省略不論，後半句需卦上坎下乾，下文討論這個乾卦。〈說卦傳〉：「乾，爲君」，故乾爲君。）綍而乾則君之朱，故云朱綍。〈玉藻〉：韠，君朱。〈說卦傳〉：「乾爲大赤」，大赤即朱也。（綍又與韠同義，再從訓詁學角度證明此處的綍爲朱綍。）困已成需，變通於晉，則「朱綍方來」。（此處涉及焦循易學的卦爻象技術細節，省略不論。由困轉化爲需，陷入困境，只有通過與困每一個爻都正好相反的旁通卦晉卦才能使困卦擺脫困境。）〈九五〉：「困于赤綍」，困二爲坎，坎爲赤，以困下之赤綍成需，爲朱綍所以困也。（此處之「困于赤綍」，理由同上。）

「豐其沛」（《易·豐·九三》）之沛，鄭康成解作蔽膝。則以沛爲市。（論證沛字有蔽義，與綍相同。）換二之豐五，豐成革，渙成觀，觀革相錯爲家人萃，正爲困二之貫五之比例。（此處涉及卦爻象技術細節，說明和豐卦有關的卦爻象運動與和困卦有關的卦爻象運動的結果是相同的。又因爲卦爻象的運動總是成對運動，所以兩組卦爻象的運動就類似於 x：y＝z：w 的形式，故謂之比例。）蓋困二不之貫五，則困于赤綍；（因爲成爲需卦）渙二之豐五，則豐其市。（豐其沛爲吉，原因就在於按照旁通的規則進行變通。）在二則困，在五則豐。俟成需而後之晉五，則爲「朱綍方來」，固互相發明矣。（前面因不變通而困，困之後再行變通，仍然是吉的，故「朱綍方來」。）

《風俗通·山澤篇》云：「沛者，草木之所蔽茂，禽獸之所蔽匿也」。虞仲翔（按虞翻）謂日在雲下稱沛。《九家》謂大暗謂之沛，亦取蔽義。則蔽之義本同于市。《子夏傳》作「帀」，乃訓蔽爲小。《釋文》謂鄭康成、干寶作「韋」，「韋」當是「紱」之殘字，或即「帀」之訛，玩「蔽膝」之訓可見。《詩》：「赤紱在股」。《箋》云：「帀，太古蔽膝之象。」王弼作「旆」，解爲旛。能蔽盛光，尚與蔽義相近。姚信以爲滂沛，則以字作沛，而不知其通作「市」。蓋困之紱取於掩蔽。豐之沛即取於紱。澤有草木爲禽獸所蔽，乃謂之沛；蔽於二爲紱，豐於五成革，上兌爲澤。是蔽於澤者也，故變紱而言沛也。

以上文字共分四段。第一段對紱字進行了文字學的探討，說明它具有「蔽」的含義，爲下文卦爻象層面的討論作好舖墊。第二段討論困卦中「困于赤紱，朱紱方來」這一段卦辭爲何「困」以及爲何「方來」（轉困爲吉）的卦爻象運動理由。第三段從卦爻象層面上討論了沛這個辭在它所對應卦（豐卦）中所代表的卦爻象運動，並說明了沛的卦爻象運動與紱這個辭的卦爻象的運動之間的等價關係（比例）。這裡值得注意的是比例概念。比例原來是數學術語，反映兩組數之間的相等關係。在數學中，人們一般將它抽象成靜態的相等關係，換句話說，它是一種靜態結構關係。不過，似乎還有另一種看待比例概念的視角，那就是從計算過程來看比例，比例也可以看成是兩組數字在計算過程中保持相等關係，這是動態的相等關係，這也就是比例與等號的差別所在。當焦循將比例概念轉用於

易辭的解釋過程時，注意到比例概念中潛含的動態特點，對於我們全面地理解焦循易學乃至更全面地理解清代解釋學都是有益的。第四段對古代的其它涉及到沛與紱的訓詁材料進行了討論，並對漢代易學家鄭玄、魏晉易學家王弼、干寶對沛、紱的解釋進行了評論，批評了姚信對「紱」這個辭的解釋。第五段總結全文，說明同樣的「蔽」這個含義，爲何在困卦就寫作「紱」（與衣服有關），在豐卦則寫作「沛」（與大澤有關）。以及，爲何「蔽」這個含義在困卦就「困于赤紱，朱紱方來」，前「困」（不吉）後「來」（吉），因爲前者沒有變通，而後者則因時變通；這個含義在豐卦就「豐其沛」，豐的原因在於變通。

通觀整篇論文，涉及到三層關係：(1)兩個相互假借的辭之間的訓詁學聯繫。(2)易辭象徵的卦爻象運動，以及兩個相互假借的辭所象徵的卦爻象運動的等價關係。(3)易辭的含義分爲三個部分，一是基本含義，比如「蔽」，二是情境義，比如紱之於衣服，沛之於大澤；三是評價義，這要和上下文結合起來看，比如「困于赤紱」的「困」，困表示不吉，又比如「豐其沛」的「豐」，豐表示吉，爲何前者「困」而不吉，後者「豐」而吉，這和卦爻象自身運動所代表的吉凶有關，因爲篇幅的關係，本文不討論這些細節。

對本文要討論的訓詁學與易學的關係而論，第二層關係尤其重要。從訓詁學的角度看，兩個辭之間是假借的關係，從易學的角度看，兩個辭所象徵的卦爻象運動之間呈現「比例」關係。從訓詁學講，兩個假借的辭的意義之間應爲等價（或相等）關係，這是假借的基礎。從易學角度講，這是一種動態的等價關係。值得注意的是，意義之間的等價（或相等）關係不是不證自明的，而是偶然

的、經驗的，是靠訓詁材料來保證的，比如說，兩個有假借關係的辭之間才能建立卦爻象的等價關係。但是，相互假借的辭所象徵的卦爻象運動的比例關係卻是不證自明的，因而是必然的、先天的。前者是表象，後者才是本體。對焦循來講，易學從本質上講是一種訓詁哲學（易為訓詁之祖），訓詁的本質是不能通過文字自身的訓詁來加以論證的，文字的訓詁進行的是表象層面的連通，但訓詁本身不能為這種連通提供徹底的、本體論的說明，這種本體論的說明是通過卦爻象運動的比例關係來完成的。就其本質而言，卦爻象運動的比例關係是一種數學關係，它是必然的、先天的。為了演示比例關係的必然性與先天性，圖示比例關係如下：

渙二之豐五成觀革	觀革相錯為家人萃	困二之賁五成家人萃
䷓ → ䷰	䷤ ䷬	䷜ → ䷤
二 之 五		二 之 五
䷓ ䷰	䷤ ䷬	䷬ ䷤
觀　　革	家人　　萃	萃　　家人

這種相等關係就從數學本體上保證了假借的意義相等的性質。

假借的修辭學功能

　　在焦循易學中，易辭的意義可分成兩部分：基本義和情境義。從詞匯學角度看，詞的意義在歷史演變過程中會發生變化，但是它

仍然存在著某種基本義，正是基本義保證了詞的同一性和身份。因此，詞的意義由兩部分組成：基本義和情境義，後者隨著詞的語境的變化而發生變化，但前者是不變的。以上面列舉的條目爲例，則「蔽」爲基本義，而不同的情境又是由不同的語境（衣服或大澤）決定的。卦爻象的比例既說明了假借辭之間基本義的穩定性，又演示了其情境義的變化性。但要理解這種變化性，還要引入修辭學的視角。從基本義的立場看，假借（尤其是本有其字的假借）存在著一個缺點：晦澀不明。晦澀不明的實質是「以曲文其直，以隱蘊其顯。」換言之，不直言之而曲折言之，看上去有點莫名其妙。但從情境義的立場看，這個缺點就轉化成爲了優點，因爲它提供了修辭的途徑。

　　「假借」是作爲修辭的成分引入到易學之中的。整個《周易》就是一部「以曲文其直，以隱蘊其顯」的經典文本。在塑造易學的這一根本特性的過程中，假借起了重要的作用。這一點焦循不但在〈周易用假借論〉中曾加以討論，而且在《易通釋》中也曾多次提到過。例如，焦循在分析另一組假借字的時候說：「約、酌、豹、示淪」四字同聲假借，在對這四字進行了詳細分析後，他評論道「此義之隱奧而實顯者也。」[10]所謂「隱奧」指這四字之間的假借關係要通過複雜的文字訓詁學以及易學中的比例引申來展現，這些複雜的關係初看起來確是「隱奧的」，但是，如果從訓詁之理（也就是易學之理）看，這些關係全都是眞實而又顯著的，所以是「實

---

[10]　《易通釋》，卷 10。

顯者也」。

狹義的訓詁學近似於科學，而修辭學屬於文學。在焦循易學（也就是訓詁哲學）中，假借是作為修辭學而引入的。由於引入了假借引申，使得焦循易學中除了科學成分以外，還引入了修辭的文學成分，使得科學與文學在易學中達成了某種平衡。

假借所表現出的「以曲文其直，以隱蘊其顯」的特性，是一種特殊的經學修辭特性，代表的是一種文學傳統。科學說理，文學講情。假借又可以看成是一種情的傳統。這種傳統在經學傳統中已經丟失了近兩千年。焦循自信，他的易學可以恢復這一傳統。

此外，焦循告訴我們，這一傳統雖然在經學傳承中丟失了，但其流風餘韻在文學中一直沒有丟失，所以經學要以開放的心態從文學那裡借鑑學習。他說：「文（王）周（公）繫易（注易）之例（方法），晦於經師（經學家），尚揚其波，存其迹於文人、詩客之口。其辭借其義則質知（探求）其借而通之，目瞭乎明、確乎實也。或以比莊列（《莊子》、《列子》）之寓言，則彼幻而此誠也；或以比說士之引喻，則彼詭而此直也：即以比風詩（《詩經》）之起興，亦彼會於言辭之外而此按於字句之中也；易辭之用假借也，似俳也，而妙也；似鑿也，而神也。願與好學深思、心知其意者商之。」⓫這一段話的前半段主要是說明易學的方法論自漢代以後就丟失了，但根本的思想卻在文學中流傳了下來，只要把握這個根本思想，運用假借這個分析方法，就可以清楚、確實地把握

⓫　〈周易用假借論〉，《雕菰集》，卷8，頁216。

《周易》。後半段爲這個即將建立的學統進行必要的判教工作，區
分它與其它各家的差異所在。

修辭學的政治－倫理涵義

　　從根本上講，古代的解釋學是一種實踐的學科，它背後有實際
的目的，比如說捍衛正統性，維護道德的合理性等等，焦循的易學
也不例外。牟宗三在三〇年代就著書論述過焦循易學，將焦循易學
界定爲道德哲學。⑫不過，總的說來，以前的學者均沒有將焦循的
易學放置到乾嘉經學的背景下考察其道德涵義，也就是說，沒有放
置到經學背景下考察其易學的道德涵義，沒有將焦循在對其它經
（易學除外）的研究中展現的道德涵義與其易學的道德涵義進行比
較，從而更具體地理解其道德的學術涵義。由於道德涉及到許多方
面，又由於經也不止一部，因此對道德的論述就必然有多種通道，
區分這些通道，對於研究焦循的道德學術是十分重要的和必要的。

　　我們打算從文學（修辭學）這個通道來考察焦循的道德學說，
從而考察易學－訓詁－假借－修辭－道德諸範疇之間的內在聯繫。

　　在易學中，焦循反覆揭示的是易學的這一特點：「以曲文其
直，以隱蘊其顯」。

---

⑫　見《周易的自然哲學與道德涵義》第 IV 部分，標題即爲「清焦循的道德
　　哲學之易學」。臺灣學者何澤恆認爲：「牟宗三先生就道德哲學之觀點，
　　對里堂易學義理有較高評價」。見《焦循研究》（臺北：大安出版社，
　　1990 年 5 月），頁 87。

焦循在《論語通釋》中指出：「學《詩》不學《易》，不知《易》也」。❸明確地表示：《詩經》的主旨對於理解《周易》是必不可少的。《周易》的「以曲文其直，以隱蘊其顯」與詩經學中的比興在文學本質上是一致的。《詩經》中有「比興」之說，朱熹曾經給出了影響很大的解說：「比者，以彼物比此物也。興者，以先言他物以引起所詠之辭也」。明代的李東陽也說：「所謂比與興者，皆託物寓情而爲之也。」❹比興的文學特點就在於曲折地表達情感。

在焦循的詩經學中，他對《詩經》的宗旨有如下的論述：「夫詩，溫柔敦厚者也。不質直言之，而比興言之；不言理而言情；不務勝人而務感人。自理道之說起，人各挾其是非，以逞其血氣。激濁揚清，本非謬戾。而言不本於性情，則聽者厭倦，至於傾軋之不已。而忿毒之相尋，以同爲黨，即以比爲爭。甚而假宮闈廟祀儲貳之名，動輒千百人哭於朝門，自鳴忠孝，以激其君之怒，害及其身，禍於其國，全戾乎所以事君父之道。余讀《明史》，每嘆詩教之亡，莫此爲甚。」❺這段話有如下幾層意思。

第一，詩學不同於理學。詩學的主旨是「溫柔敦厚之教」。其學術形態是文學的而不是科學的，是言情的而不是說理的，其目的在於感動人而不是折服人。更重要的是，它通過純粹的文學即修辭

---

❸　《論語通釋·釋多》（木樨軒本）。

❹　以上兩段話均轉引自李澤厚：《美的歷程》（北京：中國社會科學出版社，1989年），頁54—55。

❺　《群經補疏自序·毛詩鄭氏箋》，《雕菰集》，卷16，頁271—272。

學來表達，這就是「不質直言之，而比興言之」，正是修辭學的重要特徵。

第二，批評理學的消極社會後果。焦循的批評與戴震對理的批評若合符節，顯然是受了戴震《孟子字義疏證》的影響，但戴震偏重於從理論上談，其直觀的政治與倫理意義仍有些隱晦不清。這裡，焦循以非常清晰淺顯的方式很直觀地表達了乾嘉經學家們批評理學的政治與倫理意義，這對我們研究戴震的反理學思想提供了那個時代學者的經學解釋，頗有參考價值。焦循對理學的批評是全面的，他並沒有全面否定理學的價值，他所否定的只是理學的主觀願望與其客觀效果之間的背離，也就是說，理學達不到應有的社會效果，因爲它忽視了人的感情本體的存在，從而導致聽者厭倦（從上下文看，聽者有可能指君主）。這也充分表明，因經學解釋的需要而引入的修辭學是以實踐爲導向的學問，它的實踐性很典型地體現於焦循對理學的批評之中，很明顯，焦循的批評是一種以實踐爲導向的批評。正由於批評的實際動機，解釋學與修辭學都轉化成爲政治－倫理解釋學與政治－倫理修辭學。

第三，焦循對理學的批評蘊涵有深刻的歷史反思意識。他所反對的理學是明代與朝廷激烈抗爭的學術基礎——明代理學，以及將這種理學付諸實施的政治與倫理實踐。這裡涉及的具體政治事件是明代圍繞著「大禮議」以及三案（梃擊案、紅丸案、移宮案）的政治抗爭，這些政治抗爭與明王朝的衰亡有一定的歷史聯繫。焦循將明王朝衰亡的原因歸結爲「詩教之亡」，有可能正代表乾嘉經學家的集體看法。這一看法不論對錯，其存在是不容忽視的問題。而且，和顧炎武等人將明王朝衰亡的原因歸結爲「游談無根，束書不

觀」相比，亦具有特殊的合理性和優點。顧炎武將明王朝衰亡的原因歸結爲學術上的「舍多學而識以求一貫之方，置四海之窮困不言，而終日講危微精一之說。」⓰顯然，顧炎武純從知識上分析問題，乾嘉儒者則將這個問題提升到情感層面，使反思的視野得到了拓寬，分析的層次得到了加深。由此，又可以看到，乾嘉儒家由知識出發，將問題深化，進一步擴展成情感問題，從另一種途徑發展了儒家思想。

由詩經學中透露的政治－倫理立場，我們也可以推測焦循易學的政治－倫理動機，有共同的學術媒介——「以曲文其直，以隱蘊其顯」的修辭學。

下面，我們可以概括一下焦循易學假借引申論的形成過程：焦循首先將假借作爲訓詁學的一個問題，欲求其徹底的解釋，求之不得其解，轉向易學（將易學當成訓詁哲學），在易學（訓詁哲學）中，引入了修辭學。修辭學不但幫助解決了訓詁學問題，而且還有利於解決易學的問題，可以說，解釋學與修辭學相互發現了對方，從對方那裡獲益非淺，相得益彰。由於解釋學具有實踐性，因而解釋學與修辭學都不甘心停留於知識的層面，它們都具有向實踐衝擊的衝動，其結果就是，解釋學與修辭學都沿著學理向實踐層面延伸，延伸的重要推論之一就是上文提到的對明王朝衰亡史的反思。其實它同時也是對當時儒家知識分子政治與倫理意識的思考。

以假借爲媒介，狹義訓詁學與修辭學相互重新發現了對方，當

⓰ 〔清〕顧炎武：〈與友人論學書〉，《顧亭林詩文集》（北京：中華書局，1983 年），頁 40－41。

訓詁學重新發現了自己之後，它就轉化成為廣義訓詁學。廣義訓詁學與初期的狹義訓詁學不同，它同時包含修辭學成分與科學成分。焦循在易學中談論的「易為訓詁之祖」，這個訓詁指廣義的訓詁學；當修辭學在易學中重新找到自己的位置之後，修辭學就轉化為廣義訓詁學的一部分，並且，修辭學還獲得了特殊的政治－倫理涵義。

在本文中，當我們將訓詁學看成解釋學，隨後又將狹義訓詁學看成是科學的時候，其中的「科學」涵義首先是指這種脫離了局部性的普遍性，這種普遍性同時也是擺脫了經典標題的偶然性而探索經典解釋的必然性的趨向。以戴震為代表的經學傳統的特徵就在於將這一普遍性建立在可靠的基礎之上，這個基礎就是文字學、音韻學中的六書和因聲求義等等。無論是惠棟還是戴震，他們所關注的似乎都是解釋學的科學性，而沒有注意到解釋學的文學性。戴震在《孟子字義疏證》中開啓了重情的理路，但是他並沒有將這一理路內化、融貫到解釋學之中，從解釋學的角度看，這一理路是由焦循完成的。焦循易學中的假借引申就應該放置到這個背景下加以理解。

解釋學與修辭學的關係並不僅僅是儒家經學中的特殊問題，它還具有世界性的普遍意義，其它宗教中的神學解釋學也面臨著類似的問題。伽達默爾就曾討論過語義學與修辭學的關係。⓱英國神學家特雷西（D. Tracy）對神學性的解釋學頗有研究，並在一系列的

⓱　參見伽達默爾著，夏鎮平、宋建平譯：《哲學解釋學》（上海：上海譯文出版社，1994 年）。書中收有「語義學與解釋學」一文。

著作詳細闡發了他的思想。他特別關心的主題之一是神學內部具體
學科之間的科際整合問題，其中，解釋學與修辭學具有特別重要的
意義。在特雷西的著作《詮釋學·宗教·希望》的中文版前言中，
他強調：「修辭學與詮釋學可以說是在我們這後現代時期中，彼此
發現了對方。」⓭他認為，這兩門學科對現代性的基本前提提出了
質疑和深刻的批判。現代思想（現代性）設定了若干個截然對立的
兩分法，比如說思想與情感的區分（其實就是情與理的區分），科
學與文學的對立；而解釋學與修辭學的融合與貫通恰好可以向這一
兩分法提出挑戰。本文通過清代學術的一個具體案例表明，儒家經
學也可以對這一問題的討論作出自己應有的貢獻。通過對具有世界
範圍內的普遍意義的問題的討論，儒家經學可以獲得源源不斷的生
長契機。

⓭　參見〔英〕特雷西著，馮川譯：《詮釋學·宗教·希望》「中譯本序言」
　　（上海：三聯書店，1998 年），頁 1。

《尚書補疏》疏證

錢宗武*

　　《尚書》作爲華夏文化的源頭典籍，歷代著名學者幾乎都有所研究。當然，揚州學派亦不例外。在中國近代學術史上這一極爲重要的學者群體中，名家迭出，著述豐贍，焦循尤爲翹楚。

　　研究者一般認爲焦循學術研究的重心在於《易經》和《孟子》，實際上，焦氏「博聞強記，識力精卓，於學無所不通，於經無所不治」❶，《尚書》一經用力亦稱勤劬。閔爾昌《焦里堂先生年譜》載：「先生二十時讀書安定書院，王鳳喈光祿新刻《尚書後案》成，以數十部寄院長吉渭岩先生，屬示諸肄業者，先生得其一，日夜翻閱，月許能言其略。」知焦循至遲束髮結冠即鑽研《書》說，自彼孜孜，終生不怠。壬戌年，焦循四十歲，阮元考浙江原委以證〈禹貢〉三江，書召往浙詢之，始作《禹貢鄭注釋》。❷約在丁丑年，焦氏五十五歲成《書義叢抄》，凡四十卷，所採錄者計四

---

*　　錢宗武，揚州大學人文學院中文系教授。

❶　　〔清〕支偉成：《清代樸學大師列傳》（長沙：嶽麓書社，1998 年），
　　　頁 103。

❷　　閔爾昌：《焦里堂先生年譜》，1917 年，頁 20。

十一家五十七種。❸戊寅年五十六歲，成《六經補疏》之《尚書補疏》。〈自序〉曰：「余既錄二十八篇之解爲《書義叢抄》，所有私見著爲此編，與《叢抄》相表裡。」❹焦循卒於清仁宗嘉慶二十五年，是爲庚辰年，距戊寅年《尚書補疏》成書僅兩年時間。《尚書補疏》爲焦氏「所有私見」之集成，畢生治《書》之總結，代表其學術巔峰時期的學術水平。

《尚書補疏》旨在補疏《孔傳》，其學術價值不僅僅在於《補疏》本身的訓詁學價值，更重要的是「補疏」所體現的學術思想和治學方法，在《尚書》學史乃至整個中國近代學術史上都具有重要影響。

清代早期《尚書》研究的最大成就在《尚書》辨僞方面。梁啓超曾評論說：「清初學者對於《尚書》第一件功勞，在把東晉《僞古文尚書》和《僞孔安國傳》宣告死刑。」❺「這算是清儒在學術史上極有價值的事業。」❻然而矯枉過正，清代《尚書》辨僞就像一柄鋒利的雙刃劍，既破除了一種僵化的思想取得空前的學術成就，同時也催發和啓動了巨大的負面效應，這就是學術界對《孔傳》認識的片面性和絕對化。或徹底否定《孔傳》，大張撻伐；或完全肯定《孔傳》，不容置否。兩者爭論的最後結局是「否定」派

---

❸　閔爾昌：《焦里堂先生年譜》，頁 37。

❹　賴貴三：《焦循年譜新編》（臺北：里仁書局，1994 年），頁 389。清道光戊子受古書店刊《焦氏遺書》之〈尚書補疏敘〉無此語。

❺　梁啓超：《中國近三百年學術史》（北京：東方出版社，1996 年），頁 225。

❻　梁啓超：《中國近三百年學術史》，頁 226。

贏了，佔據了學術發展走向的主導地位。完全肯定《孔傳》是錯誤的，但徹底否定也是錯誤的。徹底否定《孔傳》是破除一種僵化的思想後又一思想的僵化。《孔傳》僞在作者，但作爲魏晉《尚書》的訓詁確是不爭的事實，況且《孔傳》行世以後，《孔傳》以前的諸家《書》說多數相繼失傳。《尚書正義》（即《孔疏》）又以《孔傳》爲研究基礎，《孔疏》是唐代《尚書》訓詁的代表性著作。否定《孔傳》，汴宋以前就沒有多少可以利用的《尚書》訓詁材料了，而訓詁材料總是越古越有價值。《尚書補疏》正確地評價《孔傳》，焦氏指出：「東晉晚出《尚書孔傳》，至今時稍能讀書者皆知其僞，雖然其增多之二十五篇僞也，其〈堯典〉以下至〈秦誓〉二十八篇固不僞也。則試置其僞作之二十五篇，而專論其不僞之二十八篇，且置其爲假托之孔安國，而論其爲魏晉間人之傳，則未嘗不與何晏、杜預、郭璞、范寧等先後同時。晏、預、璞、寧之傳注可存而論，則此傳亦何不可存而論。」❼焦氏既指出《孔傳》之僞，又肯定《孔傳》之善，實事求是，無私無黨，不偏不頗。這體現了一種求眞求是的學術思想，這也是揚州學派一直高擎的學術旗幟。焦氏還從語境、修辭、文例、義理等角度具體例釋《孔傳》的價值：「余嘗綜其《傳》，而平心論之。『曰若稽古帝堯』、『曰若稽古皋陶』，《傳》皆以『順考古道』解之。鄭以『稽古』爲『同天』，『同天』二字可加諸帝堯，不可施於皋陶。若亦以皋陶爲『同天』，則是人臣可僭天子之稱頌。若以帝堯之『稽古』爲

---

❼ 〔清〕焦循：〈尚書補疏敘〉，《焦氏遺書》（〔清〕受古書店戊子刻本，1828 年），頁 1。

· 547 ·

『同天』，以皋陶之『稽古』爲『順考古道』，則文同義異，歧出無理。此《傳》之善一也。『四罪而天下咸服』，《傳》以舜征用之初即誅四凶，是先殛鯀而後舉禹。鄭以禹治水畢，乃流四凶，故王肅斥之云是舜用人子之功，而流放其父，則爲禹之勤勞適足使父致殛。舜失五典克從之義，禹陷三千莫大之罪。此《傳》之善二也。堯捨丹朱以天位授舜，朱雖不肖，不宜自舜歷數其不善。《史記》以『無若丹朱傲』上加『帝曰』，而《傳》則以爲『禹之言曰』，禹言之則可，自舜言之則不可。此《傳》之善三也。〈盤庚〉三篇，鄭以上篇乃盤庚爲臣時所作。然則陽甲在上，公然以臣假君令，因而即眞此莽、操、師、昭之事，而乃以之誣盤庚，大可怪矣。《傳》皆以爲盤庚爲王時所作。此《傳》之善四也。微子問父師、少師，父師答之，不云少師。鄭以爲少師志在必死，蓋以少師指比干。顧大臣徒志於死，遂不謀國以出一言，非可謂忠。《傳》雖亦以少師指比干，而於此則云比干不見，明心同，省文。此《傳》之善五也。〈金縢〉：『我之不辟。』鄭讀爲『避』，謂周公避居於東。又以罪人斯得，爲成王收周公之屬官，殊屬謬悠，說者多不以爲然。《傳》則訓『辟』爲『法』，居東即東征。罪人即指祿父、管、蔡。此《傳》之善六也。〈明堂位〉以周公爲天子，漢儒用以說〈大誥〉，遂啓王莽之禍。鄭氏不能辨正，且用以爲《尚書注》，而以周公稱王，自時厥後，歷曹、馬以及陳、隋、唐、宋，無不沿莽之故事。而《傳》特卓然以周公不自稱王，而稱成王之命而誥，勝鄭氏遠甚。此《傳》之善七也。」❽焦氏論證

❽　〔清〕焦循：〈尚書補疏敍〉，《焦氏遺書》，頁2。

《孔傳》的這七條優點，都經過縝密的考據，既重詁訓，又重義理，言而有據，合情合理。應該說多數見解是正確的。考據是揚州學派的主要治學方法，焦循的考據不與義理相對，而與義理熔冶，頗具特色，甚以爲後人推重。❾

　　《尚書補疏》分上下兩卷，上卷爲《虞書》和《夏書》補疏，下卷爲《商書》和《周書》補疏，共疏證《孔傳》六十三條詁訓。上卷十九條，下卷四十四條。《尚書補疏》除下卷第一條疏證《古文尚書》〈太甲·書序〉的《孔傳》外，餘皆疏證《今文尚書》的《孔傳》，凡六十二條。《虞書》十七條，其中〈堯典〉十二條，〈皋陶謨〉五條。《夏書》二條，皆爲〈禹貢〉。《商書》十條：〈盤庚〉八條，〈西伯戡黎〉和〈微子〉各一條。《周書》三十三條：〈牧誓〉二條，〈洪範〉三條，〈酒誥〉二條，〈梓材〉三條，〈召誥〉三條，〈洛誥〉二條，〈多士〉四條，〈多方〉二條，〈顧命〉二條，〈呂刑〉三條，〈金縢〉、〈大誥〉、〈康誥〉、〈無逸〉、〈立政〉、〈費誓〉、〈秦誓〉各一條。

　　焦循對《孔傳》的研究採取對比法，既有縱向對比，也有橫向對比。縱向對比分爲兩個內容，一是用《孔傳》與鄭玄的《注》比較，旁及別的漢儒《書》詁。二是用《孔傳》與《孔疏》比較。橫向比是《孔傳》與魏晉《書》詁的比較。通過比較，辨其同異，判其得失，說明《孔傳》的訓詁價值。當然，焦氏補疏《孔傳》並非溢美《孔傳》，既證其是，亦正是非；既申其義，亦立新說。大致

---

❾　錢穆：《中國近三百年學術史》（北京：商務印書館，1997 年），頁500。

可以概括爲五個大的類型：一、《補疏》證《孔傳》之訓詁。二、《補疏》申《孔傳》之立論。三、《補疏》正《孔傳》之誤說。四、《補疏》明《孔疏》破《孔傳》，力申《孔傳》。五、《補疏》明《孔疏》《孔傳》皆誤，另立新說。《尚書補疏》是《書義叢抄》厚積薄發的產物，焦循是兼通漢學和宋學的「通儒」，又兼治學嚴謹，因而《補疏》立說審愼，說必有據，多數可圈可點。現試以上述五種類型再爲之例釋。

一、《補疏》證《孔傳》之訓詁

矧曰其敢崇飲。（《周書·酒誥》）

《孔傳》：「崇，聚也。自暇自逸猶不敢，況敢聚會飲酒乎，明無也。」

《補疏》（即《尚書補疏》，下同）：「《廣雅》：崇、宗，並爲『聚』。隱公六年《左傳》：『芟夷蘊崇之。』杜《注》：『蘊，積也。崇，聚也。』」

按：《孔傳》訓「崇」爲「聚」，未明所據。《補疏》引魏《廣雅》和晉杜預《左傳》的注證之。

《史記·衛康叔世家》：「周公旦懼康叔齒少，告以紂之所以亡者以淫於酒，酒之失，婦人是用，故紂之亂自此始。故謂之〈酒誥〉以命之。」殷末風氣奢華，商紂建造酒池肉林，放縱淫樂。聚會飲酒爲酗酒之最。衛國是殷商故地，周公告誡康叔到衛國宣傳戒酒，規定嚴屬的戒酒法令，尤禁聚會群飲。「厥或誥曰：『群飲』。汝勿佚，盡執拘以歸於周，予其殺。」（〈酒誥〉）「群

飲」即「聚會飲酒」，亦即「崇飲」。知「崇」訓「聚」當爲確
詁。唐代孔穎達《疏》「自暇自逸猶不敢，況敢聚會飲酒乎」句，
堅持了「疏不破注」的原則，解爲「不敢自寬暇自逸豫，況曰其敢
聚會群飲酒乎。」❿《孔傳》「聚會飲酒」，《孔疏》作「聚會群
飲酒」，又一證也。

　　崇，或訓爲「興」。清代孫星衍引〈東京賦〉薛綜注：「崇，
興也。」⓫崇，或訓爲「充」，曾運乾先生說。⓬皆可商。

　　在後之侗。（《周書·顧命》）

　　《孔傳》：「在文王后之侗稚。」

　　《補疏》：「《論語》：『侗而不愿。』孔曰：『侗，未成器
之人。』蓋爲『僮』字之假借。《釋文》引馬作『詷』，云『共
也』。在後之共，於義不達。《說文》：『詷，共也。』《周書》
曰：『在夏后之詷。』經文乃成王自稱之辭，不得雜出『夏后』，
竊謂『夏』即『後』字之訛，『后』則羨文耳。」

　　按：漢代馬融「侗」作「詷」。《說文》訓「詷」爲「共」，
委實不達文意。侗，《說文》：「大貌。」侗何有「侗稚」之義，
何爲「未成器之人」？《補疏》以「侗」爲「僮」之假借，則渙然
冰釋。《說文》：「僮，未冠也。」段玉裁《注》曰：「今經傳

❿　《十三經注疏》（北京：中華書局，1980 年），頁 207。

⓫　〔清〕孫星衍：《尚書今古文注疏》（北京：中華書局，1986 年），頁
　　379。

⓬　曾運乾：《尚書正讀》（北京：中華書局，1964 年），頁 177。

『僮子』字皆作『童子』。」「童，未成人之稱。」⑬楊筠如亦
曰：「童蒙爲幼稚之義，亦爲蒙昧不明之意也。『在后之侗』，成
王自謙之詞。」⑭《論語》孔安國的《注》，世未以爲僞，《補疏》
引《論語》孔《注》證此《孔傳》「侗稚」之詁，遠勝馬《注》，
可謂爲的論。

「在後之侗」，《說文》引《周書》作「在夏后之詷」，與其
下文不合。下文爲「敬迓天威，嗣受文、武大訓，無敢昏逾」。可
知《補疏》以爲「經文乃成王自稱之辭，不得雜出『夏后』」，是
正確的。然焦氏謂「『夏』即『後』字之訛，『后』則羨文耳」，
可商。段玉裁曰：「侗作『詷』，與馬本合。『後』作『后』者，
古字通用。徐鼎臣、李仁甫本皆作『在夏后之詷』，誤衍『夏』
字，不可通。徐楚金本無『夏』字。《玉海》、《藝文志考》引
『在夏后之詷』，此用徐鼎臣誤本也。黃公紹《韻會》引『在后之
詷』，用小徐本，無『夏』字。」⑮知《說文》引《周書》「夏」
爲衍文。

　　鴟義奸宄。（《周書·呂刑》）
　　《孔傳》：「爲鴟鴞之義。」

---

⑬　〔清〕段玉裁：《説文解字注》（上海：上海古籍出版社，1981 年），
　　頁 365。
⑭　楊筠如：《尚書覈詁》（西安：陝西人民出版社，1959 年），頁 277。
⑮　〔清〕段玉裁：《古文尚書撰異》（《皇清經解》本，1829 年），卷
　　26，頁 3。

　　《補疏》：「鄭氏《注》云：『盜賊狀如鴟梟，鈔掠良善，劫奪人物。』與《傳》義同。高郵王引之讀『義』爲『俄』，解爲『傾邪反側』，是矣。『鴟』字，馬氏訓『輕』。竊謂『鴟』，即〈多方〉『叨懫』之『懫』。《說文》引《周書》作『叨𡙇』，讀若『摯』，忿戾也。鴟，从氏，《說文》：『氏，至也。』『鴟』之爲『𡙇』，猶『氏』之爲『至』。𡙇，讀若『摯』。『摯』即『鷙』，鴟鴞之鳥鷙戾，所以名鴟鴞，即『鷙』矣。『𡙇』之爲『摯』，猶『輕』之爲『摯』。摯即『𪓈』，《說文》：『𪓈，抵也。』《廣雅》：『周，至也。』『𪓈，低也。』鄭氏〈士喪禮〉注：『輖，𡙇也。』輖即『𪓈』字，輕即『𪓈』字。『𪓈』之爲『低』，即『鷙』之爲『鴟』矣。鴟取『鷙』而名『鴟』，亦取『鷙』而名爲『鴟』，周、氏同訓爲『至』，則鴟、鷙亦鴟鷙也。馬（融）訓『鴟』爲『輕』，『輕』蓋『輕』字之訛。」

　　按：此引馬融《注》和鄭玄《注》證《孔傳》。鴟，《山海經・西山經》謂爲「一首而三身」之怪鳥。鴟鴞，馬融注《周禮》爲「惡聲之鳥也」。或作鴟梟，王逸注《楚辭》爲「惡鳥」，多喻奸邪惡人。賈誼〈弔屈原賦〉：「鸞鳳伏竄兮，鴟鴞翱翔。」鴟鴞之鳥鷙戾，故訓爲「忿戾」，鴟鴞之比喻引伸之義。

　　鴟，《廣韻・脂韻》一作「鵄」 ❶❻，鴟、鵄皆以「鳥」爲義符，氏、至爲聲符。「鴟」爲〈多方〉「叨懫」之「懫」，《說文》引《書》作「𡙇」。《說文・至部》：「𡙇，忿戾也。」鴟作

---

❶❻　〔宋〕陳彭年等修：《宋本廣韻》（北京：中國書店，1982 年），頁33。

「憒」、「螚」，音同通假。義，《說文·我部》从我，从羊。俄，《說文·人部》从人，我聲，「行頃也」。《廣雅·釋詁》：「俄，邪也。」義、俄，雙聲疊韻，上古皆爲疑紐歌戈部的字。義，讀爲「俄」，訓爲「傾邪反側」，亦爲音同通假。

或云：鴟、蚩音近。蚩，《廣雅·釋詁》：「輕也。」馬融訓「鴟」爲「輕」，「鴟」借「蚩」。或云：鴟，一作「消」。《潛夫論·述赦篇》：「其民乃並爲敵仇，罔不寇消義，奸宄奪攘。」「消義」即「鴟義」、「滅義善」之謂。聯繫經文語境，倘不若《孔傳》爲安。

二、《補疏》申《孔傳》之立論

方命圮族（《虞書·堯典》）

《孔傳》：「圮，毀。族，類也。言鯀很（狠）戾，好此方名命而行事輒敗善類。」

《補疏》：「《正義》云：『好此方直之名，內有奸回之志，命而行事輒毀敗善類。』此讀《傳》中『名』字爲句，則經文『命圮族』三字連貫矣。然《傳》以『名』訓『命』，『命』字連『名』字，經文自『方命』二字一頓。蓋鯀以方自命而毀敗同類之人。共工靜言庸違，象恭滔天，即孔子所謂色取仁而行違者也。鯀以方正自命，不能旁通絜矩，自用侮物，與共工又自不同。故共工但一歡兜比之，而鯀則朝臣共以爲善，四岳且特請試之，則當時固多以正人君子許之，而不知聖人之用在善與人同。捨己從人，鯀之方命圮族正與虞舜相反。後人自命君子，與同類相軋，則鯀之流

也。鄭康成解『方』爲『放』，謂放棄教命。若果不遵教命，志在奸回，四岳何得特稱之，堯又何必試之。經但云『圮族』，不必是毀害善類，亦不必有奸回之志，即此自命爲方直而不與人同，自專自用即足以誤事功而禍天下，爲聖人誅殛所必及。《楚辭》：『女嬃之嬋媛兮，申申其詈余。曰：鯀倖直以亡身兮，終然殀乎羽之野，汝何博謇而好脩兮，紛獨有此姱節。』女嬃以鯀之倖直擬屈原，正以其孤立不與人同耳。」

　　按：「方命」之解，漢儒和宋儒大致相同。《史記》「方」作「負」。《五帝本紀》：「負命毀族，不可。」《漢書》或作「方」，或作「放」。〈敘傳〉：「諸侯方命。」〈傅喜傳〉：「傅太后詔曰：同心背畔，放命圮族。」《經典釋文》引馬融《注》：「方，放也。」《孔疏》引鄭玄《注》：「方，放。謂放棄教命。」應劭《漢書注》：「放棄教命，毀其族類。」趙岐《孟子·梁惠王》「方命虐民」，注：「方，猶逆也。」蔡沈《書經集傳》：「方命者，逆命而不行也。王氏曰：『圓則行，方則止。』方命，猶今言廢閣詔令也。蓋鯀之爲人，悻戾自用不從上令也。」方命，或作「負命」，或作「逆命」，或作「放棄教命」，大同小異。然《孔傳》、《孔疏》設爲新論，焦氏力申，合於義理，訓亦有據。堯時爲原始社會末期，實行摩爾根所稱的「軍事民主制」。部落聯盟領袖由選舉產生，權力有限。部落聯盟的最高權力機構是部落聯盟議事會。〈堯典〉第二段記載的就是一次部落聯盟議事會，會議議題是選拔人才。放齊推薦丹朱，歡兜推薦共工，唯鯀係四岳十二牧共同推薦。部落聯盟領袖堯否定丹朱、共工，眾皆默認。唯堯否定鯀，眾皆反對：「異哉！試可乃已。」可知鯀眾皆以

爲善，絕非明目張膽地放棄敎命毀敗同類之人，比較接近史實。
〈堯典〉旨在美堯，鯀外有方直之美名，內懷奸邪之志，獨堯能
察，四岳十二牧皆不能察，倘鯀公然「負命毀族」，眾豈有不察之
理？此焦氏申《孔傳》以爲勝於漢儒馬、鄭、趙，應和宋儒蔡沈是
也。

　　　　納於大麓，烈風雷雨弗迷。（《虞書·堯典》）
　　《孔傳》：「麓，錄也。納舜使大錄萬機之政。陰陽和，風雨
時，各以其節，不有迷錯愆伏，明舜之德合於天。」
　　《補疏》：「《史記》謂『堯使舜入山林川澤，暴風雷雨，舜
行不迷。』此《傳》說與之異。自以《孔傳》爲僞，遂多從《史
記》說。《孔傳》之僞，余不爲左袒，若以二說審之，則《傳》說
爲勝。是時舜已在位，試司徒爲上儐矣。入山林豈一人徒行，何必
不避風雷。聖人迅雷風烈必變，舜乃不畏天怒，先聖後聖義何乖
異？且舜是時必有輿從，假令眾人同己冒於風雨之中，不情甚矣。
余見村夫釣叟往往乘大雷雨時，負簑衣蓑，行坐隈野，未嘗或懼。
舜而如是，亦仍歷山雷澤時之故習耳。《漢書·于定國傳》：『永
光元年，春霜夏寒，日青亡光，上詔條責定國，惶恐上書自劾，歸
侯印，乞骸骨。上報曰：君相朕躬，不敢怠息，萬方之事，大象於
君。能毋過者，其爲聖人。方今承周秦之敝，俗化陵夷，民寡禮
誼，陰陽不調，災咎之發，不爲一端而作，自聖人推類以記，不敢
專也，況於非聖者乎！日夜惟思所以，未能盡明。經曰：「萬方有
罪，罪在朕躬。」君雖任職，何必顯焉？』此詔正用舜事。舜納大
錄，則雷雨弗迷，災咎不發。今定國納大錄，而陰陽不調，是宜罷

職去位，漢帝作尉詞，謂非顧定國一人之咎，而歸咎於己，乃因舜事而曲原之，故曰不為一端。可見當時為《尚書》說者，同於《傳》說。太史公每載異聞，未可概也。德合於天，與《孟子》百神享之之義正同。《論衡·吉驗篇》云：『堯聞徵用，試之以職，官治職修，事無廢亂。使入大麓之野，虎狼不搏，蝮蛇不噬，逢烈風疾雨行不迷惑。』此《史記》之說也。其《正說篇》引說《尚書》者云：『四門穆穆，入於大麓，烈風雷雨弗迷。』言大麓，三公之位也。居一公之位，大錄總錄二公之事。眾多並吉若疾風大雨。此以大麓為大錄，與詔同，而以疾風大雨為眾多並吉之譬喻，則殊陰陽不調之說，宜仲任以為偽。伏生《書大傳》：『堯推尊舜而尚之，屬諸侯焉。納之大麓之野，烈風雷雨弗迷。』鄭康成《注》云：『山足曰麓。麓，錄也。』古者天子命大事、命諸侯，則為壇國之外。堯聚諸侯，命舜陟位居攝，致天下，使大錄之。此雖以大麓為野，而鄭兼以大錄解之，則謂為壇攝位之日。無烈風雷雨，猶云會朝清明也。」

　　按：「大麓」之解，眾說紛紜，概言之有五。一、大錄，官稱。焦氏《補疏》引班固〈于定國傳〉、王充〈正說篇〉是也。《漢書·王莽傳》：「張竦引《書》曰：『納於大麓，烈風雷雨不迷。』公之謂也。」桓譚《新論》：「昔堯試舜於大麓者，領錄天下事，如今尚書官矣。」亦如是說。二、山麓。《補疏》引述司馬遷、伏勝之說是也。王充〈吉驗篇〉「大麓之野」，亦是。三、指鉅鹿。酈道元《水經注》曰：「堯將禪舜，納之大錄之野，烈風雷雨不迷，乃致以昭華之玉。故鉅鹿縣取名焉。」《水經注》濁漳水注引應劭說同。《十二州志》：「鉅鹿，唐虞時大麓也。」四、指

舜受禪之地。《風俗通義》：「堯禪舜，納於大麓。」《今文尚書考證》：「直以大麓爲受禪之地。」❶五、山足。《經典釋文》：「麓，馬（融）、鄭（玄）云：『山足也。』」「大錄」說和「山麓」說影響最大。「大錄」說似與下文「烈風雷雨弗迷」不協，「山麓」說焦氏非之亦有理。二者比較，「大錄」說稍勝。不過「大錄」非宰相、三公之類的大官，而是指山林之官。《說文·林部》：「麓，守山林吏也。」《國語·晉語》韋昭注：「麓，主君苑囿之官。」先師周秉鈞先生釋全句爲：「舜擔任守山林的官，在暴風雷雨的惡劣天氣也不迷失。」❶文從意順，當爲正詁。

　　鯀則殛死。（《周書·洪範》）

　　《孔傳》：「放鯀，至死不赦。」

　　《補疏》：「《釋文》：『殛，本作極。』《儀禮·大射儀》：『朱極三。』注云：『極，猶放也。』〈士喪禮〉：『纊極二。』《注》云：『極，放弦也。』極，有『放』義。《孟子》又『極之於其所往』，趙岐《注》云：『極者，惡而困之也』。極，又訓『己』，又訓『窮』。極鯀於羽山，放之，使居東海。既永不復用，又收管之，不許他往，所以困之窮之使之終死於是，故云『至死不赦』。《傳》於『殛』字之義實能體會至精。《說文》以『殊死』解之，則『殛』爲斬首，固非。〈鄭志〉答趙商以爲『至

---

❶　〔清〕皮錫瑞：《今文尚書考證》（北京：中華書局，1989 年），頁142。

❶　周秉鈞：《白話尚書》（長沙：岳麓書社，1996 年），頁283－290。

死不得返於朝』是也。而以殛死爲箕子釋武王之慚所假言亦非。」

　　按：焦氏非《說文》而申《孔傳》，是也。殛，即「流放」。《虞書·堯典》：「流共工於幽州，放歡兜於崇山，竄三苗於三危，殛鯀於羽山，四罪而天下咸服。」《古文尚書撰異》：「劉向謂放、流、竄、殛爲四放之罰。今淺學謂『殛』爲『殺』，大誤。」段玉裁注《說文》「殛」字又曰：「《堯典》『殛鯀』則爲『極』之假借，非殊殺也。《左傳》曰：『流四凶族，投諸四裔。』劉向曰：『舜有四放之罰。』屈原曰：『永遏在羽山，夫何三年不施？』王《注》：『言堯長放鯀於羽山，絕在不毛之地，三年不捨其罪也。』〈鄭志〉答趙商曰：『鯀非誅死，鯀放居東裔，至死不得反於朝。禹乃其子也，以有聖功，故堯興之。』尋此諸說，可得其完矣。」[19]唐堯虞舜之時，罪之極爲流放之罰。鯀流放於羽山，文獻多有記載，茲不詳引，《孔傳》合於史實。

三、《補疏》正《孔傳》之誤說

　　曰若稽古帝堯。（《虞書·堯典》）

　　《孔傳》：「若，順。稽，考也。能順考古道而行之者帝堯。」

　　《補疏》：「謂堯『同天』，固非。謂堯『考古』，亦未善。伏容曼注《周易·蠱卦》云：『乃命五史以書五帝之蠱事。蠱，通

---

[19]　〔清〕段玉裁：《說文解字注》，頁162。

古。古，即故也。』『帝堯』二字當不連，止四字。『曰若稽
古』，乃史臣之言，於堯殂落後書其故事，故云『稽古』，乃自今
述古之稱。若書當時之事，則不加此四字也。」

按：焦是正《傳》之句讀，確。蔡《傳》從孔《傳》，孔《疏》
申《孔傳》，以爲「史將述堯之美，故爲題目之辭曰能順考校古道
而行之者是帝堯也。又申其順考古道之事，曰此帝堯能放效上世之
功而施其教化。」⓴說皆可商。《孔傳》經文當以「曰若稽古」四
字爲句。「帝堯」當下屬，與「曰放勛」連文爲句。

蔡沈曰：「曰、粵、越通，古文作『粵』。曰若者，發語辭。
《周書》：『越若來三月。』亦此例也。」㉑曾運乾曰：「《逸周
書·世俘》：『惟一月丙午，越若來二月。』《周書·召誥》：
『惟太保先周公相宅，越若來三月，惟丙午。』越若，皆語詞，無
實義。稽，考也。古，故也。从十、口，十口識前言者也。『曰若
稽古』四字字絕。段玉裁《古文尚書撰異》云：『曰若稽古』四字
爲句，不獨〈皋陶〉也，蓋〈堯典〉亦然。」㉒

放勛，非爲「放效上世之功」，實爲堯名。《尚書今古文注
疏》：「《大戴禮·五帝德》：『宰我問孔子曰：請問帝堯，曰：
放勛。』《孟子·萬章》云：『放勛乃徂落。』趙岐《注》：『放
勛，堯名。』知『放勛』爲堯之名。」

⓴ 《十三經注疏》，頁 118－119。

㉑ 〔南宋〕蔡沈：《書經集傳》（光緒間桂垣書局刻本，1890 年），卷 1，
頁 1。

㉒ 曾運乾：《尚書正讀》，頁 2－3。

　　《史記·五帝本紀》：「帝堯者，放勛。」崔適《史記探源》認爲「放勛」上脫「名曰」二字，考之《本紀》文例可從。《史記·五帝本紀》：「帝舜者，名曰重華。」《史記·夏本紀》：「夏禹，名曰文命。」知〈五帝本紀〉「帝堯者，放勛」，依文例應爲「帝堯者，名曰放勛」。司馬遷著《史記》，史料多譯取《尚書》，今文《尚書》又無「者」字❷，「帝堯者名曰放勛」，即「帝堯曰放勛」。《尚書正讀》：「『帝堯曰放勛』五字句讀。」當從焦氏，善識《書》句讀者也。

　　　共工方鳩僝功（《虞書·堯典》）
　　《孔傳》：「鳩，聚。僝，見也。嘆共工能方方聚見其功。」
　　《補疏》：「《傳》中兩『見』字，疑皆是『具』字之訛。《正義》言『僝然見之狀』。非是。」
　　按：焦是正《傳》文之形誤。僝，《說文》引作「㑟」。《說文·人部》：「㑟，具也。《虞書》曰：『旁救㑟功。』」《經典釋文》引馬融《注》：「㑟，具也。」㑟音撰，《論語》孔安國《注》：「撰，具也。」知僝、㑟異文，「具」之義是個常訓。見，繁體作「見」，形與「具」似。《孔傳》中兩個「見」字，很有可能是「具」之形訛。
　　《史記》引《書》「方」作「旁」。段玉裁曰：「凡古文《尚書》作『方』，凡今文《尚書》作『旁』。如『方鳩僝功』，《五

❷　錢宗武：《今文尚書語言研究》（長沙：岳麓書社，1996 年），頁 283－
　　290。

帝本紀》作『旁』；『方施象形』，《白虎通》作『旁』；『方告
無辜』，《論衡》作『旁』，皆可證。」❷方、旁音同通用，亦可
為「方」假「防」之證。先師周秉鈞先生曰：「方，借為『防』；
鳩，借為『救』，《說文》引作『捄』。方鳩，即『防救』也。
《周語》：『昔共工欲壅防百川。』可見『防救』乃共工治水之特
點。僝，音『撰』，馬融曰：『具也。』共工方鳩僝功，謂共工防
救水災，已具功績。」❷方，《孔疏》以疊音詞「方方」解之，
「謂每於所在之方」。可商。

乃惟四方之多罪逋逃，是崇是長。（《周書·牧誓》）
　　《孔傳》：「言紂棄其賢臣，而尊長逃亡罪人，信用之。」
　　是信是使，是以為大夫卿士。（《周書·牧誓》）
　　《孔傳》：「士，事也。用為卿大夫典政事。」
　　《補疏》：「傳以五『是』字指多罪逋逃之人。『尊』字解
『崇』字。『信用之』解是信是使。此注當在『是信是使』句下，
上『用』字解『使』字，下『用』字解『以』字。」
　　按：焦是正《傳》與經文不合，確。上一條《傳》文的「信用
之」，當在下一條《傳》文裡。「信用之」釋「是信是使」，「用
為卿大夫」釋「是以為大夫卿士」。故「信用之」的「用」是解
「使」，「用為卿大夫」的「用」是解「以」字。

---

❷　〔清〕段玉裁：《古文尚書撰異》，卷1，頁38。
❷　周秉鈞：《尚書易解》（長沙：岳麓書社，1984年），頁4。

凡厥庶民，有猷有守有爲。（《周書・洪範》）

《孔傳》：「民戩有道有所爲有所執守。」

《補疏》：「『戩』字不可解。《正義》云：『戩，斂也。』因上『斂是五福』，故《傳》以『戩』言之。乃上文『斂時五福』，《經》直云：『斂是五福之道以爲教。』何得間隔三十餘言而以『戩』字訓者？矧斂屬於言，此戩屬民，殊相差錯。宋岳珂《九經三傳沿革例》云：『戩字止是一或字，傳寫誤作戩耳。《疏》義強釋作斂戩之戩。』岳說是也。」

按：焦是正《傳》之訛字，確。《說文・戈部》：「戩，藏兵也。」「戩」於《傳》義不類。《史記》引《書》作「凡厥庶民，有猷有爲有守」。《史記集解》引馬融曰：「凡其眾民，有謀有爲，有所執守。」知漢儒解經引經皆無「戩」。阮元《尚書注疏校勘記》從《補疏》，取岳珂說。❷❻

四、《補疏》明《孔疏》破《孔傳》，力申《孔傳》

分北三苗。（《虞書・堯典》）

《孔傳》：「三苗幽暗，君臣善否分別流之，不令相從。」

《補疏》：「《三國志注》虞翻云：『《尚書》「分北三苗」，北，古別字。』《傳》以『分北』即『分別』耳。《正義》以

---

❷❻　《十三經注疏》，頁193。

『分』爲『別』，以『北』爲『背』，非《傳》義。〈益稷〉《傳》云：『惟三苗頑凶，不得就官，善惡分別。』『分別』二字正用此經。分巛，巛從兩八，與『南北』之『北』不同。」

　　按：《疏》訓「北」爲「背」，《國語・吳語》韋昭《注》：「北，古之『背』字。」《疏》解有自。然此「北」不當訓「背」。《史記・五帝本紀》《集解》引鄭玄曰：「北，猶別也。」《說文・八部》：「巛，分也，從重八。」八，別也。《說文》：「乖，戾也。從北，古文『別』。」陳喬樅曰：「據許言『北』爲古文『別』，知今文《尚書》或但作『別』字。」❷❼王先謙述舜治苗過程有「分析安置其黨類」的說法，信得其實。王氏曰：「三苗不服，舜先喻教以柔之，猶有梗化者，始征伐之。既破，卻其人，乃分析安置其黨類，而變易其俗。」❷❽江聲亦曰：「蓋三苗爲西裔諸侯，其君雖出一人而其族類當復不少。其在西裔猶相聚爲惡，故復分析流之。」「分析」即「分別」，故云「北，猶別」。❷❾

　　惠定宇以爲經文「北」或本亦作「別」。別，古寫作

---

❷❼　〔清〕陳喬樅：《今文尚書經說考》（南菁書院刻《皇清經解續編》本，1888年），卷15，頁69。

❷❽　〔清〕王先謙：《尚書孔傳參證》（光緒間虛受堂刻本，1904年），卷2，頁38。

❷❾　〔清〕江聲：《尚書集注音疏》（學海堂刊《皇清經解》本，1829年），卷1，頁54。

「爪」；北，古寫作「爪」。別、北二字，古實字形相似也。❸
惠說或可信。作《孔傳》者所見經文即古「別」字，故復言之為
「分別」。今經文之「北」或為古「別」字之形訛。

不昏作勞。（《商書・盤庚上》）

《孔傳》：「昏，強。」

《補疏》：「鄭氏讀『昏』為『暋』，訓為『勉』。勉，即
『強』也。《正義》謂與孔不同，未是。」

按：「不昏作勞」，下文為「不服田畝，越罔有黍稷」。《孔
疏》釋為「不強於作勞則黍稷無所獲」。是「強」為「勉」之義。
《說文》無「強」，「勥」之異文為「勥」。知「強」即「彊」。
《說文・弓部》：「彊，弓有力也。」《孔疏》以為《鄭注》
「勉」與《孔傳》「強」不同，就是指《孔傳》「強」與經文
「勉」之義不合。然強、勉實一也。《爾雅・釋詁》：「昏，強
也。」張衡〈西京賦〉：「何必昏於作勞。」薛綜注曰：「昏，勉
也。」「昏」義為「強」為「勉」，是「強」義亦為「勉」也。
《今文尚書三家經說考》：「三家《尚書》皆作『昏』字，昏者，
『暋』字之省借。」《三國志・魏志・武帝紀》：「稽人昏作。」
注：「〈盤庚〉曰：『不昏作勞。』鄭玄曰：『昏，讀為暋。暋，
勉也。』」「暋」為「勉」，是「昏」義亦可為「勉」。《爾雅・

---

❸ 〔清〕惠棟：《九經古義》（咸豐庚申年刊《皇清經解》本，1860
年），卷5，頁7。

釋詁》：「暋，強也。」《玉篇·支部》：「暋，勉也。」❸《經
典釋文》：「昏，本或作『暋』。」是「昏」亦可爲「勉」爲
「強」。

　　三百里蠻。（《夏書·禹貢》）

　　《孔傳》：「以文德蠻來之，不制以法。」

　　《補疏》：「《漢書·地理志》引〈禹貢〉此文。師古曰：
『蠻，謂以文德蠻幕而覆之。』以『幕』解『蠻』，以『覆』明
『幕』。師古以『幕』古通『漫』，『漫』、『慢』亦通。馬氏訓
『蠻』爲『慢』，故顏氏變『慢』爲『幕』耳。師古此注本諸《孔
傳》，而『幕覆』與『蠻來』之義終有未合。玩《傳》用『來』
字，蓋讀『蠻』爲『攣』。『攣』之義爲『系』爲『引』，謂以文
德引來之，不以法制之。不制以法，『法』字對『德』字也。鄭康
成讀『蠻』爲『縣』。《詩》以『縣蠻』爲雙聲。『縣蠻』亦稱
『縣攣』，張衡〈思元賦〉『毋縣攣以倖己兮』，《文選》注引舊
注云：『縣攣，系貌。』讀『縞』讀『攣』，其義一也。攣系而
來，即羈縻其人。《正義》謂『縞』是繩，言蠻者以繩束物之名，
尙未得鄭、孔之恉。」

　　按：焦說確。羈縻，即『維繫、維持』之義。先師周秉鈞先生
曰：「蠻者，受王者羈縻。司馬相如曰：『王者之於夷狄，其義羈
縻弗絕而已。』班固曰：『其慕義而貢獻，則接之以禮讓，羈縻不

---

❸　〔梁〕顧野王：《玉篇》（北京：中國書店，1983 年），頁 331。

絕。』」㉜亦申《孔傳》之義。

五、《補疏》明《孔疏》《孔傳》皆誤，另立新義

黎民于變時雍。（《虞書·堯典》）

《孔傳》：「言天下眾民皆變化從上，是以風俗大和。」

《補疏》：「《傳》以『皆』字釋『于』字。《正義》解釋『萬國之眾人于是變化從上』，非《傳》義也。《廣雅·釋言》：『諸，于也。』又《釋詁》：『諸，眾也。』《傳》以『諸』義同『皆』，故以『皆』字釋之。其實，《爾雅》訓『于』為『代』，『代』猶『更』也。『于變』即『代變』，『代變』即『更變』耳。」

按：焦明《疏》破《傳》義，《傳》、《疏》皆誤，自立新義，卓然的論。此「于」字之詁，可謂說《書》者人言人殊。諸如：楊筠如先生曰：「于，高晉生謂猶『以』也。《老子》：『夫慈以戰則勝。』《韓非子·解老篇》引『以』作『于』。」㉝屈翼鵬先生曰：「于，音鳴，嘆詞。」㉞張汝舟先生曰：「于，即于

㉜ 周秉鈞：《尚書易解》，頁 78。

㉝ 楊筠如：《尚書覈詁》，頁 4。

㉞ 屈萬里：《尚書釋義》（臺北：中國文化大學出版部，1970 年），頁 24。

是。」❸金景芳先生引郝懿行、王引之說，以「于」爲語助詞。❹
諸說皆可通。然當以焦說更勝。《尚書易解》：「于，《釋詁》：
『代也。』于變，猶言遞變。時，善也，見《廣雅·釋詁》。」
「眾民遞變于和善。此言堯之德大，化者廣也，釋安安之德。」
（頁3）

　　我舊云刻子、王子弗出，我乃顚隮。（《商書·微子》）

　　《孔傳》：「刻，病也。我久知子賢，言于帝乙，欲立子，帝
乙不肯。病子不得立，則宜爲殷后者子。今子若不出逃難，我殷家
宗廟乃隕墜無主。」

　　《補疏》：「《釋文》：『「舊云」，馬云「言也」。
「刻」，音克，馬云「侵刻也」。』《正義》以『刻』爲傷害之
意。蓋馬氏『侵刻』爲《傳》解也。然言其賢而請立，不可爲侵刻
傷害之。玩《傳》云『病子不得立』，則當如『堯舜其猶病諸』之
病。『刻』之訓爲『極』爲『急』，趙岐注《孟子》云：『病，極
也。』《詩·召旻》《箋》云：『疾，猶急也。』故『刻』之義與
『病』同。《傳》以『我久知子賢』解『舊』字，以『言于帝乙，
欲立子』解『云』字，以『病子不得立』解『刻子』二字，以『宜
爲殷后者子』解『王子』二字，『不出我乃顚隮』六字爲句。然經
止言『我舊云刻子』，其他云云經文無之。王充《論衡·本性篇》

引作：『我舊云孩子、王子不出。紂爲孩子之時，微子睹其不善之性。性惡不出眾庶，長大爲亂不變，故云也。』此說尤爲不辭，于經文殊費辭說而不能達。」

「余謂『刻子』，即箕子也。《易》『箕子之明夷』，劉向、荀爽讀『箕』爲『荄』。《淮南子·時則訓》『爨其』，高誘《注》云：『其，讀荄備之荄。』古荄、其音通。刻从亥，與孩、荄同。箕即『其』字。以此推之，父師既云『詔王子出迪』，則已勸微子去矣。下云『我舊云箕子、王子不出，我乃顛隮』，此乃述其平素私自之言。舊，久也。謂不特今日因王子問我，我始言之。且不獨言王子當去，久已言箕子、王子兩人皆當出。若箕子、王子不出，則我殷乃顛隮矣。《史記》引《微子》不載此文，而插敘微子佯狂一段，云或曰可以去矣，正本此舊云箕子不去之說也。父師、少師別是二人，所謂太師疵、少師強也。《傳》以當箕子、比干，而『刻子』二字遂不能達耳。董仲舒〈賢良策〉云至于殷紂，守職之人皆奔走逃亡，入于河海，即指《論語》太師摯適齊一章而言。」

按：刻子，歷代皆不得確詁。孫詒讓曰：「刻子，焦循說讀爲箕子。據《漢書·儒林傳》、《易》『箕子之明夷』，趙賓讀爲『荄』，證此『刻子』，甚確。」❸❼荄、箕音通。《說文·亥部》：「亥，荄也。十月微陽，起接盛陰。」用「起」字明「荄」字，以起、荄聲相近。《說文·人部》：「佹，奇佹，非常也。」以「奇」連「佹」，奇、佹聲近相迻也。《爾雅·釋山》：「無草

---

❸❼ 〔清〕孫詒讓：《尚書駢枝》（北京：燕京大學排印本）。引自《尚書易解》，頁123。

木，岐。」《說文·山部》：「屺，山無草木也。从山，已聲。」
《經典釋文》：「《三蒼》、《字林》、《聲類》並云猶『屺』
字，音起。」❸岐、屺一也。刻子，一作「孩子」，見《論衡·本
性篇》引文。刻、孩、荄、岐，皆从「亥」得聲。亥，古音匣紐咍
韻。箕，从「其」得聲，其，古群紐咍韻。屺，从「己」得聲，
己，古音喻紐咍韻。知亥、其、己聲近韻同，以三字爲聲符之字，
例得相通。

　　誕惟民怨，庶群自酒。（《周書·酒誥》）
　　《孔傳》：「大行淫虐，惟爲民所怨咎，紂衆群臣用酒沈
荒。」
　　《補疏》：「《正義》云：『用者解經之自，是「自酒」即
「用酒」。』《正義》申《傳》是也。經文庶群自飲承上民怨，則
『自』字不必他解。蓋謂民則怨矣，而紂之群臣自沈于酒，而不顧
民之蠱也。」
　　按：焦說是也。先師周秉鈞先生曰：「自酒，私自飲酒。」
「言紂王不有明德馨香之祀，登聞于天；登聞于天者，只有民之怨
氣耳。群臣之私自飲酒，腥穢上聞。」❸
　　《尚書正義》：「定本作『自』，俗本多爲『嗜』。」❹楊筠

❸　〔唐〕陸德明：《經典釋文》（上海：上海古籍出版社，1980 年）。
❸　周秉鈞：《尚書易解》，頁 187。
❹　屈萬里：《尚書異文彙錄》（臺北：聯經出版事業公司，1983 年），頁
　　96。

如《尚書核詁》曰：「自，疑『甘』之訛。」「《淮南子·覽冥篇》注：『甘猶嗜也。』故『甘酒』又可作『嗜酒』也。偽〈五子之歌〉『甘酒嗜音』，恐即竊取此文。自『甘』訛作『自』，而義遂不可通。甘之言『酣』也。應劭謂不醒不醉曰『酣』。」（頁192）楊說與下文「腥聞在上」合，若無書證，然可備一說。

《尚書補疏》內容豐富，除上文例釋的類型外，尚有：「申《孔傳》正經文句讀」、「申《孔傳》明經文語序」、「申《孔傳》正經文訛字」、「正《孔傳》句讀」、「正《孔傳》訛字」、「明《孔傳》與經文不合」、「明《孔傳》不識經文語序」、「正《孔疏》破《孔傳》句讀」、「正《孔疏》破《孔傳》音讀」、「明《孔疏》增字解經」，等等。經過焦氏縱橫對比，條分縷析，《孔傳》、《孔疏》及歷代《書》說的得失，了然在目。焦氏真《孔傳》之功臣，亦《孔傳》之諍臣也。

我們肯定《尚書補疏》的訓詁學成就，並不認為其完美無缺，瑕不掩瑜，《尚書補疏》也有可商之處。例如：《周書·大誥》：「王若曰」，《孔傳》：「周公稱成王命。」《尚書補疏》：「鄭康成曰：『王，周公也。周公居攝，命大事則權稱王也。』王肅云：『稱成王命，故稱王。』《傳》與王同。《正義》引鄭規之云『惟名與器不可以假人，周公自稱為王，則是不為臣矣。大聖作則豈若是乎？』《尚書正義》每多正論，王莽因翟義之討，依〈大誥〉『王若曰』云『惟居攝二年十月甲子攝皇帝若曰』，莽擬〈大誥〉以喻民必依天下所共習之義。然則西漢人說經，因以『王若曰』為周公稱王踐天子之位，後漢鄭康成沿其說耳。王肅之說遠勝於鄭。顧西漢人不善說經，遂啟王莽之逆，後人抑王而右鄭，不知

其悖戾，不特禍於經耳。僞《孔傳》固有勝於眞鄭《注》者，此類是也。」然核之以史實，仍當以鄭《注》爲是。周公攝政稱王，文獻多有記載。諸如：《禮記·明堂位》：「周公踐天子之位，以治天下。」《論衡·書虛篇》：「說《尙書》者，周公居攝，帶天子之綬，戴天子之冠，負扆南面面朝諸侯。」《史記·魯周公世家》：「成王少，在襁褓之中，周公恐天下聞武王崩而畔，周公乃踐阼，代成王攝行政，當國。」郭嵩燾《史記札記》卷四曰：「君薨，冢宰攝政，殷禮固是如此。周公之踐阼，猶行殷禮也。使周公遂有天下爲天子，亦猶殷禮也。所以攝政七年而不疑，兄終弟及，猶循殷禮之常也。周公欲及身成文、武之業，制定禮樂，垂萬世之法，是以周禮作而攝政之儀遂廢。周公權古今之變而正一王之統緒歟，以前無有也。周公之攝政，常也，非變也。秦漢諸儒不明此義，而異說滋繁矣。」孫星衍指出：「若謂是周公述王命以誥，則當如〈多方〉言：周公曰：『王若曰』，或如〈多士〉先言『周公告』，乃復言『王若曰』。今此文不然，則是『王』即『周公』也。」可知焦氏之說實可商也。

白璧微瑕，光彩仍耀日月。《補疏》以降，從者紛紛，王先謙《尙書孔傳參正》即爲煌煌大者。《孔傳》魏晉詁訓的學術認識漸成定論。焦里堂求眞求實的學術思想，也是春風化雨，啓迪來人。里堂先生和他的《尙書補疏》終成清代學術天空中燦爛奪目的星座。

試論焦循《群經宮室圖》

彭　林*

　　乾嘉經學爲樸學，以「實事求是」爲宗。群經之中，禮學最爲實學，鐘鼎簠簋，皆有其位；揖讓升降，無不有序。舍之則無從論禮。然禮之器物陳設、人物進退無不依託於宮室。宮室制度不明，則禮儀無所附麗。先儒有云：「周之禮文盛矣，今僅見於《儀禮》。然去古既遠，禮經殘闕，讀禮者苟不先明乎宮室之制，則無以考其登降之節、進退之序。雖欲追想其盛，而以其身揖讓周旋乎其間且不可得，況欲求之義乎！」❶乾嘉鴻儒揚州里堂焦循得樸學之眞，揚實學之風，所作《群經宮室圖考》，考據索隱，精發古義，使賢聖制作之本意復顯於世，爲研究揚州學派所不可不及者。

一、依傍《考工記》建立綱目體系

　　《儀禮》文簡義奧，古稱難讀。東漢以來，爲《儀禮》、《周禮》、《禮記》作圖，因圖求義者，代有其人。相傳鄭玄曾作《三

＊　　彭林，清華大學思想文化研究所教授。

❶　〔宋〕李如圭：〈儀禮釋宮序〉（武英殿本）。

禮圖》，學者或以爲禮圖之祖。東漢侍中阮諶撰有《禮圖》三卷。
隋開皇中，禮部曾奉敕修撰禮圖。唐人所作禮圖，有夏侯伏朗《三
禮圖》十二卷，張鎰《二禮圖》九卷。又據《崇文總目》，有梁正
《三禮圖》九卷。上舉諸書皆已亡佚，無從考論。

後周顯德中，周世宗修定禮典，因文獻闕如，彝器規制盡失，
工匠無從遵循。世宗乃命國子司業兼太常博士聶崇義考定禮器形
制，供有司依仿。聶氏因作《三禮圖》二十卷，於建隆三年
（962）奏于宋太祖。是書分冕服圖、宮室圖、投壺圖、射侯圖等
十六部，洋洋大觀，然臆測懸想之處，在在皆有，學者多所譏評。

其後，楊復作《儀禮圖》十七卷、《儀禮旁通圖》一卷。此書
之優長，在全錄《儀禮》經文，依經繪象，隨事立圖，共二百另五
幅，極便閱讀。然圖例不嚴，方向、比例皆無定規，宮廟圖也頗有
疏略之處，緣之猶不能盡得其實。

宋儒李如圭之《儀禮集釋》，於後單列〈釋宮〉一篇，所記簡
略過甚，僅「人君左右房大夫士東房西室而已」、「戶牖之間謂之
依」、「房中半以北曰北堂有北階」、「堂之上東西有楹」等三十
餘條。有感於此，清儒江永作《儀禮釋宮增注》九卷，專爲《儀禮
釋宮》補苴。江氏此書及胡匡衷《儀禮釋宮》、任啓運《宮室
考》，於《儀禮》宮室研究，不無廓清之功，而體系皆襲李氏，就
《儀禮》而論宮室之制。《儀禮》雖爲禮之本經，然全書無專章記
述宮室制度，禮儀所及之堂、塗、碑、階、序、夾、戶、牖云云，
皆隨文而出，獨立突出，每每令人茫然。宮室廣狹，多語焉不詳，
丈尺度量，亦無體例可循，欲究明宮室之制，難乎其難。

里堂不落窠臼，著眼於《考工記》之建築體系。《考工記》爲

我國工程、工藝著作之祖，約著成于東周，內中于王城宮城之規劃、朝市宮寢之佈局、交通網絡之設計，言之尤詳：

> 匠人營國，方九里，旁三門，國中九經九緯，經塗九軌，左祖右社，面朝後市，市朝一夫。夏后氏世室，堂修二室，廣四修一，五室三四步、三四尺，九階，四旁兩夾窗，白盛，門堂三之二。殷人重屋，堂修七尋，堂崇三尺，四阿重屋。周人明堂，度九尺之筵，東西九筵，南北七筵，堂崇一筵，五室，凡室二筵。室中度以幾，堂上度以筵，宮中度以尋，野度以步，塗度以軌。廟門容大扃七個，闈門容小扃三個，路門不容乘車之五個，應門二轍三個。……王宮門阿之制五雉，宮隅之制七雉，城隅之制九雉。經塗九軌，環塗七軌，野塗五軌。門阿之制以爲都城之制，宮隅之制以爲諸侯之城制，環塗以爲諸侯經塗，野塗以爲都經塗。

引文所及，遍於王城之面積、城門之數量、道塗之廣狹、祖社之位置、明堂之規制、門隅之高下等等，且用以量度之單位，幾、筵、尋、步、軌等，均爲古代建築業之術語，於文中前後貫穿，便於比較、計算。故於宮室制度之探求，彌足珍貴。里堂《群經宮室圖》以《考工記》宮室之制爲綱，兼采《儀禮》等書，全書兩卷，凡九類，五十圖。卷上城圖七、宮圖十、門圖三、屋圖十一，凡三十一篇，附圖七；卷下社稷圖二、宗廟圖三、明堂圖七、壇圖一、學圖五，凡十九篇，附圖五。

全書之編排，由內及外，由近及遠。城門圖由王城周徑開方圖

始，進而爲城門及闍、闉、陴、雉，進而爲城內經塗、城外環塗
等，又進而爲城外之郭、關、郊、野、鄙等。宮圖始于城內左祖右
社、面朝後市之分佈，進而爲三朝三門、中廷、門塾、燕寢、路
寢、內朝、外朝等等。門圖有門霤、門阿、樞、扉、閾、闑以及重
屋四阿之制。屋圖有阿、楣、庪、榮、棟、宇、梁、棁、楣等極其
詳盡。下卷諸圖，自可類推。是書名爲「宮室圖」，而廣及于國中
種種建築。里堂以此先立大局，再列細目，寓微觀於宏觀之中，格
局明晰，與就宮室論宮室、只見樹木不見森林者不可同日而語。此
以城隅之制爲例說明。

《考工記》云：「宮隅之制七雉，城隅之制九雉。」《異義》
引古周禮說云：「天子城高七雉，隅高九雉。公之城高五雉，隅高
七雉。侯伯之城高三雉，隅高五雉。」此隅即城之隅，非「西南隅
曰奧」之隅。然何謂城隅，學者多若明若暗。說者或據漢時有「罘
思災」之記載，以城隅爲小樓；或據〈禮器〉「天子、諸侯台
門」，謂宮隅即台門，城隅即城台。如此等等。諸說之謬，在既不
知城台爲何物，亦不知城隅在何處。里堂於〈城圖三〉先引《爾
雅》、《毛詩傳》、〈禮器〉鄭注等，證明闍爲曲城門上之台，王
城十二門，每門皆有，在城之正面，繼而證明隅在城之四角，或名
浮思：

> 《考工記》鄭注云：「宮隅、城隅，謂角浮思也。」角即四
> 隅之謂，謂浮思者，《廣雅》、《釋名》、《古今注》皆訓
> 爲門外之屏。角浮思者，城之四角爲屏以障城，高於城二
> 丈。蓋城角隱僻，恐奸宄逾越，故加高耳。《詩·邶風·靜

女》篇云：「俟我以城隅」，《傳》云：「城隅以言高而不可逾。」《箋》云：「自防如城隅。」皆明白可證。……舍經典可訓之釋，而訓以漢制，豈理也哉！且明曰角釋隅字也，擬以浮思明其高二丈於城也。臺門、城臺俱在正面，何以言隅，臺與屏之狀相異甚遠。鄭注〈明堂位〉疏屏云：「浮思也。」鄭之以浮思爲屏，固無差於《廣雅》、《釋名》、《古今注》也。屏不可以名臺，閽不聞其在角，夫人而知之矣。（〈城圖三〉）

如此之類，里堂皆從上至下，整理爬梳，使格局明晰，無就事論事之虞。此外，宮室研究不可或棄者，爲丈尺度量體系。《考工記》之宮室與城，度量單位或可不同，如「明堂度以筵，路寢度以雉」之類，而皆可自洽。里堂深究《考工記》之度量體系，使宮室研究之種種糾葛，迎刃自解，相關闡述，容於本文第四節再論。

二、以群經解禮經宮室

里堂是書，名爲《群經宮室圖》，是其考求宮室之途不唯禮經，而擴展及於群經，此爲該書又一特色。

歷來考論宮室之制者，多孜孜於《儀禮》，至多及於《周禮》、《禮記》，故其書多名之爲「《儀禮》宮室圖」、「二禮圖」、「三禮圖」云云。宋楊甲之《六經圖》六卷（經毛邦翰增補），計有《易》七十圖、《書》五十圖、《詩》四十七圖、《周禮》六十五圖、《禮記》四十三圖、《春秋》二十九圖，凡三百零

九圖。由其體例可知，是書名爲《六經圖》，而《詩》《書》《春秋》自爲《詩》《書》《春秋》，《禮》自爲《禮》，彼此不相交融會通。其後宋儒葉仲堪據邦翰舊本增損改定，作《六經圖》七卷，增爲三二一圖，而體例依舊。明吳繼仕沿襲之，又增楊復《儀禮圖》，共得五四八圖，析之爲七卷，名爲《七經圖》。清楊魁植復又益之，爲《九經圖》，以體例論，要皆不出楊甲範圍。

清儒爲學，「好古敏求，各造其域」，故多有孤家獨學。里堂不然，其學「無所不通，著書數百卷，尤邃於經」，❷阮芸臺爲里堂作傳，以「通儒」冠其名。里堂治學，尤長於會通百家。其治《易》，以測天之法；其治醫經，用治經之道；其釋經，又以治《易》之道。《群經宮室圖》亦復如此，以群經解禮經，以會通求義理。蓋宮室制度爲古代日常生活所有，故不獨見於禮經，群經之中亦時有所見，雖不成系統，然彼無此有、此詳彼略之處正復不少，適可互補互足。里堂深明於此，故若左右逢源。

禮書云「天子七廟」，然廟與寢相對位置若何？廟與祧在一地，抑或兩地？七廟皆平列，廟與廟之間是否共壁相連？禮書皆未之及。里堂據《周官·隸僕職》「掌五寢之掃除糞灑之事」，注云「五寢，五廟之寢也」，而知五廟皆有寢。又據《左傳》昭公十八年：「子太叔之廟在道南，其寢在道北」，廟必南向，寢在其北，則寢在廟後，即所謂前曰廟，後曰寢。廟皆有寢，祧則不然，「若祧與五廟並列，而祧獨無寢，何以成制？則二祧與五廟必非一地

---

❷　〔清〕阮元撰，鄧經元點校：〈通儒揚州焦君傳〉，《揅經室集·二集》（北京：中華書局，1993 年），卷 4，頁 475－481，。

也。故廟有寢，祧無寢。」祧不獨無寢，且與諸廟異處，「《左傳》言襄王致文武胙于秦。獨曰文武，必文武之廟必另立另祭，乃專得此稱。」廟與廟不共壁，而以巷相連，巷側之門曰闈，在巷頭曰閎。關於閎，文獻多見，里堂辨析入微，云：「閎亦有二說」，《左傳》成公十七年：「齊慶克與婦人蒙衣乘輦入於閎」，里堂云「此巷頭之門也」。《左傳》襄公十一年「盟諸僖閎」，注云：「僖公之門」；《左傳》昭公二十年：「華齊御公孟及閎中」，注：「閎，曲門中。」里堂云：「曲門者，即曲城。僖公之門者，即〈聘禮〉每曲揖之曲，是每曲之門亦名閎也。」如此之類，不勝枚舉，皆不見於禮經，而得諸群經者。

里堂為學以經為本，力詆於紛紜諸說中求新說，於〈明堂圖二〉云：「泥眾說以求經，則經文愈窒。審經文以考制度，則為狀甚明。」又於〈明堂圖六〉云：「不求經文，徒牽眾說，左荼右縮，獲一亡十。」故其說皆有本，且彼此呼應，阮元稱譽里堂：「其所見似創而適得夫經之意也，其所解似新而適符乎古之制也。」❸是深知里堂者。

三、從傳注而不株守

清人學術以漢學為宗，風氣所趨，言必許鄭，文必賈馬，竟至盲目遵從，百般附會，再無學術主見。阮元痛詆之：「株守傳注、

---

❸ 〔清〕阮元撰，鄧經元點校：〈焦里堂循群經宮室圖序〉，《揅經室集·一集》，卷 11，頁 250。

曲爲附會，其弊與不從傳注、憑臆空談者等。」❹里堂亦深惡于此，於〈明堂圖五〉云：「名爲鄭學者，亦徒泥其言，莫窮其蘊，一蔽於詆之，又蔽於護之，眞足悲矣。」然里堂爲學，絕不回護傳注之失，其《孟子正義》「于趙氏之說或有所疑，不惜駁破以相規正。」❺里堂於漢唐傳注，務窮其蘊，《群經宮室圖》發明傳注處觸目皆是，然訂正傳注處亦正復不少，今略舉數例。

先秦之有明堂，見諸《考工記》、《呂覽》、《禮記》、《大戴記》、《左傳》等文獻，然語焉不詳，無從窺見全豹。明堂之用，漢儒已言人人殊，竟至有以明堂與太廟、靈臺、辟雍、路寢爲一事異名者。自朱熹出，始知明堂爲古天子祀天享親、布政朝會之所，然其構造，依然不甚了了。如《考工記》云明堂五室，《大戴記》云九室，已自不同；鄭玄從五室之說，以爲太廟太室居中，其餘四室在四隅。朱熹持九室說。至若五室、九室之位置如何，更是聚訟紛紜。又如《呂覽》云天子孟春之月居青陽左个，仲春之月居青陽太廟，季春之月居青陽右个，孟夏之月居明堂左个，仲夏之月居明堂太廟，季夏之月居明堂右个，中央土居太廟太室，孟秋之月居總章左个，仲秋之月居總章太廟，季秋之月居總章右个，孟冬之月居元堂左个，仲冬之月居元堂太廟，季冬之月元堂右个云云。所謂左个、右个，究竟何指？賈公彥云青陽右个即明堂左个，明堂右个即總章左个，總章右个即元堂左个，元堂右个即青陽左个。朱熹云，東之中爲青陽太廟，東之南爲青陽右个，東之北爲青陽左个。

---

❹ 〈焦里堂循群經宮室圖序〉，《彫菰室集·一集》，卷 11，頁 250。
❺ 〔清〕焦循：《孟子篇敘正義》（《四部備要》本）。

南之中爲明堂太廟；南之東即東之南，爲明堂左个；南之西即西之南，爲明堂右个。西之中爲總章太廟；西之南即南之西，爲總章左个；西之北即北之西，爲總章右个。北之中爲元堂太廟；北之東即東之北，爲元堂右个；北之西即西之北，爲元堂左个。中是太廟太室。凡四方之太廟異方，所其左个、右个，則青陽之右个乃明堂之左个，明堂右个乃總章之左个也。總章之右个乃元堂之左个，元堂之右个乃青陽之左个也。依朱熹說，則「个」皆左右相借。

里堂不從鄭玄四室在四隅之說，亦不從朱熹四室之「个」相借之說，力主太廟太室居中、四室各居四方之正，四隅各分割爲二、共得八「个」、其狀呈三角形之說：

竊謂以左右言，斷在兩旁；以个之名屬於明堂、青陽、總章、元堂言，則每隅兩个，斷不可以相通。个之形，經無明文，然而可考也。《左氏傳》「大室屋壞」，此中央重屋名大室屋，則南阿之物（「物」當作「屋」）爲明堂屋，東阿之屋爲青陽屋，西阿之屋爲總章屋，北阿之屋爲元堂屋也。明堂屋之下則明堂之太廟左右个，青陽屋之下則青陽之太廟左右个，總章屋之下則總章之太廟左右个，元堂屋之下則太廟左右个。每方之屋，爲一正方夾兩句股形。一正方即爲太廟，夾兩句股形即夾左右个形也。自阿端至榮作邪殺，脊下即依此作隔牆。太廟與兩个無所隔。每隅之兩个則有隔也。然則以《考工》之重屋四阿，知每阿當一室；於〈月令〉言左右个及太廟同系每室之名，知太廟左右个合爲一室。夫而後室與屋合，堂與堂齊，有正大之題，無瑣褵之象，正先王之制

作也。

里堂復以鄉射、大射、《考工記》之「个」皆作三角形以及此字之
文字學依據爲佐證，申論其明堂之「个」之形制說不可移易：

> 知無隔者，面三階，不可皆容於太廟之前，則兩旁之階必當
> 个，使个與太廟相隔，則登必旋轉始至中央矣。且考之〈鄉
> 射記〉言布侯之狀，上个五尋，中十尺，倍中爲躬，倍躬以
> 爲左右舌。《注》云：「中，方者也。躬，中之上下幅也。
> 左右舌，上个也，居兩旁謂之个。」又云：「上个象臂，下
> 个象足。」〈大射儀〉云：「中離維綱」，《注》云：「侯
> 有上下綱，其邪制射舌之角者爲維」，《疏》云：「維於上
> 个、下个，上下躬兩頭皆有角，又以小繩綴角，系著植。」
> 據此，侯之兩畔作四三角形，《考工記》：「梓人爲侯，上
> 兩个與其身三下兩个半之」。此上兩个，即上兩旁之兩三角
> 也。下兩个，即下兩旁之兩三角也。〈鄉射禮〉祭侯，適右
> 个；設箭俎，適左个亦如之。左个，左旁之三角形也。右
> 个，右旁之三角形也。射侯之得名个，以邪角形。則以大室
> 比中，以元堂、明堂比上下幅；其兩旁之个，比侯旁之个。
> 其事雖殊，義則可通也。鄭氏注〈梓人〉个云：「讀如齊人
> 懵幹之幹。」射侯之个同幹，則明堂之个亦必與幹同。《釋
> 文》云：「幹，脅也。」《說文》云：「脅，兩膀也。」
> 《釋名》云：「脅，挾也，在兩旁，臂所夾也。」个通於
> 幹，爲脅下之名，張其兩臂夾，下正兩三角形，故个字即象

兩臂夾躬之形。（〈明堂圖三〉）

里堂之說，面貌一新，遠勝鄭氏及傳注之說，雖不能遽爲定說，然其立論堅實，多有發鄭氏及傳注所未發者。揆諸全書，不乏此例。阮芸臺序里堂是書云：「余以爲儒者之於經，但求其是而已，是之所在，從注可，違注可，不必定如孔賈義疏。」又云：「元向有《考工記車制圖解》，其說亦頗有異于鄭君，今得里堂此書，而鄙見不爲孤矣。」❻是「實事求是」不獨爲焦循之風格，亦爲揚州學派之共同風格。

四、證之以實而運之於虛

里堂精於算學，著有《里堂學算記》。其爲學，主張「實測而知」、「證之以實而運之於虛」。郭守敬以實測而得天行，堪爲證實運虛之典範。於宮室之制，每每以步算驗之，是爲該書特色之一。里堂主張「實測而知」、「證之以實而運之於虛」，即以實測所得爲依據，建立推導之普遍原則。

版、雉、堵之尺寸有二說：《左傳疏》引《異義》古周禮說云：「一丈爲板，板廣二尺。五板爲堵，一堵之牆長丈、高丈。三堵爲雉，一雉之牆，長三丈，高一丈。」《公羊傳》定公十二年云：「雉者何？五板而堵，五堵而雉，百雉而城。」何休云：「八

---

❻　見阮元：〈焦里堂循群經宮室圖序〉，《揅經室集·一集》，卷 11，頁 250。

尺曰板，堵凡四十尺，雉二百尺。」如此，則一堵爲四丈，一雉長二十丈。《左傳疏》引《戴禮》及《韓詩說》云：「八尺爲板，五板爲堵，板廣二尺，積高五板爲一丈，五堵爲雉，雉長四丈。」此說云板長八尺，與毛鄭說異，而以五板爲堵，即累二尺爲五，與毛、鄭之說相同。何休則以累八尺者五之，故以堵爲四丈，又累四丈者五之而爲雉，故雉長二十丈。里堂駁之云：

> 百雉長二千丈，二千丈得十一里三分里之二，制且大於王城，非《公羊傳》義。《書傳》云：「雉長三丈。度高以高，度長以長。」其說近古，鄭所取也。（《毛詩疏》引鄭《駁異義》云：「鄭伯之城方五里，值千五百步。大都三國之一，則五百步也。」五百步爲百雉，則知雉五步。五步於度長三丈，則雉長三丈也。雉之度量於是定可知矣。）據此，天子之城，徑五百四十雉，周二千一百六十雉。公之城徑四百二十雉，周一千六百八十雉。侯伯之城徑三百雉，周一千二百雉（每里爲雉六十，爲步三百，爲長一百八十）若何休以百雉二萬尺，凡周十一里三十三步二尺爲公侯之制，又引天子千雉，伯七十雉，如是，則千雉爲二十萬尺，凡周一百十一里三十三步二尺，方徑得二十七里一百二十步五尺，城不應如是之大。子南五十雉，周五里一百六十六步三尺有奇，方徑一里一百十六步十五尺有奇，於地又太狹。

天子之廟數，鄭玄說爲七廟，王肅說九廟。依七廟說，則太廟、二祧廟與二昭二穆。依九廟說，則太廟、二祧廟與三昭三穆。

七廟說之中，又有祧廟與太廟、四親廟在一地或兩地之爭。紛紛之論，千年不已。里堂以推其占地廣狹而決其疑是：

> 准以燕寢之有廷，則廟寢亦必有廷。尺寸雖不可詳，而其制必非甚狹者。前廟之堂七雉，得三十五步；廷三倍之，門堂三之二，共百六十餘步。七廟、九廟之不可平列既如彼，如孫毓之說相次而南，則四廟相承已六百四十餘步，更加祧廟則八百步矣，前有亳社，後有諸寢，此王宮二里之地不足勝其長矣。

門堂之制，〈顧命〉有左塾、右塾，〈士冠禮〉鄭注云一門有四塾。然門塾之丈尺，文獻語焉不詳，諸儒多不能說。《考工記》云：「門堂三之二，室三之一。」注云：「門堂，門側之堂，取數於正堂，令堂如上制，則門堂南北九步二尺，東西十一步四尺。《爾雅》曰：.『門側之堂謂之塾。』」又注「屋三之」云：「兩室與門，各居一分。」文中「門堂三之二」一語，學者理解每每不同，有以爲門與塾、每間之修廣皆爲正堂三分之二者。里堂如其說而推計之，則門塾之廣共得九十步，治朝廣僅百步，不成模樣。又有以「三之一」爲取正堂之三分之一而言者，至有以「三之一」爲「三之二」中之三之一者，里堂逐一推算之：

> 若謂三之一爲視正堂而言，則在世室者，當修四步四尺，廣五步五尺；在重屋者，當修一丈八尺有奇，廣兩丈四尺；在明堂者，當修三步三尺，廣四步三尺；在路寢者，當修十一

步四尺，廣十五步。或謂即「三之二」中之三之一，則在世室者，修三步六寸有奇，廣三步五尺有奇；在重屋者，修一丈二尺三寸有奇，廣八尺；在明堂者，修二丈一尺，廣二丈七尺；在路寢者，修七步四尺，廣十步，其置均非所宜。則注所云與門各一分者，其說不可易也。以三十步之門堂而兩室與門各居其一，則中亦十步也。《記》又云：「路門不容乘車之五个」，乘車廣六尺六寸，五个得三丈三尺，云「不容」者，視三丈三尺爲狹也。鄭注云：「兩門乃容之。」則此門半之，丈六尺五寸。循謂廟門容大扃七个，得二丈一尺；應門容二轍三个，得二丈四尺。路門爲人君視朝之地，宜廣于諸門，不應小至一丈六尺，視應門止三之二也。

若如前說，則門堂僅修三步二尺，廣四步三尺；若如後說，則修二丈一尺，廣二丈七尺；均不成比例，而知其皆非。里堂依鄭玄之注，云「所謂三之二者，合兩塾及中門之數也」，爲門堂之修廣，約當於正堂修廣之三分之二。遂申論之云：

云九步二尺、十一步四尺者，以夏世室而言也。若殷重屋，則修三丈七尺有奇，廣二丈四尺也。周明堂則修七步廣九步也。今依《書大傳》路寢之制言之，堂修七雉，則門堂修二十三步二尺；堂廣九雉，則門堂廣三十步也。《記》於世室、重屋、明堂，凡言堂修皆合諸室而總計之。以此爲例，則所謂三之二者，合兩塾及中門之數也。使爲每間三之二，則得九十步。治朝廣百步，除去九十步，餘十步，礙於左右

之九室，既非制度，若在廟門，何有九十步之廣耶？云「兩室
與門各居一分」者，各廣十步也。明堂四堂一室，而《記》
統謂之五室，以此爲例，則室即兩塾，即所謂門側之堂，非
塾中另有室也。〈士虞禮〉云：「七俎在西塾之西。」
《注》云：「塾有西者，是室南向。」是稱塾爲室也。

如此之類，非經精密推算，則難以決其是非。經文簡奧，義若游
移，粗心浮氣者每每率爾立說，竟至相爲攻伐，彼此立異，甚是無
謂。

里堂先生《群經宮室圖》爲疏解古代宮室之制而作，書僅二
卷，而創獲尤多，大有補於禮學。然是書所論，爲崇門之學，故研
究里堂者雖眾，而是書鮮有論及。今不揣窮陋，試爲論列，深入研
究，尚有望於大方之家。

焦循〈後漢書訓纂序〉書後

王永平*

焦循《雕菰集》卷十五〈後漢書訓纂序〉記述了漢學大師惠棟所著《後漢書訓纂》之成書、抄本流傳及其與揚州學者的關係：

> 《後漢書訓纂》者，元和惠徵士棟所著書也。歲丁末，余授徒城中，與汪君晉蕃之居近。晉蕃家多藏書，每借閱，而是編與焉。晉蕃之尊人對琴先生，工詩詞，風雅倜儻。徵士遊廣陵時，與之交，往來甚密。徵士故多疾，先生以參桂之藥供之，不啻千金。徵士無以報，因以此書贈先生。先生爲之校寫，作楷本，於是有眞、草二本。草曰《訓纂》，眞曰《補注》，皆藏於對琴先生家，外無有也。先生重氣節，負性純篤，方其官刑曹，在京師，以勁直著名，繼遭橫逆，家產頓落。於是二本者，僅存草本，而寫本遂失。是本爲徵士手錄，改塗添補，如蚍蜉蟻子之迹，首帙末題雍正九年以事對簿之暇作，凡十一年而成。對琴先生嘗語循曰：「惠子在

---

* 王永平，揚州大學人文學院歷史系副教授。

揚時，手訂此書，有所疑，即以片紙至，令爲之核，書成以
贈予。然竊人之善，君子恥之，齊邱化書，不欲尤而效
也。」嗚乎，惠子生爲貴公子，使其豔於科名，爲世俗之
學，何至以布衣終老！迨訊鞠之際，尤憂虞匡懼之日，乃孜
孜矻矻，信而好古。比部篤於友誼，守其書而不欲冒其名。
如兩公者，不亦可以爲法乎哉！壬子秋，復於晉蕃家借閱。
因細考校定，其卷帙次第，依范蔚宗原書，次司馬氏志及劉
昭注補於末，體例仿《史記索隱》，而精核過之。世所傳十
五卷者，乃贗本，非其實也。

同上書卷十八〈書鮚埼亭集後〉又談到此事，云：

元和惠徵士棟嘗病於揚州，需參莫措，汪對琴比部慨然獨持
贈，費千金。惠病起，以所撰《後漢書訓纂》酬之。今鷺亭
馮先生所刻《後漢書補注》，即此本也。此事世亦鮮知之
者。

從以上所引焦循的文字，可知惠棟《後漢書補注》之完稿、修
訂、整理與刊刻，與揚州學者關係甚密。惠棟著《後漢書補注》經
歷了兩個階段：一是中年之前始著此書，惠棟註明寫作此書的時間
是雍正九年（1731），歷十一年而成（即至乾隆七年，1742 年）。
也就是說，惠棟來揚之前已完成了該書的初稿；第二階段是惠棟中
年以後旅揚期間對該書加以修訂，定爲二十四卷。

在修訂過程中，惠棟得到了揚州學人的熱情幫助，其中汪棣貢

獻尤多：一是出資爲棟治病，「不啻千金」；二是助其查核資料；三是「校寫」整理此書。惠棟爲答謝汪棣，以此稿贈之，汪「爲之校寫」，期望助其刊印，故「作楷本」，又稱「眞本」，而惠棟手書本則爲「草本」，校寫本稱《補注》，草寫本稱《訓纂》。唯因此後汪氏家道中衰，無力刊刻。

按汪對琴，江藩《國朝漢學師承記》卷七〈汪光燨傳〉載：「光燨字晉蕃，號芝泉，儀徵縣廩膳生。其先人韡懷部郎諱棣，與惠徵君松崖、戴編修東原及王蘭泉先生、王光祿西莊、錢詹事竹汀爲莫逆交。晉蕃少承庭訓，習聞諸老宿名論，乃潛志讀書，博通經史。」李斗《揚州畫舫錄》卷十〈虹橋錄上〉：「汪棣，字韡懷，號對琴，又號碧溪。儀徵廩生，爲國子博士，官至刑部員外郎。工詩文，與公（指王文簡）爲詩友。虹橋之會，凡業齪者不得與，唯對琴與之。多蓄異書，性好賓客，樽酒不空，一時名下士如戴東原、惠定宇、沈學子、王蘭泉、錢辛楣、王西莊、吳竹嶼、趙損之、錢籜石、謝金圃諸公，往來邗上，爲文酒之會。子晉蕃、掌庭，皆名諸生。」據同書同卷「惠棟條」載，惠棟來揚，主要得王士正（文簡）之助，延之校書。王好詩文，善接士，常有虹橋修禊之舉，惠棟、汪棣皆預其事。又李斗《揚州畫舫錄》卷十「惠棟條」談及惠棟之著述時，亦稱該書爲《後漢書訓纂》。《畫舫錄》初刻在乾隆乙卯（1795），斗猶未及見《後漢書補注》。

焦循也是此書之功臣，他在乾隆五十二年丁未（1787）初於汪晉蕃家見此書之草本。乾隆五十七年壬子秋（1792）復於晉蕃家借閱，「因細考校定」，並膽抄一本留存。後來李保泰整理《後漢書補注》時參考了焦循的手錄本。

不過，焦循在〈後漢書訓纂序〉中所說傳世《後漢書補注》的版本源流與事實略有出入。一是他對所謂「眞本」，即得到惠棟本人認可的題爲《後漢書補注》修訂本之流傳情況，語焉不詳，唯云「僅存草本，而寫本遂失」，以爲「今鷺亭馮先生所刻《後漢書補注》，即此本也。此事世亦鮮知之者。」這與實際情況不盡相符。二是焦循囿於見聞，武斷地認爲「世所傳十五卷者，乃贗本，非其眞也」。有鑑於此，現據顧棟高、馮集梧〈後漢書補注序〉、李賡生、顧廣圻等人之跋語，略作補證，以明眞相。

惠棟來揚非止一次，其最後一次來揚時間，據戴震〈題惠定宇先生授經圖〉所述：「前九年，震自京師南還，始睹先生於揚之都轉鹽運司署內。……明年聞先生歿於家。」震寫此文之時間在乾隆三十年冬，往後推九年，當爲乾隆二十二年（1757）。當時惠棟在場，曾對《後漢書補注》繼續有所修訂。不過，此前已基本定稿，這是他一生治史的心血之作，贈給汪棣，希望他資助刊刻行世。他早在乾隆十九年（1754）已請史學名家顧棟高作序。顧氏〈序〉云：

> 乾隆歲甲戌，元和惠定宇以所著《後漢書補注》二十四卷見示，且囑爲序。

顧氏學名滿天下，他對惠棟此書評價甚高：「先生之援據博而考核精，一字不肯放過，亦一字不肯輕下，洵史志中絕無僅有之書也。」顧棟高所見當是經過汪棣整理的「眞本」，也即得到惠棟認可的定稿本。以此之故，焦循稱此書「皆藏於對琴先生家，外無有

也」,「此事世亦鮮知之者」,似渲染太過,只能說惠棟把刊刻事宜交付汪棣,而非學界一無所知。當然,汪棣品學兼佳,為惠氏此書耗盡心血,焦循讚其「守其書而不欲冒其名」,李保泰(嗇生)稱其「懲郭象盜秀之非,什襲珍護,屢欲梓而絀於力。」(〈後漢書補注跋〉)確實如此,令人感佩。

關於《後漢書補注》「真本」的流傳情況,焦循似不很清楚。這牽涉到世傳《後漢書補注》的底本問題。依焦循的說法,汪棣家道中衰後,「寫本遂失」,僅存「草本」,他所見的正是「草本」。「草本」為惠棟手書,比較凌亂,故汪棣加以整理,且此後惠棟還留心於此,「有所疑,即以片紙至,令為之核」。因此,就其學術性而言,「寫本」價值更高,可視為惠棟最終認可的「定本」,故汪棣想以此作為刊刻的依據。但汪氏家道淪落後,這一題為《補注》的「寫本」的命運如何呢?對此,寶山李嗇生在嘉慶八年(1803)所作〈後漢書補注跋〉中言之甚晰:

……(惠棟)所著書極富,次第得當代大有力者為之表明行世,惟《後漢書補注》藏書家未得其本,頗以為恨。先生中年後在揚日多,客盧轉運署中最久。儀徵汪對琴比部好古嗜學,尤傾心於先生。先生嘗病旅次,為親視藥餌,危而復安,所費殆及千金,不以告也。先生心感其意,因舉是書稿本、繕本,盡詒比部,遂不自有之。……(比部)屢欲梓而絀於力。其後家益落,同里陳氏喜聚書,比部以繕本付之,而自留稿本,陳氏亦未及刻。比部每向余言,意殊悵悵。比部既亡,余從其令子假得稿本,俱出先生手書,件繫條舉,黏

紙累累，殊費尋繹。先是焦孝廉循從稿本抄錄一通，余復假
之焦，互相讎校。而陳氏子爲予郡學生，因緣借得繕本，雖
比部令子亦未之見也。然尚有添注、補錄，雜綴於書之上
方，較稿本則釐然易讀。書仿小司馬《索隱》式，約三十餘
萬言，爲二十四卷，實事求是，彌覺章懷本注之疏略。……
先生（指棟）貫穿圖緯，爲世絕學，精心考核，其快處真若撥
雲霧而見青天也。余既手自寫錄，又乞朋好資助之。是書有
功范史，其精神終不能磨滅，顯晦有時，留以相待，因備述
其詳。並錄稿本而返之汪君，以無忘比部之惓惓古誼。稿本
標名《訓纂》，先生向有《精華錄訓纂》，意蒙其稱。至繕
本則定爲《補注》云。

由此可見，李慈生在整理《後漢書補注》時，利用了三個本
子：一是惠棟的手稿，即所謂「草本」或「稿本」；二是焦循的抄
本，因惠棟手書本「黏紙累累，殊費尋繹」，故「復假之於焦，互
相讎校」，焦循對此書的整理也是有功的；三是惠棟在汪棣協助下
完成的定本，即所謂「真本」、「寫本」或「繕本」，這是汪棣子
晉蕃及焦循皆未及見者。汪棣本欲借同里陳氏之力而在生前刊刻此
書，「因以繕本付之」，然陳氏也未及刻。李慈生借得「繕本」，
發現「尚有添注、補錄」，且條理清晰，學術價值遠在稿本之上，
「聞見積而愈富，其功固無止境也」。於是，李慈生「手自寫錄，
又乞朋好資助之」，從而又抄錄了一本，並以此作爲刊刻的底本。
對此，馮集梧〈後漢書補注序〉中說得很清楚：

集梧館揚州，得交寶山李嗇生教授，晨夕過從談藝，斯文之契，積久彌篤。一日出其手錄惠氏《後漢書補注》，曰：「此定宇先生振古之業，顧獨未刊行。」並示所題識，於書之傳授顯晦，明辨以晰。集梧狂喜，借觀之，嘆其旁推交通，取精多而用心細，所以昌明絕學，足與小司馬《索隱》並附正史。爰即仿其體例，付之梓人。

由上述可知，爲了與「繕本」對勘，李嗇生曾抄錄「稿本」一通，但這並非交馮氏刊刻的底本。故焦循在〈書鮚埼亭集書後〉中直言刊行的《後漢書補注》是依據《訓纂》刻印的，顯然與事實不符。

關於《後漢書補注》書名的變化，焦循、馮集梧、李嗇生三人的說法是完全一致的。惠棟初定名爲《後漢書訓纂》，他有《王文簡公精華錄訓纂》一書「盛行於世」（錢大昕：〈惠先生棟傳〉），故題《後漢書訓纂》，合惠氏題書之習慣。然惠棟晚年定稿本則易名《後漢書補注》，他請顧棟高作序，顧便稱《補注》。然焦循未見繕寫本，故其整理「草本」後，作序名曰〈後漢書訓纂序〉。惠棟何以最後定書名爲《補注》呢？馮集梧說：「稿本初名《訓纂》，後定曰《補注》，蓋補梁劉昭、唐章懷太子賢注，故云。」

焦循所謂「世所傳十五卷本者，爲贗本，非其眞者」的說法是錯的，必須訂正。錢大昕《潛研堂文集》卷三十九〈惠先生棟傳〉中述棟著述說：「又有《後漢書補注》十五卷，……予皆見之。」以錢大昕對惠棟之交誼及其爲學之謹嚴，決不致誤把「贗本」當作「眞本」入傳的。唯一的解釋只能是當時他對惠棟在揚修訂的《後

漢書補注》不了解，且尚未刊刻，而十五卷本又確為惠棟之著述。
江藩在《國朝漢學師承記》卷二〈惠棟傳〉中介紹其著述亦云：

> 又以范蔚宗《後漢書》缺略遺誤，范書行，而《東觀漢
> 記》、謝承、司馬彪、華嶠、謝沈、張瑩、袁山松諸家之書
> 皆亡，乃取《初學記》、《藝文類聚》、《北堂書鈔》、
> 《太平御覽》諸書，作《後漢書補注》十五卷。

　　江藩生活年代較晚，所作〈惠棟傳〉在內容上多有因襲錢大昕
處，但這不是問題的關鍵所在，關鍵在於他們都認定十五卷本為惠
棟所著。江藩受業於惠棟入室弟子江聲、余蕭客等人，是惠棟的再
傳弟子，阮元在〈國朝漢學師承記序〉中稱其「師傳於紅豆惠
氏」，故其對惠氏著作的著錄當有確據，決不致誤將「贗本」誤竄
入傳。那末，當時十五卷本是怎樣產生的呢？李慈生在〈後漢書補
注跋補〉中揭開了這個謎：

> 作序後偶讀《潛研堂文集》中先生傳，紀《後漢書補注》十
> 五卷。蓋先生既以贈比部，不自留策，門下生知先生用力於
> 此者久，以所閱《後漢書》本葺錄排纂，為十五卷，流傳吳
> 下，並非原書。焦孝廉親晤江艮庭聲丈云然，丈即先生之高
> 第弟子也。附志於末，庶後之讀者，不以十五卷之故，轉疑
> 此本。

　　原來十五卷本是惠氏吳下弟子從其所閱《後漢書》批注中整理

出來的,故不能說是「贗本」,焦循後來與惠棟弟子江聲交談已得到了證實。正由於此書摘自惠棟批注,故錢大昕、江藩才會將其寫入惠棟傳記中。當然,世傳二十四卷本是惠棟最後定稿本,可謂窮其畢生心血,最能體現惠氏的心意,學術價值自然也是最高的。焦循《孟子正義》援《後漢書》以注趙岐著作時,所引惠棟《後漢書補注》,當即二十四卷本的馮氏刻本,而非所抄的《訓纂》本。

　　《後漢書補注》二十四卷刊刻後,原來存於揚州惠棟之「稿本」,成為學者們用來校勘各種刻印本的底本,同時為藏書家所珍愛。清代著名學者顧廣圻於嘉慶二十四年在揚州見及此書,並留跋語:「右松崖先生家所寫本,今為揚州陳君穆堂得之,己卯夏五月借閱一過,中多抄胥訛字,不敢輒改。予家有浙人所刻,亦未攜行篋相勘,願俟他年卒業云。小門生同縣顧廣圻識。」此稿本後又為揚州徐氏收藏,今北京大學圖書館藏清嘉慶德裕堂刻本《後漢書補注》便有江都薛壽(介伯)在道光壬寅(二十二年,1842)的校勘記,李盛鐸《木樨軒藏書題記及書錄》云:「嘉慶九年寶山李保泰刻本。江都薛介伯以惠定宇先生稿本校。稿本題《范氏後漢書訓纂》,所引書如《通典》、《御覽》皆注書名、卷數,刻本一概刪去,其它也略有增損,薛氏用朱筆詳細改出。首有『道光壬寅江都薛壽手斠』一行。末有『道光二十二年借徐丈雷甫所藏稿本校錄一過。介伯薛壽記』一行。」所云李保泰刻本,實為李氏加工作跋之馮刻本。此後稿本流落書市,為李盛鐸所得,《木樨軒藏書題記及書錄》載:「此惠定宇先生《後漢書補注》稿本。先生博通經史,昌明漢學,乾嘉以來講學諸公多其私淑弟子,海內奉為依歸。此書特其緒餘,然博通亦非後人所能逮。書中夾籤皆先生手書。後有顧

澗蘋（廣圻）跋，書賈以爲顧校，其實跋語甚明。余以十番得之揚
州市上，暇當以南海伍氏刊本校之。」此稿本今收藏於北京大學圖
書館。

略述焦循的修志觀點

黃繼林*

　　清代乾嘉時期，許多著名學者直接參加修志，並對方志學的理論進行了探討和研究。使地方志的編纂方法有了較大的發展。同時也形成不同的流派，其中影響最大的是以章學誠爲首的撰著派（也稱歷史派）和以戴震爲首的纂輯派（也稱地理派），這兩派編志的方法各有所長，對後世志書的編纂起著深遠的影響。集兩派之所長，並加以發揮的當首推被稱爲「通儒」的揚州學者——焦循。

　　焦循（1763－1820），字理堂，一字里堂，晚號里堂老人。甘泉縣黃珏橋（今邗江縣黃珏鄉）人❶，清代揚州學派的重要人物。他一生「所重在學術，不在科甲」❷，在艱難困苦的生活環境中，以教書糊口，邊教書，邊治學，博覽經典以不斷豐富自己的知識。由於他善於獨立思考，又有嚴謹的治學精神，因而在學業上縱橫馳

＊　黃繼林，揚州檔案局《揚州史志》編輯部。

❶　焦循出生時，黃珏橋屬江都縣，雍正十年（1732）江都縣析出甘泉縣後，黃珏橋屬甘泉縣。民國元年（1912）甘泉縣復并入江都縣，中華人民共和國成立以後，建邗江縣，黃珏橋屬邗江縣。

❷　〔清〕焦循：〈上王述庵侍郎書二〉，《雕菰集》，卷12。

騈、曆、史、算、天文、醫術無所不精，一生著書百餘卷，數次參加編修地方志書，而且還「有專論修志體例之文」❸──〈上郡守伊公書〉和〈覆姚秋農先生書〉。❹這兩篇專論的觀點歸納起來，有以下幾個方面：

一、在編纂形式上，主張「按事立格，依文樹義」，反對用纂錄體

伊秉綬規定《揚州圖經》的編纂形式是「僅用纂錄，不易一字，而標以出處」，以顯示文獻的足徵。焦循則認為這樣纂成的志書「實皆述古，不及今時事」，不合志書的體例。志書「當依《史記》，《史記》上及軒轅，下終漢武」，因而並非光是「述古」，也要「及今時事」。倘若在述古時用纂錄，述今時無法纂錄，則必用撰述，這樣「則是醯醬合於酒漿，狐貉蒙於絺綌」而造成「體例雜糅」的毛病。他還指出，各類書籍、文章都有一定的體例「典、謨、誓、誥讀書者判以七觀；雅、頌、國、南學詩者也分四體。《史記》作本紀、世家、列傳、書、表以各歸其例。」志書也應當

---

❸ 梁啓超：〈清代學者整理舊學之總成績──方志學〉，《東方雜志》第21卷第18號。

❹ 這兩篇文章是嘉慶10年（1805），揚州知府伊秉綬聘焦循纂修《揚州圖經》；嘉慶14年（1809）他輔佐日講起居注官、翰林院修撰姚文田重修《揚州府志》時，針對伊、姚二人的修志主張。焦循所提出的意見，後收入《雕菰集》卷13，本文所引焦循有關修志論述，均從這兩封信中引出，不一一加注。

「按事立格、依文樹義」，採用纂錄體「不分傳記，不列書表」，只會寫出「僅供詩人之取料，矜博尚奢，有肉無骨」之品，而不能成爲「一郡典型，千秋著作」。

焦循還認爲，「纂錄之書最忌掛一漏萬」，纂錄古代的文獻，如果在「數行之中，僅取一語」則不能說明問題；如果全部纂錄「則字句冗繁」，帶來抄寫、刻印等等困難。何況，在古代文獻中還有許多「前後相間，不容備載」之事，非纂錄所能爲。

二、在編述原則上，主張詳今略古，「以見聞爲本」，反對「賴以傳聞」

焦循認爲，纂錄體帶來的主要弊病是只能述古，不能及今，而志書不但要融貫古今，而且要略古詳今，這樣資料才能翔實、可靠，他說：「郡志爲土地之書，宜先釋地。」這樣做，今日的城廓、河渠、都里、疆域、寺觀、橋梁、田賦、戶口等都可以「目驗而知」，便可以「按而記之，書其實跡」。他主張記近代的事「不厭於詳，不嫌於瑣」；而古代的事情「事遠年湮，咨詢莫及，以求十一於千百」。所以，他認爲志書倘若詳古、詳遠，便是「從傳聞爲本，聞見爲虛，捨實事求是之路，趨無可奈何之途」。

焦循還強調實地調查研究的重要性，並舉出司馬遷寫《史記》成功的經驗來證明調查研究的重要。他說，「如項羽則聞之周生，衛青則聞之蘇建，荊軻則聞之公孫季功，韓信則聞之淮陰人言，是皆訪於時人，而不必求之故紙者也。」因而，這些人物在司馬遷的筆下，一個個都寫得栩栩如生，真實可信。

三、在史料的選用上，主張區別對待，博採眾長，反對兼收並蓄

　　焦循在強調志書應「詳今略古」的時候，對如何使用古代的文獻材料提出了具體的建議，並且例舉了幾種情況，逐一加以說明。

　　對於原有正史中記載的，應視其情況區別對待：「其人之事實，見於史集者，止有一文」，可以「直錄其文為正文」；若事實見於數處，「其一詳要可取，他皆不足以入正文」；對於一些「荒渺之語，近如小說，止以入注」，若有數處文字，沒有什麼大的區別，而且互為詳要，如〈臧洪傳〉，在《三國志》中有記載，在《後漢書》也有記載，那就應「各取其善而參之」。

　　對於一些正史中沒有記載的「其人之事實」就「必博取而叢拾之」。如「藝術之衛樸」在《夢溪筆談》中雖有多處記載，但還有一些事情如「推步治曆之要」，又零星見於《玉海》、《元史》等書。這樣就「必參以各書」，以「集腋成裘，釀花為蜜」。

　　至於因前人修志時「耳目所屬」和「才識所囿」而造成的謬誤，焦循認為就應當「毅然刪去」。

四、在詩文、人物入志的標準上，主張要「要關於事實」，有「功業文章」；反對以詩文入藝文，空圖虛名

　　在強調實地調查材料的同時，焦循還說：「志書以詩入藝文，最是陋習」。他說有些和史實有關的詩文，可以隨類入錄，有如

《漢書・溝洫志》中記載賈讓三策，《漢書・禮樂志》中房中諸歌等。但收錄詩文著重要看其實際價值，不能空圖虛名。「若偶然游眺行吟，無關事情，雖杜少陵、蘇東坡亦宜在禁例」。焦循認爲，只有這樣，才能防止志書煩冗。至於文人學士確有重大價值的作品，則可參照《史記》、《漢書》爲司馬相如、揚雄、班固等著傳的方法，將其詩文各歸本傳，盡可「備載其文」。

焦循主張在爲人立傳時，不能光看其職位的高低，而要看其政績。他說：「無功業文章，但有科第者，雖宰相狀元，僅列一名於此表中，不必別爲立傳」。

此外，焦循對志書的綱目也十分講究。他在〈上郡守伊公書〉的末尾「並擬目錄」。這篇志書的綱目，在體例上，地文、人文、藝文三者具備；在體裁上，圖、表、志、紀、傳五者俱全。在當時可以說是較爲完備的綱目設計，即便在今天，也有一定的參考價值。

從這裡，我們不難看出焦循主張的「郡志當依《史記》」，「《史記》上及軒轅，下終漢武，郡志之例也」等觀點與章學誠的觀點一致；而「郡志爲土地之書，宜先釋地」等主張又與戴震的主張相同。據此有人認爲焦循是「介於地理派與歷史派之間」，「焦氏對方志的論述，實際上是折衷了歷史派和地理派的主張」，這樣的評價是否貼切，我們不去推敲，但我們認爲，他的上述編修地方志的理論，充分表現了他勇於探索，勤於獨立思考的治學精神，對編修地方志問題的眞知灼見。在實踐中，無論是他參與的官修《重修揚州府志》還是私纂的《北湖小志》和《邗記》都獲得了極高的評價，梁啓超說前者是「經名儒精心結撰」、「出自學者之手，斐

然可列著作之林者」，後者是「體制較爲自由，故良著往往間出」
之作。❺

　　清代乾嘉的學者們在考證名物、訓詁、典章制度等方面取得了
很大的成績，應該有他們的歷史地位。但是，弊病則是一味在煩瑣
的考證中兜圈子，乃至爲考證而考證，只知有古，不知有今，完全
脫離了現實生活。這個風氣波及到包括修志在內的學術界的各個領
域。如伊秉綬主張的《揚州圖經》編纂方式就深受此影響甚深。戴
氏久寓揚州，其學術和思想體系給揚州學者以很大的影響。焦循一
生最推崇戴學，在研究經學，特別是易學方面取得了很大的成就。
他對於使用材料的嚴謹考實，無疑是與戴氏相承的。但修志的其他
一些觀點上卻與戴氏相悖，而與章學誠的觀點十分相近。焦循的這
種不泥古、不唯上的治學精神是難能可貴的，尤其是在當時古風盛
行，師承門戶甚嚴的情況下，能對伊秉綬這樣的地方長官提出相反
的見解，沒有實事求是的科學態度，沒有一定的膽量和氣魄是做不
到的。焦循的成就，受到了一些知名學者的高度評價。當代著名學
者、華中師範大學教授張舜徽先生說他「擁有很高的史識和史
才」。❻還說，針對好古、信古，乃至佞古、媚古的時弊，當時
「也只有揚州學者能夠大膽提出加以批判」。❼梁啓超也認爲「焦
氏的史識不在全謝山下，深怪阮元所作〈通儒揚州焦君傳〉，何以

---

❺　梁啓超：〈清代學者整理舊學之總成績──方志學〉，《東方雜志》第
　　21卷第18號。

❻　張舜徽：《清代揚州學記》（上海：上海人民出版社，1962年）。

❼　張舜徽：《清代揚州學記》。

於史學不置一詞」。❽

　　當然，由於焦循受時代的局限，他的修志觀點也不可能十全十美。我們也不能用今天的尺度去苛求古人。焦循主張（重修）志書應按事立格、依文樹義、融貫古今、詳今略古、詳近略遠的原則，以及注重史實、不輕信古籍、不以門戶之見、集各家之長的修志觀點，不僅對當時的修志起了積極的作用，而且對今天開展修志工作，也不無借鑑意義。近十幾年來的修志工作也是基本上遵著這一原則進行的。此外，焦循嚴謹求實的學風，對學術不斷求索，敢於創新、突破，刻苦鑽研、始終不懈的精神，也是值得我們學習的。但遺憾的是焦循當年主張的某些修志觀點，在今天修志的時候，有些地區沒有能很好注意，如在人物入志問題上，還在以「級別」入志，在詩文入志上還在考慮「平衡」；資料選審不嚴、語言拉雜、冗繁等現象時有存在。現在續修志書的工作馬上就要開始了，十幾年前的修志者因「耳目所屬」和「才識所囿」而造成的不足，續修中理當訂補。

---

❽　梁啓超對焦循的評價，見《飲冰室合集·文集》第 16 冊和《飲冰室文集》之 44（下）〈阮文達撰焦理堂傳跋〉。本文轉引自張舜徽：《清代揚州學記》。

焦循《集舊文鈔》考證

劉建臻*

焦循治學，既廣涉博覽，又勤於抄錄，每匯集成冊而傳於後世。《集舊文鈔》就是其中的一部。

一

《集舊文鈔》，一冊，四十頁，頁長二十三點二公分，寬十二點六公分，上口爲魚尾，下口刻「順昌號」三字，每頁八行，紅格，版心長十六點八公分，寬十一點二公分。封面右上邊寫著「有關世教之書」，行書，字略小，左邊靠上題《集舊文鈔》（以下簡稱《集鈔》），亦爲行書，字略大，封底無字。全書除兩行半隷書之外，其餘均由行書寫成，滿行字數不等，或十六七字，或二十二三字。

該書所錄五種：《輿地隅說》、〈哀裔烈娥〉、《讀史小識》、《易說》、〈楊龍友墨筆山水卷〉。茲分別簡述。

---

* 劉建臻，揚州大學人文學院歷史系講師。

㈠《輿地隅說》

作者：孫蘭，《集鈔》開卷便寫著：「『治河』，江都孫蘭」。孫蘭，明末清初人，揚州名士，主要行事及其著述，於文獻中可以考見：

焦循《北湖小志·孫柳庭傳第八》：

> 孫蘭，字滋九，一名御寇，自號曰柳庭，晚年又號聽翁。

汪鋆《揚州畫苑錄》卷一：

> 孫蘭，江都人，工書畫，精於天文，詩學深邃，著《輿地隅說》四卷。

《輿地隅說》原爲四卷，作者〈自敘〉：

> 作格理論，卷上；推事論，卷中；方外論，卷下；每卷八條，共二十條。更爲考證論八條，共四卷三十二條。

因此，《輿地隅說》又名《格理推事外方考證四論》，見《北湖小志》。嘉慶丁卯，焦循刪節成三卷，光緒己酉年由吳丙湘校勘傳世，即「蟄園校刊」本。

但《集鈔》與己酉刻本又有著顯著的差異：

首先，篇題不同。己酉本以上、中、下分卷；而《集鈔》卻代之以篇題，並分成「治河」與「形勢」兩篇。

其次，段落不同。「治河」篇的段落順序與己酉本「卷下」部分內容的順序一致，而「形勢」篇則與己酉本段落順序頗不相同，如下表：

「治河」篇：

《集鈔》	第一段	第二段	第三段	第四段
己酉本「卷下」	第二十段	第二十一段	第二十二段	第二十三段
《集鈔》	第五段	第六段	第七段	
己酉本「卷下」	第二十四段	第二十五段	第二十六段	

「形勢」篇：

《集鈔》	第一段	第二段	第三段	第四段
己酉本「卷下」	第八、九頁	第九、十頁	第十、十一頁	七頁
《集鈔》	第五段	第六段	第七段	
己酉本「卷下」	第二頁	第五、六頁	第六、七頁	

第三，是字和詞的不同。

《集舊文鈔》		己酉本《輿地隅說》內容	備註
頁、行	內容		
1、11	後江浦	後清江浦	
2、3	則為患	則黃為患	
2、7	今之人才智	今人之才智	
	出神禹上乎	出神禹之上乎	
2、12	設閘入江以洩水	設閘，水大則開閘，入江……	
3、1	埧	壩	以下時同時異

3、3	康熙卅四年	康熙三十年	時間不同
3、6	青口	清口	
4、8	天雨霖淋	天雨霖淫	
4、14	導黃之說	導黃之術	
	至半途廢也	至于半途而廢也	
4、16	二公之季	二公之計	
5、5	至此	至于此	
5、7	行一百六十里	行黃河一百六十里	
5、9	康熙廿五年	二十五年	
5、10	黃河	黃水	
註：以上爲「治水」篇；以下爲「形勢」篇：			
6、12	自失其險故也	自失其險之故也	
7、8	西路則雷州廉州	西路則廉州雷州	
6、10	犬牙	大牙	
7、16	浙	淛	10頁與此同
8、7	蒲坂	蒲阪	
8、10	并	併	
8、14	武關	武岡	
	豫州飛狐山	蔚州蜚狐山	音同而誤
8、15	黃河變遷	黃河遷變	
9、2	陋以哉	陋矣哉	
9、3	規模不遠	規模之不遠	
9、6	壽州爲南揚州	壽州爲南揚	少「州」
9、13	保定爲南州	保定爲南營州	少「營」
10、7	萊牟介宮	萊牟介莒	
10、9	五分之一耳	五分之一	
10、16	禹迹亦不至也	禹迹亦不必至也	

這些不同，或爲異體；或爲別稱；或者衍文；或者脫字；或屬詞序不一；或屬組詞有異；或因形近而誤；或因音近而誤。可值一辨者有以下四條：

1. 己酉本：「壽州爲南揚」一語，漏刻一「州」字。

按：南朝齊永元二年，豫州之地屬北魏，改其名爲揚州；梁普通七年又復爲豫州；當此地入於東魏時，再改名爲揚州；陳收復後，又名之爲豫州；北周時再一次改爲揚州；隋開皇九年，改北周之揚州爲壽州。所以，此處應爲：「壽州爲南揚州」。

2. 《集鈔》：「保定爲南州」之錄，漏抄一「營」字。

按：營州，北魏時置，治所在龍城（今遼寧朝陽）；唐失營州故地，僑置南營州。

3. 己酉本「蔚州蚩狐山」，可正《集鈔》「豫州飛狐山」「豫」字之誤。

按：「蔚州」與「豫州」爲截然不同的兩個地理概念。《隋書·地理中》：「後周置蔚州」；《舊唐書·地理二》：「（武德六年）置蔚州，……分置靈丘、飛狐二縣」，而豫州從未轄及飛狐縣，二者風馬牛不相及。

4. 《集鈔》中「康熙三十四年」一句，衍一「四」字：

康熙卅四年，河臣王傪陳其議，因築淮水外浦，不能刷沙，運道阻塞，議格不行。

按：《北湖小志·孫蘭傳》：

康熙三十年，河臣王條陳其議⋯⋯。

《集鈔》和己酉本之間有一條批語相同：

《集鈔》第九頁「淮安爲南兗州，梁置」正文之上，有焦循眉批：

> 焦里堂曰：「淮安爲南兗州」句誤。梁以北魏之南兗州爲淮州，淮州亦非淮安。

己酉刻本：「『淮安爲南兗句誤，梁以北魏之南兗州爲淮州，淮州亦非淮安。』丙湘謹案：此條爲焦里堂先生校正。」

《集鈔》前焦循題記也即刻本題記，但文字略有差異：

> 孫柳庭，名蘭，北湖人也。嘗從西洋湯若望習推步之術，得其秘奧而歸。著有《輿地隅説》，其版久不存，子孫宗族無復有知者。乾隆己酉秋試，于江寧市上得之，藏諸家塾二十年矣。今長夏無賴，本其刻芝而錄之爲三卷。去其間冗之文，存其精瑩，以便觀閱。又著《柳庭人紀》一書，向在秀亭處見寫本，秀亭館廟頭朱氏，失去，甚可惜也。嘉慶丁卯冬十月十六日，里堂老人燈下記。

這裡有三處略異：抄本：「孫柳庭，名蘭，北湖人也」，己酉刻本：「孫柳庭，吾湖中人也」；抄本：「子孫宗族」，己酉本爲「子孫家族」；己酉本還在「以便觀閱」後，多「柳庭名蘭，字滋

「九」七字。

(二)〈哀裔烈娥〉

作者：施銓，事跡待考。關於裔烈娥之事，焦循有翔實記載。《北湖小志·裔烈娥傳》：

> 吾鄉黃珏橋之裔姓，爲望族，瀕湖而居，曰裔莊，無他族。娥家獨貧。
>
> 父病將死，亟覓壻，許西門孫大成，時娥二十一。終喪，年二十四。
>
> 姑魏有女二人，……居母家，有縣吏楊綏萬、孫成武與其母子通，魏漸呼娥出，娥扃戶自守。明年正月，呼益迫，乃告夫，約俱死。……十三日夜，夫婦甫緹，鄰覺，救之，不得死。……四月初三日，成武、綏萬相繼來宿，十日不去。十七日夜，魏迫呼娥出，娥不應，魏惡詈之，不應，諸淫醉裸而噪之窗下，娥乃用青白線合，上下裹衣，縫紉至足，更以青白線縊而死。線斷墜地，魏覺，不救，惟以婦縊駭客去。

《雕菰集》卷二十三「書裔烈娥事」所記相同。

施文分兩節。前節略述裔氏事跡，如「貞婦裔氏，爲揚之北湖望族，幼遵班教，愛比掌珠，長適孫門」云云；後爲律詩四首，以哀裔氏貞烈。

(三)《讀史小識》

作者：范荃。《北湖小志·范石湖傳》：

> 「范荃，本名垣美，字德一，號石湖。……生於明季，卒於
> 國朝康熙己酉，年七十三。博學多文，不應有司試」；以
> 「教授生徒」爲業，「由鄉里而郡國，四方之士爭以出其門
> 爲榮」；「石湖弟子知名者：謝九成、郭嗣齡、德嘉、郭繩
> 其、喬慎言、喬慎行」等，「嗣齡以文章教其弟子，揚州之
> 士翕然從之。故揚之文開於郭氏，郭氏之學則學於荃，荃不
> 仕，而以其學開揚士之先，百數十年，文學甲於他郡，荃實
> 啓之。」

著述有：《讀史小識》二卷、《竹隱居隨筆》二卷、《文集》
四卷、《詩集》五卷、《梅花詩》、《論語詩》一卷、《春雨詞》
一卷等等。由於范荃「不汲汲於名，故其遺書多不傳，而子孫亦無
人矣。」對於范荃所著，焦循曾極力搜求。《北湖小志·范石湖
傳》：「於里中徧訪問之，僅得詩三四首，文二三篇而已」。後來
有了線索，《雕菰集》卷十六〈石湖遺書序〉：「丹徒王柳村謂余
曰：『子向所稱范石湖者，吾見其書，蓋存於關南陳氏』。越數
日，與柳村訪陳氏，陳君素村因以遺稿十數帙示余，皆石湖手跡
也。……乃慨然畀余以歸。」隨後，焦循對之進行了系統的整理。
焦廷琥《先府君事略》：「府君以一月之力，分其年次、卷
數，……總之爲《石湖遺書》。皆府君手自謄錄。」

《讀史小識》無刊本流傳，也就難知其詳了，因此，《集鈔》

即使是「擇錄」，也很珍貴。

《集鈔》共選錄了五方面的內容：

第一，論述玄學、理學之蔽。以爲「清談太放，理學太拘」，而且玄學「病惡太嚴，使小人無從自新」，理學也只「不過一身明聖賢之理」。

第二，論述戰國四君子之得失。信陵君「卒能服魏，以一身繫魏國安危者二十餘年」；而「所得之士，則平原君爲最」；「孟嘗君豪爽有餘而不能擇交」，以致「國破君亡，曾無一策以圖恢復」；春申君爲一代「辨士」，卻「晚節難操」。

第三，論述《史記·貨殖列傳》的宗旨。以爲此傳「是太史公不平之鳴也。然于輓世亦有補焉」。

第四，論述了屯田制度的優點，以爲「屯田之制，古兵農合一之旨」，「無事秉耜，有事荷戈」，使用此法，可救「季世」。

第五，評述元儒「許魯齋謂學者當以治生爲先務」之說。范荃指出：「史論駁之，愚以爲此爲末世利欲沈錮之人而教也」，「教以務本守分，務本則男耕女織，衣食有餘；守分則日用婚喪用度有制」。

㈣《易說》

作者：張照。《清史鎬》卷三百四有傳：

> 張照，字得天，江南婁縣人。康熙四十八年進士。……照敏於學，富文藻，尤工書。

《國朗先正事略》卷十四：

> （雍正）三年，晉侍講學士；……（6年）充福建副考官；……
> （11年）授大都御史，遷刑都尚書。

著述有：《天瓶齋書畫題跋》二卷、《天瓶齋書畫題跋補輯》一卷和雜劇《勸善金科》、《升平寶筏》、《九九大慶》三部。此外，還與允祿一起續修了《律呂正義》，《清史稿》本傳云：「（雍正五年）命莊親王允祿及照遵聖祖所定《律呂正義》，考察原委。」

《集鈔》中《易說》包括兩部分內容，前爲《易說》正文，後爲眾多跋文。

1.《易說》正文共八頁，約二千五百字，共分八段。

⑴總論《周易》義旨，以「《易》之言，皆言仁也」一句總領全段。以爲：「六十四卦，八卦也；八卦，乾坤也；坤又乾也」，而「六十四卦三百八十四爻，皆所以求其協于乾元也」。

⑵論述「用九」、「用六」。首先，肯定了「《易》以變者爲占，故用『九』、『六』不用『七』、『八』」的傳統學說；其次，認爲先有卦畫符號而後才有卦義，「三畫既成而始有乾坤之義」，並且以爲，「六子者，乾坤爲」，如「震之初，乾也，其中、上，坤也」。最後則指出：「三百八十四爻，非陰即陽，非『用九』即『用六』」，「蓋二用者，《易》之大義也」。

⑶論述陰陽二爻善與不善的本質特點。以爲「陰之善在從乎陽者也，其不善者敵乎陽者也；陽之善在行乎陰者也，其不善在化乎

陰者也」，且以「乾」、「坤」二卦陰陽爻符號的變化爲例子以說明，如：「乾『初九』之乎『姤』，言其善則爲『羸豕』之戒，言其善則爲龍德之『潛』，一言人必之危，一言道必之危也。若以乾初易坤初，即坤初六之卦也，復也，『修身』、『無祗悔』，猶『潛龍』也。」

(4)論述「九」、「六」的成因。以爲〈說卦傳〉中「參天兩地而倚數」爲「九」、「六」之源，「參天，一三五也，兩地，二四也」，「一三五則九矣，天之數也；二四則六矣，地之數矣」，「然則，九即乾也，六即坤也」。

(5)簡釋「坎」「離」之象。「坎離得乾坤之中」，「坎，陷也，一陽陷於二陰之間，中實也，中實故誠，上下皆陰，故險」；「『離』，麗也，二陽麗於一陰之上、下，中應也，中應故明。」

(6)簡釋「震」「巽」之象。「震」之「一陰潛藏，道必惟微，仁遠乎哉，欲之斯至，震之象也」；「巽」則「一陰萌生，人必惟危，除惡務盡，思則得之，巽之象也。」

(7)簡釋「艮」「兌」之象。「艮」之「所爲，主靜也，從其大體，以致其中，艮之德也」；「兌」，「斯發而中節焉，不從其小體，以致其和，兌之德也」。

(8)論證「坤‧六二」爻辭「不習」之義。

2.文後諸跋，約二千五百字，其有十九則，依次爲：

(1)張照二跋：前者點明《易說》寫作的時間：「丁未歲，小崖先生同居京師之餘講《易》，輒書所見就正」；後者只記「壬子」年重見此卷一事。

(2)顧成天跋：

先子有「學《易》便是求仁」之語，愚不肖，親承之而未能
叩其詳、析其趣也。公蓋不謀而合。天人之微，津津乎盡於
此矣。以爲《易說》可以爲仁說，可「易知」、「簡能」，
其斯爲「乾坤之蘊乎」！八法之神妙，不待言也。因乞而藏
之。壬子三秋成天跋。

(3)蔡世遠跋：《易說》之述，「皆寡過之方也」。

(4)周菽跋：以爲《易》爲「顯仁藏用」之書。

(5)承點跋：每句五言，共一百句，是其中最長的跋文。以爲：
「一元互終始，惟仁爲祖鼻」。

(6)勵宗萬跋：既記成天「精《易》理」，又以爲《易說》「具
夙根錯綜參伍中」。

(7)彭啓豐跋：對張、顧二人好《易》均有涉及：「讀《易》本
仁，兩君印合」。

(8)周礐跋：以爲《易》「於人事之進退尤深切著明焉」。

(9)曹一士跋：因顧成天「索跋」而「拈四律」，詩文略而不
錄。

(10)陶正靖跋：「愚亦嘗妄爲之說曰：『知進退存亡而不失其
正』，此語足以蔽《易》」。

(11)凌如煥跋：以爲《易說》「皆切己篤論」。

(12)王俊臣跋：以爲《易說》中「乾坤六子之義，詳且備矣」。

(13)曹培謙跋：爲七絕二首，詩文未錄。

(14)陳浩跋：以爲「《易》於理無不包，仁與善無不流」。

(15)于枋跋：每句五言，共七十八句。述張照、顧成天易學之淵

源。

(16)張若木跋：為七絕二首，詩文未錄。

(17)黃樹谷跋：為五言律詩一首，以隸書抄錄。

(18)于敏中跋：為五律二首，詩文未錄。

(五)〈楊龍友墨筆山水卷〉

畫名之下記曰：「綾心高一尺，長四尺二寸」。

按：楊文驄（1597－1646），字龍友。貴陽人，僑居南京，明萬曆舉人，有文才，精書畫，著有《洵美堂集》。此畫為祝壽之作。

之後，摘錄了吳兆塗、李瑞和、楊文驄、董其昌所題詩句和跋文。

如董其昌跋：「白庵老公祖，神仙中人也。惠遍毗陵，雞犬葉麻，宛然仙都也。吳李兩君因懸弧之辰，登高作賦，詞章極芳鮮；龍友彩筆凌霞，構茲異境，仙家眷屬，皆不作凡響。八十二歲老人，睹此勝事，何異於靈山一會耶！丙子九月董其昌識。」

二

(一)筆跡鑑定

《集鈔》共有四種筆跡：

1. 汪鋆手跡。見於卷首之題識。

2. 孫彭壽手跡。見於卷首汪鋆題識之後及書中兩處。

卷首題：「廿九年癸卯，孫彭壽展讀一過。」

「治河」篇中：「治河」篇的大多內容，都以圈標點，部分語句下面加有重點符號，在第二頁和第三頁上分別有「確論」、「極亦確」、「計議所以貴乎萬全」三處眉批，篇末空格中還有批語：「淮黃分流，水勢方殺，築堤設閘，能得其地。治河之計，莫過於此。」

《讀史小識》：首頁有圈點，也有「因時立論，方不鑿空」的眉批。

從圈點、眉批和尾語中墨跡的濃重，以及字體判斷，都與卷首孫彭壽之書法一致，顯然為孫彭壽「展讀」時所加。

3.費丹旭手跡。

《集鈔》卷末「楊龍友山水」下有費丹旭之「題」：「吳幼民、李行遠七律三章，楊龍友七古一章，董香光總跋。道光廿八年戊申十二月之吉，環堵生費丹旭為瓜纑外史題。」

這無疑表明：該「題」為費丹旭所寫。

按：費丹旭（1801－1850），浙江烏程（今吳興人），字子苕，號環溪生、環堵生，長於書畫，且賣畫於江、浙兩省，著有《東軒吟社畫像・圖卷》、《依舊草堂遺稿》等。

4.焦循手跡

正文之書，與我所見焦循其它筆法相同，是為焦循手跡。

(二)雜抄之文

《集鈔》所錄，既不源自一書，更非出於一人，有地理，有節烈，有史評，有《易》說，還有畫跋，門類多而內容雜，可分為兩

類：

　　前三種，即對《輿地隅說》、《讀史小識》的擇錄和〈哀裔烈娥〉，都與焦循撰寫《北湖小志》有關。

　　爲寫《北湖小志》，焦循盡力搜求資料。焦廷琥《先府君事略》：「歲丁卯，府君理其舊聞，搜訪遺籍，雖蟲囓鼠傷，片紙只字，必檢閱而採摘之。」《石湖遺書》因此而「謄錄」成冊；《輿地隅說》同樣在這年的「長夏」整理爲三卷，都非偶然。《北湖小志·孫柳庭傳》曾徵引《輿地隅說》，如：「揚州地勢散漫，不能約束淮流」、「故治河之法，分黃爲先，導淮爲後」等等。裔烈娥與范荃之事也並記於《北湖小志》。

　　然而，《集鈔》後兩種，與《北湖小志》沒有任何關聯，《易說》與畫跋之間也是相距甚遠，確如汪鋆所說，此爲「雜抄各家」之文。

㈢主旨探討

　　《集鈔》雖雜，但有主旨，這就是封面所題的「世教」二字。

　　黃淮交患，揚州屢屢遭災，焦循親歷其禍，飽受其苦。《雕菰集》卷二十「上河水災記上」：「嘉慶十一年夏五月，淮水又溢於高堰，下注諸湖，漕堤之壩不啓，於是上河之災四年矣。」次年，焦循便節錄了孫蘭《輿地隅說》中以「治河」爲主的篇章，並置於《集鈔》之首，焦循期求此文以補世的迫切心情昭然若揭。

　　焦循以爲，節烈是「人倫」之道，而淫亂則是「禮義」之禍，必須倡導貞節孝義，懲治淫亂之人，才能正風俗，明教化。這在《北湖小志·書裔烈娥事》中表述得十分清楚。

　　僅從「於輓世亦有補」、救「季世」之蔽、教「末世」之人等立論中，就能清楚地看出焦循「擇錄」《讀史小識》「世教」的愷悌用心。

　　《易說》之錄，則更爲明顯。「《易》之言，皆言仁也」一句，就與「世教」關係密切。《易通釋》卷五：「禮即由仁義等殺而生」，可見，「仁」爲「禮」之基礎，而「禮」爲「仁」之表現。那麼，作爲「世教」重要內涵的「仁」就必爲焦循所重，這在《論語通釋》和《孟子正義》中表現得尤爲明顯，而《集鈔》中錄有「言仁」之《易說》，便屬理所當然之事。

　　與前四種相比，抄「楊龍友墨筆山水畫卷」跋的用意不大明顯。是否爲費丹旭所加，因無證據，在此存疑而不加妄論。

　　實際上，《集鈔》主旨與焦循易學是互爲貫通的。從焦循易學諸書對《易》旨的論述中即可見其大略：

　　　　《易通釋》卷一：「《易》者，聖人教人改過之書也」；卷
　　　　二：「《易》之爲書也，聖人教人遷善改過」。
　　　　《易章句》卷七：「伏羲設卦觀象，教人改過」；卷八：
　　　　「《易》以竊則變爲教，窮則衰，明《易》爲改過之書
　　　　也」。
　　　　《易圖略》卷三：「《易》之一書，聖人教人改過之書
　　　　也」；卷六：《易》爲救「衰世之意耶」；「文王爲知進而
　　　　不知退者戒也」。
　　　　《易話》卷上：「人道，自伏羲始定也」；「《易》道之教
　　　　人改過，切實可憑」。

《易廣記》卷三:「《周易》六十四卦,可一言以蔽之,日見善則遷,有過則改,非遷善無以趨吉,非改過無從避凶。」

兩相比較,其共通之處便一目了然:

《周易》為聖者「教人」的產物,《集鈔》以「世教」而匯成。

《周易》的宗旨為「遷善改過」,《集鈔》有「皆寡過之方」的跋語。

《周易》為「衰世之意」,《集鈔》錄有「補」「季世」之文。

《周易》「為知進而不知退者戒」,《集鈔》有「於人事之進退尤深切著明」之論述。

《周易》在明「人道」,《集鈔》有關涉「人道」的記載。

因此,《集鈔》一書對研究焦循的易學也有著不可忽視的價值和意義。

《集舊文鈔》曾輾轉流入他人之手。書尾「費丹旭為瓜纑外史題」句中之「瓜纑外史」,為章授銜之號。

按:章授銜(1804-1875),浙江歸安(今湖州人),字紫伯,別號瓜纑外史,工詩善畫,精於鑑別,藏書眾多。這說明,至少在道光二十八年即一八四八年,《集鈔》為章授銜所藏。

光緒十年(1884年),汪鋆為此書題識:

此卷雜抄各家手稿,皆未刻之本。其於今世之務及論古論

《易》，悉確而有憑，非尋常無識之談。惟所附裔烈娥詩、
楊龍友畫跋，亦當時可記之逸事，幸勿以不類斥之。光緒十
年硇山汪鋆識。

按：汪鋆（1816－？），清儀徵人，字硯山，室名十二硯齋，
能詩善畫，精於金石，著有《清湘老人題記》、《十二硯齋金石過
眼錄》、《十二硯齋金石過眼續錄》、《十二硯齋隨錄》等書。

此後，「光緒廿九年癸卯，孫壽彭展讀一過。」此人事跡，有
待查考。

二十世紀六十年代，此書始歸揚州市圖書館，保存至今，完好
如初。

《經義述聞》通假借之方法論

張其昀*

一

　　王引之《經義述聞》實爲引之與其父王念孫的合璧之著。「字有假借，則改其讀」（王引之〈自序〉），因聲求義地通經史古籍之假借是該著主要內容之一。王氏之所謂假借實分爲兩類：一爲聲同義異之借用，一爲源同義通之通用。（所謂聲同，包括聲近，如雙聲、疊韻、雙聲兼疊韻。所謂源同義通之通用，即同源字之通用。）如：

　　⑴咸秩無文　〈洛誥〉：「王肇稱殷禮，祀于新邑，咸秩無文。」《傳》曰：「皆次秩不在禮文者而祀之。」又：「惇宗將禮，稱秩元祀，咸秩無文。」《傳》曰：「皆次秩無禮文而宜在祀典者。」引之謹案：不在禮文，則是祀典所無

---

*　　張其昀，揚州大學人文學院中文系教授。

矣。祀典所無而祀之，何以異於淫祀乎？《傳》義非也。今案：文當讀爲紊。紊，亂也。〈盤庚〉曰：「若网在綱，有條而不紊。」《釋文》：「紊，徐音文。」是紊與文古同音，故借文爲紊。咸秩無文者，謂自上帝以至群神，循其尊卑大小之次而祀之，無有淆亂也。❶（述4，《尚書》下）

(2)伊嘏文王　〈我將篇〉：「伊嘏文王，既右饗之。」《箋》曰：「受福曰嘏。維受福於文王，文王既右而饗之，言受而福之。」王肅曰：「維天乃大文王之道，既佑助而歆饗之。」引之謹案：下方言右饗之，則上句不得遽言受福。鄭說非也。嘏謂文王，不得屬之於天。王說亦非也。嘏讀〈雍篇〉「假哉皇考」之假。彼《傳》曰：「假，嘉也。」《爾雅》曰：「嘏、假，大也。」「假哉皇考」、「伊嘏文王」，皆讚美之詞。「伊嘏文王」、「思文后稷」、「於皇武王」，上一字皆發語詞，猶言有嘏文王耳。「伊嘏文王，既右饗之」，言大哉文王，既佑助後王而饗其祭也。（述7，《毛詩》下）

(3)宅者　「宅者，在邦則曰市井之臣，在野則曰草茅之臣。」鄭《注》曰：「宅者，謂致仕者去官而居宅，或在國中，或在野。」《周禮》載師之職：「以宅田任近郊之地」❷，今文宅或爲托。引之謹案：《周禮》「宅田」未知何指。若以爲居宅，則仕與不仕皆有所居之宅，但云「宅者」無以見

---

❶　本文引《經義述聞》條目，或有所刪節。

❷　此句原作「以宅田士田賈田任近郊之地」。

其為致仕者也。且致仕者曾為士大夫，豈得遽同疏賤而稱市
井之臣、草茅之臣乎？反復文義，當以今文托字為長。蓋羈
旅之人，寄托於此國者也。襄二十年《左傳》：「衛子鮮出
奔晉，托於木門，終身不仕」，是其證。（述10，《儀禮》）

(4)穀實鮮落　季夏行春令，則穀實鮮落。《釋文》：「鮮，
音仙，又仙典反。」《正義》曰：「穀實鮮落，謂鮮少墮落
也。或云：以夏召春氣，初鮮潔，而逢秋氣肅殺，故穀鮮潔
而墮落也。」家大人曰：「鮮字，孔氏前讀上聲而訓為鮮
少，後讀平聲而訓為鮮潔，皆與落字義不相屬，失之矣。」
今案：鮮之言散也，謂穀實散落也。〈周語〉：「地無散
陽」，漢〈白石神君碑〉作「地無蠡陽」，蠡與鮮同。是鮮
落即散落也。（述14，《禮記》上）

例(1)，文、紊聲同，皆為明母文部字，借文為紊；例(4)，鮮、
散聲近，皆為心母元部字，借鮮為散：是為第一類假借。例(2)，
嘏、假聲同，皆為見母魚部字。且皆含大義（《爾雅·釋詁》：
「嘏、假，大也。」），為同源字；例(3)，宅、托音近，皆為鐸部
字，且有定、透旁紐的關係，為同源字：是為第二類假借。

王氏父子的訓詁學成就在傳統小學裡登峰造極。何以如此？就
是因為他們汲取前人智慧，掌握了科學的訓詁方法，其最主要的便
是因聲求義的方法。他們不囿於字形，憑借深厚的古音學功底，從
聲音著手，通古籍用字之假借，得其本字，明其意義。王引之在
《經義述聞·自序》中援引其父語曰：「訓詁之旨存乎聲音，字之
聲同聲近者經傳往往假借。學者以聲求義，破其假借之字而讀以本

字，則渙然冰釋；如其假借之字強為之解，則詰詘為病矣。」王引之自己在書中也多次闡述這個觀點，比如他說：「夫古字通用，存乎聲音。今之學者不求諸聲而但求諸形，固宜其說之多謬也。」（述三）他們喬梓二人為明一字之假借，往往廣徵博取，反復詳盡，玩味語義文義以質疑，推敲章法句法以決斷。他們貫穿經傳、並關子史地或駁正謬誤，還其真實；或補正前說，使之堅確。其所通假借，大多無可置疑。

二

《經義述聞》通假借的具體方法主要有五種。茲分別陳述如下。

一曰據異文或類似記載參證而通假借：記載同一件事情或同一句話，記載同一類型的事情或大意近似的一句話，在不同的古籍或篇章語段中可能字面有異或毫不近似，將這些有異或毫不近似的字面互相參證，可以通假借。此類條目，在書中有近二十處。如：

(1)予仁若考　家大人曰：〈金縢〉「予仁若考」，《史記·魯周公世家》作「旦巧」。考、巧古字通；若、而語之轉。予仁若考者，予仁而巧也。惟巧，故能多材多藝能事鬼神。意重巧不重仁，故下文但言乃玄孫不若旦多材多藝也。❸若

---

❸　「玄」字，清人為避世祖玄燁名諱而改作「元」，今恢復原字形。

如《傳》曰:「周公仁能順父」,則武王豈不順父者邪?且對三王言也,亦不當獨稱考也。(述3,《尚書》上)

又:上帝不考 「上帝不考,時反是守。」韋《注》曰:「考,成也。言天未成越,當守天時。天時反,乃可以動。」家大人曰:韋《注》文義不明。考當讀爲巧,反猶變也。言上帝不尚機巧,惟當守時變也。《漢書·司馬遷傳》:「聖人不巧,時變是守。」顏師古《注》曰:「無機巧之心,但順時也。」是也。(述21,《國語》下)

(2)置之而塞乎天地 「夫孝,置之而塞乎天地。」《正義》曰:「置,謂措置也。」引之謹案:置,讀爲植。植,立也,以上下言之也。下文「敷之而橫乎四海」,敷,布也,以四旁言之也。《大戴禮記·曾子大孝篇》:「夫孝,置之而塞於天地,衡之而衡於四海。」盧《注》曰:「置,猶立也;衡,猶橫也。」《淮南·原道篇》:「植之而塞於天地,橫之而彌於四海。」高《注》曰:「植,立也。古字植與置通。」〈商頌·那篇〉:「置我鞉鼓。」《箋》曰:「置,讀曰植。」《莊子·外物篇》:「草木之倒植者過半。」《釋文》曰:「植,立也。本亦作置。」(述16,《禮記》下)

(3)取人於萑苻之澤 「鄭國多盜,取人於萑苻之澤。」杜《注》曰:「於澤中劫人。」引之謹案:劫人而取某財,不得謂之取人。取,讀爲聚。(間注:聚,古通作取。〈萃·象傳〉:「聚以正也。」《釋文》:「聚,荀作取。」《漢書·五行志》:「内取兹謂禽。」師古曰:「取,讀如《禮

記》『聚麀』之聚。」）人，即盜也，謂群盜皆聚於澤中，
非謂劫人於澤中也。盜聚於澤中，則四出劫掠，又非徒於澤
中劫人也。下文云：「興徒兵以攻萑苻之盜，盡殺之。」則
此澤爲盜之所聚明矣。《文選·齊故安陸昭王碑文注》、
《藝文類聚·治政部上》、《白帖九十一》、《太平御覽·
治道部三》引此並作「聚人於萑苻之澤」，蓋從服虔本也。
杜本作取者，借字耳。而云「於澤中劫人」，則誤讀爲取與
之取矣。《韓子·內儲說篇》：「鄭少年相率爲盜，處於萑
澤，將遂以爲鄭禍。」處於萑澤，即所謂聚人於萑苻之澤
也。（述19，《春秋左傳》下）

(4)宣王有志　二十六年《傳》：「諸侯釋位以間王政，宣王
有志而後效官。」《九經古義》曰：「鄭康成《周禮注》
云：『志，古文識。』有志，謂長而知識也。王伯厚以爲有
撥亂之志，恐非。《外傳》曰：『宣王長而立之。』彘之
亂，宣王尚少，至始有知識乃授之政也。」引之謹案：惠說
是也。《大戴禮·保傅篇》：「成王有知，而選太公爲師，
周公爲傅。」彼言「成王有知」，猶此言「宣王有志」。
〈哀公問〉曰：「寡人蠢愚冥煩，子志之心也。」鄭《注》
曰：「志，讀爲識。識，知也。子之心所知也。」〈緇衣〉
曰：「爲上可望而知也，爲下可述而志也。」《注》曰：
「志，猶知也。」《墨子·非命中篇》：「不志昔也三代之
聖善人與，意亡昔三代之暴不肖人也？」〈下篇〉「志」作
「識」。識，亦志也。《楚辭··天問》：「師望在肆，昌何
志？」王《注》曰：「言太公在市肆而屠，文王何以志知之

也？」是志與知同義。（述19，《春秋左傳》下）

(5)好盡言以招人過　「立於淫亂之國，而好盡言以招人過，怨之本也。」韋《注》曰：「招，舉也。」《舊音》曰：「招，音翹。」引之謹案：《漢書·陳勝傳贊》：「招八州而朝同列。」鄧展曰：「招，舉也。」蘇林曰：「招，音翹。」此《舊音》所本也。今案：《後漢書·鍾皓傳》云：「昔國武子好昭人過以致怨本。」《魏志·鍾繇傳》注引《先賢行狀》同，其字皆作昭。然則昭者，明著之詞。言好盡己之言，以明著人之過也。《賈子·禮容語篇》作「好盡言以暴人過」，暴亦明著之詞。則其字之本作昭甚明。韋本作招者，借字耳。昭十二年《左傳》：「祭公謀父作祈招之詩。」張衡〈東京賦〉：「招有道於側陋。」賈逵、薛綜《注》並云：「昭，明也。」漢〈校官碑〉「宗懿招德」，即「昭德」。是昭字古通作招。招人過，即昭人過，不當訓為舉，亦不當讀為翹也。（述20，《國語》上）

例(1)，以《史記》之「且巧」參證《尚書》之「予仁若考」，以《漢書》之「聖人不巧」參證《國語》之「上帝不考」，知考、巧通借。例(2)，以《淮南子》「植之而塞於天地」參證《禮記》「置之而塞乎天地」，知置通植，義為立。茲再舉一例，以佐王氏之說：《逸周書·官人解》：「營之以物而不誤，犯之以卒而不懼，置義而不可遷，臨之貨色而不過，曰果敢者也。」置義者，立義也。此「置義」，彼「置孝」，當屬同一類型。例(3)，《文選》等多處異文可證《春秋左傳》之「取」為「聚」之借字。借「取」

為「聚」，後世尚為之。如《東周列國志》第四十二回：「晉文公以朝王之譽，播告諸侯，俱約冬十月朔，於溫地取齊。」例(4)，以《大戴禮記》之「成王有知」參證《春秋左傳》之「宣王有志」，知「志」之借為「知」；復以《墨子·非命》中、下篇參證而知「志」之借為「識」；則「志」之非本字至明矣。例(5)，《後漢書》「昭人過」可證《國語》「招人過」之「招」當讀為「昭」。另：《莊子·徐無鬼》：「招世之士興朝。」于省吾《新證》：「招，應讀作昭。昭世之士興朝，謂昭明於世之士足以興朝也。」是可明「招」之借為「昭」非僅見也。再如：「哲人惟刑」條（述4，《尚書》下），《傳》曰：「言智人惟用刑，乃有無窮之善辭。名聞於後世。」王氏則據上文「信夷降典，折民惟刑」（《傳》曰：「伯夷下典禮教民而斷以法」），而以「哲」為「折」（折之言制也）之借字。另稱《墨子·尚同篇》引「折民惟刑」句，「折」字亦作「哲」。「信憚」條（述13，《大戴禮記》下），盧《注》曰：「言而敬憚」，直解「憚」字。王氏案「憚」讀為「亶」，「亶，誠也，信也，故與信連文」，引《逸周書·官人篇》異文「觀其信誠」（誠，亦亶也）以為其證。「則民言不危行而行不危言矣」條（述16，《禮記》下），鄭《注》曰：「危，猶言詭也。言不高於行，行不高於言，言行相應也。」王氏讀「危」為「詭」，訓「詭」作「違也，反也」，復援引《呂氏春秋·淫辭篇》「所言非所行也，所行非所言也，言行相詭，不祥莫大焉」以證成其說。

　　二曰據原文與注疏比照而通假借：後人為經史古籍作注疏，或於原文之假借了然於心，雖未明言某為某之借，但於行文之中往往

徑據其本字而解之。將注疏與原文比照而通假借，這在《經義述聞》中約有八九處。如：

(6)裒荊之旅 〈殷武篇〉：「采入其阻，裒荊之旅。」毛《傳》曰：「裒，聚也。」《箋》曰：「冒入其險阻，克其軍率，而俘虜其士眾。」《正義》曰：「言聚荊之旅，故知俘虜其士眾也。」家大人曰：毛訓裒爲聚。聚荊之旅，未見戰勝之義。鄭曰俘虜其士眾，則是讀裒爲俘也，於義爲長。俘之通作裒，猶捋之通作裒也。（間注：〈謙·象傳〉：「君子以裒多益寡。」《釋文》：「裒，鄭、荀、董、蜀才作『捋』，云：取也。」《集解》引虞翻《注》：「裒，取也。」《爾雅》：「俘，取也。」是俘與捋、裒亦同義。）《傳》言聚而不言俘虜，《箋》言俘虜而不言聚，《正義》牽合二義，失之。（述7，《毛詩》下）

(7)腊辯 「腊辯，無髀。」鄭《注》曰：「亦盛半也。」所盛者，右體也。《釋文》及《疏》皆不解辯字。引之謹案：辯，當讀爲胖。《說文》曰：「胖，半體肉也。」故鄭以盛半解之。上篇曰：「腊一純而鼎。」《注》曰：「合升左右胖曰純。純，猶全也。」又曰：「腊一純而俎。」是腊載全體。今盛俎，則但取其半，故別之曰腊胖。上篇：「司馬升羊右胖。」《注》曰：「古文胖皆作辯。」是辯爲古胖字。敖曰：「辯者，明右體及其脅與脊皆盛也。」則是讀辯爲遍矣。盛腊而曰遍，何以別於上篇之純乎？失之遠矣。（述10，《儀禮》）

(8)逆王命敬，奉禮義成　《補音》「義」字無音。引之謹
案：義，讀爲儀。謂奉行禮儀而有成也。韋《注》云：「謂
三讓賓饗之屬皆如禮。」是禮義即禮儀，非仁義之義也。忠
信仁義，別見下文，與此義字不同。古書多以義爲儀，説見
《禮記》「別之以禮義」下。（述20，《國語》上）

例(6)、《箋》以「俘虜」釋「裒」，是鄭氏讀裒爲俘矣。昀
案：裒、俘二字同音，皆爲並母幽部字。例(7)、《注》以「盛半」
解「辯」，可知辯當讀爲胖。昀案：胖，幫母元部字（今音讀
半）；辯，並母元部字。二字疊韻，且爲旁紐雙聲。例(8)，韋
《注》以「三讓賓饗之屬」解「義」，義當讀爲儀可知。下例中的
「義」亦讀爲儀。贊曰：「尚考太室之義，唐爲虞賓。」（《尚書
大傳》卷 1 下）鄭玄《注》曰：「義，當爲儀。儀，禮儀也。謂祭
太室之禮，堯爲虞賓也。」此外，「正班爵之義」條（述 17，《春
秋左傳》上），王念孫通「義」字之亦借作「儀」，也是根據的傳
疏。《正義》曰：「朝以正班爵之等義」，等義，即等儀，舊本
《北堂書鈔·禮儀部二》引此正作「儀」。再如書中「勿辯乃司民
湎於酒」條（述 4，《尚書》下），《傳》曰：「辯，使也。勿使
女主民之吏湎於酒」。據《傳》意，王念孫曰：「辯之言俾也，平
也。」復稱引〈書序〉：「王俾榮伯作賄肅愼之命」，馬融本
「俾」亦作「辯」，指出辯、俾聲近可通用。

三曰據文脈文理而通假借：文脈阻斷則不成其文章，文理詰屈
則難爲其文句。倘若依某字直解而造成文脈不連貫，文理不通順，
那麼其字則可能非本字。《經義述聞》據此以通假借者五十餘條。

如：

(9)謙尊而光　〈謙·象傳〉：「謙尊而光，卑而不可踰。」
引之謹案：尊讀撙節退讓之撙。尊之言損也，（間注：《韓
詩外傳》：「謙者，抑事而損者也。」）小也；光之言廣
也，大也。尊而光者，小而大；卑而不可踰者，卑而高也。
上文曰：「天道下濟而光明」，猶此言尊而光也；「地道卑
而上行」，猶此言卑而不可踰也。夫撙節退讓，君子之所以
爲謙。故謙之德曰尊。〈繫辭傳〉曰：「謙尊而光，謙以製
禮」，〈曲禮〉曰：「君子恭敬撙節退讓以明禮」，其義一
而已矣。解〈象傳〉者多誤以尊、卑爲對文。夫尊、卑若是
對文，則二句不可缺一。〈繫辭傳〉之「謙尊而光」反似偏
而不具矣。甚矣其不可通也。孔穎達解〈象傳〉，謂尊者有
謙而更光，卑者有謙而不可踰；解〈繫辭傳〉，則曰以能謙
卑，故其德益尊而光明。同一「謙尊而光」而前後異訓，蓋
不得其解則多方推測而卒無一當矣。劉晝《新論·誡盈
篇》：「未有謙尊而不光，驕盈而不斃者也。」以謙尊對驕
盈，則讀尊爲撙可知。蓋當時《易》說有如是解者，故劉氏
用之也，正與經旨相合。（述2，《周易》下）

(10)得其儕　「夫樂者，先王之所以飾喜也；軍旅斧鉞者，先
王之所以飾怒也；故先王之喜怒皆得其儕焉。」鄭《注》
曰：「儕，猶輩類。」引之謹案：儕，當讀爲齊。《爾雅》
曰：「齊，中也。」〈小雅·小宛傳〉曰：「齊，正也。當
喜而喜，當怒而怒，則得其中正矣。故曰：先王之喜怒皆得

其齊焉。」《管子·正世篇》：「事莫急於當務，治莫貴於得齊」，亦謂得其中正也。齊，正字也；儕，借字也。鄭據借字解爲輩類，失之。當喜而喜，當怒而怒，何儕輩之有乎！《荀子·樂論》、《史記·樂書》正作齊。（間注：《白虎通義·禮樂篇》同。）（述15，《禮記》中）

(11)鳩藪澤　「蔿掩書土田，度山林，鳩藪澤。」杜《注》曰：「鳩，聚也。聚成藪澤，使民不得焚燎壞之，欲以備田獵之處。」引之謹案：藪澤乃天地自然之利，非人所能聚而成之也，不得云聚成藪澤。鳩，當讀爲究。《爾雅》：「度、究，謀也。」〈大雅·皇矣篇〉曰：「爰究爰度。」究，猶度也。度山林，究藪澤，皆取相度之義。鳩、究二字皆以九爲聲。〈小雅·小弁篇〉：「不舒究之」，與酬爲韻，則究讀若鳩，故與鳩通，古字多假借，後人失其讀耳。究藪澤者，度其出賦之多寡。故下文遂云「量入修賦」，非以備田獵也。賈逵云：「藪澤之地，九夫爲鳩，八鳩而當一井。」（間注：見本篇《正義》。）尤失經義。（述18，《春秋左傳》中）

(12)潞子之爲善也躬　十五年《傳》：「潞何以稱子？潞子之爲善也躬，足以亡爾。」何《注》曰：「躬，身也。」引之謹案：躬行善事，無取滅亡之理，此非《傳》意也。古字躬與窮通。（間注：《論語·鄉黨篇》：「鞠躬如也」，〈聘禮〉鄭《注》作「鞠窮」。《大戴禮記·哀公問五義篇》：「躬爲匹夫而不願富，貴爲諸侯而無財」，躬與窮同。）躬，當讀爲窮。潞子之爲善也窮，言潞子之爲善，其道窮

也。蓋潞子去俗歸義而無黨援，遂至於窮困。下文：「離於
夷狄，而未能合於中國。晉師伐之，中國不救，狄人不
有」，是其窮於爲善之事也。何《注》失之。孔氏《通義》
又以躬字屬下讀，而云足以亡其躬。案：經云「以潞子嬰兒
歸」（昀案：嬰兒爲潞子之名），未嘗殺之也，不得云亡其躬。
古人字多假借，必執本字以求之，則迂曲而難通矣。（述
24，《春秋公羊傳》）

⒀往殆乎晉　「莒將滅之，故相與往殆乎晉也。」何《注》
曰：「殆，疑。疑讞於晉。齊人語。」孔氏《通義》曰：
「殆，危也。告危於晉也。」家大人曰：何訓殆爲疑；往疑
乎晉，則爲不辭，故加讞字以增成其義。然殆可訓爲疑，不
可訓爲讞也。孔訓殆爲危；往危乎晉，則尤爲不辭，故加告
字以增成其義。然《傳》言殆乎晉，不言告殆乎晉也。今
案：殆，讀爲治。（間注：殆、治古聲相近，故字亦相通。
《荀子・強國篇》：「強殆中國。」楊倞《注》：「殆或爲
治。」）治，謂訟理也。以鄫子欲立異姓爲後，故相與往訟
理於晉也。僖二十八年《傳》：「叔武爲踐土之會，治反衛
侯。」《注》曰：「叔武訟治於晉文公，令白王者，反衛侯
使還國也。」成十六年《傳》：「公子喜時外治諸京師而免
之。」《注》曰：「訟治於京師，解免使來歸。」皆與此
《傳》「往治乎晉」同義。古謂訟理爲治訟，或曰辭訟。
《周官・小宰》曰：「聽其治訟」，〈小司徒〉曰：「聽其
辭訟」，〈司市〉曰：「聽大治大訟、小治小訟」，皆是
也。〈大司徒〉曰：「凡萬民之有獄訟者，與有地治者，聽

而斷之。」有地治者，謂爭地而訟理者也。〈訝士〉曰：
「凡四方之有治於士者造焉。」亦謂有訟理於士者也。（述
24，《春秋公羊傳》）

　　例(9)，依字面直解尊字，說皆不可通。讀尊爲撙，則「謙尊而
光」既與句中「卑而不可逾」形成相形比照之文理，又順應上文
「下濟而光明」之文脈。例(10)，僑當讀爲齊。得其僑，謂得其中
正，文理秩然有條。若依字形而解作輩類，與文意齟齬難合。昀
案：齊爲從母脂部字，僑爲崇母脂部字，二字韻母相同，聲紐皆爲
齒音，其讀音非常接近，故僑字得以齊爲聲。例(11)，杜《注》以
《尙書·堯典》「共工方鳩僝功」孔《傳》「鳩，聚也」之義解其
鳩字，然而聚成自然之藪澤，文理不協。賈氏訓以「九夫爲鳩」，
「鳩藪澤」則非崎嶇爲解不可。王氏依聲而讀鳩爲究，語義遂安。
書土田，度山林，究藪澤，三事皆關乎人之用智力之舉，一脈貫
通，略無窒礙。例(12)，躬字若直解，則無論是躬爲善而是以亡，還
是爲善而足以亡身，其意一也，均與文理牴牾。何、孔二讀皆不可
通。昀案：躬通窮，並非僅見。《詩經·邶風·式微》：「微君之
躬，胡爲乎泥中？」馬瑞辰《通釋》：「躬亦窮之省借。」又《馬
王堆漢墓帛書·戰國縱橫家書·朱已謂魏王》：「皆識秦之欲無躬
也，非盡亡天下之兵而臣海內，必不休。」其躬字之借作窮極顯
明。例(13)，於殆字，何氏訓爲疑，孔氏訓爲危，文義皆不安，故皆
增字以解之。王氏讀爲治，治謂訟理也，文通理順，疑惑迎刃而
解。後來朱駿聲《說文通訓定聲·頤部》：「殆，假借爲治。」當
是據王氏之說爲訓。昀案：殆、治皆以台爲聲，台、殆、治三字皆

為定母之部字。書中「鴻漸于磐」條（述 1，《周易》上），馬融曰：「山中石磐紆，故稱磐。」王弼曰：「磐，山石之安者也。」引之案曰：「漸之為義，循次而進。三爻止漸於陸，而二爻遽在山石之上，非其次也。」王氏舉出《史記・孝武紀》、〈封禪書〉、《漢書・郊祀志》並載武帝詔曰：「鴻漸于般」，孟康《注》曰：「般，水涯堆也。」他根據文脈，循漸之次，斷言：「般（磐）之言泮也、陂也。」以證成孟《注》。「無俾正敗　無俾正反」條（述 7，《毛詩》下），鄭氏直解「正」字，《箋》曰：「無使先王之正道壞。」王氏案曰：「正，當讀為政。寇虐之徒，敗壞國政，遏之則政不敗矣。」他指出，上章云「無俾民憂」。此云「無俾政敗」，民以人言之，政以事言之也。下章云「無俾正反」，正亦當讀為政，謂政事顛覆也。顯然，如王氏說，文脈順暢無礙矣。「具脩」條（述 8，《周官》上），「祀五帝，則掌百官之誓戒與其具脩」，鄭《注》曰：「脩，掃除糞洒。」王氏指出，〈典祀〉職云：「掌外祀之兆守，若以時祭祀則率其屬而脩除。」是祀五帝之兆，典禮已脩除之矣，非太宰事也，鄭說於文理未協。王氏認為，脩當讀為羞；〈大司徒〉：「祀五帝，則奉牛牲，羞其肆」是也。「戰」字條（述21，《國語》下），「是故伐備鐘鼓，聲其罪也；戰以錞于丁寧，儆其民也。」王念孫曰：「戰非戰鬥之戰。」因為鐘鼓、錞于、丁寧，皆戰所必用，不得以鐘鼓屬伐，以錞于、丁寧屬戰。他認為，「戰」當讀為「憚」，憚，懼也。此承上「大罪伐之，小罪憚之」而言。言伐之，則必備鐘鼓，所以聲其罪出，若憚之而已，則但用錞于、丁寧，所以儆其民也。《呂氏春秋・審應篇》：「公子沓相周，申向說之而戰」。高誘即注曰：「戰，懼

也」。

四曰據章法文例而通假：章法文例，是文章、文句組織結構的模式。讀懂了其文章和文句，其章法文例自然可以領悟。反之，如果明了其章法文例，也可以幫助真正讀懂其文章和文句——這裡當然包括通其假借的問題。特別是同一部古籍、同一作家的作品，其遣詞造句以敘事達意的大體程式應該是一以貫之的。明於此，可以不變而應變，即根據其一定的章法文例去讀出其變用借字的本字。《經義述聞》中有近二十條主要是運用由章法文例著手的這種方法以通假借的。如：

⑭暫遇奸宄　「民興胥漸　暫遇奸宄。」《傳》曰：「暫遇人而劫奪之。爲奸於外，爲宄於內。」引之謹案：經言暫遇，不言劫奪，《傳》說非也。（間注：蔡沈謂暫時所遇，爲奸所宄。其說尤謬。暫遇字，自週此奸宄者言之，則上與「乃有不吉不迪」，下與「我乃劓殄滅之」文義皆不貫矣。）經凡言「寇賊姦宄」、（間注：〈堯典〉）「草竊奸宄」、（間注：〈微子傳〉曰：「草野竊盜」，謂有草野之性，爲竊盜之行。）「寇攘奸宄」、（間注：〈康誥〉）「鴟義奸宄」（間注：〈呂刑〉。鴟，輕也；義，邪也。說見〈立政篇〉「三宅無義民」下。）及〈盤庚上篇〉之「敗禍奸宄」，皆四字平列。此「暫遇奸宄」亦然。暫，讀曰漸。漸，欺詐也。《莊子·胠篋篇》：「知詐漸毒」，《荀子·不苟篇》：「小人知則攫盜而漸」，是漸之也。〈正論篇〉：「上幽險，則下漸詐矣」，是詐謂之漸。〈呂刑〉

曰：「民興胥漸。」漸，亦詐也。言小民方興，相爲欺詐。故下文曰：「罔中於信以覆詛盟也」，彼《傳》訓爲漸化，亦失之矣。遇，讀「隅暄智故」之隅，字或作偶。《淮南・原道篇》曰：「偶暄智故，曲巧偽詐」，皆奸邪之稱也。〈本經篇〉曰：「衣無隅差之削」，高誘《注》曰：「隅，角也；差，邪也。全幅爲衣裳，無有邪角。」衣邪謂之隅差，人邪謂之偶暄，聲義皆相近矣。《呂氏春秋・勿躬篇》曰：「人主知能不能之可以君民也，則幽詭愚險之言無不戢矣。」愚，亦即「暫遇奸宄」之遇，故以「幽詭愚險」連文。《荀子》曰：「上幽險，則下漸詐」。是也。（述3，《尙書》上）

(15)輸而孚　「獄成而孚，輸而孚。」《傳》曰：「斷獄成辭而信，當輸汝信於王。謂上其鞫劾文辭。」《正義》曰：「輸，寫（昀案：通「瀉」）也。下而爲汝也。斷獄成辭而得信實，當輸寫汝之信以告於王。」引之謹案：成與輸相對爲文，輸之言渝也，謂變更也。《爾雅》：「渝，變也。」《廣雅》：「渝，更也。」獄辭或有不實，又察其曲直而變更之，後世所謂平反也。獄辭定人信之，其有變更而人亦信之，所謂民自以爲不冤也。故曰：「獄成而孚，輸而孚。」隱六年《左傳》：「鄭人來渝平，更成也。」《公羊》、《穀梁》渝作輸。秦〈詛楚文〉曰：「變輸盟刺」，謂變渝也。是輸與渝通。〈豫・上六〉曰：「成有渝」，是渝與成相反。先言成而孚，後言渝而孚，取相反之義也。《傳》謂「輸汝信於王」，則與上句文義不倫，殆失之矣。（述4，

《尚書》下）

⒃魯君世從其失　三十二年《傳》：「魯君世從其失，季氏世脩其勤，民忘君矣。」《釋文》：「從，子用反。」失字無音。家大人曰：失，讀爲佚。（間注：佚字又作逸。）佚與勤正相反，言魯君世縱其佚以失民，季氏世脩其勤以得民也。古多以失爲佚。（間注：見《九經古義》）（述19，《春秋左傳》下）

⒄淳耀　「夫黎爲高辛氏火正，以淳耀敦大天明地德，光照四海。故命之曰祝融。」韋《注》曰：「淳，大也；耀，明也；敦，厚也。言黎爲火正，能治其職，以大明厚大天明地德，故命之爲祝融。祝，始也；融，明也。」家大人曰：韋訓敦爲大，義本《爾雅》。（間注：《爾雅》作純，義同。）然云「大明厚大天明地德」，則不詞矣。予謂淳耀、敦大、光照，皆二字平列。淳，字本作焞。焞，明也。耀，光也。言能光明天明，厚大地德也。下文云：「祝融能昭顯天地之光明」，即其證。《說文》：「焞，明也，《春秋傳》曰：焞耀天地。」蓋約舉〈鄭語〉之文也。崔瑗〈河間相張平子碑〉曰：「亦能焞耀敦大天明地德」，其字並作焞。（間注：昭二十九年《左傳正義》引此亦作焞。）今本作淳者，借字耳。（述21，《國語》下）

　　例⒁，孔《傳》與蔡沈之說皆難以成立，王氏則據《尚書》多四字平列之文例，讀暫爲漸，訓爲詐；以遇通隅，亦作偶，即爲愚，義爲愚弄。《墨子·非儒下》：「盛爲聲樂，以淫遇民。」孫

詁讓《間詁》：「遇與愚通。」畢（沅）云：「當爲愚民。」朱駿
聲《說文通訓定聲・需部》：「遇，假借爲愚。」是皆可爲王氏說
堅確之證。昀案：暫、漸二字聲均爲從母，韻均屬談部，讀音相
同。遇、隅、愚並以禺爲聲，讀音本很接近。例⒂，王氏根據相對
爲文的章法，推明上一小句言獄辭定而人信之，下一小句言獄辭更
而人亦信之；故而下一小句之「輸」當爲「渝」之借，如此方與上
一小句之「成」相對。輸、渝二字本通用。《廣雅・釋詁三》：
「輸，更也。」王念孫《疏證》：「輸讀爲渝，⋯⋯輸、渝古通
用，《爾雅》：『渝，變也。』變亦更也。」朱駿聲《說文通訓定
聲・需部》：「輸，假借爲渝。」昀案：輸、渝並以俞爲聲，二字
疊韻，皆爲侯部字。例⒃，王念孫認爲「魯君」、「季氏」二句語
義相反。其失、勤二字義當相反，故而讀失爲佚。失、佚二字古皆
爲質部字，讀音可通。再如：《論語・顏淵》：「君子敬而無
失。」俞樾《平議》：「失，當讀爲佚。《周官・大宗伯》鄭
《注》：『以防其淫失』，《釋文》曰：『失，本亦作佚。』⋯⋯
是失與佚通，言君子敬而無敢佚樂也。」《鹽鐵論・除狹》：「疏
遠無失士，小大無遺功。」楊樹達《要釋》：「失讀爲佚。⋯⋯疏
遠無佚士，謂無遺佚之士也。」《漢書・杜周傳》：「賢俊失在巖
穴，大臣怨於不以。」王念孫《雜志》：「失，讀爲放佚之佚，
（間注：佚字又作逸。）謂賢俊自放於巖穴，非謂朝廷失之也。」
例⒄，王念孫認爲「淳耀」與「敦大」、「光明」同例，亦當爲二
字平列之文；耀，義爲光也，淳之爲焞之借字可知。焞，訓明也，
正與耀平列。段玉裁《說文解字注・火部》「焞」下釋「淳耀敦
大」曰：「下文云『敦大』，則『焞耀』自當訓明。」又，《漢

書·敘傳上》：「黎淳耀於高辛兮，芈強大於南汜。」顏師古
《注》：「應劭曰：『黎，楚之先也。淳，美也。……』師古曰：
『言黎在高辛之時爲火正，有美光耀，故其後嗣霸有楚國於南方
也。』」昀案：應劭訓淳爲美，實未明其假借。顏注亦未明其假
借，「有美光耀」一語，牽合之跡昭然。再如：「有實其猗　有實
其積」條（述 6，《毛詩》中），《傳》曰：「質，滿；猗，長
也。」《箋》曰：「猗，倚也。言南山既能高峻，又以草木平滿其
旁倚之畎谷，使之齊均也」。王氏案曰：「訓猗爲長，無所指實。
畎谷旁倚，何得即謂之倚乎？」《詩》之常例，凡言「有蕡其
實」、「有鶯其羽」、「有略其耜」、「有捄其角」，末一字皆實
指其物。據此，王氏認爲，猗當讀爲阿。古音猗與阿同。有實其
積，亦謂露積之庾，其形實實然廣大也。「農力」條（述 18，《春
秋左傳》中），「世之治也，君子尙能而讓其下，小人農力以事其
上。」王念孫指出，「農力以事其上」與「尙能而讓其下」對文，
則「農力」非耕田之謂也。《廣雅》：「農，勉也」。「農力」句
言勉力以事其上也。王引之據此而稱：「農力，猶努力，語之轉
耳」。「揚沈伏而黜散越」條（述 20，《國語》上），「爲之六
間，以揚沈伏而黜散越也。」韋《注》曰：「沈，滯也。黜，去
也。越，揚也。發揚滯伏之氣而去散越也。」王氏案曰：「黜」，
讀爲「屈」，屈，收也。謂收斂散越之氣也。沈伏者發揚之，散越
者收斂之，此陰律之所以間陽律，成其功也。他之所以讀「黜」爲
「屈」，根據在於章法：揚與沈伏義相反，則黜與散越義亦相反。

　　五曰據用字常例而通假借：有些常語，有些虛詞，在一部古籍
中以用借字爲常例；更有些常語，有些虛詞，在不同的古籍中都經

常不用本字。《經義述聞》據用字常例通假借者有十餘處。如：

⒅眾稚且狂　〈載馳篇〉：「眾稚且狂。」毛《傳》曰：「是乃眾幼稚且狂。」引之謹案：隱四年《穀梁傳》曰：「衛人者，眾辭也。」上文許人已是眾辭，不須更言眾矣。眾，當讀爲終。終，猶既也。（間注：詳見前「終風且暴」條下。）「終溫且惠」，既溫且惠也；「終風且暴」，既風且暴也；「終窶且貧」，既窶且貧也；「終和且平」，既和且平也；「終善且有」，既善且有也；「終稚且狂」，既稚且狂也，此《詩》之例也。古字多借眾爲終，《史記·五帝紀》：「怙終賊刑。」徐廣曰：「終，一作眾。」〈周頌·振鷺篇〉：「以永終譽」，《後漢書·崔駰傳》終作眾。〈韓策〉：「臣使人刺之，終莫能就」；《史記·刺客傳》終作眾。皆是也。稚者，驕也。《管子·重令篇》：「工以雕文刻鏤相稚。」尹知章《注》曰：「稚，驕也。」《莊子·列禦寇》「以其十乘驕稚莊子」是其證。此承上文而言，女子善懷，亦各有道，是我之欲歸未必非也。而許人偏見，輒以相尤，則既驕且妄矣。蓋自以爲是，驕也；以是爲非，妄也。《傳》不知眾之爲終，又以稚爲幼稚。許之大夫，豈必人人皆幼稚邪？（述5，《毛詩》上）

⒆曾是不意　《箋》曰：「女曾不以是爲意乎？」《正義》曰：「商人留輔固僕之故，終用逾度陷絕之險，汝商人何得曾不以是輔僕爲意乎？喻王用賢禮相之故，終用是得濟免禍害之難，汝何得曾不以是賢相爲意乎？」引之謹案：如此

解，則經當云「曾是不以爲意」，文義乃明，何得但云不意乎。今案：意與億通。億，度也。言棄輔則爾載必輸，不棄則絕險可濟。商事如是，治國可知，所當度其利害而求賢自輔者也，女何乃不度於是乎？古者謂度爲意，《論語‧先進篇》：「億則屢中。」何《注》曰：「億度是非。」《漢書‧貨殖傳》億作意。〈子罕篇〉：「無意無必無固無我。」無意，無度也。〈禮運〉：「聖人耐以天下爲一家中國爲一人者，非意之也。」意之，度之也。《管子‧小問篇》：「君子善謀而小人善意。臣意之也。」善意，善度也。《商子‧修權篇》：「釋權衡而斷輕重，廢尺寸而意長短。」謂廢尺寸而度長短也。《莊子‧胠篋篇》：「妄意室中之藏。」謂妄度室中之藏也。《荀子‧賦篇》：「君子設辭，請測意之。」謂請測度之也。〈魏策〉：「臣願以鄙心意公。」謂以鄙心度公也。《韓子‧外儲說》：「人且意女。」謂人且度女也。〈解老篇〉：「前識者無緣而妄意度也。」意亦度也，古人自有複語耳。（述6，《毛詩》中）

⑳唯其之聞諸萇宏亦若吾子之言是也　鄭《注》不釋唯字，《釋文》唯字無音，《正義》唯作惟，曰：「惟某之聞諸萇宏者，孔子既得賓牟賈之答，故云聞諸萇宏。」家大人曰：唯，讀曰雖。古字唯、惟與雖通。言不但吾子之言如是，雖我之所聞於萇宏者亦如是也。雖與亦文義相應。〈秦策〉曰：「弊邑之王所甚說者，無大大王；唯儀之所甚願爲臣者，亦無大大王。弊邑之王所甚憎者，無先齊王；唯儀之所甚憎者，亦無先齊王。」《史記‧張儀傳》唯皆作雖。《史

記・汲黯傳》：「宏、湯深心疾黯，唯天子亦不說也。」
《漢書》唯作雖。《漢書・揚雄傳・解嘲》：「唯其人之贍
知哉，亦會其時之可爲也。」《文選》唯作雖。字又作惟。
《史記・淮陰侯傳》曰：「信問王曰：『大王自料勇悍仁強
孰與項王？』漢王默然良久，曰：『不如也。』信再拜賀
曰：『惟信亦爲大王不如也。』」《漢書》惟作唯。字並與
雖同。（閒注：顏師古斷唯字爲句而以爲應辭，非是。）且
皆與亦字相應，是其例也。〈表記〉：「唯天子受命於
天。」鄭《注》曰：「唯，當爲雖。」則此亦當然，而
《注》未之及，蓋闕略也，而《釋文》、《正義》遂不知爲
雖之假借矣。近世讀者乃以唯字絕句，而讀唯諾之唯，大
誤。（述15，《禮記》中）

(21)過慝之度　「於是乎有狂悖之言，有眩惑之明，有轉易之
名，有過慝之度。」韋《注》曰：「慝，惡也。」家大人
曰：慝之爲惡，常訓也。此慝字當讀爲忒，差也。狂與悖，
眩與惑，轉與易，過與忒，義並相近。過忒，即過差也。事
差其度，故曰過忒之度。若以慝爲惡，則別爲一訓，且與
之、度二字義不相屬矣。〈洪範〉之「民用僭忒」，《漢
書・王嘉傳》引忒作慝。董仲舒〈雨雹對〉曰：「以此推
移，無有差慝。」是差忒字古通作慝也。（述20，《國語》上）

(22)睋而曰　定八年《傳》：「陽虎弒不成，卻反，舍於郊，
皆說然息。或曰：『弒千乘之主而不克，舍此可乎？』陽虎
曰：『夫孺子得國而已，如丈夫何！』睋而曰：『彼哉彼
哉！』趣駕。」何《注》曰：「望見公斂處父師而曰彼哉彼

哉。再言之者，切邃意。」家大人曰：何以睋字從目，故訓
爲望，其實非也。睋，讀爲俄。俄，謂須臾之頃也。（間
注：桓二年，何《注》曰：「俄者，謂須臾之間，倉得之頃
也。」《説文》：「俄，行頃也。」）虎舍於郊而説然息，
謂魯人之必不來追也。俄而思公斂處父必來追，故曰彼哉彼
哉。此意中之處父，非目中之處父也。處父至，則不及駕，
故曰趣駕，非望見處父之師而後駕也。俄而二字，《傳》文
屢見。桓二年《傳》曰：「俄而可以爲其有矣。」莊三十二
年《傳》曰：「俄而牙弑械成。」作睋者，假借字耳。上文
曰：「睋而鍐其板。」亦是借睋爲俄也。（間注：《漢書·
外戚傳》：「始爲少使，蛾而大幸。」則又借用蛾眉字。）

（述24，《春秋公羊傳》）

　　例(18)，王氏指出，古多借眾爲終，又訓稚爲驕。終義爲既，故
「眾稚且狂」即謂「既驕且妄」也，如此文義始安。例(19)，「曾是
不意」難以爲辭。王氏讀意爲億（昀案：今作臆），以猜度之度訓
之，至確。王氏所援引之書證皆出於上古典籍，其實中古及中古以
後，億（臆）仍然多借意爲之。例如：《宋史·趙普傳》：「一
日，大雪向夜，普意帝不出。」《京本通俗小説·馮玉梅團圓》：
「隨夫避兵，不意中途奔散。」至現代漢語中，這種借用反而成爲
正用，「意」與「不意」成了規範的詞形。前者如：他原來許諾
的，豈意他突然變卦。後者如：都説他老實，不意他竟然幹出了這
樣的事。例(20)，雖字以唯爲聲，二字音近，皆爲微部字，故唯得通
雖。惟字與唯同義，亦得通雖字。《荀子·性惡篇》：「今以仁義

法正為固無可知可能之理？然則唯禹不知仁義法正，不能仁義法正
也。」楊倞《注》：「唯，讀為雖。」王引之在《經傳釋詞》中亦
有說：「唯，《玉篇》：『雖，詞兩設也。』常語也，字或作
唯。」（卷 8）楊樹達《詞詮》亦曰：「唯，推拓連詞，與雖字同
用。」（卷 8）例(21)，慝、忒皆為透母職部字，同音，常通借。因
雙聲的關係，二字亦可借作他、它字，如《詩經·邶風·柏舟》：
「之死矢靡慝。」馬瑞辰《通釋》：「按：慝當為忒之同音假
借，……靡慝，猶靡它也。」過忒與差忒一樣，均為常語，且文中
有一「度」字連用於後，故可知慝必為忒之借字。例(22)，睨義為
視，班固〈西都賦〉：「於是睎秦嶺，睨北阜。」李善《注》：
「睨，視也。」何《注》執此義以解文中之睨，則失之矣。誠如王
念孫所言，「俄而」二字，《傳》文屢見，為常語。俄而寫作睨而
（睨、俄同音），亦非僅見。直至清人筆下，或仍沿用「睨而」。
如王闓運〈龍中允妻熊氏墓表〉：「夫疾維幾，既窮醫禱，睨而有
間，恭人暴卒。」作為古語詞，「俄而」為現代漢語詞匯所繼承，
只是「俄」字只寫本字了。「能不我知　能不我甲」條（述 5，
《毛詩》上），〈芄蘭篇〉一章：「雖則佩觿，能不我知。」毛
《傳》曰：「不自謂無知以驕慢人也。」鄭《箋》曰：「此幼稚之
君雖佩觿與，其才能實不如我眾臣之所知為也。」二章：「雖則佩
韘，能不我甲。」毛《傳》曰：「甲，狎也。」鄭《箋》曰：「此
君雖佩韘與，其才能實不如我眾臣之所狎習。」王氏在指出「不我
知」、「不我甲」當謂「不我知」、「不狎我」的同時，稱「能」
乃語詞之轉，當讀為「而」。古字多借「能」為「而」。「以間先
王」條（述 19，《春秋左傳》下），〈單劉贊〉：「私立少以間先

王。」杜《注》曰：「間錯先王之制。」王氏案曰：「間之言干
也，謂干犯先王之命也。」他列舉多例以證明之，如：襄十九年
《傳》：「間諸侯難。」《太平御覽・皇親部十二》引服虔《注》
曰：「間，犯也。」〈鄭語〉曰：「姜嬴荊芊，實與諸姬代相間
也。」韋《注》曰：「言更相犯間也。」鄭玄注《儀禮・聘禮》：
「皮馬相間可也」，亦曰：「古文間作干。」「奮其朋勢」條（述
21，《國語》下），「請王屬士以奮其朋勢。」韋《注》曰：
「朋，群也。勉屬士卒，以奮激其群黨之勢。」王念孫則曰：
「朋，讀爲馮。馮勢，盛怒之勢也。」他指出，《方言》曰：
「馮，怒也。楚曰馮。」《楚辭・天問》曰：「康回馮怒。」是馮
爲盛怒也。《史記・田完世家》之「韓馮」，《戰國策・韓策》作
「韓朋」，是馮、朋古字通。「孰爲」條（述 25，《春秋穀梁
傳》），「趙盾曰：『天乎天乎，予無罪，孰爲盾而忍弒其君者
乎！』」范《注》曰：「回己易他，誰作盾而當忍弒君者乎！」
《釋文》曰：「孰爲盾絕句。」王念孫曰：「范訓爲爲作，謂誰作
盾而當忍弒君，義甚迂曲。陸又讀孰爲盾絕句，皆非也。爲猶謂
也，言誰謂盾而忍弒其君也。」念孫說至確。爲、謂二字可互用，
例不勝舉。如：《戰國策・楚策》：「賁、諸懷錐刃而天下爲勇
也，西施衣褐而天下稱美。」爲、稱互文，爲勇即謂勇也。《莊
子・天地篇》：「四海之內，其利之之謂悅，其給之之爲安。」
謂、爲互文。

　　上述五種方法，在《經義述聞》中經常兩種三種地結合運用
（前面諸例中即含以一種方法爲主兼用其他方法以通假借者）。再
　如：

⑵惟訖於富 「典獄，非訖於威，惟訖於富。」《傳》曰：「言堯時主獄，有威有德有恕，非絕於威，惟絕於富，世治貨賄不行。」引之謹案：訖，竟也、終也。富，讀曰福。（間注：〈謙·象傳〉：「鬼神害盈而福謙，京房福作富。」〈郊特牲〉曰：「富也者，福也。」《大雅·瞻仰篇》：「何神不富。」毛《傳》曰：「富，福也。」《大戴禮·武王踐阼篇》：「勞則富。」盧辯《注》曰：「躬勞終福。」）威、福相對為文。（間注：〈洪範〉亦曰：「作福作威。」）言非終於立威，惟終於作福也。訖於福者，下文曰：「惟敬五刑，以成三德，一人有慶，兆民賴之」是其義。《傳》以「貨賂」釋富字，乃不得其解而為之辭。（述4，《尚書》下）

⑵營之以物而不虞 「營之以物而不虞。」盧《注》曰：「虞，度也。至則攻辯之，不豫計度。」家大人曰：盧以不虞為不豫計度，非也。虞者，誤也。不誤，謂臨事而不惑也。《逸周書》作「營之以物而不誤」，是其明證矣。〈魯頌·閟宮篇〉：「無貳無虞。」毛《傳》曰：「虞，誤也。」《呂氏春秋·忠廉篇》曰：「利不足以虞其意。」（述13，《大戴記》下）

例⑵，孔傳以「貨賂」義直解富字，王氏則先據威、福相對之章法，推斷富當讀為福，又依文脈指出下文「有慶」云云，正釋福字之義。如此雙管齊下，辯駁有力，孔《傳》之誤自明。案：富之借作福，古籍中實頗有其例。再如《墨子·尚賢》：「是故上者天

鬼富之，外者諸侯與之，內者萬民親之，賢人歸之。」其富字絕非貨賂財富義，「天鬼富之」即常語所謂神鬼保佑也，富必讀作福。例㉔，王念孫從文理上指出其句意乃謂臨事而不惑，復舉《逸周書》異文以證明之。雖無繁文，其對於盧《注》的匡正也是令人信服的。而「烝民乃粒」條（述 3，《尙書》上），鄭《注》曰：「粒，米也。眾民乃復粒食。」王氏則案曰：「粒，當讀爲〈周頌‧思文〉『立我烝民』之立。立者，成也，定也。」他從文脈上指出，句意謂民「昔也昏墊而今也安定矣」；折鄭訓「粒」爲「米」，「烝民乃米」爲不辭；復以《左傳》、《國語》引《詩》之「立我烝民，莫匪爾極」來證明「粒」非米粒之粒。這樣，王氏便從文脈、文理和異文參照幾個方面通其假借而駁正前說。「樂由中出故靜　文而靜」條（述 15，《禮記》中），「樂由中出故靜，禮自外作故文。」鄭《注》曰：「文，猶動也。」是以「靜」爲動靜之靜。王氏案曰：「樂者，感於物而動，故形於聲，不得謂之靜。靜，當讀爲情。情者，誠也，實也。樂由中出，故誠實無僞。」他指出，下文曰「和順積中而英華發外，唯樂不可以爲僞」，正所謂樂由中出故情也。古書借「靜」爲「情」，非僅見《大戴禮記》「誠靜必有可信之色」是也。〈表記〉又曰：「文而靜。」鄭《注》曰：「靜，或爲情。」王氏案曰：「情，正字也；靜，借字也。文而情者，外有文章而內又誠實也。情與文相對爲義，正與此同。」王氏復指出，《荀子‧禮論篇》：「至備情文俱盡，其次情文代勝」等等，皆以情、文相對爲義也。簡言之，王氏通此例之假借，主要的一是據章法文例，二是據用字常例。

王氏父子之於古籍假借，獨具慧眼；《經義述聞》通其假借，

方法多種，不一而足。上述五種，絕未能包括無遺。據韻文用韻以通假借，據方言俗語以通假借，據文物考證以通假借，據鉤稽史實以通假借等等，在書中均有其例。如：

⑵以盟其大夫 「無或如齊慶封，弒其君，弱其孤，以盟其大夫。」《正義》曰：「崔杼弒莊公，立其弟景公。孤，謂景公也。以其幼小，輕弱之。」惠氏《補注》曰：「《呂氏春秋》載此事曰：『毋或如齊慶封，弒其君而弱其孤，以亡其大夫。』弱其孤，謂殺崔成、崔強。亡其大夫，謂崔杼強而死。《左氏》傳世既久，或先秦以來所據本異，當以《呂覽》為正。」家大人曰：惠說非也。弱其孤，謂弱景公。孔說是也。盟其大夫，謂崔、慶盟國人於太宮也。「自弒其君」以下三句，皆一時之事。若崔杼父子之死，在弒莊公後三年，與前事絕不相涉。慶封之害崔杼，非其罪之大者，楚靈王數之以告諸侯也。《呂氏春秋》作「亡其大夫」者，亡字古讀若芒，盟字古亦讀若芒，盟、亡同音，故借亡為盟耳。高氏昧於假借之義，故云「亡其大夫」謂崔杼強而死。惠氏又「弱其孤」為殺崔成、崔強。夫崔成、崔強，慶封已殺之矣，豈特弱之而已乎。且以孤為崔杼之子，則「弒其君弱其孤」兩其字義不相屬矣。若必改盟為亡，則下文之「以盟諸侯」，又作何解？何不察之甚也！（述 19，《春秋左傳》下）

例中，王念孫根據史實，佐證《正義》「孤謂景公」之解，指

明《呂覽》「亡其大夫」之「亡」，爲「盟」之同音借字。復從文理上指出，如惠說以孤爲崔杼之子，則「弑其君弱其孤」兩其字義不相屬，言之鑿鑿，確可信據。唯「盟其大夫，謂崔、慶盟國人於太宮也」一解，似嫌囫圇。「國人」非盡「大夫」也，誠然襄二十五年《傳》記爲「盟國人於太宮」，但是此處其「大夫」當指晏嬰（晏嬰本在被脅迫前來盟誓之國人之列）。「盟」者，當用作使動，「盟其大夫」意謂崔、慶脅迫晏嬰與己盟也。晏嬰抄答其辭而盟，此非僻典，不煩費辭。以「大夫」專指晏嬰個人，則「盟其大夫」與前句「弑其君弱其孤」在文理上亦顯得更爲縝嚴。以念孫之大賢，於此淺顯文義竟疏於其解，惜乎！在「自土沮漆」條（述6，《毛詩》中）中，王氏通過考證杜水、漆水之位置，證成「土」當從《齊詩》讀爲杜，而「沮」則爲「徂」之誤書（實亦當爲通假）。王氏且指出，「自杜徂漆」，依例猶下文之「自西徂東」也。

三

　　《經義述聞》以聲音通古籍假借，嫻熟自如，眞正是爐火純青，無人能及。但是，以聲音通訓詁也並非萬能，並非隨處可用。如果運用不當，也會產生謬誤。王氏父子過分執著於音義關係，有時簡直置字形於不顧，故而不免存在這樣的問題，許嘉璐先生在《經義述聞》之「弁言」中即指出其書「輕言假借，遽改古書」的不足處，稱：「假借之例，至王氏而大明，既已操之優如裕如矣，每遇己意以爲古籍或前說之未安者，輒以假借之說通之，『通』則

『通』矣，曰古義必如是，則未可許也。過猶不及，豈大家每不能免於斯蔽邪？」即以音義關係而論，同一語根，表示同一意義範疇（是爲同源詞），但是同一意義範疇未必同一語根（是爲一般同義詞），不同意義範疇亦未必不可同一語根（是爲一般同音詞）。再則，其字本義與別義或借義在同書、同篇甚至同章之中未必不可並用，如果必其「未必」，以彼處之假借解此處之本用，則必強改古人以就我，斯即所謂專輒也。茲臚列數事，率爾議之於下。

(1)予不敢不極卒寧王圖事　《傳》曰：「我不敢不極盡文王所謀之事。」引之謹案：《傳》意蓋訓極爲終。案卒已是終，不得復以極爲終也。極，當讀爲亟。《爾雅》曰：「亟，疾也。亟，速也。」亟卒寧王圖事者，速終文王所謀之事也。古字極與亟通。《墨子·雜守篇》：「隊有急，極發其近者往佐。」即亟發也。《莊子·盜跖篇》：「亟去走歸。」《釋文》：「亟，急也。本或作極。」《荀子·賦篇》：「出入甚極。」又曰：「反覆甚極。」楊《注》並曰：「極，讀爲亟，急也。」《淮南·精神篇》：「隨其天貲而安之不極。」高《注》曰：「極，急也。喻道人不急求生也。」亦是讀極爲亟。(述3，《尚書》上)

(2)孝弟睦友子愛　「子庶民也」、「子民如父母」、「子以愛之」、「子愛百姓」，引之謹案：慈，愛也。字通作子。《墨子·非儒篇》：「不可使慈民。」《晏子·外篇》慈作子是也。〈文王世子〉：「庶子之正於公族者，教之以孝弟睦友子愛。」謂教之以孝弟睦友慈愛也。〈緇衣〉：「故君

民者，子以愛之，則民親之。」謂慈以愛之也；又曰：「故
長民者，章志貞教尊仁，以子愛百姓。」謂慈愛百姓也。
〈中庸〉：「子庶民也。」謂慈庶民也。（間注：《正義》
謂愛民如子，失之。）〈表記〉：「子民如父母。」謂慈民
如父母也。乃鄭《注》於子字皆無訓釋，《釋文》亦不作
音，蓋失其讀久矣。〈樂記〉：「致樂以治心，則易直子諒
之心油然生矣。」朱子讀子諒爲慈良是也。〈喪服四制〉
曰：「繼世即位而慈良於喪。」慈良與子諒同。（述15，《禮
記》中）

(3)厚其性　「先王之於民也，懋正其德而厚其性，阜其財求
而利其器用。」章《注》曰：「性，情性也。」家大人曰：
性之言生也。文七年《左傳》曰：「正德利用厚生，謂之三
事。」杜解「厚生」曰：「厚生民之命。」此云「懋正其
德」，即正德也；云「厚其性」，即厚生也；云「阜其財求
而利其器用」，即利用也。成十六年《傳》曰：「民生厚而
德正，用利而事節」，襄二十八年《傳》曰：「夫民生厚而
用利，於是乎正德以幅之」，文六年《傳》曰：「時以作
事，事以厚生」，皆其證也。（述20，《國語》上）

　　例(1)，王氏疏證「極」多爲「亟」之借，當然無可置疑，然而
例中之極訓爲終亦無須置疑。王氏駁難孔《傳》的依據就是極、卒
連用，卒已是終，不得復以極爲終也。王氏在書中多次提到古人複
語之例，比方說，前面「曾是不意」條中，王氏援引《韓非子・解
老篇》「前識者無緣而忘意度也」之時，即稱：「意亦度也，古人

自有複語耳。」這裡的「極卒」，亦爲複語耳。例(2)，誠然，子可通慈（二字皆爲之部字，且有精、從旁紐的關係）。「孝弟睦友子愛」六字平列，「易直子諒」四字平列，王氏所舉異文之外，據其文例亦可推斷子當讀爲慈。「子以愛之」，亦必讀作「慈以愛之」。「子愛百姓」，根據其前半句「章志貞教尊仁」之語勢，似亦應讀子爲慈。但是「子庶民也」、「子民如父母」，卻不必一例。「子民」一語幾爲熟語，故《漢書·鮑宣傳》曰：「陛下父事天，母地事，子養黎民。」這裡末句可依王氏而讀作「慈養黎民」乎？《正義》釋「子庶民也」作「謂愛民如子」，得其意矣。例(3)，性之可借作生（二字皆爲耕部字，所屬心、生二母皆爲齒音，二字音近，故性以生爲聲），厚、生二字亦常連用（厚生，民生厚），但是「厚性」未必不可說。這裡「懋正其德而厚其性」，「性」而關乎「德」；「阜其財求而利其器用」，「器用」而關乎「財求」，驗之以文例，求之以文理，整齊如也，妥帖如也。此明白易曉之句，宜乎韋《注》之直解也。王念孫讀性爲生，折繞解之，大可不必。

前面舉出的「以盟其大夫」條中，王念孫在正確地通《呂覽》之「亡」爲「盟」之借的同時，解「大夫」爲「國人」，惜乎未達一間爾。《經義述聞》中此般細小錯誤，茲復舉一處以明之。在「小人之依　鞠子哀」條（述 4，《尚書》下）中，王引之讀依爲隱，訓痛也，又指出依亦作哀，皆卓然成立。唯在批駁孔《傳》將「小人之依」解作「小人之所依怙」之時，稱：「如此，則經文當增所字矣」，是又闇於古語事實矣。如「所依」之類的「所」置於動詞前的用法，在《尚書》時代尚未大見運用，後世之「所＋動」

徑可以「動」來表示❹，就是說，「依」字本可以表示「所依」。
總起來看，《經義述聞》輕言假借之處只占極少數，其在通假借之
時於細微末節處有所疏漏者亦只占極少數。

四

　　《經義述聞》以聲音為綱，通經史古籍之假借，其成就也巨，
其缺點也微。二百年來，人們不僅將王氏喬梓放射睿思精義光芒的
諸多論斷據為典要，讀古書而免陷迷津，而且從他們那裡繼承了可
貴的樸學精神，腳踏實地、實事求是、袪妄避疑、一字不苟的治學
態度。其父子非徒「讀經之舌人」而已。他們沾丐士林、潤澤後
學，為功亦甚巨。宜哉其為學人所景仰！必哉其仍將為後人所推
崇！

參考文獻

〔清〕王引之：《經義述聞》（南京：江蘇古籍出版社，1985 年 7
　　月）。
〔清〕王念孫：《廣雅疏證》，同上。
〔清〕王念孫：《讀書雜志》，同上。
〔清〕王念孫：《經傳釋詞》，同上。

---

❹　參見拙文：〈「所」字用法通考〉，《語文研究》1995 年第 4 期，頁 21
　　－22。

《經傳釋詞》簡論

單殿元*

　　《經傳釋詞》是王引之語言研究的代表作。從全書內容看，其父王念孫的見解占有很大成分，應視爲父子二人合璧之著。書名頗值玩味，不但能顯示其內容，還能揭示作者語言觀念。其書新解多於成說，究其原因，在於作者善於把古音學和語法學運用到虛詞研究中來。其書並非盡善盡美，主要缺點在於：義項分合，不盡合理；引用書證，不盡恰當。茲簡略論之。

一、父子合璧之著

　　王念孫、王引之父子，是清代揚州學派的代表人物。他們在古籍校讀和語言研究方面取得的成果，直到今天仍然是學術界景仰不已的高峰。在著述上，父子二人略有分工。他們研究儒家經典的成果，收集在王引之的《經義述聞》中；研究史書、子書以及一些集部書的成果，收錄入王念孫的《讀書雜志》；而對古漢語詞匯的研

＊　　單殿元，揚州大學信息研究所教授。

究，則分別由王念孫編撰爲《廣雅疏證》，王引之編撰爲《經傳釋詞》。

　　就語言研究而言，《廣雅疏證》是王念孫的代表作。這部書從乾隆五十二年秋天開始動筆，到乾隆六十年秋冬間全書寫成，前後差不多用了九年時間。他的兒子王引之也不時參加意見，並且單獨疏證了書的第十卷。❶《經傳釋詞》是王引之的代表作，書前載有王引之的〈自序〉，寫於嘉慶三年二月一日，書稿大約即完成於此時。從全書的內容看，王念孫的見解占有很大的成份。這一點可以從以下幾方面加以證實：

　　1.有相當多的條目直接引用王念孫對某一虛詞的解說作爲義項，並標明「家大人曰」。如卷一「與」字條列有七個義項，其中三項來自「家大人曰」；卷二「爲」字條列有十二個義項，其中五項來自「家大人曰」；「謂」字條列有三個義項，全都是「家大人曰」。

　　2.該書通例：對所收虛詞，先說用法，然後引書證明；若書證古奧難懂，又加解釋；若以爲前人傳注不合於經，則對有歧見的字形、字義、句讀予以辨析。在這些文字之後，王引之常會標明：「此家大人說」，「辯見《讀書雜志》」，「說見《讀書雜志》」，「辯見《廣雅疏證》」。如卷二「焉」字條：

　　　焉，猶「於是」也，乃也，則也。《老子》十七章、二十三

---

❶　王念孫〈廣雅疏證序〉：「最後一卷，子引之嘗習其義，亦即存其說，竊放范氏《穀梁傳集解》子弟列名之例。」

章並云：「信不足，焉有不信。」言信不足，於是有不信
也。今本作「信不足焉，有不信焉」，下「焉」字乃後人不
曉文義而妄加之。辯見《讀書雜志》。❷

這一段文字出自《讀書雜志餘編·老子》：

> 王弼本第十七章：「信不足焉，有不信焉。」河上公本無下
> 「焉」字。念孫案：無下「焉」字者是也。「信不足」爲
> 句，「焉有不信」爲句。焉，於是也，言信不足，於是有不
> 信也。

從詞義解釋到書證的引用、校勘，王引之都是採用其父的研究
成果。

3.有些虛詞，王念孫在《讀書雜志》和《廣雅疏證》中已作了
解釋，王引之錄入《經傳釋詞》時，雖然並未標明「家大人曰」，
但仍有可能是其父的研究成果。如卷二「有，猶或也」，又見《讀
書雜志·史記第四》「如有」條：「念孫案：如有，如或也。」卷
七「如，猶當也」，又見《讀書雜志·史記第五》「如」條：「念
孫案：自如者，自當也。」〈漢書第十〉「如之」條：「念孫案：
如，猶當也。」又如卷九「旃」字條：

---

❷　爲節省篇幅起見，本文引用《經傳釋詞》文字有刪節。

　　旃，之也、焉也。《詩·陟岵》曰：「上慎旃哉！」毛
　　《傳》曰：「旃，之也。」〈采苓〉曰：「舍旃舍旃。」
　　《箋》曰：「旃之言焉也。舍之焉，舍之焉。」之、旃聲相
　　轉，旃、焉聲相近，旃又爲「之焉」之合聲。

對比一下《廣雅疏證》卷五：

　　諸、旃，之也。皆一聲之轉也。諸者，「之於」之合聲，故
　　諸訓爲之，又訓爲於。旃者，「之焉」之合聲，故旃訓爲
　　之，又訓爲焉。《唐風·采苓》，《箋》云：「旃之言焉
　　也。」

　　父子二人對「旃」字的解說何其相似，連所引書證都是一樣
的。

　　4.王引之校證經書故訓的專著名爲《經義述聞》，作者於嘉慶
二年三月二日〈自序〉云：「引之過庭之日，謹錄所問于大人者以
爲圭臬，日積月累，遂成卷帙。」書中許多條目之前也有「家大人
曰」四字。據此可以推知，《經傳釋詞》與《經義述聞》一樣，也
是「謹錄所聞于大人者以爲圭臬」，經過長時間的積累，才編撰成
書的。《經傳釋詞》在有些條目的說解中注明：「詳見《經義述
聞》」，「說見《經義述聞》」，「說詳《經義述聞》」，「辯見
《經義述聞》」。這些說解仍有可能來自王念孫，如卷七「仍」字
條：

《爾雅》曰：「仍，乃也。」《說文》仍從乃聲，故乃字或通作仍。說見《經義述聞·爾雅》。

查《經義述聞》卷二十六「郡、臻、仍、迺、侯，乃也」條：

> 仍者，《春官·司几筵》云：「凶事仍几。」故書仍作乃，鄭司農讀爲仍，是仍、乃二字相通也。

這段文字之前雖然沒有「家大人曰」四字，其實還是王念孫的研究成果。查《讀書雜志·漢書第八》「乃」條：

> 念孫案：《說文》仍從乃聲，仍、乃聲相近，故字亦相通。《周官·司几筵》：「凶事仍几。」故書仍爲乃，鄭司農讀爲仍，是仍字古通作乃也。《爾雅》：「仍，乃也。」則仍可訓爲乃。

對比一下《經傳釋詞》、《經義述聞》和《讀書雜志》三書對「仍」字的解釋，乃知子承父學，其言不虛也。

綜上所述，我們可以認爲，《經傳釋詞》雖題爲王引之撰，直視爲王氏父子二人合璧之著，亦無不可。

二、書名揭示觀念

顧名思義，《經傳釋詞》是一部解釋儒家經典虛詞之書。細加

玩味，這一書名大有講究，不但能顯示其內容，還能揭示作者的語言觀念。

「經傳」二字，表明該書取材範圍。王引之在〈自序〉中說，他最初探討虛詞的用法，只取《尚書》二十八篇來分析，後來得到他父親王念孫的啓發，才擴展到他書，「自九經、三傳及周、秦、西漢之書，凡助語之文，遍爲搜討。」而東漢以後的語言材料，王引之一概不錄。對於這種做法，評論家多不以爲是，批評《經傳釋詞》取材的局限性，批評王引之墨守小學是經學附庸的狹隘觀念。但從語言的發展史來看，王引之的做法自有他的道理。從先秦到清代，已有兩千多年的歷史，語言中的虛詞雖然較實詞具有很大的穩固性，但也不是絕對不變的，只不過變化比較緩慢而已。如果時代相隔過於遙遠，語言中的虛詞也會有較大差異。這一點宋人洪邁已經認識到了，其所著《容齋五筆》說：「《毛詩》所用語助之字以爲句絕者，若『之、乎、焉、也、者、云、矣、爾、兮、哉』，至今作文者皆然。他如『只、且、忌、止、思、而、何、斯、旃、其』之類，後所罕用。」❸王引之把虛詞研究的範圍限定於周、秦、西漢，正說明他對語言具有時代觀念。阮元心知其意，稱《經傳釋詞》爲「絕代語釋」（見阮元：〈經傳釋詞序〉），這是很高明的見解。

《經傳釋詞》中的「詞」字，專指我們今天所謂虛詞。在古代訓詁學家的筆下，除用「詞」字指稱虛詞外，還有「辭」、「語

---

❸ 〔宋〕洪邁：《容齋五筆》（上海：上海古籍出版社，影印文淵閣《四庫全書》本），冊 851，卷 4，頁 817。

助」、「助字」等術語。

最早使用的是「辭」字，見於《毛詩故訓傳》，是指放在一句話的開頭、末尾或一個詞語前面，意義不大具體而又不好解釋的字。如〈漢廣〉篇：「漢有游女，不可求思。」毛《傳》：「思，辭也。」〈載馳〉篇：「載馳載驅，歸唁衛侯。」毛《傳》：「載，辭也。」何以把這類字稱之為「辭」呢？因為它有音無義，僅僅是語言中助語的辭，所以只好用一個「辭」字來解釋它。許慎著《說文解字》，改用「詞」字指稱虛詞，而且對虛詞的解釋更加具體，已帶有語法觀念。如：「皆，俱詞也。」「凡，最詞也。」「者，別事詞也。」「兮，語所稽也。」「矣，語已詞也。」「乎，語之餘也。」王引之《經傳釋詞》之「詞」，其出處正在《說文解字》。按照許慎的解釋，「辭」的本意是「說」，而「詞」的本意是「意內而言外」，二者意義迥別。以書面語言來說，「辭」為篇章，而「詞」謂摹繪物狀及發生助語之文字。王引之稱說虛詞，用「詞」字而不用「辭」字，是其認識高明之處，是對前賢所用學術用語的正確選擇。

「助字」這一名稱，最早見於柳宗元〈復杜溫夫書〉，是專指用於句末的語氣詞的。柳文說：「但見生用助字，不當律令，唯以此奉答。所謂『乎、歟、耶、哉、夫』者，疑辭也。『矣、耳、焉、也』者，決辭也。今生則一之，宜考前聞人所使用與吾言類且異，慎思之，則一益也。」❹清人馬建忠受其影響，在其所著《馬

---

❹　〔唐〕柳宗元：《柳河東集注》（上海：上海古籍出版社，影印文淵閣《四庫全書》本），冊 1076，卷 34，頁 750。

氏文通》中，也把「助字」的範圍限制爲位置在句末用來表達語氣的那些字。他說：「凡虛字用以煞字與句讀者，曰助字。」❺而劉淇所著《助字辨略》，用「助字」指所有虛詞，見解與他人不合。

《助字辨略》刻於康熙五十年九月，成書較《經傳釋詞》要早，規模也較《經傳釋詞》宏偉，但在乾隆時期流行不廣，王引之編撰《經傳釋詞》時並未見到此書。❻近人楊樹達對語言學有深湛的研究，既精於文字訓詁之學，又了解西洋文法。他把自己所編虛詞詞典取名《詞詮》，顯然是贊成王引之對「詞」的理解和使用。他在〈詞詮序例〉中說，他自少年時就很喜歡王引之的《經傳釋詞》，因此後來就仿王引之這部著作的體例，編成《詞詮》。當代學者徐仁甫撰《廣釋詞》十卷，從書名到體例都是仿照《經傳釋詞》的。

三、新解多於成說

高郵王氏父子是清代富於創新精神的語言學家。他們在研究古籍時，對於前賢的注疏從不專守一家。若諸說並列，則擇善而從；若皆不合經意，則以己意另作新解，博引他書加以證明。《經傳釋詞》雖是一部研究經傳虛詞的詞典，卻也體現了這種創新精神。王

---

❺ 〔清〕馬建忠：《馬氏文通》（北京：商務印書館，1983 年新 1 版），頁 23。

❻ 〔清〕劉毓崧〈助字辨略跋〉云：「今按此書曾於康熙五十年爲海城盧氏承琰所刊，而傳播未遠，故高郵王文簡公亦未獲見。」見〔清〕劉淇：《助字辨略》（北京：中華書局，1954 年），頁 291。

引之在〈自序〉中說:「前人所未及者補之,誤解者正之,其易曉者則略而不論。非敢舍舊說而尚新奇,亦欲窺測古人之意,以備學者之采擇。」這段話可以看作是王引之編撰本書的指導思想。

有些虛詞的用法比較特殊,而古代訓詁專著和注疏類古籍都沒有涉及到,直到《經傳釋詞》才作出了正確的解釋,這種情況就是王引之所說的「前人未及者補之」。例如卷二「謂」字條列有四個義項,都是前人未及的新解。讓我們來看一下其中第三個義項:

> 家大人曰:謂,猶與也。《史記·鄭世家》曰:「晉欲得叔詹爲僇,鄭文公恐,不敢謂叔詹言。」言不敢與叔詹言之也。《漢書·高帝紀》:「高祖乃書帛射城上,與沛父老。」《史記》與作謂。與、謂亦一聲之轉,故與可訓謂,謂亦可訓與。

「謂」作介詞用,相當於「與」,《史記》三家注無人論及,連劉淇的《助字辨略》也沒有談到。王氏所釋,確不可移。

漢語書面語中虛詞專用字很少,多數屬於同音假借或由實詞虛化而來,有時難以辨其虛實;加之上古漢語中有些虛詞後來已不再使用或很少使用,閱讀古籍時就更容易誤解。自漢以來,古書注解家誤虛爲實的例子不勝枚舉,有的直到《經傳釋詞》才得以糾正,這種情況就是王引之所說的「誤解者正之」。例如「能」字,《詩經·衛風·芄蘭》:「雖則佩觿,能不我知。」漢鄭玄《毛詩箋》云:「此幼稚之君,雖佩觿與,其才能實不如我眾臣之所知爲

也。」❼宋朱熹《詩集傳》也說：「言其才能不足以知于我也。」❽都將詩中「能」字解爲「才能」之「能」。王引之在《經傳釋詞》卷六中另闢所解，認爲詩中「能」當讀爲「而」，「能」與「而」古聲相近，故義亦相通。「雖則」之文，正與「而」字相應，言童子雖則佩觿，而實不與我相知也。下章「雖則佩韘，能不我甲」，義與此同。下面他又引用《荀子》、《戰國策》、《晏子春秋》、《墨子》、《韓詩外傳》、崔駰《大理箴》等古籍中的用例以證成其說。今人楊樹達《詞詮》、高亨《詩經今注》等都將這種用法的「能」字解釋爲「而」，可見王說已成定論。

　　王引之在破舊說、立新解方面之所以能夠取得很高的成就，除了他家學淵源深厚之外，還在於他善於把古音學和語法學運用到虛詞研究中來。

　　有些初學者對《經傳釋詞》的編排方式很不理解，因爲該書既不同於《爾雅》按詞義分卷，也不同於《說文》按字形分部，又不同於《廣韻》的韻目排列法，而是將所收一百六十字按古聲母排列，分爲十卷：第一卷至第四卷爲喉音，第五卷爲牙音，第六卷爲舌音，第七卷爲半齒、半舌音，第八卷爲齒頭音，第九卷爲正齒音，第十卷爲唇音。這種獨創的編排方式體現了王氏父子語言研究中以聲爲綱的新思路。由於漢字構形的有理性，我國的語文研究重形不重音的觀點和方法根深蒂固。王氏父子敢於突破舊學的樊籬，

---

❼　〔唐〕孔穎達等：《毛詩正義》（北京：中華書局，1980 年，《十三經注疏》本），頁 326。

❽　〔宋〕朱熹：《詩集傳》（上海：上海古籍出版社，1980 年），頁 39。

另闢蹊徑，注重從字音方面去研究語言，這是他們能夠超越前人的地方。王念孫在〈廣雅疏證自序〉裡說：「詁訓之旨，本於聲音。故有聲同字異、聲近義同，雖或類聚群分，實亦同條共貫。譬如振裘必提其領，舉網必挈其綱。」王引之編撰《經傳釋詞》以古聲母為綱，正是在這種思想指導下進行的。例如卷三末尾的「庸」、「臺」（音飴），卷四開頭的「惡烏」、「侯」、「遐瑕」，「號」（音豪）、「曷害」，「盍蓋闔」，這些字古屬喉音，都有「何」義，把他們有序地編排起來，體現了類聚群分、同條共貫的道理。

　　突破文字障礙、直接從古音以求古義，並不是人人都能做到的。即使是著名的經學大師，也會因為拘泥於字形而發生誤解。王引之說：「凡字之相通，皆由於聲之相近。不求諸聲，而求諸字，則窒矣。」❾講的就是這個道理。例如「遐」字，常用義是「遠，借義為「何」。《經傳釋詞》卷四：「遐，何也。」引《詩·小雅·隰桑》：「心乎愛矣，遐不謂矣？」此二句言：我既心愛此人，何不說出來呢？而鄭玄《毛詩箋》訓「遐」為「遠」，就是因形而執其常義，發生誤解。「遐」訓為「何」，是因為字音方面有一定的聯繫。王引之解釋說：「『何』也，『遐』也，『侯』也，『號』也，『曷』也，『盍』也，一聲之轉也。」（見卷四「號」字條）

　　但是，以聲音通訓詁的方法，只是詞義訓釋的一種輔助手段。

---

❾　《經傳述聞》（南京：江蘇古籍出版社，1985年），卷3，「嗣」字條頁71。

運用這種方法有助於探索詞源意義和揭示詞與詞之間在語音方面的聯繫。從《經傳釋詞》全書來看，研究虛詞的基本方法還是從研究句子入手，從句子結構中分析虛詞的意義和用法。這種基本方法，王引之在〈自序〉中已作了交待，即「比例而知，觸類長之」。

所謂「比例而知」，是指綜合結構相同的用例，觀察虛詞在這些句子中的位次和作用，從而得知其意義。最典型的例子是卷九論《毛詩》「終風且暴」：

> 《詩·終風》曰：「終風且暴。」毛《傳》曰：「終日風爲終風。」《韓詩》曰：「終風，西風也。」此皆緣詞生訓，非經文本義。終，猶「既」也，言既風且暴也。〈燕燕〉曰：「終溫且惠，淑慎其身。」言既溫且惠也。〈北門〉曰：「終窶且貧，莫知我艱。」言既窶且貧也。〈伐木〉曰：「神之聽之，終和且平。」言既和且平也。〈甫田〉曰：「禾易長畝，終善且有。」言既善且有也。〈正月〉曰：「終其永懷，又窘陰雨。」言既長憂傷，又仍陰雨也。「終」與「既」同義，故或上言「終」而下言「且」，或上言「終」而下言「又」。說者皆以「終」爲終竟之終，而經文上下相因之指，遂不可尋矣。

這一條從《詩經》中列出〈終風〉篇、〈燕燕〉篇、〈北門〉篇、〈伐木〉篇、〈甫田〉篇「終⋯且⋯」五個結構完全相同的用例，說明「終」與連詞「且」相呼應，當訓爲「既」；又引〈正月〉篇「終」與連詞「又」相呼應，進一步證明「終」有「既」

義，確乎所到冰釋，令人解頤，恨不能起毛、韓諸儒共證此快論也。

所謂「觸類長之」是指用類推的辦法擴大詞義解釋的範圍。如卷三「有」字條：

> 有，語助也。一字不成詞，則加「有」字以配之。若虞夏殷周皆國名，而曰有虞、有夏、有殷、有周是也。凡國名之上加「有」字音放此。推之他類，亦多有此。說經者未喻屬詞之例，往往訓爲有無之「有」，失之矣。

通過比較句法和觀察屬詞之例來研究虛詞，避免緣詞生訓，這也是王引之能夠超越前人的地方。

四、瑾瑜不掩其瑕

《經傳釋詞》一書，體例嚴謹，釋義精審，向來爲學術界所稱道，視爲古代虛詞研究的經典之作。但是，瑾瑜不掩其瑕，細加斟酌，該書亦非盡善盡美、無可指摘。章太炎曾作〈王伯申新定助詞辯〉（見《太炎文錄·續篇》卷 1），駁證其中誤釋者十餘處。今從辭典編撰學的角度，指出其主要缺點兩條：

第一、義項分合，不盡合理。《經傳釋詞》既然是一部詞典，那麼對於用法比較複雜的虛詞，就有一個義項劃分的問題。這一點，該書尚有不盡合理之處。如卷五「其」字條：

其，擬議之詞也。《易·困象傳》曰：「困而不失其所亨，
其唯君子乎？」〈乾文言〉曰：「其唯聖人乎？」

其，猶「殆」也。《易·復象傳》曰：「復其見天地之心
乎？」〈繫辭傳〉曰：「知變化之道者，其知神之所爲
乎？」

這兩個義項中的「其」字，從結構關係看，都與句末語氣詞
「乎」字相呼應；從作用看，都是幫助句子表達一種不能肯定的揣
測語氣；從王引之所用的釋義用語看，「殆」亦是擬議之詞。分爲
兩個義項，讀者很難辨別二者之間有何差異。

與上述情況相反，《經傳釋詞》在有的條目下把本該分列的義
項歸併到一起，反而使原有差異的用法變得模糊不清了。如卷七
「如」字條：

如，猶「與」也，「及」也。《書·堯典》曰：「脩五禮：
五玉、三帛、二牲、一死贄，如五器。」如者，及也。五
器，蓋即五等諸侯朝聘之禮器。自五玉以下，皆蒙上「脩」
字言之。言五玉、三帛、二牲、一死之贄及所用之五器，皆
因五禮而并脩之也。《論語·先進》篇曰：「方六七十，如
五六十。」又曰：「宗廟之事，如會同。」如字并與「與」
同義。

此條《尚書》中的「如」字是並列連詞，可訓爲「與」、
「及」。而《論語》中的「如」字是表示選擇關係的連詞，應訓爲

「或」。此字何晏《論語集解》無注，朱熹《論語集注》云：
「如，猶或也。」❿已故南京大學洪誠教授解釋說，漢魏訓詁家不
用「或」字注「如」，是因為「或」字在當時沒有這種用法；到了
六朝末期，「或」字演變，具有這種選擇連詞的用法，所以朱熹才
用來譯注。⓫王引之把作用不同的「如」字納入一個義項，混淆了
兩類句法。

　　第二、引用書證，不盡恰當。《經傳釋詞》的一大優點是引用
書證比較豐富，對於罕用義和舊說所無的新解，更是廣徵博引，加
以印證。但有的條目下所引書證與義項並不吻合，如卷五「固」字
條：

　　　　固，猶「乃」也。《孟子・萬章》篇曰：「仁人固如是
　　　乎？」或作「故」，又作「顧」。〈趙策〉曰：「雖強大不
　　　能得之于小弱，而小弱顧能得之于強大乎？」《呂氏春秋・
　　　制樂》篇曰：「我必有罪，故天以此罰我也。今故興師動
　　　眾，以增國城，是重吾罪也。」下「故」字與「乃」同義。

　　楊樹達先生所加批語說：「此條皆不合。『固』，原來義。
『顧』即王後說之『反』義。」⓬

---

❿　〔宋〕朱熹：《四書集注・論語》（上海：上海古籍出版社，影印文淵閣
　　《四庫全書》本），冊197，頁56。

⓫　洪誠：《訓詁學》（南京：江蘇古籍出版社，1984年），頁113。

⓬　見岳麓書社1984年版《經傳釋詞》118頁天頭批語。

尤其不可理解的情況是：同一條書證竟然在不同義項下出現，自相違伐。如卷五「幾」字條：

幾，詞也。《莊子·徐無鬼》篇曰：「君雖爲仁義，幾且僞哉！」又曰：「非我與吾子之罪，幾天與之也。」
豈，猶「其」也。字或作「幾」。《莊子·徐無鬼》篇曰：「非我與吾子之罪，幾天與之也。」

這條書證中的「幾」字，注解家或訓「其」，或訓「近」，或訓爲語助詞，足見「虛詞難釋」。但《經傳釋詞》採取模稜兩可的做法，讓讀者無所適從，不可取。從上下文意看，「幾天與之也」即「豈天與之也」，不必訓爲語助詞。

書證運用不當，主要原因是對書證中的被釋詞理解有誤。如卷七「若」字條：

若，猶「及」也，「與」也。《儀禮·燕禮》曰：「冪用綌若錫。」

綌是細葛布，錫是細麻布。夏用綌，冬用錫，不是兼用兩種。因此，書證中的「若」字不是並列連詞，而是選擇連詞，訓「或」。用在並列連詞「及」這一義項下，是不恰合的。

若，猶「或」也。襄十一年《左傳》曰：「君若能以玉帛綏晉。」

這種句型，《左傳·僖公四年》也有：「君若以德綏諸侯，誰敢不服？」⓭這種用法的「若」字是表示假設的連詞，訓「如」。用在選擇連詞「或」這一義項下，不妥。

主要參考文獻

趙振鐸：〈讀廣雅疏證〉，《中國語文》1979 年第 4 期。

洪誠：《訓詁學》（南京：江蘇古籍出版社，1984 年）。

洪誠：《中國歷代語言文字學文選》（南京：江蘇人民出版社，1982 年）。

許嘉璐：《經義述聞·弁言》（南京：江蘇古籍出版社，1985 年）。

劉葉秋：《中國字典史略》（北京：中華書局，1983 年）。

⓭　〔唐〕賈公彥等：《春秋左氏傳正義》（北京：中華書局，1980 年，《十三經注疏》本），頁 1793。

《經傳釋詞》內《詩經》
條目析論

楊晉龍*

一、前言

有清一代學術高峰，自是出現於乾隆（1736－1795）、嘉慶（1796－1820）前後兩朝「乾嘉之學」，在這時期出現的眾多學者中，根據治學態度的差異，早期都將其分成兩大派，即以惠棟（1697－1758）爲首而發展出來的「吳派」、和在戴震（1723－1777）影響下形成的「皖派」；最近則有一些學者主張應將「皖派」中較後出，而以揚州地區學者爲中心的研究者，另分出一派而稱爲「揚州學派」。❶以爲「揚州學派」的研究態度與「皖派」有

---

* 　楊晉龍，中央研究院中國文哲研究所助研究員。

❶ 　「揚州學派」是否能成爲另一個獨立於戴震影響下的「皖派」而自成一學派，學者間至今猶未有一致的共識。然多數的學者還是認爲「揚州學派」相對於「皖派」，在研究態度和範圍上，的確有更進一步的發展和特點，

·677·

別，不應混稱爲一派，大陸學者張舜徽（1911－1992）嘗論這吳、皖二派的特色和流弊及揚州一派之優點云：

> 余嘗考論清代學術，以爲吳學最專，徽學最精，揚州之學最通。無吳、皖之專精，則清學不能盛；無揚州之通學，則清學不能大。然吳學專宗漢師遺説，摒棄其他不足數，其失也固。徽學實事求是，視夫固泥者有間矣，而但致詳於名物度數，不及稱舉大義，其失也褊。揚州諸儒，承二派以起，始由專精匯爲通學，中正無弊，最爲近之。夫爲專精之學易，爲通學則難。非特博約異趣，亦以識有淺深弘纖不同故也。……清儒專門治經，自惠、戴開其先，天下景從而響和者，無慮皆能盡精微而不克自致於廣大。至於乾隆之季，其隘已甚，微揚州諸儒起而恢廓之，則終清之世，士子疲老盡氣以從事者，雜猥而已耳，破碎而已耳。❷

例如比「皖派」更爲講求「博通」，更加反對「株守」、「固蔽」等，故應可獨立成爲一派。反對的觀點可參見漆永祥：《乾嘉考據學研究》（北京：中國社會科學出版社，1998 年 12 月），頁 111－113。贊成者則有：張舜徽、柴德賡、戴逸、王俊義、黃愛平、陳祖武等人，亦參見漆氏之文。有關「揚州學派」可以獨立成派的理由，可參趙航：《揚州學派新論·引言》（南京：江蘇文藝出版社，1911 年 11 月），頁 9－18 所論。

❷ 張舜徽：《揚州學記》（上海：上海人民出版社，1962 年 10 月），頁 2－3；《清儒學記·揚州學記》（濟南：齊魯書社，1991 年 11 月），頁 378－379。

張氏認為揚州學派能汲取吳、皖二家學術特色之長而去其固徧，故中正博通而無弊，事實上「博通」也正是現代多數學者認定的揚州學派治學特色的共識。❸在這些具有博通特色的專家學者中，高郵王氏父子：王念孫（1744－1832）、王引之（1766－1834）二人，尤為其中佼佼者，尤其在語言、校勘、訓詁等方面的成就和影響，至今依然受到學術界多數研究者的高度推崇❹，只要翻閱任何一本

---

❸ 劉師培：《南北學派不同論·南北考證學不同論》，謂阮元之學「貫纂群言」、焦循之學「時出新說」，見《劉申叔遺書》（南京：江蘇古籍出版社，1997 年 3 月），上冊，頁 16b－17a，總頁 556－557；曹聚仁：《中國學術思想史隨筆·揚學二談》（北京：三聯書店，1986 年 6 月），頁 294，謂揚學「博大湛深」；張舜徽：《清儒學記·揚州學記》，同前註，頁 478，謂揚州學派的治學，都有「圓通廣大」的氣象；陳祖武：〈揚州諸儒與乾嘉學派〉，以為揚州諸儒不但對乾嘉之學「做了一個輝煌的總結」，而且是「以各自的學術實踐，將惠、戴之學擴而大之」，見馮爾康主編：《揚州研究——江都陳軼群先生百齡冥誕紀念論文集》（臺北：聯經出版事業公司，1996 年 8 月），頁 185；祁龍威先生：〈研究「揚州學派」，為建設社會主義服務〉一文，以為揚州學派的兩個特點是：「融會貫通」、「發明新意」，見揚州師院學報編輯部、古籍整理研究室編：《揚州學派研究》（揚州：揚州師院，1987 年 11 月），頁 2。

❹ 少數學習現代西洋語法的學者，則稍有不同的意見，如周法高在〈中國語法學導論〉一文中，認為《經義述聞》的結論，「對於語法學家是沒有多大的興趣的」，而《經傳釋詞》等一類的書，「並不能構成系統」，所以「不能拿來代替語法」，因此「其貢獻不如馬氏（《馬氏文通》）」，周先生從現代西洋語法的觀點作出這樣的評論，當然不足為奇。所以他又說「比較有系統的語法書，卻是在清末受了西洋語法影響後方出現的」，周先生之論從以今律古的角度言，自有其道理，然卻不足以抹煞王氏父子在十八、九世紀時對語文學上的重大貢獻。周氏之論見氏著：《中國語文研

與傳統訓詁、語言、斠讐等相關的論著，幾乎都難免會涉及王氏父子；毋怪阮元（1764－1849）早就稱讚王氏父子「家學特為精博，又過於惠、戴二家」了❺；王叔岷師（1914－）更認為乾嘉斠讐之學「高郵王氏，允推巨擘」❻；趙制陽（1922－）評介《經義述聞》內有關《詩經》部分的條目後，也說「王氏父子博學多聞，考證功深。注重方法的應用，超越宗派的藩籬。雖未能臻於無瑕，亦足以彰顯詩文，開示治學的門徑」❼，無論是當代或後世，推崇之論，可謂不勝枚舉❽，由此可見王氏父子在學術上的成就和地位，

究》（臺北：華岡出版公司，1975 年 11 月），頁 41－43。然美國學者艾爾曼（Benjamin A. Elman）則以為：「與清代考據學相比，現代文獻學、語言學、考古學、歷史學有相當大的改進，但這並不能抹煞清代考據學通行的研究方法的歷史意義。現代中國學術固然深受西方學術和科學的影響，但是我們不應忘記，中國現代的社會史、文化史研究人員曾受惠於清代學者的考證成果，如……王念孫的訓詁研究。」見愛爾曼著，趙剛譯：《從理學到樸學·中文版序》（南京：江蘇人民出版社，1995 年 9 月），頁 3；甚至還強調清代小學家「雖然是道德革新者，但卻成為現代語言學的先驅」，頁 5。

❺ 〔清〕阮元著，鄧經元點校：《揅經室集·揅經室一集·王伯申經義述聞序》（北京：中華書局，1993 年 5 月），頁 130。

❻ 王叔岷師：《斠讐學·序》（臺北：臺聯國風出版社，1972 年 3 月），頁 1。

❼ 趙制陽先生：〈經義述聞詩經之部評介〉，《孔孟學報》第 63 期（1992 年 3 月），頁 59。

❽ 除前文所述外，如：王昶、翁方綱、段玉裁、汪中、焦循、臧庸、陳奐、曾國藩、孫詒讓、羅振玉、梁啓超、楊樹達、胡適等皆有推崇之言。參見張文彬：《高郵王氏父子學記》（臺北：撰者發行，1978 年），頁 1－9 所引錄。

以及其長遠的影響力。

　　王氏父子學術研究的成果深受肯定，因之論及其學術的內容、方法、價值者固不乏其人，然多數著重在發抒其訓詁、斠讎、語言等方面的成就和影響。❾就筆者所知，似乎除了前述的趙制陽曾評介《經義述聞》有關《詩經》部分的特點、缺失和成就外，並未見有其他學者從「經學」或「經學史」的立場以觀察王氏父子研究的成果，對經學相關研究的影響者。事實上傳統中國的學者，並無今日因受西洋文化影響而形成的「為學術而學術」的研究心態；對傳統中國學者而言，文字聲韻訓詁的相關研究，不過是學術最基本的必要學習歷程，僅是達到理想目的前必要的手段之一而已，傳統學者們的共同理想，實在於追求聖人所遺的「義理」；至於「義理」

---

❾　例如：方俊吉：《高郵王氏父子學之研究》（臺北：文史哲出版社，1974年 2 月）一書；張文彬：《高郵王氏父子學記》一書，同前註；高仲華師：〈高郵王氏父子的學行〉，《高明文輯》（臺北：黎明文化事業公司，1978 年 1 月），下冊，頁 611－622；張文彬：〈高郵王氏父子斠讎之態度〉，《國文學報》第 7 期（1978 年 6 月），頁 249－277；張承宗：〈「揚州學派」簡論〉、徐興海：〈王念孫訓詁學思想初探——讀《廣雅疏證》〉，中國歷史文獻研究會編：《歷史文獻研究》（北京：北京燕山出版社，1990 年 10 月），頁 121－124、頁 211－221；景戎華：〈中國哲學史講演錄〉，《追思·俯察·展望——景戎華論文集》（哈爾濱：黑龍江教育出版社，1992 年 12 月），頁 395；薛乃明：〈清代揚州學派〉，胡明主編：《揚州文化概觀》（南京：南京出版社，1993 年 7 月），頁 297－298；王俊義、黃愛平：《清代學術與文化》（瀋陽：遼寧教育出版社，1993 年 10 月），頁 378 等等，皆在推崇王氏父子在訓詁、斠讎等方面的崇高成就。

追求的目的，更不是如今日般的作為討論的議題，而是期望在社會中產生實際的效果，以求達到「通經致用」的最終理想要求。尤其對清代乾嘉考據學者而言，雖然每位學者在不同學術專業的成就上，表現出不同的成績，但其最終目的追求，也並沒有脫離傳統學者的共同具有的使命感的要求。❿因此前述所言的訓詁、語言等超特的成就，固是乾嘉學術研究之大宗，然實非當時學者最後安身立命之所在，亦可知也。何況是身為重視義理的戴震嫡傳的王氏父子，自然更不會自外於「義理」追求的既有使命之外，王引之在《經傳釋詞·自序》中曾說道：

> 自漢以來，說經者宗尚雅訓，凡實義所在，既明箸之矣，而
> 語詞之例，則略而不究；或即以實義釋之，遂使其文扞格，
> 而意亦不明。……引之自庚戌歲（1790）入都，侍大人質問經
> 義，……及聞大人論《毛詩》「終風且暴」，《禮記》「此

---

❿ 現代的學者大多已不再相信乾嘉之學無「義理」追求之過言；相關研究的
意見，如：龔書鐸：《中國近代文化探索》（北京：北京師範大學出版
社，1988 年 8 月），頁 58，謂：「理學以性理解經，考據以訓詁名物注
經，實際都是經學正統」；王茂、蔣國保、余秉頤、陶清著：《清代哲
學》（合肥：安徽人民出版社，1992 年 1 月），頁 6，曰：「推動考據學
前進的是對哲學（義理）的追求，而達到哲學目的的形式與手段，則是考
據」、頁 684，云：「考據家的任務，就是『由詞通道』，發明聖賢本來
的義理」；漆永祥：《乾嘉考據學研究》，同註❶，頁 293－294，以
為：「乾嘉考據學家繼承清初之學是全面的，遠非後人所言清初諸大師之
思想至乾嘉時而枯竭無聞」。

若義也」諸條，發明意怡，渙若冰釋，益復得所遵循，奉為稽式，乃遂引而伸之，以盡其義類。自《九經》、《三傳》及周、秦、西漢之書，凡語助之文，徧為搜討，……以為《經傳釋詞》十卷，……非敢捨舊說而尚新奇，亦欲窺測古人之意，以備學者之采擇云爾。**⓫**

從「說經者」、「窺測古人之意」及「以備學者之采擇」的提法，則推測《經傳釋詞》的寫作，是做為解經者窺測古人之意的橋樑，應該不是一種既定成見的附會吧！所以纔會在《經傳釋詞》的本文內出現諸如：「說經者見『猶』字則釋之為『尚』；見『攸』字則釋之為『所』，皆望文生訓，而非其本怡。……蓋古義之湮，由來久矣」、「未達假借之義，而經文遂詰鞠為病矣」、「毛、鄭釋《詩》，悉用《爾雅》『言，我也』之訓；或解為言語之言，揆之文義，多所未安，則施之不得其當也」、「後世解經者，但知『不』之訓『弗』，『否』之訓『不』，『丕』之訓『大』，而不知其又為語詞。於是強為注釋，而經文多不可通矣。……則知三代語言，漢人猶難徧識，願學者『比物醜類』以求之」等一類**⓬**，表明《經傳釋詞》係為解經而作的說法，同時根據上述的論證，也可以推論王引之《經傳釋詞》固然表現的是訓詁的成績，但其最終目

⓫ 〔清〕王引之著：《經傳釋詞·自序》（臺北：華聯出版社，1975 年 8 月標點本），頁 3—6。以下均用此一版本。

⓬ 依序見《經傳釋詞》：卷 1，頁 27、卷 2，頁 45、卷 5，頁 108、卷 10，頁 225—226 等處。

的還是在解經方面的追求，而非以訓詁爲最終目的也。❸因此前賢針對王氏父子在訓詁、斠讐、語言等方面學術的研究探討，可以呈現他們在這些學科上的成就、價值和影響，自然非常有意義，然卻還不夠全面；因此再從經學或經學史的角度，探討王氏父子的成就和影響，應該也是一件有意義、有價值的工作，蓋可因此而加深瞭解王氏父子的學術理想，及其在傳統中國學術史上的成就和價值。

---

❸　《經傳釋詞》，卷 3，頁 75，謂「有」爲語助，而「說經者未喻屬詞之例，往往訓爲有無之『有』，失之矣」之言，亦可證王引之的最終目的係在解經，而非僅僅是單純的語詞、文法的解說而已。肯定王氏父子具有「義理」追求目的的意見，可參下列諸說：胡楚生師：〈段玉裁與王念孫之交誼及論學〉，《清代學術史研究續編》（臺北：臺灣學生書局，1994年 12 月），頁 14，謂：「段王二人，同出戴君門下，治學塗轍，深受戴君影響，亦皆能發揚戴君學術之精神者，戴君嘗云：『訓詁明則古經明，古經明則賢人聖人之理義明。』故段氏亦曰：『以古音得古義。』王氏亦曰：『訓詁聲音明而小學明，小學明而經學明。』三人治學之方法態度，實亦一脈相承者也」；李開：〈論戴震的語言解釋學〉，學峰國學文化研究所編：《清儒治學與清代學術》（香港：學峰文化事業公司，1995 年 1月），頁 25，說：「戴震……分立古韻部的目的是什麼？……另一方面，解釋古音的目的又在於尋找以古音解經的方法的內在系統，他說：『……故訓音聲相爲表裡。故訓明，《六經》乃可明』。……這實際就是後來的清儒王念孫、王引之『以聲破字』的識讀假借字的音轉發生學原理，王念孫父子音聲求義，破假借字而讀以本字，……破譯了經書中許多讀不通、難以索解的詞句，爲『通道』打下了堅實的基礎」；黃愛平：〈王念孫、王引之父子與乾嘉揚州學派〉，馮爾康主編：《揚州研究》，同註❸，頁 254，謂王氏父子治學的宗旨是：「由文字音韻訓詁以究明經書義理」。

　　專門研究《經傳釋詞》者除有黃侃、程南州之文外❹，筆者本師張以仁教授早年亦曾用心於《經傳釋詞》相關的研究❺，筆者秉師命亦多注意於《經傳釋詞》，且頗有意於王氏父子經學之研究，吾師以爲或可勉爲一試，惟筆者所專在《詩經》相關研究，且發現除趙制陽之大作外，似猶無人用心於此，而《經傳釋詞》中引用《詩經》之例證頗多，遂擬訂此一研究主題，以瞭解《經傳釋詞》在《詩經》研究上的作用和價值，或可稍補王氏父子在訓詁成就外不同方面的貢獻焉。

　　本文主要是觀察《經傳釋詞》中引錄的《詩經》相關條目，以探討王引之在《詩經》研究史與清代《詩經》研究上的貢獻、意義和作用。研究的程序是：首先統計《經傳釋詞》內引用《詩經》的數量；再從其作用上加以分類，最後分析其意義，判斷其價值。使用資料以《經傳釋詞》的文本爲主，此文係以《經傳釋詞》爲研究主體，故僅針對王引之的《經傳釋詞》發言，並非全面性探討王氏

---

❹　針對《經傳釋詞》一書而研究者有：黃侃：〈經傳釋詞箋釋〉，《量守廬群書箋識》（武昌：武漢大學出版社，1985 年 6 月），頁 1−26、程南洲：《經傳釋詞辯例》（臺北：國立政治大學中文研究所碩士論文，1973年）等二文。

❺　張以仁師有三篇與《經傳釋詞》相關的文章：〈經傳釋詞的音訓問題〉，《（韓國）中國學報》第 5 輯（1966 年 6 月），頁 43−47、〈經傳釋詞諸書所用材料的時代問題〉，《大陸雜誌》第 34 卷第 2 期（1967 年元月），頁 50−52、〈經傳釋詞諸書訓解及引證方面的檢討〉，《國立中央圖書館館刊》第 2 卷第 1 期（1968 年 7 月），頁 37−55，三文均收入《中國語文學論集》（臺北：東昇出版事業公司，1981 年 9 月），頁 85−95、頁 125−163。

父子的經學，所以除非特別需要，將儘量不旁涉王氏父子的其他著作。惟在進入探討論證之前，有必要先將《經傳釋詞》中《詩經》相關條目的訛誤提出，以利於討論。據筆者所見大概有下列幾條訛誤：

1. 〈維清〉曰：「假以溢我，我其收之」；按：「〈維清〉」當作「〈維天之命〉。」（卷 5，頁 117）

2. 〈良耜〉曰：「思媚其媚」；按：「〈良耜〉」當作「〈載芟〉。」（卷 8，頁 175）⓰.

3. 毛《詩》曰：「不顯，顯也」；按：「毛《詩》」當作「毛《傳》。」（卷 10，頁 218）⓱

4. 「〈車攻〉曰：『徒御不警，大庖不盈』《傳》云：『不警，警也；不盈，盈也』……不必增字以足之，解為『豈不警乎』」；案：所有「警」字皆應作「驚」字。（卷 10，頁 220）⓲

5. 《詩·柏舟》曰：「微我無酒。」《箋》曰：「非我無酒」；案：「《箋》」當作「《傳》」。（卷 10，頁 236）⓳

⓰　此條《經義述聞》亦誤作〈良耜〉，見〔清〕王引之：《經義述聞·通說·語詞誤解以實義》（臺北：世界書局，1975 年 5 月），卷 32/20b/759/下冊。

⓱　見〔漢〕毛亨傳、鄭玄箋，〔唐〕孔穎達疏：《毛詩注疏·大雅·文王》（臺北：藝文印書館，1981 年元月影印〔清〕嘉慶二十年（1815）江西南昌府學《十三經注疏》本），卷 16：1/6b/533。「有周不顯」下毛《傳》。

⓲　按：此條《經義述聞》亦同誤，見同註⓰，卷 32/5b/762/下冊。

⓳　見《毛詩注疏·邶風·柏舟》，同註⓱，卷 2：1/5b/74。

以上這些誤誤在下文的統計中，已按其正確者加以統計歸類。

二、《詩經》條目內容述論

　　《經傳釋詞》一書篇幅雖然不大，然可說是王引之學問精華所在，因此從其內容上亦可稍稍考見王氏的治學態度，王氏除在書中引錄其父之論外，也引錄了其他學者的說法，根據筆者統計，大約可以分成以下兩種情況，一則引錄王氏父子自家著作者：

1. 引錄王念孫之說（「家大人曰」）共七十一例。
2. 與《經義述聞》互證者（「說見」、「辯見」、「詳見」、「說詳」）共三十六例。
3. 與《讀書雜志》互證者（「辯見」、「說見」、「詳」）計有十九例。
4. 與《廣雅疏證》互證者（「辯見」）僅有一例。

以上共一百二十七例，均係王氏父子之作，惟其中《經義述聞》一書，若僅據〈通說·語詞誤解以實義〉內「余曩作《經傳釋詞》十卷」之言、及〈毛詩上·伊予來暨〉下「說見《釋詞》」之言，則《經義述聞》似乎應成於《經傳釋詞》之後⑳；然《釋詞》引證《述聞》卻多達三十六條，則兩書恐是同時進行，故隨時互相引用，否則很難解釋此一不合理現象。

　　二則引錄清儒諸家之說：包括顧炎武（1613－1682）及其《日

---

⑳　見《經義述聞》，同註⑯，卷 5/20a/127/上冊、卷 32/12a/755/下冊。

知錄》、《唐韻正》；駁正胡渭（1633－1714）不當之論；引閻若
璩（1636－1704）《四書釋地》、《尚書古文疏證》；惠棟《九經
古義》；王鳴盛（1722－1797）《尚書後案》；戴震及其《毛鄭詩
考正》；段玉裁（1735－1815）及其《尚書撰異》、《禮記》校
本、《詩經小學》；邵晉涵（1743－1796）及其《爾雅正義》；劉
台拱（1751－1805）之說等。三則引錄宋儒之說：如毛居正《六經
正誤》、林之奇（1112－1176）《尚書全解》、王應麟（1223－
1296）《詩考》等，更引及日本人山井鼎（1681－1728）的《七經
孟子考文》等。㉑這兩類引證的數量雖然稀少，但從中則可以看出
王引之不拘守於一家的博採態度。再從其多引王念孫之說爲「確
證」的狀況觀之，又可見其受父親影響之大，同時也可證王氏父子
家學傳承間的密切關係，不過卻不能因此而如劉盼遂（1896－
1966）般的過疑，遂誤以爲王引之乃有意竊父親之作爲己有㉒，這

㉑　《經傳釋詞》引用書籍和前賢諸說較詳細的統計，可參看張文彬：《高郵
　　王氏父子學記》，同註❽，頁 681－689：〈《經傳釋詞》所使用之材
　　料〉一段的討論，惟張氏於「清人著作」中遺漏王鳴盛《尚書後案》、段
　　玉裁《禮記》校本、邵晉涵《爾雅正義》，而多列了胡渭《禹貢錐指》，
　　且顧炎武《唐韻正》訛作《廣韻正》（當是手民之誤）。「清人之說」中
　　則少列胡渭一家。
㉒　劉盼遂引王國維之言，以爲《經義述聞》係王念孫之作而嫁名給王引之的
　　僞作，他說王念孫愛子心切，所以借此書以助其成名，見劉氏：〈高郵王
　　氏父子著述考〉，《國立北平圖書館館刊》第 4 卷第 1 號（1930 年 2
　　月），頁 47。按此說不確，筆者也懷疑王國維會作出如此魯莽的論斷。
　　辨見張文彬：《高郵王氏父子學記》，同註❽，頁 97－104；及另一文：
　　〈經義述聞作者之商榷──兼駁劉盼遂「述聞係王引之竊名」之說〉《國
　　文學報》第 9 期（1980 年 6 月），頁 87－94。

種疑慮是不必要的。

　　《經傳釋詞》內引錄《詩經》的條目，除徵引他人著作內的條目，如戴震《毛鄭詩考正》（卷2，頁33－44、卷6，頁131等二處）及其他八例不計外，王引之在《經傳釋詞》中共引用四百九十六例《詩經》的文句，其中〈國風〉一百九十六例、〈小雅〉一百三十七例、〈大雅〉一百零七例、〈三頌〉五十六例。根據書中運作的狀況，大約可以分成五類：

(一)單純的例證：

　　這類的詞例是先將正確的意義列出，然後再舉《詩經》內的文句來作爲例證，對於該文句何以可以成爲例證的原因，並未加以說明，其句尾多以「是也」作結。如：「於，語助也。《詩·靈臺》曰：『於牣魚躍』、又曰：『於論鼓鍾，於樂辟癰』；〈下武〉曰：『於萬斯年』；〈離〉曰：『於薦廣牡』，是也」（卷1，頁33）。又如：「之，言之閒也。『在河之洲』之屬，是也」（卷9，頁198）等，這一類的例證共有一百八十一例，其中〈國風〉八十六例、〈小雅〉五十三例、〈大雅〉二十六例、〈三頌〉十六例。

(二)詮解的例證：

　　這類詞例的情況，與上一類近似，先將正確的解說列出，然後徵引《詩經》的文句，以解說替代原來的文句之字，再將改變後的文句列出，其句式多以「言……也」爲之。例如：「《玉篇》曰：『以，爲也』。《詩·瞻卬》曰：『天何以刺』，言天何爲刺

也。」（卷 1，頁 20）；又如：「匪，不也。《詩·殷武》曰：
『稼穡匪解』，言不懈也」（卷 10，頁 228）等。這類例證共有
六十五例，其中〈國風〉二十二例、〈小雅〉十九例、〈大雅〉
十四例、〈三頌〉十例。

㈢肯定的例證：

這類例句，主要是用來證明《毛詩注疏》中的毛《傳》、鄭
《箋》及孔《正義》之解說無誤，用以加強《經傳釋詞》解說的可
信度，上述兩類亦具有同樣的用意，不同的是前兩類僅是將王引之
主觀認定的例句標出，這一類則引用《毛詩注疏》引錄的先儒之詮
解為證據。此類例證共有一百零二例，包括〈國風〉四十五例、
〈小雅〉二十三例、〈大雅〉二十四例、〈三頌〉十例。其實例如
下：

毛《傳》三十九例，如：「《詩·陟岵》曰：『猶來無止』，
《傳》曰：『猶，可也』，字或作『猷』。《爾雅》曰：『猷，可
也』」（卷 1，頁 24－25）；又如：「《玉篇》曰：『不，詞
也』。經傳所用，或作『丕』，或作『否』，其實一也。……〈下
武〉曰：『不遏有佐』，《傳》云：『遠夷來佐』，則『不』為語
詞」（卷 10，頁 218－222）、「薄，發聲也。〈茉莒〉曰：『薄
言采之』，《傳》曰：『薄，辭也』」（卷 10，頁 217）。

鄭《箋》四十九例，如：「《廣雅》曰：『以，與也』，
《詩·江有汜》曰：『不我以』、〈擊鼓〉曰：『不我以歸』、
〈桑柔〉曰：『不胥以穀』，《箋》並曰：『以，猶「與」
也』。」（卷 1，頁 20）；又如：「家大人曰：云，猶『有』也。

或通作『員』。《詩·玄鳥·箋》曰：『員，古文云』。」（卷3，頁69）；「噫，歎聲也。〈瞻卬〉曰：『懿厥哲婦』，《箋》曰：『懿，有所痛傷之聲也』，『噫』、『懿』字異而義同」（卷4，頁103）。

　　《正義》十例，如：「於，語助也。《詩·靈臺》曰：『於論鼓鍾，於樂辟廱』，《釋文》：『於，音烏。鄭如字』，《正義》述毛亦如字，今從《正義》」（卷1，頁35）；又如：「是，猶『於是』也。《詩·葛覃》曰：『是刈是濩』，《正義》曰：『於是刈取之，於是濩煮之』」（卷9，頁202）。

　　同引《傳》、《箋》之解者三例：「其，語助也；或作忌，或作己，義並同也，《詩·大叔于田》曰：『叔善射忌』，《傳》曰：『忌，辭也』，《箋》曰：『忌讀如「彼己之子」之「己」』」（卷5，頁120）；《詩·泉水》曰：『聊與之謀』，毛《傳》：『聊，願也』，《箋》曰：『聊，且略之辭』。《聲類》作『憀』，義與《箋》同」（卷7，頁166－167）；「《詩·載馳·傳》曰：『載，辭也』，《箋》曰：『載之言則也』」（卷8，頁184）。

　　同引毛《傳》和《正義》者有一例：「且，猶『此』也、『今』也。《詩·載芟》曰：『匪且有且，匪今斯今，振古如茲』，毛《傳》曰：『且，此也』，《正義》曰：『今，謂今時，則且亦今時。其實是一，作者美其事而丁寧重言之耳』」（卷8，頁178）。

㈣否定之例：

此類例句主要在指出前人對《詩經》虛詞的解說有誤，並強調《經傳釋詞》的說解纔是最正確的，於是對前人的解說乃產生糾繆的功能，這類說解之例最能表現王引之在《詩經》研究上的貢獻，蓋前述三類引用《詩經》例句的功能，不過是作為王引之《經傳釋詞》解說的權威證據，即以《毛詩注疏》或《詩經》文本來證明《經傳釋詞》之解釋乃為有根據之說，絕非憑空臆斷之論，也就是用來作為告知讀者其書所言係「言必有據」的證據而已。換言之，前述三類例句雖也能觀察到王引之對前人的《詩經》說解之評價，然著重點還是在其「工具性」的功能：即用以證明《經傳釋詞》說解的來源。最多也僅能從中瞭解《經傳釋詞》的哪些解說，受到前人這些相關說法的啟發，比較無法觀察到王引之與眾不同的特殊見解，此類糾繆的例證，正可以用來彌補這方面的缺憾，以見王引之的特見焉。這類否定的例句共一百二十八例。以下即分論之：

1.毛《傳》詁誤者八例：

舉數顯例以論之：⑴「斯，語助也。《詩·螽斯》曰：『螽斯羽』，毛《傳》以螽斯為斯螽，非。」（卷8，頁173）蓋王氏以為「螽斯」即「螽」，「斯」係語助詞，無意義。⑵「《詩·江有汜》曰：『不我以』、『不我與』。〈旄邱〉曰：『何其處也，必有與也；何其久也，必有以也』，《傳》曰：『必以有功德』失之。『以』亦『與』也，古人自有複語耳」（卷1，頁21）。王氏認為「以」即「與」，「不我以」即「不我與」，即「不與我」；「必有與也」與「必有以也」意同，因此《傳》不該前言「仁義」

而後言「功德」，應當前後一致。(3)「《廣雅》曰：『匪，彼也』。〈定之方中〉曰：『匪直也人，秉心塞淵』，言彼正直之人，秉心塞淵也。《傳》曰：『匪徒庸君』，訓『匪直』爲『匪徒』，訓『人』爲『庸君』，皆失之」（卷 10，頁 228）。王氏以爲「匪直也人」當是「匪直人也」，故作「彼正直之人」解。(4)「家大人曰：『終』，詞之『既』也。引之謹案：〈載馳〉曰：『許人尤之，眾穉且狂』，『眾』讀爲『終』，終，既也。穉，驕也。此承上文而言。女子善懷，亦各有道，是我之欲歸，未必非也。而許人偏見，輒以相尤，則既驕且妄矣。蓋自以爲是，驕也；以是爲非，妄也。毛公不知『眾』之爲『終』，而云：『是乃眾幼穉且狂』，許之大夫，豈必人人皆幼邪？」（卷 9，頁 192、頁 194）王氏以「眾」爲「終」之借字，「終」就是「既」。另外「穉」即「驕」、「狂」即「妄」，毛公均誤判，遂有錯誤之解。(5)「《玉篇》曰：『不，詞也』。〈執競〉曰：『不顯成、康』。『不顯成、康』、『於穆清廟』、『伊嘏文王』，詞皆在上，《傳》解爲『不顯乎』，失之」（卷 10，頁 218、頁 223）。王氏以爲如「不」、「於」、「伊」等語詞在句子前端者，皆當作無意義的語助詞，毛《傳》將「不」字看成實詞，所以解成反詰句，是錯誤的解說。以上是比較明顯的例證。另外還有〈檜風·匪風〉「匪風發兮，匪車偈兮」（卷 10，頁 228－229）、〈大雅·皇矣〉「執訊連連，攸馘安安」（卷 1，頁 28）二例。

　　2.鄭《箋》訛誤者六十五例：

　　稍舉數例以明之：(1)「宜，助語詞也。《詩·螽斯》曰：『螽斯羽，詵詵兮；宜爾子孫，振振兮』。『宜爾子孫』，爾子孫也。

言螽斯羽則詵詵然矣；爾子孫則振振然矣。故《序》曰：『言若螽
斯不妒忌，則子孫眾多也』，《箋》云：『宜女之子孫使其無不仁
厚』，失之。」（卷 5，頁 108）以爲鄭《箋》誤將助語詞之
「宜」看成實詞，故所解有失。(2)「居，詞也。〈十月之交〉曰：
『擇有車馬，以居徂向』，居，語助；言擇有車馬以徂向也。
《箋》曰：『擇民之富有車馬者，以往居于向』，先言往而後言
居，未免倒置經文」（卷 5，頁 121）。蓋「徂」爲往，而「居」
在「徂」前，故云其「倒置經文」；且「居」乃語助詞，亦不應當
作「居住」解，故王氏乃有是言。(3)「思，發語詞也。〈思齊〉
曰：『思齊大任』思，詞也。《箋》曰：『常思莊敬者，大任也』
失之。下『思媚』同」（卷 8，頁 175），以爲鄭《箋》誤將虛詞
之「思」字作實字解，故云其解「失之」。(4)「孟康注《漢書·貨
殖傳》曰：『無，發聲助也』，字或作『毋』。〈抑〉曰：『無競
維人』、〈執競〉曰：『無競維烈』。《箋》解〈抑〉篇曰：『無
彊於得賢人』；解〈烈文〉（「無競維人」）曰：『無彊乎維得賢
人也』；解〈執競〉及〈武〉篇曰：『無彊乎其克商之功業』，皆
誤以爲『有無』之『無』」（卷 10，頁 229）。王氏認爲這些
「無」字，都應當作發聲助語詞，無義，鄭玄說解時都將其視爲
「有無」之實詞解，故誤。(5)「允，發語詞也。〈泮水〉曰：『允
文允武』，『允』亦語詞，猶逸《書》言『乃神、乃武、乃文』
耳。《箋》皆訓『允』爲『信』，失之」（卷 1，頁 33）。「允」
在〈泮水〉此句中應當作語詞解，不應作「實詞」。(6)「《玉篇》
曰：『不，詞也』。〈那〉曰：『亦不夷懌』，《箋》云：『亦不
說懌乎？言說懌也』。案：『不』，語詞，不須加『乎』字以釋

之」（卷 10，頁 222）。王氏認為鄭《箋》將此句當作疑問句解，是誤將「不」字當實詞看的結果，事實上「不」字應為虛詞。

　3.毛《傳》、鄭《箋》均訛繆者二十二例：

　　舉數例以言之：⑴「言，云也；語詞也。話言之『言』謂之『云』；語詞之『云』亦謂之『言』。若《詩·葛覃》之『言告師氏，言告言歸』、〈芣苢〉之『薄言采之』、〈漢廣〉之『言刈其楚』、〈草蟲〉之『言采其蕨』、〈柏舟〉之『靜言思之』、〈終風〉之『寤言不寐，願言則嚏』、〈簡兮〉之『公言錫爵』，……〈有駜〉之『醉言舞』，皆與語詞之『云』同義。而毛、鄭釋《詩》，悉用《爾雅》『言，我也』之訓；或解為言語之言。揆之文義，多所未安，則施之不得其當也」（卷 5，頁 108）。王氏批評毛、鄭分不清實詞和虛詞之「言」，所以將《詩經》中虛詞的「言」，誤以《爾雅》釋實詞的解說釋之，《爾雅》的解說固然無誤，但卻不能用來解釋這些「言」字，所以說「施之不得其當」。⑵「逝，發聲也，字或作『噬』。《詩·日月》曰：『乃如之人兮，逝不古處』，言不古處也、〈碩鼠〉曰：『逝將去女，適彼樂土』，言將去女也、〈有杕之杜〉曰：『彼君子兮，噬肯適我』，言肯適我也。〈桑柔〉曰：『誰能執熱，逝不以濯』，言不以濯也。『逝』皆發聲，不為義也。《傳》、《箋》或訓為『逮』，或訓為『往』，或訓為『去』，皆於義未安」（卷 9，頁 213）。由於分不清虛詞、實詞，以致誤解詩文，所解皆不正確，故曰「於義未安」。⑶「《爾雅》曰：『肆，故也』。《詩·緜》曰：『肆不殄厥慍』，〈思齊〉曰：『肆戎疾不殄』、『肆成人有德』，〈抑〉曰：『肆皇天弗尚』。『肆』字皆當訓為『故』。《傳》、

《箋》並云：『肆，故今也』，失之」（卷 8，頁 170）。「肆」
當作發語詞之「故」解，不應解作「古今」之「故」。另外王氏父
子不同意《爾雅·釋詁下》「肆故今也」之句斷作「肆，故今
也」，以為應作「肆，故，今也」，各字為義，故不以「肆，故今
也」為《爾雅》之言。

4.《正義》訛誤者十一例：

如：⑴「家大人曰：謂，猶『如』也；『奈』也。《詩·行
露》曰：『豈不夙夜，謂行多露』，謂，猶奈也；言豈不欲夙夜而
行，奈道中多露何哉！《正義》以『以為』二字代『謂』字，未合
語意」（卷 2，頁 64－65）。「謂」是無可奈何之意，《正義》當
作「以為」解，與詩文本意不符，所以說「未合語意」。⑵「惟，
猶『與』也、『及』也。〈靈臺〉曰：『虡業維樅，賁鼓維鏞』，
下『維』字亦當訓為『與』，謂賁鼓與鏞也。《正義》曰：『懸賁
之大鼓及維鏞之大鐘』，於維上加『及』字以釋之，不知『維』即
『及』也」（卷 3，頁 68）。此謂《正義》不知「維」字之解也。
⑶「寧，猶『乃』也，〈瞻卬〉曰：『心之憂矣，寧自今矣，不自
我先，不自我後』，言不自我先，不自我後，而乃自今也。《正
義》曰：『天下人心之憂愁，所由來久遠，寧從今日矣』，失之」
（卷 6，頁 132）。「寧」當作「正是」的「乃」解，不能作「哪
裡」的「寧」或「豈」解，若如《正義》所解則與詩文之義相悖，
故曰「失之」。

5.未指明何人的「說者」訛誤者二十例：

例如：⑴「云，發語詞也。《詩·卷耳》曰：『云何吁矣』、
〈簡兮〉曰：『云誰之思』、〈君子偕老〉曰：『云如之何』……

〈雲漢〉曰：『云我無所』、『云如何里』是也。說者多訓『云』
爲『言』，失之」（卷 3，頁 71）。此與前舉誤「言」爲「言語」
之「言」者同誤也。⑵「有，語助也。一字不成詞，則加有字以配
之。北曰有北，昊曰有昊：《詩・巷伯》曰：『投畀有北』、又
曰：『投畀有昊』。梅曰有梅：《詩》曰：『摽有梅』，旳曰有
旳：〈賓之初筵〉曰：『發彼有旳』。三事曰三有事：《詩・十月
之交》曰：『擇三有事』。說經者未喻屬詞之例，往往訓爲有無之
『有』，失之矣」（卷 3，頁 75）。王氏此處已經觸及語法的問題
了，所謂「屬詞之例」也。⑶「誕，發語詞也。《詩・皇矣》曰：
『誕先登于岸』，〈生民〉曰：『誕彌厥月』、『誕寘之隘巷』、
『誕實匍匐』、『誕后稷之穡』、『誕降嘉種』、『誕我祀如
何』，諸誕字皆發語詞。說者用《爾雅》『誕，大也』之訓，則詰
鞫爲病矣」（卷 6，頁 139）。謂不知作虛字解則文義迂曲難通
也。㉓

6.鄭《箋》與《正義》皆誤者二例：

　⑴「家大人曰：謂，猶『如』也、『奈』也。〈節南山〉曰：
『赫赫師尹，不平謂何』，言師尹爲政不平，其奈之何也。《箋》
曰：『謂何，猶云何也』，《正義》曰：『汝居位爲政不平。欲云
何乎』，未合語意」（卷 2，頁 6）。「謂何」即「你奈他

㉓　「詰鞫爲病」，語出〔漢〕劉歆：〈與楊雄書從取《方言》書〉，曰：
　　「歆先君數爲孝成帝言，當使諸儒共集訓詁，《爾雅》所及，《五經》所
　　詁，不合《爾雅》者，詰鞫爲病」，見〔清〕嚴可均校輯：《全上古三代
　　秦漢三國六朝文・全漢文・劉歆》（北京：中華書局，1987 年 3 月），
　　卷 40/9a/349/冊 1。

何？」、「你能如何？」「你能怎樣？」絕不是「云何」：「是什麼」之義，故曰「未合語意」。⑵「宜，助語詞也。〈小宛〉曰：『哀我填寡，宜岸宜獄』，宜岸，岸也；宜獄，獄也。言我窮盡寡財之人，乃有此訟獄之事也。《箋》云：『仍得曰宜』，《正義》云：『在上謂之宜有此訟、宜有此獄』，皆失之」（卷 5，頁108）。「宜」是虛詞，不能當作實詞「合宜」、「適合」解，故謂「失之」。

這一百二十八條否定之例，包括：〈國風〉三十八例、〈小雅〉三十八例、〈大雅〉三十六例、〈三頌〉十六例。王引之皆以為解者或誤虛詞為實字、或於詞語之體會有誤，故所解或迂曲難通、或不知所云，總之均有違失經義之病，所以纔舉出加以糾正，「以備學者之采擇」耳。

㈤肯定與否定並存之例：

此類例句是以對比互舉方式，說明何者的詮解較為正確，何者的解說有誤，其情形有下列六種。

1.毛《傳》正確而鄭《箋》訛誤者十五例：

舉數例以說明之，如：⑴「思，句中語助也。〈關雎〉曰：『寤寐思服』，《傳》曰：『服，思之也』。訓服為思之，則『思服』之思當為語助。《箋》曰：『服，事也。思己職事當誰與共之乎？』王《注》曰：『服膺思念之』，皆於義未安」（卷 8，頁175）。謂鄭玄與王肅「思念」之解，不合詩文本義也。⑵「云，猶『是』也。〈何人斯〉曰：『伊誰云從。維暴之云』，言伊誰是從也。毛《傳》曰：『云，言也』，此釋下云字，非釋上云字。言

伊誰是從乎?維暴公之言也。鄭《箋》曰:『是言從誰生乎?』則
誤訓上云字爲『言』矣」(卷3,頁69)。謂鄭玄誤認毛《傳》之
解,故所釋不可從也。⑶「《爾雅》曰:『于,曰也』,『曰』古
讀若『聿』,字本作『欥』,或作『曰』,或作『聿』。『于疆于
理』(〈江漢〉):聿疆聿理也。『于』、『聿』皆語詞,猶
〈緜〉之『迺疆迺理』也。《箋》訓『于』爲『往』,亦失之」
(卷1,頁36)。「于」與「迺」同義,「於是」而非前去之
「往」也。

2.毛《傳》與《正義》正確而鄭《箋》誤者一例:

謂:「率,用也。《詩·思文》曰:『貽我來牟,帝命率
育』,毛《傳》曰:『率,用也』,《正義》曰:『《釋詁》云:
「率,由、自也」,「由」、「自」俱訓爲「用」,故「率」爲
「用」也』。案『帝命率育』,謂天命用此來牟養萬民也。《箋》
曰:『率,循也。天命以是循存后稷養天下之功』,失之」(卷
9,頁213)。「率育」是用來養育之意。

3.毛《傳》正確而鄭《箋》與《正義》皆誤者一例:

謂:「《說文》:『嗞,𧪩也』,𧪩與嗟同。《廣韻》:
『嗞嗟,憂聲也』,倒言之則曰『嗟嗞』、或作『嗟茲』、或作
『嗟子』。《詩·綢繆》曰:『子兮子兮!如此良人何』,毛
《傳》曰:『子兮者,嗟茲也』。《詩》言『子兮』,猶曰『嗟子
乎』、『嗟嗞乎』也,故《傳》以『子兮』爲『嗟茲』。《正義》
曰:『茲,此也。嗟歎此身不得見良人』,非《傳》意也。《箋》
謂:『子兮子兮,斥娶者』,殆失其義,其注《書·大傳》又曰:
『子,成王也』。案:『嗟子乎』,乃諸侯之詞,諸侯之於天子,

豈得稱之爲子乎？斯不然矣」（卷 8，頁 190－191）。謂「子兮」
乃「憂聲」之意，當「此」或「人稱詞」解則誤矣。

　　4.毛《傳》、鄭《箋》正確而《正義》誤者一例：

　　　　即：「家大人曰：『終』，詞之『既』也。已止之已曰終，因
而已然之已亦曰終，故曰，詞之既也。〈葛藟〉曰：『終遠兄弟，
謂他人父』，言既遠兄弟也。《傳》曰：『兄弟之道已相遠』，
《箋》曰：『今已遠棄族親』，『已』，亦『既』也。《正義》
曰：『王終是遠於兄弟』，失《傳》、《箋》之意矣」（卷 8，頁
193）。「終」是已經完成的「既已」之意；不是最後的「終於」
之意，故謂《正義》「失《傳》、《箋》之意」。

　　5.鄭《箋》正確而《正義》誤一例：

　　　謂：「如，猶『乃』也。《詩·常武》曰：『王奮厥武，如震
如怒』，言乃震乃怒也。《箋》曰：『而震雷其聲，而勃然其
色』，而，亦乃也。《正義》曰：『如天之震雷聲，如人之勃怒其
色』，則誤解『如』字矣」（卷 7，頁 150）。「如，應爲「於
是」之「乃」；而非「好像」之「如」，故知《正義》爲誤解。

　　6.朱子《詩集傳》正確而鄭《箋》誤者一例：

　　　　即：「一，猶『皆』也。《詩·北門》曰：『政事一埤益
我』，言政事皆埤益我也。《箋》曰：『國有賦稅之事，則減彼一
而以益我』，失之，今從朱《傳》」（卷 3，頁 81）。❷「一」是

---

❷　按朱子《詩集傳》云：「一，猶皆也」。見〔清〕王鴻緒等纂：《詩經傳
　　說彙纂·邶風·北門》（臺北：維新書局，1978 年元月影印〔清〕同治 7
　　年（1868）3 月馬新貽刊本），卷 3/47a/111。

「整全」的「皆」。而非數目字的「一」也。

此類例證〈國風〉有六例、〈小雅〉有四例、〈大雅〉有七例、〈三頌〉有三例。此蓋可見《傳》、《箋》、《正義》三者在解說上不一致之處，對於《毛詩注疏》的相關研究，有一定的參考價值。這是王引之透過虛詞的研究，而對《詩經》研究史的相關問題一項頗有價值的貢獻，結論是否全部可信，當然可以再加深入探討，但是王氏至少提供了後人一項研究《傳》、《箋》、《正義》解說是否差異的方法，可以從虛詞的解說加以瞭解也。

綜合上述《詩經》相關例句在《經傳釋詞》內運作的情形，可以歸納其主要的功能大約有下列三項：

一、作為《經傳釋詞》訓解的原始根據，此「肯定之例」是也。

二、用作《經傳釋詞》訓解後的例句，此「單純之例證」和「詮解之例證」是也。

三、作為《經傳釋詞》解說的反面例證，以襯托出《經傳釋詞》解說的正確性，並因而達到糾繆、改正譌誤的目的，此「否定之例」及「肯定與否定並存之例」者是也。

這三項運作的功能，從《詩經》研究的立場加以觀察，則至少對《詩經》的研究具有下列幾點重要的貢獻：

(一)明辨的功能：

釐清《詩經》內每一首詩的每一個句子，其中「虛字」和「實字」的差別，同時也讓後代詮解或閱讀《詩經》的學者，時時注意到《詩經》句中存在「虛字」的事實，避免以實義解說虛詞的譌誤出現。雖然《經傳釋詞》的內容和結論，並非完美無瑕，然它所帶

來的「儆醒作用」，對經學研究的影響確是長遠而重大事實。

(二)糾繆的功能：

《經傳釋詞》固然不是針對《詩經》一書而作，但卻引錄近五百例的《詩經》例句，尤其在書中「否定」的例證中，大量的糾正毛《傳》、鄭《箋》及孔《正義》誤解、誤說之訓，對前賢不明虛字，而徑以實字解說的誤訓，予以說明更正，使讀者不再虛、實混淆，大大減低對詩文意義瞭解時，可能產生的訛誤。

(三)深化的功能：

明辨虛字而給予正確的詮解，不但減少誤解的出現，同時也可以加深對《詩經》每一字句正確的認識，透過字句比較正確的意義，用以閱讀《詩經》，自然可以更加深入的瞭解《詩經》的意涵，體會《詩經》所蘊含的義理，達到理解上更加深化的效果。

(四)別異的功能：

《經傳釋詞》透過精密分析「虛詞」的意義，觀察到毛《傳》、鄭《箋》、孔《正義》三者註解《詩經》的同一字句時，其中某些解說的內涵，事實上是大不相同的，可看出孔《正義》的詮解雖以循順《傳》、《箋》之義理爲主，然實際上對《詩經》的體會還是有差別的，並非絕對的依從《傳》、《箋》作解，這當中自然也包括對《傳》、《箋》的誤解。

　　透過以上這些實際例證所得的結果，不但對瞭解王引之在《詩經》研究上成果、價值和貢獻有很大的幫助㉕；而且對《毛詩注疏》的相關研究、清代詩經學思想演變的瞭解，均有值得參考之處，以下即申論之。

三、《詩經》條目內容意義之分析

　　《經傳釋詞》引證《詩經》相關條目的內容，及其在詩經學研究上的價值，到底呈現出那些意義？根據筆者初步的分析，至少可以得到下述幾項結論：

㉕　按：《經傳釋詞》在《詩經》研究史上的價值，可以舉在臺灣《詩經》學界通行最廣，至今猶爲多數學者與學生經常參考的《詩經》讀本：屈萬里先生：《詩經詮釋》（臺北：聯經出版事業公司，1983 年 2 月）爲例，書中明白稱引《經傳釋詞》的結論爲說解之根據的即有 46 條：另外稱引《經義述聞》之說的更達 82 條之多，其中自有與《經傳釋詞》重複者。至於暗引或與《經傳釋詞》之結論相同者，如：以「一」爲「一切」、爲「一古腦兒」，解「謂，猶奈也」（頁 73）：謂「子，咨之假借，歎詞」（頁 201）；謂「噬，韓《詩》作逝，發語詞」（頁 207）；解「言，語詞，猶而也」（頁 314）；謂「云，語詞」（頁 439）；以爲「肆，發語詞」（頁 458）；「誕，發語詞」（頁 473）；「有，如有夏，有殷之有，助詞無義」（頁 486）；謂「曰，聿也，語詞」（頁 508）等，數量更多，由此可見《經傳釋詞》對研究《詩經》者的影響，至今猶未已，而此亦稍可見其對《詩經》研究的價值了。

(一)表現揚州學派的治學精神

揚州學派的基本精神：在積極上是「博通」，在消極上是反對「株守」，因此絕不會爲維護某一特定對象而委曲遷就，損害學術求眞的目的；換言之，揚州學派的學者多數具有「實事求是」和「創新開拓」的精神。❷⑥《經傳釋詞》對《毛詩注疏》中的《傳》、《箋》、《正義》，既有肯定，也有否定；既用之爲立論之依據，亦以之爲負面之反證，完全從實際歸納分析所得而判其是非，不預先設定一「凡古皆是」、「凡漢較眞」的偏頗之見。引錄

---

❷⑥ 有關「揚州學派」基本精神內涵之討論，可參見張舜徽：〈學習揚州先輩的治學精神走博通的路〉，《訒庵學術講論集》（長沙：嶽麓書社，1992年5月），頁35－39；和徐復：〈揚州學派新論序〉，趙航：《揚州學派新論》，同註❶，頁1－7等兩文所論。另外王念孫謂：「知鄭許者也，多開擇其善者而從之，善學者不當如是乎？不知而尊鄭許，不徒墨守其迹，必不能心知其意也」之論；以及王引之謂焦循之論「足使株守漢學而不求是者，爽然自失」、又以爲焦氏《管子》雜記「援據古訓以釋疑義，思力精銳，四通八達，信所謂『實事求是』者也，敬服之至」；與陳奐書，謂陳氏《毛詩傳義》發現「《箋》是而《傳》非，似不必曲爲之諱」；又謂顧炎武、梅文鼎、閻若璩、惠棟、江永等人「其學皆實事求是」等一類言論，亦可考見揚州學派「反對株守」、「實事求是」的精神。王氏父子之言見〔清〕王引之：〈光祿公壽辰徵文啓事〉，劉盼遂輯校：《王伯申文集補編》（臺北：藝文印書館，1970年影印《叢書集成續編》本），卷上，頁8a；〔清〕王引之：《王文簡公文集·與焦理堂先生書》，收入羅振玉著：《羅雪堂先生全集六編》（臺北：大通書局，1976年7月），卷4/1a/8187、卷4/3a－3b/8191－8192；〈與陳碩甫書〉，卷4/5a/8195：〈詹事府少詹事錢先生神道碑銘〉，卷4/13a/8211等處。

相關的資料固多，然其目的則是爲判明「虛詞」與「實字」之別，
其主旨是講明經傳中的虛詞及糾正前人誤將虛詞當實字訓解而產生
的訛誤，以便學者能更深入及正確的理解經書的文義，目的清晰而
論點集中，雖繁稱博引而不覺其雜，表現出由博至約而匯通的特
色。王念孫敘朱彬（1753－1834）的《經傳考證》，謂是書的特色
是：

> 揆之文義而安，求之古訓而合，采漢唐宋諸儒之所長而化其
> 鑿空之病與拘牽之習。蓋非置前人之說而不之用，乃師前人
> 之說而善用之者。至其援據之確、搜討之精，非用力之深且
> 久者，不能有是，是可謂傳注之功臣矣！❷⃝

這一特色，實際上也正是《經傳釋詞》內容特色的最佳說明，更是
揚州學派治學精神最實際的呈現。

㈡表現詩經學思潮演變的實情：

明代末期，由於朱子《詩集傳》成爲官書，已歷數百年之久，
雖然達到普及的目的，然同時亦因之而俗化，於是部分較具創新思
想之學者，亦因其過度俗化而有輕視之心，《毛詩注疏》在此情況
下又再度受到重視❷⃝，滿清入關而取代朱明王朝後，重視《毛詩注

---

❷⃝　〔清〕王念孫：〈經傳考證序〉，〔清〕朱彬：《經傳考證》（〔清〕道
　　光 2 年（1822）游道堂精刊本），頁 1b－2a。

❷⃝　有關明代詩經學的發展，及《毛詩注疏》逐漸受到重視的過程和原因等相

疏》的情況不但繼續發展，而且愈來愈盛，直到乾隆朝（1736－
1795）之際，紀昀（1724－1805）等奉命纂修《四庫全書》時，此
種推崇之勢，依然繼續存在，故在《四庫全書總目》中頗可見到推
重《毛詩注疏》之文，例如：號稱乾隆帝（1711－1799）御纂的
《語義析中》的〈提要〉就說道：

> 皇上……於《詩集傳》所釋「蝃蝀」之義，詳爲辯證。併於
> 所釋〈鄭風〉諸篇概作淫詩者，亦根據毛鄭，訂正其
> 譌。……編校是書，分章多準康成，徵事率從《小序》。㉙

從列名爲乾隆帝的「御纂」之書，對非「官學」的《毛詩注疏》如
此推重的情形，亦可推知當時民間學者的大致狀況了，蓋官方的表
現一向是最「後知後覺」的，既然連以朱學爲立國精神的官方，都
如此推重毛、鄭之說，則民間推重流行的情形亦可想而知，因此身
在此一流行思潮下的惠棟，會有「凡漢皆好」的媚漢傾向，也就不
足爲異了。

　　《經傳釋詞》在引用《詩經》的例句中，對於毛鄭等訓解，肯
定者固然不少，然否定而指責其誤者亦有近一百五十例，其中對鄭

　　關的問題，詳參拙著：《明代詩經學研究》（臺北：國立臺灣大學中國文
　　學研究所博士論文，1997 年 6 月）一書所論。
㉙　見〔清〕紀昀等編纂：《四庫全書總目·欽定詩義折中提要》（北京：中
　　華書局，1992 年 10 月標校本），卷 16/130 下－131 上/230－231/上冊。
　　另外〈毛詩正義提要〉謂朱子「詩中訓詁，用毛鄭者居多」，卷 15/120
　　中/上冊，亦可見《四庫全書總目》對《毛詩注疏》之推重。

《箋》的指責更高達一百零七例之多，毛《傳》也有三十例、《正義》有十六例（出現在兩處者重複計入）。可見王引之對《毛詩注疏》的態度，已由《四庫全書總目》之際的特別推崇，轉而進入「實事求是」的正常狀態，不再以朱子《詩集傳》「詩中訓詁，用毛鄭者居多」的理由，含混的稱美肯定，而是直接從經文的是非入手，不曲諱，不株守，以求經書文義的眞是爲依歸，不再活在前人權威說解的既存答案中。相對於《四庫全書總目》的偏主，王引之這類比較正常的、客觀的研究態度，應該是一種方法上的進步，同時也表現詩經學研究由專重《毛詩注疏》後，更進一步細密深化的研究，而以求「眞是」爲目標的趨向；另外也表現當代詩經學研究者，開始脫離漢唐儒者說解的控制，走向「追求原始經義」的企圖，擺脫因漢唐儒之說爲「近古」，因而無形中承認其對經書解說具有壟斷性結論的刻板印象。王念孫的一段話，正可以用來說明這種轉變後的研究態度，他說：

> 說經者期於得經意而已。前人傳注不皆合於經，則擇其合經者從之；其皆不合，則以己意逆經意而參之他經，證以成訓，雖別爲之說，亦無不可。必欲專守一家，而無少出入，則何邵公之墨守，見伐於康成矣。㉚

㉚　〔清〕王引之：〈經義述聞序〉，收入《王文簡公文集》，見羅振玉著：《羅雪堂先生全集六編》，同註㉖，卷 3/4b/8154/冊 20。另外王引之之謂讀者閱讀《經籍纂詁》後，可以「去鑿空妄談之病而稽于古，取古人之傳注而得其聲音之理，以知其所以然。而傳、注之未安者，又能博考前訓以正

此言不但可以考見王氏父子訓解字詞的最終目的是經學的，同時也可以看出其「博而不固」的治學態度。這種態度表現在詩經學的研究上，即客觀的面對《毛詩注疏》，既肯定其正確之訓解，亦舉發糾正其訓解之誤，這和《四庫全書總目》偏重《毛詩注疏》的觀點，顯然有所發展，有所變化，這種發展變化即更實際的以「經」為研究中心，矯正以《傳》、《箋》取代《經》，遂過度推重毛鄭的研究態度上的差繆，這也是清代詩經學思潮演變的實際呈現。

(三)呈現文字獄無形壓力下不自覺的心理反映：

乾隆朝是清代文字獄的最高峰，可謂極空前之盛，「文字獄」對士大夫所造成的無形影響究竟如何？由於這種影響完全是心理上、精神上的，不太可能留下實際的記錄，讓後人瞭解其心理上真正的感受，後人固然可以從學者避寫或改寫「胡虜」、「夷狄」一類的字而稍知其情況，但這也只是一鱗半爪，如能結合更多的實際表現，則對文字獄無形影響的情形，就有可能更加深入的瞭解。王念孫、王引之父子生存的年代，正是文字獄進行最激烈的時期，觀察他們的表現，應該也有助於對文字獄影響學者內在心理的瞭解。

前述統計《經傳釋詞》引用《詩經》的例句，在加以否定的例證中，可以發現沒有一例涉及朱子《詩集傳》。出現在《經傳釋

之，庶可傳古聖賢著書本旨」之論，亦可旁證王氏父子治學目的是「傳古聖賢著書本旨」的經學之追求，而不是以訓詁研究為最終的目的；同時也可看出其「博通」理想的要求，見〈經籍纂詁序〉，卷 3/11a/8167/冊 20。

詞》中唯一論及《詩集傳》的是肯定朱子之解正確的例證。從《經
傳釋詞》引此一例《詩集傳》之文，可知王引之在撰寫《經傳釋
詞》的過程中曾經參考過《詩集傳》；清代官方頒佈的學校和科舉
考試使用的《詩經》註解本，有《毛詩注疏》、《詩經傳說彙纂》
及《語義析中》。❸《詩經傳說彙纂》實際上是以《詩集傳》解說
的內容為主，然後將可以發明朱《傳》的說解，收錄在朱子的「解
說」之下，另外收錄其他和朱子說解相發明或不同者，為「集說」
或「附錄」，故〈凡例〉特別強調以朱子的《詩集傳》為宗。❷根
據合理的推測，王引之即使不看單行的《詩集傳》，至少也要看
《詩集傳》的化身《詩經傳說彙纂》，因此其引有《詩集傳》之
例，並不足為怪，奇怪的是王引之的《經傳釋詞》既然是為了糾正
自漢以來說經者，誤虛字為實詞，「或即以實義釋之，遂使其文扞
格，而意亦不明」的情形，撰書的功用是：「前人所未及者補之，
誤解者正之，……亦欲窺測古人之意，以備學者之采擇」（〈自
序〉，頁 3、頁 6），卻對當時流行最廣、使用者最多、影響學習
者最大的《詩集傳》之說解，沒有特別辨正糾舉的言論出現，難道
《詩集傳》的解說都完全符合王引之的要求嗎？或者表示當時《詩
集傳》已經不受到重視了呢？這當然是不可能的事。

　　《經傳釋詞》其實並未逃避糾正《詩集傳》訛誤的內容，只是
表達的方式比較隱晦而已。由於《詩集傳》「詩中訓詁，用毛鄭者

❸　〔清〕崑岡等纂：《清會典·禮部》（北京：中華書局，1991 年 4 月影
　　印〔清〕光緒 25 年（1899）石印本），卷 32，頁 271－272。

❷　見《詩經傳說彙纂·凡例》，同註❷，卷首/1a/7。

居多」，因此糾正毛鄭的訛誤，也就同時糾正了《詩集傳》相同的
錯誤，所以沒有特別標明朱《傳》，這是可以理解的；但是《詩集
傳》只是「多用」毛鄭之說，並不是「全用」毛鄭之說，因此《詩
集傳》的訛繆當然不會和毛、鄭之說完全一致，這些和《毛詩注
疏》不同的誤訓，《經傳釋詞》又如何處理呢？《經傳釋詞》中有
一類未曾指名道姓，而籠統的稱之爲「說者誤」的例證，其中有一
部份即指《詩集傳》而言。例如：「云，話中助詞也。〈四月〉
曰：『我曰構禍，曷云能穀』，言何能穀也。『云』皆語助耳。說
者多訓爲『言』，失之」（卷 3，頁 71），這一句在《詩集傳》中
作：「而我乃日日遭害，則曷云能善乎」（卷 13/35b/318）**❸❸**，正
將「云」解做「言語」之「言」，可知《經傳釋詞》所謂「說
者」，必包括《詩集傳》在內。又如：「家大人曰：《爾雅》曰：
『曷，盍也』，郭《注》曰：『盍，何不也』。《詩·有杕之杜》
曰：『中心好之，曷飲食之？』曷，皆謂『何不』也。說者並訓爲
『何』，失之」（卷 4，頁 90），《詩集傳》正作「曷，何也」
（卷 7/17a/195）。又如：「彼，匪也。《詩·桑扈》曰：『彼交匪
敖』。〈采菽〉曰：『彼交匪紓』。是『彼』訓『匪』也。
『交』，讀爲『姣』。姣，侮也。『匪交匪敖』、『匪交匪紓』，
皆謂不侮慢也，說者以『彼』爲『彼此』之『彼』；『交』爲『交
接』之『交』，失之」（卷 10，頁 215－216），〈桑扈〉此句，
《詩集傳》作：「敖，傲通。交際之間，無所傲慢」（卷

---

❸❸　此係《詩經傳說彙纂》，同註**❷❹**之頁碼。以下凡引及朱子《詩集傳》之內
　　　容者皆同。

15/2a/335）、〈采菽〉此句則《詩集傳》解爲:「交,交際也。紓,緩也。見於天子,恭敬齊邀,不敢紓緩」(卷 15/18a/343）。以上這些所謂「說者」譌謬的例證,正指朱子《詩集傳》的說解,然則王引之何以不如同毛、鄭一般的直呼其稱謂、或直稱其書名,而必隱諱而稱之爲「說者」呢?

　　《經傳釋詞》糾正《詩集傳》之文,所以要隱諱爲「說者」而不直接稱引其名的原因,筆者認爲很有可能是在「文字獄」恐怖氣氛的壓力下,不自覺的自我保護心理的反映。蓋相對於明代學者對御纂的官書《詩傳大全》,「數百年來,諸儒多引據古義,竊相辨詰。亦如當日之攻毛、鄭」❸,那種公然指責、自由發言的情形,豈不是正顯示出清代士大夫面對官書時心理上的壓力,更可能是精神上存在著揮之不去的陰影,所以不敢公然指責官書,即使官書有值得商榷的問題,也僅以比較曲諱的方式含混帶過。在事過境遷的今天,我們可以做比較合理的設想:公然指責滿清皇帝下令編纂的官定書籍,豈非有可能犯了以下犯上的大不敬之罪。如果被有心人加以利用,在當時「文字獄」陰影的壓力下,任何人皆不敢保證這類足以引發「文字獄」的行爲不會出差錯。因此推測《經傳釋詞》這種隱晦的表達方式,應該是一種在「文字獄」無形的精神壓力下比較安全,也比較具有自我保護的表現方式。❸

---

❸　見《四庫全書總目·欽定詩經傳說彙纂提要》,同註❷,卷 16/130 下/上冊。

❸　梁啓超說:「經過屢次文字獄之後,人人都有戒心」。見《中國近三百年學術史》,《飲冰室合集》(北京:中華書局,1994 年 9 月),第 10

四詩經學思潮再次解放的表現：

梁啓超（1873－1929）認爲後一個時代，都「是從他前頭的時代反動出來」的❸；又說清學的內涵是：「以復古爲解放」，並加以申論曰：

> 第一步，復宋之古，對於王學而得解放；第二步，復漢唐之古，對於程朱而得解放；第三步，復西漢之古，對於許鄭而得解放；第四步，復先秦之古，對於一切傳注而得解放。夫既已復先秦之古，則非至對於孔孟而得解放焉不止矣。❸

梁氏認爲明末以來的學術發展，是以「古」爲尚的既否定又取代的過程，以「更古」取代「近古」，發展到最後則解消所有的「古」，回到現代的「今」，因此最後連「經學」源頭的孔子也被

冊，專集之七十五，頁 17。再則《經義述聞·毛詩》，同註❶，上冊，卷 5－卷 7，頁 118－182，共收 150 條條文，提及《詩集傳》相關註解者九處，其中六處完全肯定、一處則一言《詩集傳》從《箋》之誤後，再肯定其解之是（卷 6/22b－23a/152）；另二處則有駁正之言，然一處係錢大昕之言（卷 7/4b－5b/164－165）、一處則因糾正丁希曾之論而連類及之（卷 6/10a－12a/146－147），並非直接針對《詩集傳》設問而加以反駁。此亦可旁證王引之很有可能受到「文字獄」無形壓力的影響，因而「有戒心」，故不敢直接指責《詩集傳》之誑謬。

❸ 梁啓超：《中國近三百年學術史》，同前註，第 10 冊，專集之七十五，頁 2。

❸ 梁啓超：《清代學術概論》，同註❸，第 8 冊，專集之三十四，頁 6。

解消。周予同（1898－1981）的學生朱維錚發揮梁氏的觀點，以論近代經學的發展云：

> 經學在明朝正德（1506－1521）以後的發展，形成一種自我否定的過程。首先否定左派王學，然後再依次否定王學、否定朱學、否定唐學、否定古文經學、否定今文經學，最後否定政治化的孔子。❸

按照梁、朱二氏的說法，最後當然會得到如錢玄同（1887－1993）的學生周予同所謂：「由瞭解『經學』而否定『經學』」或「不循情地消滅經學」的結論。❸其結論固然可以再商榷，然其對整個明、清以來經學演變的觀察，的確具有相當高的可信度，就《詩經》研究的發展而言，也的確可以發現相近的「倒演歷程」：明末到清初首先否定朱《傳》而逐漸代以毛鄭、接著依次否定《毛詩注疏》為一體而偏重毛《傳》、否定毛《傳》而代以「三家詩」、否定「三家詩」而代以「民謠研究」（即：取消「經學」而代之以

---

❸ 見朱維錚先生 1999 年 7 月 9 日上午 10 時至 12 時，於臺北中央研究院中國文哲研究所籌備處二樓會議室「座談會」的演講紀錄。朱先生曾稱這一個過程為：「以往經學史的倒演」，見氏著：〈中國經學的近代行程〉，《求索真文明——晚清學術史論》（上海：上海古籍出版社，1996 年 12 月），頁 5。

❸ 參見周予同：〈治經與治史〉、〈《經今古文學》重印後記〉，朱維錚編：《周予同經學史論著選集》（上海：上海人民出版社，1996 年 7 月增訂本），頁 623、頁 644。

「文學」）。那麼在這個詩經學倒演的過程中，《經傳釋詞》表現的情形又如何？

《經傳釋詞》在引用《詩經》條目之際，應該沒有刻意要貶抑某一家的成見，然從肯定與否定數量多寡的變化上，亦可以見出王引之對前賢諸說認同的態度，這當然也是一種評價，而且更是一種不自覺的評價，因此可藉以考知當時實際存在的詩經學思潮，蓋無意的呈現比刻意的提倡更能表現真實。根據前述引用資料的統計，《經傳釋詞》在《詩經》訓解上認為解說正確者：毛《傳》六十一例、鄭《箋》五十四例；解說訛誤而需加以糾正者，毛《傳》有三十例，鄭《箋》則高達一百零七例（出現在二處者，均重複計算），從這種懸殊的比例，可推斷王引之對《傳》、鄭《箋》的不同評價，由此亦可見王引之所處的時代，正是重新評價《毛詩注疏》的時代，和王引之有密切交往的陳奐（1786－1863），在其名著《詩毛氏傳疏》中，即相當明確的判明毛《傳》和鄭《箋》不同，明白宣稱鄭玄「作《箋》亦復間雜《魯詩》，並參以己意。固作《箋》之旨，實不盡同毛義」，因此解說多不從《箋》而以發明毛義為主。❹此外馬瑞辰（1775－1853）的《毛詩傳箋通釋》也在這一時期（1835）殺青，其治《詩》態度則「述鄭兼以述毛」，並特別注意毛、鄭二學「分合異致」之別。❹王引之的態度和陳奐較

---

❹ 〔清〕陳奐：《詩毛氏傳疏·敘》（北京：中國書店，1984 年 6 月影印〔清〕咸豐元年（1851）淑芳齋刊本），上冊，頁 1b－2a。

❹ 見〔清〕馬瑞辰著，陳金生點校：《毛詩傳箋通釋·自序》（北京：中華書局，1992 年 2 月），上冊，頁 1；〈毛詩傳箋通釋例言〉，上冊，頁 1。

接近，均有崇毛貶鄭的傾向，馬瑞辰則比較重《箋》說，惟三家均有「博采而不固」的治學態度，同時也都能區分《傳》、《箋》、《正義》三者在訓解上的差異。從這些相關的證據可以說王引之所處的階段，應該是「否定《毛詩注疏》為一體偏重毛《傳》」的階段，《經傳釋詞》引用《詩經》條目的情形，正和這時代詩經學的發展思潮相符合，借用梁啓超的觀點來說，這也就是詩經學再次得到「解放」的表徵，而《經傳釋詞》則是最實際的例證。

《經傳釋詞》固非針對《詩經》一書而作，學者也都將其歸類為訓詁學之作，唯就其引用近五百例的《詩經》例證而論，應可從其實際運作的情形，詳察出該書在不知不覺中表現的態度：對《傳》、《箋》、《正義》的不同引用而形成的評價。分析這些無意中表現出來的評價，不但可以瞭解王引之的治學態度，同時也能看出《經傳釋詞》在《詩經》研究和近代詩經學發展史上所呈現的意義與價值。

四、結論

《經傳釋詞》引用《詩經》諸條目的情形，實際運作的狀況和意義；以及在《詩經》研究和近代詩經學發展史上的意義和價值，根據上述的統計、歸納、分析和討論，大約可以得到以下幾點結論：

㈠歷來研究《經傳釋詞》者，多從語言學、文法學、訓詁學的角度入手，固然可以突顯該書的價值，但卻非其全部的價值。蓋傳統中國學者治學的目的實在「明經」（義理）以「致用」，即所謂

「通經致用」，訓詁的追求僅是「明經」的必要手段，而非最終的目的，尤其是身爲以追求「義理」爲最終目標的戴震嫡傳弟子的王氏父子，不應該也不會完全放棄經學「義理」的追求，而以訓詁爲滿足，因此有必要從其他不同的學術角度，重新考慮《經傳釋詞》的作用和意義，以見《經傳釋詞》的不同貢獻和價值。

㈡《經傳釋詞》引用的《詩經》相關條目，將近五百條，數量龐大，結合傳統學者以「通經致用」爲最終目的的觀點，本文於是從詩經學的角度論其內容所呈現的意義和價值。

㈢從《經傳釋詞》引有王念孫（「家大人曰」）之論七十一例、《讀書雜誌》十九例、《廣雅疏證》一例的實際狀況，可見王氏父子家學承傳的密切；又與《經義述聞》互證者有三十六例，且《經義述聞》亦有與《經傳釋詞》互證者，可見兩書應是同時著手撰寫，所以纔會出現這種互相引證的現象。

㈣《經傳釋詞》引錄的《詩經》相關例證，除清人著作外，同時也引錄有唐、宋人及日本人的著作，更有肯定朱子《詩集傳》之文，可看出王引之「博採而不拘」的治學態度。

㈤歸納《經傳釋詞》引用《詩經》作爲例證的作用，大約有五項：一、單純之例證；二、詮解之例證；三、肯定之例證；四、否定之例證；五、肯定與否定並列之例證。前三項係用來證明《經傳釋詞》說解的正確性；後二類則用來糾正前賢訓解的誤誤。根據這些肯定和否定的例證，也可以看出王引之對毛、鄭、孔、朱等《詩經》研究成績的態度。

㈥根據《經傳釋詞》引用《詩經》例證運作的情形，可以歸納出其在詩經學上具有以下幾項的意義：一、提醒學者《詩經》中

「虛字」存在的事實；二、糾正前賢以「實義」解說「虛詞」的錯誤；三、使學者在瞭解「虛字」眞正的涵意後，可以加深對《詩經》文義的認知；四、辨別毛《傳》、鄭《箋》、孔《正義》三者在訓解上的差異。

(七)分析《經傳釋詞》引用《詩經》相關條目所呈現的意義，大約有四：一、表現揚州學派「博通」的治學精神；二、表現詩經學由「崇朱」、「重漢」而到客觀討論諸家是非的發展演變過程；三、不敢明白糾正朱子《詩集傳》之譌謬，可能是清儒在恐怖的「文字獄」無形壓力下不自覺的心理反映；四、表現近代詩經學發展過程中：「否定《毛詩注疏》爲一體而偏重毛《傳》」的詩經學發展階段的實際。

(八)經由本文的統計、歸納、分析，當有助於對《經傳釋詞》內容、意義和價值更深入的認知；瞭解《經傳釋詞》除在訓詁方面有重大的貢獻外，在《詩經》研究和詩經學史上也有重要的價值和貢獻。所得結論，對王引之學術的研究、揚州學派的研究、近代詩經學史的研究，均有實質的作用和價值；尤其在清代「文字獄」對學術研究所造成心理的無形影響方面，更提供了具有參考價值的證據。

1999 年 8 月 15 日 13：10 動筆。
1999 年 8 月 18 日 23：30 成稿。
2000 年 3 月 29 日 22：31 改訂。

八卷本《揚州圖經》作者質疑

——兼論《揚州圖經》的編纂缺陷

張連生*

一九八一年揚州廣陵古籍刻印社出版過木刻本《揚州圖經》一書，共八卷，署名爲「（清）江藩撰」，書中無序跋，僅在扉頁有「據嘉慶底本校刊」七字。該書從「事志一」到「事志八」，以輯錄體形式，抄撮自周秦至明代有關揚州的資料，注明資料出處，按時間順序編纂而成。一九九八年江蘇古籍出版社又出版了點校本《揚州圖經》，仍爲八卷，署名爲「（清）焦循、江藩撰」，書中《前言》說：「《揚州圖經》的整理，以揚州廣陵古籍刻印社木刻本爲工作底本，以嘉慶刻本爲參校本，加以點校。」這同一部書的前後兩種版本，作者的署名卻不一致，不免使人產生疑惑：八卷本《揚州圖經》作者究竟是誰？筆者帶著這個疑問進行一番探索，發現此書的作者並不是焦循與江藩，而是另有其人。

---

*　　張連生，揚州大學人文學院副教授。

一、重要書目、傳記、年譜中均未著錄八卷本《揚州圖經》

　　由於《揚州圖經》的出版者都稱有嘉慶刻本爲依據，所以筆者查閱了有可能著錄此書的各種重要書目，如《清史稿·藝文志》、《販書偶記》、《續修四庫全書提要》、《中國叢書綜錄》、《書目答問補正》等，這些書目中都沒有收錄《揚州圖經》，而與它相近的一些書如汪中《廣陵通典》、焦循《揚州足徵錄》、姚文田《廣陵事略》、劉寶楠《寶應圖經》等卻往往見諸其中。只有少數書目著錄了《揚州府圖經》一書，但其作者署名卻又不同，如《中國地方志聯合目錄》中說「〔嘉慶〕揚州府圖經　八卷（清）阮元修，江藩、焦循纂」。❶上海古籍出版社《中國古籍善本書目》則著錄了兩種善本，一種是「《揚州府圖經》□□卷　清阮元、江藩、焦循等纂修」；另一種是「《揚州府圖經殘稿》不分卷，清焦循纂修」。❷因這幾種書目未說明該書的內容，故一時不能判斷這些《揚州府圖經》是否與八卷本《揚州圖經》相同。但因爲它們的作者中又多了阮元一人，所以筆者將阮元、江藩、焦循三人都作爲可能的作者進行考察。

　　筆者查閱了《清史稿·儒林傳》、《清史列傳》、《清七百名

---

❶　中國科學院北京天文台：《中國地方志聯合目錄》（北京：中華書局，1985 年），頁 349。

❷　《中國古籍善本書目·史部》（上海：上海古籍出版社，1998 年），頁 778。

人傳》、《清代樸學大師列傳》、《國朝漢學師承記》等記載清代揚州學者活動情況的著述，都沒有找到有關阮、焦、江等人著有《揚州圖經》或《揚州府圖經》的說法，此外，阮元的〈通儒揚州焦君傳〉、阮亨的《續淮海英靈集》、焦循之子焦廷琥的《先府君事略》，以及各種《阮元年譜》、《焦循年譜》、《江藩年譜》，均無一語述及他們撰有八卷本《揚州圖經》之事，例如賴貴三《焦循年譜新編》附錄有《焦里堂先生著述書目》，列舉了焦循所著《易章句》、《易圖略》、《易通》及《北海小志》、《邗記》、《揚州足徵錄》等六十一種著作，並沒有《揚州圖經》在內。又如閔爾昌《江子屏先生年譜》書後有江藩著作書目，列舉其《周易述補》、《國朝漢學師承記》、《宋學淵源記》、《通鑑訓纂》等二十一種著作，也沒有提到《揚州圖經》一書。由於此類傳記資料沒有提供任何八卷本《揚州圖經》作者的資料，因而不得不轉而閱讀阮、焦、江等人的著述，希望從中獲取有關信息。

二、阮元、焦循著作中提到的《揚州圖經》並非八卷本《揚州圖經》

阮元、焦循、江藩等人雖沒有撰寫上述八卷本《揚州圖經》，但阮元、焦循的文章中卻屢屢提及他們與揚州知府伊秉綬（字墨卿）編寫《揚州圖經》之事，有人誤以為他們編寫的成果就是這部八卷本《揚州圖經》。其實，伊秉綬打算編寫而未編成的《揚州圖經》，與八卷本《揚州圖經》並非一回事，我們只要讀一讀阮、焦等人有關編寫經過的幾段文字，就可以得到正確的結論。焦循在

《北湖小志》卷前識語中說：

> 嘉慶丙寅，寧化伊公墨卿來守揚州，以府志八十年不修，將
> 網羅軼事，以表彰之，令循襄贊其事。❸

焦循又在〈揚州足徵錄自序〉中說：

> 歲丙寅，寧化伊公守揚州時，撫部阮公在籍，相約纂輯《揚
> 州圖經》、《揚州文粹》兩書，余分任其事。明年，伊公以
> 憂去，撫部亦起服入朝，事遂寢。己巳、庚午間，修《揚州
> 府志》成，即原本於《圖經》也。纂《圖經》時，所有膏火
> 紙筆之費，皆伊公自捐俸以給。同事者尚有趙司馬懷玉、臧
> 文學庸、袁太學廷檮。今《府志》中多有三君所輯錄。❹

此外，《（嘉慶）重修揚州府志》的阿克當阿序中也說道：

> 曩儀徵阮芸臺撫部方讀禮歸，偕伊墨卿太守輯《廣陵圖
> 經》，屬稿未就而太守以憂去，撫部尋亦還朝。……爰乃延
> 禮通人，咨訪故實，就舊志所存，訛者訂之，闕者補之，其
> 續有採集，大率以《圖經》爲本。❺

---

❸ 〔清〕焦循：《北湖小志》（光緒丙子《焦氏遺書》本），冊38，頁3。

❹ 〔清〕焦循：《雕菰集》（《叢書集成初編》本），卷16，頁256。

❺ 〔清〕阿克當阿：《重修揚州府志》（嘉慶十五年刊本），卷首，頁2。

由上述文字可以看出，伊秉綬要修的《揚州圖經》，後來被阿克當阿稱爲《廣陵圖經》者，實際上就是《揚州府志》。伊秉綬在嘉慶十一年（歲丙寅）倡議續修《揚州府志》，參與者有阮元與焦循等許多人，只是因嘉慶十二年阮、伊二人離開揚州，《揚州圖經》未能完稿。嘉慶十四年至十五年（己巳庚午間），又由阿克當阿出面主持，在《揚州圖經》的基礎上修成了《（嘉慶）重修揚州府志》。

從編寫體例來看，阮元、焦循參編的《揚州圖經》，與八卷本《揚州圖經》也完全不一樣。八卷本《圖經》從「事志一」至「事志八」，全部按年代先後排列揚州歷史資料，而伊秉綬《圖經》則和一般地方志一樣，分門別類撰述地方史事。如焦循在《圖經》中承擔了十個門類的資料搜集、編寫工作，他在〈上郡守伊公書〉中說：「承委分辨《圖經》一事，所分十門，已匯萃成帙。所採文章可備徵實者，亦得十五冊，約二千餘篇。」❻其子焦廷琥在《先府君事略》中，記敘焦循嘉慶十四年參加編《重修揚州府志》的情況說：「佐歸安姚秋農先生、通州白小山先生修葺《揚州府志》，府君分得山川、忠義、孝友、篤行、隱逸、術藝、釋老、職官諸門。」❼同樣，阮元在幫助伊秉綬籌劃《揚州圖經》時也是分門別類的，他曾專門設計了「事志」、「氏族表」、「圖說」三個門類，但他的「事志」與八卷本《圖經》的「事志」又不一樣，他說：

---

❻　〔清〕焦循：《雕菰集》，卷13，頁203。

❼　〔清〕焦廷琥：《先府君事略》（光緒丙子《焦氏遺書》本），冊40，頁28。

　　揚州太守伊公秉綬以修《圖經》之事訪於余，余爲立「事
志」一門，凡經史書籍中有關揚州府事者，編年載之，始於
《左傳》吳城邗溝通江淮，迄於順治十六年賈質死瓜洲之
難。纂修諸君，依余言撰之，成六卷。三千年事，粲然畢著
矣。太守以憂去官，此六卷稿與各門稿本，皆存余家。余除
服入都，巡鹽御史阮公續修府志，延余門生姚文田等撰之。
余以此門授文田曰：「勿可改也」。故此門至今刊成獨詳
備，特名「事志」曰「事略」耳。❽

由此可知，阮元爲伊秉綬設計的「事志」，就是《重修揚州府志》
的《事略門》。讀一讀《重修揚州府志》即可了解，這是一種歷史
大事記，而不是歷史資料的匯編。

　　對於八卷本《圖經》那種用輯錄體形式匯編歷史資料的方法，
焦循在參編《揚州圖經》時曾表示過反對意見，他在〈上郡守伊公
書〉中詳細分析了這種方法的優缺點，他說：

　　惟新頒體例，僅用纂錄，不易一字而標以出處，此誠取信於
古，恐有鑿空誣僞之病也。然鄙意揆之，有未盡然者。近時
朱竹垞《日下舊聞》、黃玉圃《南台舊聞》皆用此體，而其
書實皆述古，不及今時事。若郡縣志書，盧牟今古，則有不
可徒以纂錄成書者。❾

---

❽　〔清〕阮元：《揅經室二集》（《叢書集成初編》本），卷8，頁534。
❾　〔清〕焦循：《雕菰集》，卷13，頁204。

焦循列舉了「十不合」，即十項「不可徒以纂錄成書」的理由，其中第一項就是：

> 夫汲於古者，纂而編之；其驗於今者，無書名可述，無卷數可言，豈其詭設所由來乎？若使半爲纂錄，半出心裁，則是醢醬合於酒漿，狐貉蒙於絺綌。前此雍正府志、甘泉縣志，體例雜糅，頗堪哂笑。職此之故，不合一也。❿

焦循的意見是說，《揚州圖經》是貫通古今之書，不能採用纂錄體，因此他們編的《揚州圖經》，與只「述古」、不「及今」的八卷本《揚州圖經》不是一回事。那麼，是否存在另一種可能，即焦循等人另外又編過一部只記載明代以前歷史的纂錄體《揚州圖經》呢？從八卷本《揚州圖經》的具體內容看，筆者認爲也不可能。

三、八卷本《揚州圖經》弊病甚多，不可能爲焦循、江藩等人所撰

關於八卷本《揚州圖經》，近來有的論著中評價甚高，往往有「熔裁精當」、「考辨精審」之譽。筆者細讀此書，發現它在材料取捨及運用方面存在許多缺陷，且與焦循等人歷來的修志主張多格格不入，主要表現在以下六方面：

---

❿ 〔清〕焦循：《雕菰集》，卷13，頁204。

(一)當取不取，遺漏重要史事

　　阮元、焦循等人嘉慶十一年編《揚州圖經》時，汪中已經去世，汪中所著的編年體揚州史《廣陵通典》留給其子江喜孫。阮、焦等人不僅與汪中過從甚密，而且也與汪喜孫常有交往，應該看過或了解《廣陵通典》的內容。然而八卷本《揚州圖經》卻遺漏了許多已寫入《廣陵通典》的史實，如楚懷王十年城廣陵之事，西漢董仲舒任江都王相，以「正誼明道」教誨江都王劉非之事；東漢馬棱任廣陵太守，大力發展農業之事；東漢末年臧洪激勵廣陵太守張超討伐董卓之事，孫策與張紘定策於江都之事；東晉郗鑑在廣陵誓師討伐蘇峻叛亂之事；劉宋南兗州刺史徐湛之在廣陵造風亭、月觀、吹臺、琴室之事；蕭梁呂僧珍在廣陵任南兗州刺史清廉守職之事，隋煬帝在江都主編《江都集禮》之事；唐代杜佑在揚州編纂《通典》，王播在揚州開七里河，齊澣開瓜洲運河等事。揚州歷史上的這些重要事件，在汪中《廣陵通典》中全有，在汪中的名作〈廣陵對〉中也多提到，在焦循撰的《邗記》與《廣陵考》中也有所觸及，江藩所作〈汪中記〉也知道汪中「作《廣陵通典》藏於家」❶，其中內容也應該知道，然而八卷本《揚州圖經》竟然都統統遺漏了。焦循在〈上郡守伊公書〉中說「纂錄之書，最忌掛一漏萬」❷，像這種有嚴重脫漏的纂錄體史書，應該不是焦循、江藩等所著。

---

❶　〔清〕錢儀吉：《碑傳集》（北京：中華書局，1993 年），冊 11，頁 4021。

❷　〔清〕焦循：《雕菰集》，卷 13，頁 205。

(二)該刪不刪，收錄無用資料

八卷本《揚州圖經》中還收錄了許多對揚州歷史說來意義不大，甚至毫無價值的資料，其中有一些是此人雖在揚州擔任過官職，卻並無事跡可言的材料。如卷三唐代部分，記載侯陟、蘇曉、劉蟠、王子輿、蔣堂等人擔任過淮南轉運使，錢惟浚、崔仁冀、董儼等人擔任淮南節度使；卷五宋代部分，記載王化基、薛映、王立、范雍、宋庠、許元、劉敞、王存等人擔任過揚州知州等。以上諸人的材料都極其簡略，往往只有一句任命、調來或離任的話，甚至僅僅交待某人死於揚州，例如「乾德三年九月己卯，以度支郎中蘇曉爲淮南轉運使」，「元祐五年五月，知太原府龍圖閣直學士滕元發爲龍圖閣學士，知揚州」，「十月壬子，新知青州王存改知揚州」，「八月丁未，龍圖閣待制、知揚州楊景略卒」等等。以上這類材料大量堆砌，且首尾不相銜接，令人讀來生厭，又沒有多少價值，實屬可有可無。

另外，有一些人的官爵名稱看來似與揚州、廣陵、江都有關，其實根本沒有到揚州這裡來做過一天事情，八卷本《圖經》也一一予以收錄。例如卷三唐代部分有「以越王貞爲揚州都督」，「長孫無忌遙領揚州都督」，「沛王賢爲揚州大都督」，「宋王成器遙領揚州大都督」，「盛王沐爲揚州大都督，不出閣」，「貞元四年六月己亥，封廣陵郡王」，「殺江都王緒」等；卷五宋代部分有「吳王元傑爲揚州大都督兼領壽州」，「曹國公元儼進封廣陵郡王」，「廣陵郡王元儼進封榮王」，「封趙孝騫爲廣陵郡王」等等。

我們知道，唐宋時期的揚州都督、揚州大都督是榮譽性虛銜，

並不到揚州來上任，也就是所謂「遙領」。揚州大都督府的實際長官是大都督府長史。這一點，焦循在他的《邗記》中引用《新唐書·職官志》講得很清楚，所以《邗記》中只考錄了唐肅宗以後的揚州長史人名及事跡。同樣，唐宋時期的廣陵郡王、江都郡王也是一種榮譽封爵，不需要到封國就職，也就是所謂「不出閣」。《揚州圖經》在「殺江都郡王緒」一條的案話中也說：「封江都王年月無考，緒亦未之國」。❸像這類實際上與揚州歷史毫無關係的人物，收入書中只能是浪費筆墨。而焦循歷來主張修志時「與揚州無涉」者應予刪削，他在〈覆姚秋農先生書〉中曾說「取詩文爲藝文，亦惟取其有切於揚州者而登之」❹，連寓居無定之人都主張不收入揚州方志中，焦循又怎麼可能把那麼多掛名的揚州大都督、廣陵郡王之流寫進他編的《揚州圖經》之中呢？

(三)隨意取材，不明史料源流

八卷本《揚州圖經》雖然「僅用纂錄，不易一字，而標以出處」，表示「取信於古」，但在選取史料方面，卻往往不取第一手史料而取第二、三手史料，不取早出史料而取晚出史料，顯示出編纂者對史料的價值缺乏必要的鑑別能力。例如卷一記東漢沖帝時派滕撫鎮壓廣陵張嬰之事，《圖經》取《資治通鑑》而不取《後漢書·滕撫傳》；東漢末年笮融殺廣陵太守大掠廣陵之事以及陳登率廣陵兵破呂布之事，《圖經》都取《資治通鑑》而不取《後漢書》

---

❸　《揚州圖經》（南京：江蘇古籍出版社，1998 年），卷 3，頁 62。

❹　〔清〕焦循：《雕菰集》，卷 13，頁 209。

或《三國志》的相同記載；孫策派呂范至江都迎母之事，也是取唐人許嵩的《建康實錄》而不取《三國志·呂范傳》。凡史學家都應該知道《資治通鑑》史料價值雖高，但主要是魏晉以後部分，特別是隋唐五代部分價值較高，而就秦漢史而言，前四史的價值顯然要高於《資治通鑑》，況且上述史事的記載中，前四史的記述往往比其它記述詳細，如《三國志·呂范傳》即是如此，但《圖經》的編纂者卻偏偏不選前四史。

又如卷七至卷八的宋元明部分，編纂者還七次引用乾隆帝的綱目體《御批歷代通鑑輯覽》的材料，而不是引用《宋史》、《宋元資治通鑑》、《續資治通鑑》、《明史》、《明通鑑》等常用的史料。只要讀過焦循《邗記》的人都可以知道，焦循考論史事非常審慎，所用的基本上都是正史及其它第一手史料，在史料取捨上決不會如此缺少見識。

八卷本《揚州圖經》的編纂者為什麼特別鍾愛《資治通鑑》或《御批通鑑輯覽》之類材料呢？其實也不難理解，正是由於他們奉行了「僅用纂錄，不易一字」的方針，所以遇到了焦循「十不合」中指出的難題，即所謂「前古之書，或數行之中，僅取一語，割之則脈絡不完，備之則字句冗費，且有前後相間，不容備載」❶的問題，編纂者為了避免「脈絡不完」或「字句冗費」的矛盾，便不得不放棄正史中比較分散的材料，選取經過後人重新整理過的《資治通鑑》、《御批通鑑輯覽》等材料，這樣做比較省事，但又恰恰違背了「取信於古」的初衷，這正是汪中、焦循、江藩等高明的學者

---

❶ 〔清〕焦循：《雕菰集》，卷13，頁204。

所不贊成的。

㈣繁簡失當，敘事雜亂不清

有關揚州歷代史事的記錄，古代遺留下來的歷史文獻中往往文字多少不等，甚至相差懸殊。對留存資料很少的事件，編纂者應當儘量利用文字較多的文獻，以反映具體史實；而對留下資料較多的事件，編纂者應當選取一、二種較典型而可靠的文獻，以保證敘事詳而不蕪。而八卷本《揚州圖經》的編纂者卻往往該詳的不詳，該略的不略，便讀者大惑不解。例如卷一有關東漢時廣陵太守張綱招降張嬰事，編者僅取《後漢書·順帝記》三十二字：「漢安元年九月庚寅，廣陵盜賊張嬰等寇郡縣。是歲，廣陵賊張嬰等詣太守張綱降」，內容極其簡略，看不出事件來龍去脈。實際上，《後漢書·張綱傳》中有關於此事的具體記載，現抄錄如下：

> 時廣陵賊張嬰等眾數萬人，殺刺史、二千石，寇亂揚徐間，積十餘年，朝廷不能討。（梁）冀乃諷尚書，以（張）綱為廣陵太守，因欲以事中之。前遣郡守，率多求兵馬，綱獨請單車之職。既到，乃將吏卒十餘人，徑造嬰壘，以慰安之，求得與長老相見，申示國恩。嬰初大驚，既見綱誠信，乃出拜謁。綱延置上坐，問所疾苦。乃譬之曰：「前後二千石多肆貪暴，故致公等懷憤相聚。二千石信有罪矣，然為之者又非義也。今主上仁聖，欲以文德服叛，故遣太守，思以爵祿相榮，不願以刑罰相加，今誠轉禍為福之時也。若聞義不服，天子赫

> 然震怒，荊揚兗豫大兵雲合，豈不危乎？若不料強弱，
> 非明也；棄善取惡，非智也；去順效逆，非忠也；身絕
> 血嗣，非孝也；背正從邪，非直也；見義不爲，非勇
> 也：六者成敗之幾，利害所從，公其深計之。」嬰聞，
> 泣下曰：「荒裔愚人，不能自通朝廷，不堪侵枉，遂復
> 相聚偷生，若魚游釜中，喘息須臾間耳。今聞明府之
> 言，乃嬰等更生之辰也。既陷不義，實恐投兵之日，不
> 免孥戮。」綱約之以天地，誓之以日月，嬰深感悟，乃
> 辭還營。明日，將所部萬餘人與妻子面縛歸降。綱乃單
> 車入嬰壘，大會，置酒爲樂，散遣部眾，任從所之；親
> 爲卜居宅，相田疇；子弟欲爲吏者，皆引召之。人情悅
> 服，南州晏然。**⓰**

這裡五百餘字已把張綱招降張嬰一事敘述得十分具體生動，而編纂
《圖經》者卻惜墨如金，不屑一顧。反之，有關唐末高駢信妖道，
亂廣陵一事，《資治通鑑》或《舊唐書·高駢傳》均言之甚詳，
《圖經》卷三敘述此事時卻既錄《通鑑》，又取《舊唐書》，同時
還大段引用《廣陵妖亂志》的材料，前後長達九千餘言，情節重複
雜沓。還有一些事件，《圖經》抄錄文字既多，敘事卻非常混亂，
如南宋李全之亂，《圖經》卷七抄錄《宋史》中有關的四段資料，
長達四千餘字，卻雜亂無章，從許國任淮東安撫使說起，忽而講許

⓰ 〔劉宋〕范曄：《後漢書》（北京：中華書局，1965 年），卷 56，頁
1818。

國，忽而講楊氏，忽而講李全，忽而講趙全，卻不述各人身份與相互關係。花費三千字之後才交待「李全者，濰州北海農家子」，「於是母舅劉全爲帥」。❶整個事件過程，讀後仍如一堆亂麻，確知焦循所批評的「割裂則本末不明，堆垛由繁複無次」❶，編纂者組織材料的水平實在有限。

㈤有文無圖，不合良史規範

八卷本《揚州圖經》名爲「圖經」，實則無圖。有人以爲這和《元和郡縣圖志》也無圖一樣，不足爲怪。其實《元和郡縣圖志》本有地圖，只是在流傳過程中丟失而已。《揚州圖經》如果真是阮元、焦循等人所撰，絕不會有文無圖，因爲阮、焦等人在編撰地方文獻時，都極其重視地圖。阮元在《揚州府志·事志、氏族表、圖說三門記》一文中說「自古史傳，人事與地理相爲經緯也」，因此建議專立「圖說」一門，並親自繪〈雷塘地保圖〉一幅，刻印了一百張送給伊秉綬，並進一步說：「聚十數地保之圖，即成一鄉，聚四鄉即成一邑，一邑之圖說，須以數十紙計，而城池廨宇街巷更在此外，此所以爲《圖經》也。」❶焦循在〈上郡守伊公書〉中所擬的《圖經》目錄也有四境保甲圖、水道圖、江洲圖、廨宇圖等門類。焦循在嘉慶十三年自己撰的《北湖小志》一書中繪有十六幅圖，並在卷前識語中說：

---

❶　《揚州圖經》，卷7，頁177。

❶　〔清〕焦循：《雕菰集》，卷13，頁205。

❶　〔清〕阮元：《揅經室二集》，卷8，頁535。

余既撰《北湖小志》六卷，阮大中丞爲之刻，而屬爲圖。先是，循以府志之役，屬同里歐陽君錦往來高郵、天長界上，求諸山澗入湖之道。歐陽君作圖以餽我。今按而核之，次爲六圖，以明水地之形狀，然十得六七而已。又繪舊跡名勝爲十圖，……共圖十有六，爲一卷，足涉手摹，匝歲月而後成。有訛誤識者正之。⓴

由此可見焦循撰寫地方志時對繪圖工作的重視程度與務實精神，而且也可知當時焦循參撰《揚州圖經》時已經請人繪了地圖。而那種有文無圖的《揚州圖經》又怎麼可能出自阮元、焦循諸人之手呢？順便說一下，另一位揚州學者劉寶楠所撰的《寶應圖經》，也是有文有圖的寶應地方志著作，這更可證明，焦循等人若撰成《揚州圖經》必定會有地圖。

㈥雖有案語，學術價值不高

八卷本《揚州圖經》中共有編者案語五十一條，其中標明「焦循案」者一條，「江藩案」者四條，其餘四十六條均無案者署名。這五十一條案語中，較有質量的考異、考訂僅六條，占極少數，主要就是具名焦循、江藩的五條，其餘四十五條中，有三十六條僅僅是存異，還有九條只是一般地說明事實原委、人物身份或地名位置，這大部分案語都沒有什麼學術價值，例如：

⓴ 〔清〕焦循：《北湖小志》，《焦氏遺書》本，冊38，頁3。

案：城陽共王喜，城陽景王之子。見《漢書·高五王傳》。（點校本頁8）

案：司馬彪《後漢書·郡國志》：「廣陵郡十一縣。元壽所食之六縣無可考。」（頁9）

案：桓弘啖粥被殺事，《建康實錄》在元興二年。（頁17）

案：《宋書·明帝紀》薛安都反在泰始二年。（頁28）

案：東魏武定八年，即齊文宣帝天保元年，梁簡文帝大寶元年也。（頁36）

案：恭帝義寧元年，即煬帝大業十三年也。（頁46）

案：江都王緒，但見〈霍王元軌傳〉，其封江都王年月無考。（頁62）

諸如此類存異或說明的案語，沒有考證功夫，既不能與《通鑑考異》之類相提並論，更談不上什麼「考辨精審」，大多可有可無。

更有甚者，有些案語還反映出編者歷史知識的欠缺，比如卷三「天寶十五載七月丁卯，盛王琦爲廣陵郡都督」條下，「案：《資治通鑑》作至德元載」。稍通唐史者都知道：天寶十四載安祿山反，天寶十五載六月唐玄宗從長安奔蜀，太子李亨到靈武稱帝，改元爲至德元載。天寶十五載與至德元載本是同一年。編者寫這條案語，似乎是看成不同年代而保存異說。又如編者在卷一引《資治通鑑》笮融大掠廣陵又到秣陵殺薛禮的材料之後，又「案：嚴衍《資治通鑑補》『先是，彭城薛禮爲陶謙所逼，屯秣陵』句，在『放兵大掠』下。」編者不作任何考證工作，將清人嚴衍《資治通鑑補》的異文，與《資治通鑑》的文字放在一起存異，未免太缺史識。再

如卷八元至正十二年，「以人魯曾爲淮南宣慰使」條下，「案：《本紀》命逯魯曾爲淮東添設元帥……則『人魯曾』當作『逯魯曾』」。蒙古人的名字本爲音譯，史書中常有不同寫法，《圖經》卷七中就曾稱元宰相伯顏爲「巴延」，這裡卻又特地爲「逯魯曾」寫作「人魯曾」書寫案語，加以糾正，簡直令人不可理解。八卷本《揚州圖經》的編纂者把這些低水平的案語和焦循、江藩的幾條案語混在一起，並不能證明這種《揚州圖經》是焦、江所著，至多只能表明編者手上留有焦、江二人爲編寫《圖經》而搜集、研究過的一些資料而已。總之，八卷本《揚州圖經》自身的內容弊病百出，足以證明它並非出自阮元、焦循、江藩諸人之手。

四、北京圖書館所藏八卷本《揚州府圖經》也不能說明其作者身份

八卷本《揚州圖經》的底本究竟來源於何處？這也是解決其作者問題的關鍵之一。筆者訪問了廣陵古籍刻印社的有關人士，據稱因人事變遷，已無人能說清一九八一年木刻本的底本來源。所幸者江蘇古籍出版社出版前言中說：「原稿係手稿，名《揚州府圖經》，藏北京圖書館」，《中國地方志聯合目錄》對它的版本情況也有所介紹，其中說：

〔嘉慶〕揚州府圖經　八卷（清）阮元修　江藩　焦循纂
清嘉慶六年修　抄稿本　北京，清抄本　北京（不全）
清嘉慶十一年刻本　北京　北大　上海（存事志 8 卷）　南

大　浙江㉑

　　筆者請朋友去北京圖書館古籍部查閱了有關《揚州府圖經》資料，發現北圖古籍部所收藏的《揚州府圖經》不是三種版本，而是四種版本；它們不是同一部書，而是兩部書的不同版本。其中第一種是《揚州府圖經》殘稿本，僅二冊，不分卷，書上有「焦循」二字印跡，內容爲「術藝傳」等人物傳記。第二種是《揚州府圖經》的抄本，共六冊，十一卷，書上有「積學齋徐乃昌藏書」印跡，內容爲藝文三卷、祠祀三卷、古跡二卷、事志三卷，署名爲「阮元、江藩等輯」。第三種是《嘉慶揚州府圖經》刻本，四冊，八卷，內容是事志一至事志八，輯錄從周秦至明代揚州史資料，與今八卷本《揚州圖經》相同。第四種是《揚州府圖經》抄本，二冊，五卷，內容是事志一至事志五，與今八卷本《揚州圖經》前五卷相同。從以上情況可以看出，以上四種版本其實是兩部不同的書：第一、二兩種版本的內容，有術藝、藝文、祠祀、古跡等，可能是焦循、阮元、江藩等人與伊秉綬修《揚州圖經》時留下的稿本與抄本，與單純只有「事志」的八卷本《揚州圖經》無關。第三、四種版本才是今八卷本《揚州圖經》的祖本。《中國地方志聯合目錄》把它們作爲一部書著錄，那是弄錯了。但第三種版本雖名爲「嘉慶揚州府圖經」，書中既無序跋、題記，又無作者、刻書者姓名及刊刻時間，實際上仍無法斷定它是否真正的嘉慶刻本，因爲它有可能是後代刻

㉑　《中國地方志聯合目錄》，頁349。

書者加上了「嘉慶」二字。

　　更爲重要的是，第四種《揚州府圖經》書中有汪中之子汪喜孫的題記兩處，一處寫有：「喜孫謹按：廣陵，吳（魯）地，不當用魯紀年，先君《廣陵通典》作『吳王夫差十年』，是也。」另一處寫有：「嘉慶丙寅，阮撫部元、伊太守秉綬，禮致江先生藩、趙司馬懷玉、焦君循、袁君延壽、臧君庸及喜孫同纂是書。甘泉汪喜孫題記。」很可能，這條題記就是《中國地方志聯合目錄》、《中國善本書目提要》認爲八卷本《揚州府圖經》是由阮元、江藩、焦循纂修的依據，並且也是該書有「嘉慶十一年刻本」說法的緣起。我們不能不對這兩條題記認眞作一番考察。

　　如果汪喜孫這兩條題記不是他人杜撰，而確實爲其本人所記，那麼它們能說明什麼問題呢？筆者以爲它們只能證明八卷本《揚州府圖經》也是編纂於嘉慶丙寅年（十一年），成書時間當在此年或之後，刻書時間則應更晚。《中國地方志聯合目錄》中所謂「嘉慶六年修」是錯的，「嘉慶十一年刻本」可能也靠不住。此外，它們能否證明阮元、伊秉綬、江藩、趙懷玉、焦循、袁延壽、臧庸、汪喜孫等八人於嘉慶十一年共同編纂了八卷本《揚州府圖經》呢？筆者認爲還不能。首先，汪喜孫批評該書開篇第一句話「魯哀公九年秋，吳城邗，溝通江淮」，紀年方法不對，不當用魯國紀年，而應該像汪中《廣陵通典》那樣稱爲「吳王夫差十年」。這樣一來，汪喜孫本人是否參加編纂此書就值得懷疑，至少說他不是此書的主要編纂者。其次，以上八人「同纂是書」，是否就指的是這部八卷本《揚州府圖經》呢？從字面上看似乎應該就是它，其實卻很值得懷疑。因爲焦循〈揚州足徵錄自序〉中講到嘉慶十一年伊、阮、焦、

臧、袁諸人同修《揚州圖經》而未完，怎麼可能他們同時又和江藩、汪喜孫合修另一部八卷本《揚州府圖經》呢？再次，從兩部書的文字份量來看也有疑問，伊秉綬《揚州圖經》實際就是《重修揚州府志》的稿本，《重修揚州府志》成書後有七十二卷，二十八門類，上百萬字，既然「大率以圖經爲本」，《揚州圖經》的份量也應該大致相當，自然需要八人甚至更多的人參與編纂。而八卷本《揚州府圖經》總共不足十六萬字，而且全是輯錄現有資料，怎麼可能會集中這麼多人才去編纂呢？這也未免太低估這批學者的能力了！筆者以爲，所謂「同纂是書」的「是書」二字，指的仍然是伊秉綬《揚州圖經》，而八卷本《揚州府圖經》只是伊秉綬《揚州圖經》編纂過程中留下的一部分材料，後有好事者把這一部分材料匯編成八卷，題以「揚州府圖經」之名，請汪喜孫題詞，汪喜孫只是把它看成自己和其他諸人編的《揚州圖經》的一部分，因而留下了以上兩段題記，「同纂是書」應當這樣理解。其題記時間當在嘉慶二十五年之後，其時焦循、伊秉綬、趙懷玉、袁延壽、臧庸均已去世，故以江藩列於諸人之前。

　　總的說來，八卷本《揚州圖經》的形成有一個曲折過程：嘉慶十一年揚州知府伊秉綬與丁憂回家的阮元共同謀劃續修《揚州府志》，暫時稱之爲《揚州圖經》，參與其事的有焦循、江藩、汪喜孫等許多人。嘉慶十二年因伊、阮二人離揚而使即將完稿的《揚州圖經》中途耽擱。嘉慶十四年兩淮鹽運使阿克當阿出面主持續修《揚州府志》一事，仍以《揚州圖經》稿本爲基礎，修成《（嘉慶）重修揚州府志》。後有好事者（可能是保存資料者）把他們搜集的一部分有關編寫「事志」的文獻材料匯編成冊，定爲八卷，名

爲「揚州府圖經」，並請汪喜孫作題記。汪喜孫仍將它視作《揚州圖經》的一部分，題寫了編纂時間及其他參與者姓名。其後刊刻者稱之爲「嘉慶揚州府圖經」，藏書者誤稱之爲「嘉慶十一年刻本」，進而又以訛傳訛，把兩種《圖經》混爲一談，統稱爲「揚州府圖經」，並收入《中國地方志聯合目錄》之中。一九八一年廣陵古籍刻印社刊刻時又把《揚州府圖經》改名爲《揚州圖經》，將作者指爲江藩；一九九八年江蘇古籍出版社點校出版時，又增加焦循爲作者，故而形成今點校本《揚州圖經》。至於八卷本《揚州府圖經》的編者姓名，還有待今後進一步探討。

附錄一

海峽兩岸清代揚州學派
學術研討會議程表

2000 年 4 月 3 日

08：30－09：30　　**開幕式**

第一場會議　10：00－11：00

　　主持人：王小盾、周昌龍

　　(一)龔鵬程：清朝中葉的揚州學派

　　(二)戴　逸：吳、皖、揚、浙——清代考據學的四大學派

　　(三)王俊義：關於揚州學派的幾個問題

　　(四)湯志鈞：清代經學學派及其異同

第二場會議　14：30－16：00

　　主持人：王俊義、楊晉龍

　　(一)田漢雲：關於進一步確認揚州學派的思考

　　(二)黃愛平：清代漢學流派析論

　　(三)林慶彰：方東樹對揚州學者的批評

　　(四)趙葦航：揚州學派經世致用思想述論

第三場會議　16：30－18：00

　　主持人：蔣秋華、黃愛平

　　(一)劉仲華：揚州學者的子學研究

　　(二)王章濤：商儒轉換中的揚州學派及其經世致用

　　(三)陳文和：揚州書院與揚州學派

　　(四)楊晉龍：《經傳釋詞》內《詩經》條目析論

2000 年 4 月 4 日

第四場會議　08：00－09：30

　　主持人：龔鵬程、彭林

　　(一)承　載：揚州學派與蘇南學人

　　(二)周昌龍：戴震義理學中情理的社會基礎與驗證

　　(三)華　強：略論戴震的自然科學觀及其影響

　　(四)詹海雲：全祖望與揚州學術

第五場會議　10：00－11：30

　　主持人：賴貴三、錢宗武

　　(一)張承宗：從揚州地理概念的變化說揚州與江南的密切關係

　　(二)蔣秋華：孫喬年對《古文尚書》的考辨

　　(三)張其昀：《經義述聞》通假借之芻議

　　(四)趙中方：《廣雅疏證》與漢語詞族研究

　　(五)班吉慶：從〈與李方伯書〉看王念孫古音研究的貢獻

　　(六)郭明道：王氏父子校釋群書的方法與成就

　　(七)單殿元：《經傳釋詞》簡論

2000 年 4 月 5 日

第六場會議　08：00－09：30

主持人：蔣秋華、承載

(一)劉玉國：阮元〈釋訓〉析論

(二)金培懿：阮元注經方法中的語言意識及其詮釋學意義

(三)漆永祥：《漢學師承記》史源考辨

第七場會議　10：00－11：30

主持人：錢競、詹海雲

(一)彭　林：試論焦循《群經宮室圖》

(二)錢宗武：《尚書補疏》疏證

(三)程　鋼：解釋學與修辭學：以焦循《易》學的假借引申論
　　　　　為例

(四)賴貴三：批判繼承與創造發展——清乾嘉通儒焦循經學述
　　　　　評：以手批《十三經註疏》為例簡說

第八場會議　14：30－16：00

主持人：劉玉國、張承宗

(一)張連生：焦循參撰《揚州圖經》說質疑

(二)劉建臻：焦循《集舊文鈔》考證

(三)秦　華：二十一世紀與揚州學派

16：00－17：00　**閉幕式**

海峽兩岸清代揚州學派
學術研討會綜述

田漢雲

　　二〇〇〇年四月三日至五日，揚州大學人文學院舉辦了「海峽兩岸清代揚州學派學術研討會」。來自北京、上海、江蘇、臺灣地區部分高校和科研單位的四十五位專家學者共提交四十餘篇論文，著重圍繞清代揚州學派的學術定位、揚學名家的學術成就等問題，暢談治學心得，廣泛交流切磋，在許多方面拓展了對清代揚學的認識。

　　清代中期，揚州地區學術名家人數眾多。「揚州學派」的提法由來已久，但是學術界也不斷有人加以質疑。有鑑於此，中國社會科學院王俊義〈關於揚州學派的幾個問題〉、上海社會科學院湯志鈞〈清代經學學派及其異同〉、中國人民大學黃愛平〈清代漢學流派析論〉、臺灣佛光大學龔鵬程〈清朝中葉的揚州學派〉、揚州大學田漢雲〈關於進一步確認揚州學派的思考〉，對揚州學者群體的學派特徵再度展開探討。王俊義認為，揚州學派是乾嘉學派的一個分支。它形成的時間稍晚於吳、皖兩派，主要活動空間在揚州地

區。其成員大都是揚州籍學者，但也應包括淩廷堪等久客揚州、與當地學術界聯繫緊密的學人。揚州學派的主要特徵是：繼承發展惠棟、戴震的考據之學，將乾嘉漢學進一步推向高峰，並取得總結性成就；突破傳註重圍，開拓了研究領域，治學內容與方法都漸有近代氣息；反對漢學的墨守與門戶之見，具有發展變化的思想和求實批判精神。龔鵬程以人文地理學的進路，考察乾嘉時期揚州的人文活動，指陳揚州學人在治學方法、研究範圍、精神意趣、人生態度、生活方式等方面，都不同於經學考據家。此種文人學者集團，可視爲學人向文人類化，以致文人階層逐漸涵融學者的實例。黃愛平認爲，吳、皖、揚三派各具特色，吳派尊古崇漢，皖派實事求是，揚派特重通貫總結。三派後先相承，基本反映出一代學術產生、發展、變化乃至終結的過程。在眾多揚派學者中，阮元是首要代表人物，其次有汪中、焦循等人。田漢雲認爲，揚州學派確認的根據主要有三項，一是以地緣爲紐帶且兼具群體意識，二是學術淵源越出吳、皖兩派之外，三是學術趣向相對於吳、皖兩派有重要新變。該學派經歷了三個發展階段，第一期以汪中、王念孫、劉台拱爲代表人物，第二期以阮元、焦循、王引之、江藩爲代表人物，第三期以劉寶楠、劉文淇爲代表人物。作爲學術群體，其基本特徵是「通貫」，表現爲考據與義理的貫通、「道」與「藝」的兼重，具有寬廣的文化視野與卓越的創造能力。湯志鈞認爲，考察學派異同，應看主要傾向。揚州出了很多經學大家，也有其地區特色，稱爲揚州學派並從事專題研究自屬可行。但是由經學流派之分野看，還應維持章太炎的結論，以揚學隸屬於皖派。

揚州學派在清學史上的地位與作用，是本次研討會另一重要議

題。中國人民大學戴逸〈吳、皖、揚、浙——清代考據學的四大學派〉提出，吳、皖、揚、浙四個學派時代先後不同，代表清代考據學發展的四個階段。揚州學派對吳、皖兩派多有繼承，但是主張溝通群籍，兼治經子，並淡化漢學與宋學的對立，則為變化與發展。如汪中研究諸子，推崇荀子、墨子；王念孫古籍校勘，及於《廣雅》、《史》、《漢》、《老》、《莊》、《荀》、《韓》、《晏子春秋》、《淮南子》等；焦循提倡「通貫之學」，要求「主以全經，貫以百氏，協其文辭，揆以道理」；阮元也不同於前輩力排宋學，而傾向於調和折中，「崇宋學之性道，而以漢儒經義實之」。揚州大學祁龍威〈清乾嘉後期揚州三儒學術發微〉評析焦循、阮元、淩廷堪的經學思想，提出：乾嘉經學乃是反對宋明儒者「空談性道」的經世之學。乾嘉經學經歷三期：初期為吳學，功在復漢人訓詁；繼之為皖學，期於由訓詁以明道；又繼之為揚學，導學術面向人倫日用。焦循、阮元、淩廷堪批判漢學末流的門戶聲氣之陋習，治經力圖切合於人事，代表了乾嘉後期經學的主流，是真能使揚學繼吳、皖而崛起，確定其地位的關鍵人物。揚州大學趙葦航〈揚州學派經世致用思想述論〉條陳揚州學者在天文曆法、數學、地理、方志、水利、交通等學科領域的傑出貢獻，證明他們反對空談、提倡實學，關注國計民生，鑽研自然科學，能以理論聯繫實際，達到經世致用原則指導下的學行統一。

　　不少學者對揚州學派所處學術環境與社會背景作出較有深度的考述。臺灣中央研究院中國文哲研究所林慶彰〈方東樹對揚州學者的批評〉，分析方東樹對汪中、阮元、江藩若干言論的批駁，指出：方氏確能剔抉這三家的失誤，但是他銳意維護宋學，也有持論

失宜之處。方氏的批駁反映了揚州學者在乾嘉考據學派的份量，對乾嘉到道光年間漢宋學的演變有一定影響。臺灣暨南國際大學周昌龍〈戴震義理學中情理的社會基礎與驗證〉、空軍政治學院上海分院華強〈略論戴震的自然科學觀及其影響〉，由情理關係、道藝關係探索揚州學派的學術淵源。上海社會科學院承載〈揚州學派與蘇南學人〉、臺灣交通大學詹海雲〈全祖望與揚州學術〉，稽考揚州學者與當時學術界的廣泛交流，證實他們有意識地汲取其他區域的學術養分，提高自身學術水準。揚州大學朱宗宙〈鹽商群體的地域結構與揚州文化的多元性〉，揚州學術旅遊學會王章濤〈商儒轉換中的揚州學派及其經世致用〉，著意闡述商業經濟及區域文化底蘊對揚州學術的襄助功能。揚州大學陳文和〈揚州書院與揚州學派〉考明揚州安定、梅花、廣陵三書院掌院三十餘人，列舉肄業其中的揚州學者數十人，揭示出發達的教育事業對學術文化的支撐作用。

重視個案研究也是本次研討會的顯著特色。

有五篇論文闡述高郵二王的文字學成就。揚州大學趙中方〈《廣雅疏證》與漢語詞族研究〉認為，《廣雅疏證》之貢獻，是以語義為主線，以詞義為核心，以書證為依據，從紛繁的漢語詞彙中串聯出眾多音近義同的同族詞，其方法和成果不但為漢語語義學，也為普通語言學理論提供了極有價值的借鑑和資料。揚州大學張其昀的〈《經義述聞》通假借之芻議〉，把王引之通假借之具體方法歸納為五種：一是據異文或類似記載參證，二是據原文與註疏比照，三是通觀文理文脈，四是尋繹章法文例，五是審察用字常例。臺灣中央研究院文哲所楊晉龍〈《經傳釋詞》內《詩經》條目析論〉指出，《經傳釋詞》引用《詩經》文句多至四百九十六例，

其釋義往往能糾正《毛傳》、《鄭箋》、《孔疏》之謬誤，至於不直接駁詰朱熹《詩集傳》，當是畏懼清廷文網之嚴酷。

　　關於焦循研究的論文有八篇。臺灣師範大學賴貴三〈批判繼承與創造發展——清乾嘉通儒焦循經學述評：以手批《十三經註疏》為例簡說〉認為，焦循手批《十三經註疏》時大量運用兩漢以來經、史、小學豐實的研究成果，汲取時賢惠棟、阮元等樸學徵實之創獲，並據個人所學發揮判釋，對舊疏有匡補闕遺之功，可資後人作相觀而善參較之用；其《雕菰樓易學三書》、《六經補疏》、《論語通釋》、《孟子正義》均淵源於此，因而具有「辨章學術，考鏡源流」的文獻價值。清華大學彭林〈試論焦循《群經宮室圖》〉結合當代考古學成果，指出焦循以《考工記》宮室之制為網，以群經解禮經宮室，從傳註而不株守，證之以實而運之於虛，鉤稽索隱，精發古義，書僅二卷，而創獲尤多，使宮室制度研究之種種糾葛往往迎刃而解。清華大學程鋼〈解釋學與修辭學：以焦循易學的假借引申為例〉提出：焦循所謂「《易》為訓詁之祖」，在某種意義上預示了黃侃「以語言解釋語言」這一訓詁定義；他把假借作為修辭學引入《易》學，使科學與文學在說《易》時達成某種平衡；他詮釋《易經》，解釋學、修辭學的方法多為發揮政治倫理觀念服務。揚州大學錢宗武〈《尚書補疏》疏證〉認為，焦循《尚書補疏》對《孔傳》的研究採取縱向對比、橫向參較之法，或證《孔傳》之訓詁，或申《孔傳》之立論，或糾《孔傳》之誤說，或駁《孔疏》而力申《孔傳》，或明《孔傳》、《孔疏》皆誤，持論審慎，言必有據，在《尚書》學史上具有重要地位。揚州大學劉建臻的〈焦循《集舊文鈔》考證〉介紹新發現的焦氏遺件，揚州大學

張連生〈焦循參撰《揚州圖經》說質疑〉提出今本《揚州圖經》瑕疵甚多，非焦氏所撰，也受到與會專家關注。

關於阮元研究的論文有二篇。臺灣中央研究院金培懿〈阮元註經方法中的語言意識及其詮釋學意義〉認為，阮元的註經方法表明他語言意識的覺醒。他清楚地認識到，聖人之道這一「原初」意識，在經過語言加以「複製」後，兩者屢屢產生誤差，所以他特別注重尋找經典語句的「本義」。這種做法的意義在於，認知過去的真理，修正現在的先入為主之見，打造出新的古今共通性。臺北科技大學劉玉國〈阮元《釋訓》析論〉細緻辨析了阮元關於「訓」、「順」通假說的精義與失誤。

北京大學漆永祥〈《漢學師承記》史源考辨〉採擇江藩之前人或同時人所作有關學者的傳狀，與《漢學師承記》相比勘，考見江藩選擇史料嚴格、謹守漢學門戶之特徵，並指明，書中錯訛或因自撰失實，或緣不察前人之誤，得失相權，此書誠為最早對清代經學進行總結評價的重要著作。

臺灣中央研究院蔣秋華的〈孫喬年對《古文尚書》的考辨〉，以高郵學者孫喬年的《尚書古文證疑》與閻若璩《古文尚書疏證》相比較，認為孫氏發明雖然較少，條理則更清晰，能將相關問題以極有系統的方式展示出來，同閻氏之書可以互補參閱。

會議期間，海峽兩岸學者還就如何推進揚州學派研究展開討論。大家認為，今後有必要逐步整理出版有關古代文獻，加強跨學科的綜合研究，通過兩岸學者的持續交流與合作，把揚州學派研究引向深入。

——原載《書品》2000 年第 4 期（2000 年 7 月），頁 80－84

海峽兩岸清代揚州學派
學術研討會紀實

楊晉龍

一、前言

　　一九九九年一月二十六日到二月三日，爲執行「清乾嘉揚州學派經學研究計劃」，國立臺灣師範大學國文系賴貴三、本院近史所張壽安、本處蔣秋華、楊晉龍及助理黃智信等人，在林慶彰先生的帶領下，前往揚州實地考察，因而與揚州大學祁龍威、佴榮本、田漢雲、王小盾、張連生、趙葦航等多位教授達成在海峽兩岸各舉辦一場「揚州學派學術研討會」的共識。第一場由揚州大學主辦、第二場由本處主辦；揚州大學主辦的時間是二○○○年四月三日到四月五日。此次赴揚州發表論文者共有：佛光大學校長龔鵬程師、國立交通大學共同科詹海雲、國立臺灣師範大學國文系賴貴三、國立暨南國際大學中文系周昌龍、國立臺北科技大學共同科劉玉國及本處蔣秋華、楊晉龍、金培懿與林先生等九人。於是在二○○○年四

月二日至四月十日，帶同助理蕭開元依約前往參加會議，並發表論文。

二、學術會議實況

開幕式

　　四月三日早上八點三十分舉行開幕式，由揚州大學人文學院院長佴榮本教授主持。首先佴院長報告參與此次會議的臺灣學者有十人、大陸學者有近五十人。其次則揚州大學副校長周新國教授簡介揚大的概況：揚大是省屬的重點綜合性大學，係由揚州三十六所院校合併而成，共佔地約三十四餘畝，現在設有十四個學院，共有四十個系、五十個研究所，全校學生共有二萬二千多人，其中碩士生有一千四百人、博士生近四百人。全校專任教師一九九五人，副教授以上職位者有八百五十人。與國外學校的合作，包括美、俄在內，共有二十二個國家，最近舉辦的學術研討會是在一九八八年。學校的目標是成為地方性的綜合大學，在傳統地域性文化的研究，希望能夠擴展有關儒家文化價值的研究，至於清代學術則希望以揚州的學術研究為主，除了揚州學派的經學研究之外，其他相關的藝術文化也要加以研究，成為涉及層面比較廣的「揚州學術」研究。接著揚州市孫副市長致詞云：「揚州市是中國八十四座有名的文化古城之一，雖然近代以來的發展不如從前，但在以往的歲月中，文化發展的表現，無疑是中國文化相當重要的一部分，因此值得用心研究，市政府也會注意加以支持。」另外在林慶彰先生報告「揚州

學術計劃」進行的情形，以及研究的成果、黃愛平教授宣讀戴逸教授說明無法與會原因的信函、漆永祥宣讀孫欽善教授預祝大會成功的信函之後，結束開幕式。然後到虹橋賓館的大門口合影留念。

第一場會議

四月三日上午十點到十一點，由上海師範大學人文學院研究員暨揚州大學中國文化研究所教授王小盾先生與周昌龍主持：

1.清朝中葉的揚州學派

臺灣佛光大學校長龔鵬程師發表論文：〈清朝中葉的揚州學派〉。強調揚州學派在揚州特定的地理與人文影響下，形成了「博學於文」的學風，大不同於漢學家的樸直實證；也不同於桐城文派的講究義法雅潔，而是重視性靈、表現才情，能夠欣賞各種不同的學術藝術表現，真正達到「游於藝」的藝術境界，因此在治學方法、研究範圍、精神意趣、人生態度、生活方式等各方面，表現出學者向文人類化、文人逐漸涵融學者的特色。❶

2.吳、皖、揚、浙──清代考據學的四大學派

北京中國人民大學清史研究所黃愛平代其師戴逸教授宣讀〈吳、皖、揚、浙──清代考據學的四大學派〉一文，以為清代學術發展，除吳、皖、揚三派之外，晚清應該還有包括俞樾、黃以周、孫詒讓、章太炎、王國維等人在內的「浙派」。這四派分別代表清代考據學發展四個時代先後不同的階段，至於各派的特點則：

---

❶　按：為方便和真實的提供學術訊息，以下所有論文均以「照本宣科」的方式節錄，儘量不在正文中加入筆者的私見或解釋。

吳派「尊古」、皖派「求是」、揚派「通貫」、浙派「創新」。並以爲浙派是傳統走向近代的橋樑：超越了傳統的考據學，而爲近代學術的開路人。

3.關於揚州學派的幾個問題

前北京中國社會科學出版社總編輯研究員王俊義先生發表〈關於揚州學派的幾個問題〉，以爲揚州學派是由於揚州特殊的地理與人文環境：豐厚的文化積累、經濟的發達和乾嘉漢學弊端呈現的情況下，而發展出來具有自己獨特風格的學派。形成的時間是稍晚於吳、皖兩派的乾嘉時期；代表人物有：王念孫、汪中、焦循、阮元；屬該派的學者有：李惇、任大椿、程晉芳、劉台拱、賈田祖、江德量、淩廷堪、秦恩復、鍾懷、顧鳳毛、羅士林、王引之、劉文淇、黃承吉等，劉師培則爲該派的遺緒與殿軍。「揚派」的學術特徵是：將乾嘉漢學進一步推向高峰，並取得總結性成就；突破傳注而開拓了研究領域，在內容與方法上漸有近代學術的氣息：沒有墨守門戶的成見，具有發展的思想與求實批判的精神。這些也對後代學術研究產生良性的影響。

4.清代經學學派及其異同

上海社會科學院歷史研究所研究員湯志鈞先生發表〈清代經學學派及其異同〉，認爲探討清代經學流派的發生、發展，進而剖析其異同，是研究清代經學的關鍵。不同學派治學的方法與宗旨上，自有特點，但並非一開始即如此，大都是在繼承者的手中逐漸豐富，最後纔形成自己的學術特點，不能因爲見到各學派的相同點，就懷疑分派的不當；也不能只看到相異點，就認爲彼此間毫無關係，各學派爭論所以日趨激烈的緣故，實與政治脫離不了關係；學

派的區分自以學術風尙爲主，揚州地區不但出現許多經學大家，研究上也有不同的特色，稱之爲揚州學派而從事專題研究，當然沒有問題。❷

第二場會議

　　四月三日下午二點三十分至四點整，由王俊義教授和楊晉龍主持：

5.關於進一步確認揚州學派的思考

　　揚州大學人文學院教授田漢雲先生宣讀論文〈關於進一步確認揚州學派的思考〉，認爲揚州學派是否存在，引發爭論的原因有二：界定學派的標準不一、對清代揚學的總體考察不足。於是他從學術群體意識、師承關係、地緣關係、時間分佈等幾方面，考察揚州學者是否足以成爲一學派。結果則發現揚州學者具有相當強烈的鄉梓之情（地緣關係）、學者之間不但具有特殊的學術文化聯繫（師承關係）、更具有眞心推許與關注相互學行的情誼（群體意識），因有這些條件，故相關的揚州學者自可稱之爲「揚州學派」。

　　文中同意賴貴三「揚州學派有不同發展階段」的論點，故以時間分佈論其發展：醞釀期在康熙、雍正年間（1662－1735），陳厚耀（1648－1722）、王懋竑（1668－1741）、朱澤澐（1666－1732）爲先驅；成立期在乾隆年間（1736－1795），汪中（1744－1794）、王念孫（1744－1832）、劉台拱（1751－1805）、任大椿

---

❷　　湯志鈞教授之文，大會僅有「大綱」，林慶彰先生處另有手稿全文。

（1738－1789）為代表人物，其他還有李惇（1734－1784）、賈田祖（1714－1774）、朱彬（1753－1834）等人；嘉慶年間（1796－1820）為活動的第二期，焦循（1773－1820）、阮元（1764－1849）、江藩（1761－1830）、淩廷堪（1755－1809）、王引之（1766－1834）為代表，另有淩曙（1775－1829）、黃承吉（1771－1842）、鍾懷、徐復、汪克燨、李鍾泗、宋　初、秦恩復、楊大壯、許珩等人；第三期活動在道光年間（1821－1850），代表人物是劉文淇（1789－1854）、劉寶楠（1791－1855），還有汪喜孫（1786－1847）、劉寶樹、梅毓、薛傳均等人；咸、同兩朝（1851－1874）是揚學的衰落期，成蓉鏡（1816－1883）、劉恭冕（1824－1883）、劉毓崧（1818－1867）是比較有成就的學者；劉嶽雲（1849－1917）、劉師培（1884－1917）僅能視為揚學的餘波。

揚州學派的基本特徵，正如張舜徽（1911－1992）所言是「通」，「通儒」是揚州學者共同的理想，內涵則表現在：講究訓詁考據與義理的貫通、堅持「道」與「藝」的兼重、具有寬廣的文化視野與卓越的創造能力等三方面。揚州學派的學術，淵源於吳、皖兩派，又超出吳、皖兩派之外，一方面將復古推向先秦，一方面開漢、宋兼容的匯通新風，舉凡紹承清代正統學術的名家，如章太炎、王國維、劉師培等等，莫不受到揚州學派治學思想和方法的啟發。

6.清代漢學流派析論

北京中國人民大學清史研究所教授黃愛平女士發表〈清代漢學流派析論〉，文中謂：清代最具代表性、佔主導地位的學術是「漢學」，係以文字聲韻、章句訓詁、典章制度為主要研究對象，以樸

實的經史考證爲研究方法，對傳統典籍的整理和總結，貢獻甚大。
根據師友淵源、發展時間的先後，當以吳、皖、揚三派爲代表。

　　吳派以惠棟（1697－1758）爲主，著名的有沈彤、余蕭客、江
聲、王鳴盛、錢大昕等江南人士，主要致力於漢儒經說的發掘、鉤
稽和表彰，以恢復、弘揚漢學爲己任，該派的特色是「嗜博、泥
古、佞漢」（尊漢崇古）。皖派的開山代表是戴震（1724－
1777），還有程瑤田、金榜、段玉裁、王念孫、王引之、洪榜、凌
廷堪等以安徽籍爲主的人士，學派特色是「實事求是」與「結合訓
詁、考據、義理」：強調證據、嚴密斷制、注重歸納條例的治學方
法。皖派因能走出佞漢、泥古的限制，所以纔能說是眞正的「清
學」，與吳派之爲「漢學的復活」不同。揚派以阮元（1764－
1849）爲主，包括汪中、焦循等揚州籍學者，特色是「求通求是，
務得眞解」，主張「兼採漢、宋之長」以「究明經義原解，探尋聖
人之道」，具有「通貫總結」特點。其學最具理性主義的精神，是
清代漢學發展的頂點，道光（1821－1850）以後，漢學已不再佔有
學術主導地位了。

7.方東樹對揚州學者的批評

　　臺灣中央研究院中國文哲研究所籌備處林慶彰先生宣讀〈方東
樹對揚州學者的批評〉，以爲在乾嘉漢學獨盛之際，雖有凌廷堪、
章學誠（1738－1801）、段玉裁等人看出考據學的缺點，但眞正予
當時漢學重大打擊的，應屬方東樹（1772－1851），尤其《漢學商
兌》一書，更具有觀察道光年間漢宋學演變的重大意義，本文因此
舉其中批評汪中、阮元、江藩等三位揚州學者的意見加以討論。方
東樹在《漢學商兌》批評汪中的部分，主要集中在《大學》與《墨

子〉，方氏反對汪中《大學》爲七十子後學之作的說法；認爲《大學》爲曾子之作雖係後出之言，但也不能因此而斷定此說必誤。方氏又以墨子反對「三年之喪」爲得罪名教之舉，譏刺汪中將墨子的地位提升到與孔子相埒的觀點。

方氏批評阮元，主要是指責阮元在《論語論仁論》內朱子「中年講理、晚年講禮」一說的偏頗，方氏指出朱子一直都是理與禮相融併講，並無阮元所說的情形；朱子解「吾道一以貫之」之「貫」爲「貫通」，也並不像阮元所說那樣，有流於禪的嫌疑，事實上朱子更重視在「貫通」前所下的功夫，所以縱說「一旦豁然貫通」，「貫通」並不是全無條件的「禪悟」；還有「克己復禮」的「己」，朱子解爲「私欲」是正確的，若如阮元之見，將其義解爲「私」，則「舍己」、「虛己」就變得毫無著落了。

方氏批評江藩《國朝經師經義目錄》中認定漢《易》直接傳自聖人的觀點，乃蔽於一隅的愚蠢之見；方氏又舉出朱子《四書》原定之次序是：《大學》、《論語》、《孟子》、《中庸》的證據，反駁江藩誤把坊本當成朱子定本，因而批評朱子《四書》以《大學》、《中庸》、《論語》、《孟子》爲次序的謬誤。

方氏該書本以「抑漢彰宋」爲目的，故不免有「借題發揮」、「乘機教訓」之嫌，然從其選定的批評對象，亦可反映該等學者與揚州學派在當時的學術地位。

8.揚州學派經世致用思想述論

揚州大學旅遊烹飪學院旅遊系教授趙葦航先生發表〈揚州學派經世致用思想述論〉，認爲揚州學派繼承清初顧炎武、黃宗羲等的「經世致用」思想，崇尚實學，注重創新，主張爲學需有益國計民

生。這種思想的表現包括：㈠對天文曆算的貢獻：如阮元編《疇人傳》、焦循用符號來表達運算定律的數學成就。㈡對歷史地理的研究：如汪中研究「廣陵濤」，證實曲江爲長江在揚州附近的河道，而非錢塘江；劉文淇研究揚州運河，詳盡考證了邗溝故道，證實「平津堰」爲在江都、儀徵境內運河上的攔河堰。㈢對編修方志的建樹：除阮元主修的《廣東通志》、《雲南通志稿》；劉文淇的《重修儀徵縣志》、《揚州水道記》；王念孫《高郵州志》；焦循《北湖小志》、《邗記》、《揚州足徵錄》；焦循與江藩《揚州圖經》；汪中《廣陵通典》；劉寶楠《寶應圖經》等實際的成品外，如焦循「按事立格，依文樹義」的修志主張、阮元強調「地圖」對方志的重要性、劉文淇更善於利用地圖和考證前志記載的訛誤，加以糾正。㈣對交通水利之創見：如汪中創議建京口浮橋（在鎮江與瓜州間），此議終於在二〇〇〇年三月獲得實現；阮元關注水利漕運，不但修築江浙海塘、浚治西湖、修築江堤，以防水患，還主張北運糧食改河運爲海運。這些都是揚州學派「經世致用」思想的具體呈現。

第三場會議

四月三日下午四點三十分至六點整，由蔣秋華、黃愛平共同主持：

9.揚州學者的子學研究

北京中國人民大學清史研究所博士生劉仲華先生宣讀〈揚州學者的子學研究〉，該文主要說明揚州學者在清代子學研究復興發展的過程中，扮演的角色和地位。以爲清代乾嘉學者研治經史之際，

莫不博求廣徵，不但重視本證，還特別重視他證與旁證，先秦子書
由於與《六經》的時代相當，因此在字的形、音、義；名物制度；
史實記載等方面，頗多可與《六經》相互比類者，所以清儒研治
《六經》之時，一般都免不了要利用子書進行比類旁證。由於「利
用」的需要，於是就有對長期以來嚴重斷簡脫訛的先秦子書做一番
整理、校勘的必要，在整理過程中，深入研討的影響下，於是有人
對諸子學說重新加以評價，這樣由於「以子證經」的現實需要，遂
從乾隆中期開始，逐漸引發對先秦子學的全面性整理與研究。

　　揚州學者在子學研究方面的表現，包括對子書進一步的整理、
校勘、考據的實證研究；對諸子思想的再評價；子學新發展的義理
和闡釋兩方面的探討等。㈠子書整理：如汪中校注《荀子》，傳本
雖佚，然盧文弨、謝墉的注解本已將其校勘成果納入；汪中又有
《墨子》校注和《墨子表微》之作，惜皆失傳；《老子考異》考證
《老子》作者當晚於孔子。王念孫《讀書雜誌》的校勘範圍，更擴
及《管子》、《晏子春秋》、《墨子》、《荀子》、《淮南子》、
《老子》、《莊子》、《呂氏春秋》、《韓非子》等書，王氏以深
厚的音韻訓詁功夫，加上參核眾本、兼採諸說的態度，不但在校勘
上獲得極大的成果，更深化了乾嘉子學考證的研究，對俞樾、王先
慎的校勘方法，也有實質的影響。㈡諸子學說的再評價：主要集中
在《荀子》與《墨子》兩家。清代自乾嘉以後，開始有人為荀子正
名，謝墉、盧文弨、錢大昕調和孟軻「性善」與荀子「性惡」之
論。汪中則通過考證古籍，證明《毛詩》、《韓詩》、《左傳》、
《穀梁傳》為荀子所傳，六藝能傳世不絕，全是荀子之功，肯定荀
子乃周、孔之道的直接傳人。淩廷堪則推崇荀子「禮學」，為「復

性」的唯一途徑，因而主張「以禮代理」，焦循、阮元均贊同淩氏之論。揚州學者肯定荀子傳經之功及對荀子禮學思想的發揮，是促成荀學地位提昇的重要因素。南宋以後的儒者每無條件接受孟軻的觀點，視墨學爲「非聖無法」和「離經叛道」的異端。汪中則讚揚墨家爲「質實而自重」的學派，讚賞墨子尙賢尙同、節用節葬、兼愛非攻、非樂非命、尊天事鬼的思想，認爲孟軻「無父」的攻擊是刻意的歪曲誣枉，以爲墨家之論可與儒家「相反相成」。此論一出，即受到翁方綱「妖言惑眾，名教罪人」與章學誠「強詞奪理式」的攻擊。㈢對諸子學說的「變通」：如焦循主張「貫通」，採取變通、折衷的態度，其「飮食男女，人與物同之」、「非教無以通其性之善，教即荀子所謂『僞也』，『爲也』」、「所以治天下則以禮」等等思想，實際上都是對荀子思想的「變通」。結論認爲：王念孫的校勘深化了子書的整理工作；汪中吸收了謝墉、畢沅調和荀、孟與儒、墨的基礎，因而推動了荀學及墨學的復活；焦循的「變通」主張與「禮治」思想則是吸收子學思想的表現。由此可見揚州學者在近代子學研究興起發展的過程中，扮演了承先啓後的重要作用。

10.商儒轉換中的揚州學派及其經世致用

揚州學術旅遊學會秘書、揚州龍門書店顧問王章濤先生發表〈商儒轉換中的揚州學派及其經世致用〉，其文分：第一「清乾嘉間揚州商儒轉換及其社會作用」、第二「商業環境催化出的揚州學派」、第三「揚州學派的通經致用、經世致用」等三部份，以說明揚州學派的形成、思想內涵和表現及與揚州繁榮商業間的關係。

第一部份從古籍資料記載，證明揚州二千年來在交通、商業、

文化上的發達、繁榮，並以爲商業的繁榮乃得自交通之便利與文化之輔弼；由於商業經濟與文化的融合，形成揚州文化內涵上具有總體的延續性、創造性、兼容性的特點。這些特點表現在：商人對文化的追求、儒生投身商業活動或充當商人輔佐及商人儒生化、儒生商人化的社會作用上。商人對文化活動，如戲劇、書畫、古董的熱衷，固然可視之爲「附庸風雅」；但對文化創造活動，如獎助文學創作、學術研究、刊刻書籍、學者生活等的支持，甚至自己也著書立說，把自己轉化爲文化人，這實際上是表現商人的文化追求，不可誤爲「附庸風雅」。例如揚州商人「小玲瓏山館」的馬曰琯、馬曰璐兄弟對全祖望、符曾、陳撰、厲鶚、金農、陳章、姚世鈺等的資助，資助刻成朱彝尊的《經義考》；刊刻許氏《說文》、《玉篇》、《廣韻》、《字鑒》等書。馬曰琯更自著《沙河逸老小稿》、《嶰谷詞》，編《焦山記游集》、《林屋唱酬集》、《韓江雅集》、《韓柳年譜》，並組織主持「韓江詩社」等。與馬氏兄弟同樣熱心於文化活動的商人，還有：影園的鄭元勛、九峰園的汪玉樞、康山的江春、西園曲水的鮑誠一等。揚州商人熱衷文化建設而有成果的還有：鮑誠一與弟鮑方陶校刊《論語》、《孟子》等書，並培養次子鮑勛茂入仕；孫枝蔚（1620－1687）著有《溉堂集》；程晉芳（1718－1784）和江藩兩位都是商人的子弟等。商人之外，還有一些出身下層階級的學者，如凌曙係香舖雇工、凌廷堪爲販夫、焦循則世代爲醫卜、阮元乃武夫後裔，父爲富商幕客。揚州儒生轉化爲商人者有：鄭之彥、江春、鄭鍾山、鄭鑒元、鄭宗彝、鄭宗洛、鄭兆鈺、李容等人；儒生爲商人幕友者有：方貞觀、方士庶、黃尊古、方洵遠、姚澍、金兆燕、柳夢薦、顧鳳毛（1762－

1788）、焦循、汪輝祖（1731－1801）等，此皆可見揚州社會重視
文化的特色。這種儒商互相轉換的實情，引發的作用，除了提高商
人的知識水準而促成經濟的發展外，對讀書人的作用則有：不再以
入仕爲唯一的前途、熱衷於各種實用知識的探索、出現一批追求學
問與國計民生相結合的實用型學者；還有啓用「幕僚」爲輔佐，並
且成爲爾後官場的成規，除阮元外，後世的陶澍、林則徐、張之
洞、曾國藩皆其顯例。

　　第二部分論證揚州因商業社會的特徵，出現一批來自社會底層
的學者，如汪中、鍾懷（1764－1805）、李鍾泗、凌廷堪、焦循、
徐復、凌曙、劉文淇等，多出身於商、農、工、醫卜之家。更由於
商業社會的需要，因此對實用之學特別重視，反對空談，注重有用
之學、實用之道。以數學爲例，如焦循之推崇陳厚耀的經學與數學
兼優；商人張四教精於《九章算數》；篤好數學者除焦循外，還有
阮元、徐復、焦廷琥、楊大壯、汪萊（1768－1813）、張敦仁、鄭
復光（1780－？）、李銳（1769－1817）、凌廷堪、談泰；還有錢
大昕、程瑤田、袁廷檮；以及阮元在浙江的弟子：許宗彥、徐養
原、洪頤煊、洪震、張鑒、周治平、羅士琳、范景福、陳春華、丁
傳經、丁授經；凌廷堪的弟子程恩澤；學海堂後來的陳澧、鄒伯奇
等，這些人都因阮元等學者提倡的影響，而研究或學習數學，並成
爲一個切磋辨難的論學群體。在天文曆算方面則有：焦循、李銳、
凌廷堪、汪萊、談泰、阮元等人，諸人均有卓越的研究成績。

　　第三部份強調揚州學者經世致用的思想與表現，並肯定所有揚
州學者均爲經學家。阮元確立「小學」爲「工具論」和推翻宋學一
家獨尊的現況，總結吸收了漢學的成績，表現出不同於「漢學」與

「考據學」的「樸學」特色。焦循的「得聖賢立言之指，以正立身經世之法」、阮元的「聖人之道，無非實踐」、凌廷堪的「以禮代理」等觀點，皆可看出他們以通經致用爲目的的思想。至於經世致用的體現，阮元表現在教育改革、水利建設、水文地理與歷史地理的研究等重視實踐、實務之學上；汪中表現在建立社會賑濟機構，如孤兒社、養濟堂、育嬰室、貞節堂等的設立，與公共實業建設，如水利交通等方面；焦循強調「古人之學，期於實用」、「效有必驗而後行」，主張要能學以致用；凌廷堪的矚意倫常禮俗，也是經世的另一種表現；王念孫的治水功績與觀點；劉文淇在史學、地理學方面的研究成果；劉寶楠的水利建設等等，這些都是揚州學者經世思想的實踐。

結論認爲：揚州學派得力於揚州的文化底蘊和商業環境，突破了小學的窠臼，進入通經致用的殿堂，以經學爲主而拓展到各個學科，形成其大容量的「雜學」型態，並實際服務於社會。

11.揚州書院與揚州學派

揚州大學人文學院中國文化研究所副教授陳文和先生發表：〈揚州書院與揚州學派〉，從書院的設立、書院的掌院、書院的學子與書院經費的來源等四方面，論證揚州學派產生的社會基礎。文中以爲雍、乾之世（1723－1795）是揚州極盛時期，也是書院最發達之時，考察當時的書院教育，是探討揚州學派的一個切入口。當時比較著名的書院是：安定書院、梅花書院、廣陵書院。

各書院的掌院：㈠安定書院爲：王步青（1672－1751）、吳濤（1718 年進士）、儲大文（1665－1743）、王竣（1694－1751）、查祥（1721 年進士）、陳祖范（1676－1754）、王喬林（1723 年

進士)、張仕遇（1723 年進士）、邵泰衢（1690－1758）、蔣恭棐
（1690－1754）、沈起元（1685－1763）、劉星煒（1718－
1772）、王延年（1726 年舉人）、杭世駿（1695－1772）、沈慰祖
（1730 年進士）、儲麟趾（1739 年進士）、蔣士銓（1725－
1785）、吳珏（1763 年進士）、吉夢熊（1721－1794）、周升桓
（1733－1801）、趙翼（1729－1814）、張燾（1763 年進士）、王
崧高（1735－1800）等二十三人；㈡梅花書院是：姚鼐（1732－
1815）、茅元銘（1772 年進士）、吳珏、蔣宗海（1752 年進
士）、張銘（1747 年舉人）等五人；㈢廣陵書院爲：謝淞生（1762
年舉人）、杜堮（1778 年進士）、郭均（1787 年進士）等三人。
三十位掌院的專長：經學九人（王步青、王竣、陳祖范、王喬林、
邵泰、蔣恭棐、沈起元、王延年、儲麟趾）、詩文者八人（姚鼐、
蔣士銓等）、史學二人（杭世駿、趙翼）、書畫一人、不詳者十
人。其中陳祖范是提倡「古學」與「史學」研究的王竣之師，王竣
在蘇州「紫陽書院」爲錢大昕、王鳴盛、王昶等人之師；杭世駿則
是極欣賞汪中之人；蔣士銓之母與阮元之母過從甚密，阮母教子方
式深受蔣母影響；趙翼和姚鼐任教較久，影響特別大。掌教中曾爲
鹽商馬曰琯座上賓者有：杭世駿、陳祖范、查祥、邵泰等；阮元舅
祖江春秋聲館的貴客有：王步青、蔣宗海、蔣士銓等。部分知名學
者也成爲揚州鹽商或官員的幕賓，如惠棟與戴震即在盧見曾府中見
面，這當然對揚州的學術、教育具有正面影響。

　　書院培養的學子中，在學術上較有成就者，至少有：任大椿、
段玉裁、李惇、王念孫、宋綿初、汪中、劉台拱、洪亮吉（1746－
1809）、孫星衍（1753－1818）、焦循等人。這些主要歸功於揚州

書院人才的培養，甚至阮元創建學海堂、詁經精舍：「以漢學取代理學、以實學取代制藝」，也可說是揚州書院影響下的成果。書院的經費：建築物的維修、教師的束脩、學生的生活費等，主要來自兩淮鹽政的固定經費，再加上鹽商私人資助，因此相當充裕，收入的豐厚，保證了師資的來源；經濟的改善，使得教師有意願和具有藏書的能力；生活費用的供應無缺，使得學生願意來就讀，學生多則有更多發展的可能性，揚州書院教育的質與量，因此得到了比較可靠的保證。

　　結論是：揚州在雍、乾時期，擁有厚資的鹽商們的養賓客、蓄圖書、刊典籍、辦書院、築園林等與文化相關的作為，產生了一個培養、創造學術人才的優良環境，這就是揚州學派產生的社會基礎。

12. 《經傳釋詞》內《詩經》條目析論

　　臺灣中央研究院中國文哲研究所籌備處楊晉龍發表〈《經傳釋詞》內《詩經》條目析論〉（初稿）一文，統計歸納王引之（1766－1834）《經傳釋詞》內引用的四百九十六例《詩經》條文，校其訛誤五處（《經義述聞》同誤者二處），歸納其作用有五：作為正確解說單純之例證、作為正確解說徵引取代原詞句之例證、作為證明書中解說無誤的肯定之例證、作為解說正誤對比而糾正前人說解訛誤之例證、作為比對前賢說解正誤而對錯說解並存之例證。前三項的用意是用來證明《經傳釋詞》之解說係前有所承，絕非向壁虛造；後兩項則表現王引之糾正前賢解說訛謬的成績，由此亦可考見王引之對《詩經》語詞詮解的態度。

　　從引用《詩經》條文的運作情形，可以歸納出《經傳釋詞》一

書在詩經學研究上具有以下四項功能：辨明《詩經》中虛字與實字之別；糾正前人誤以實字之義解說虛字之謬；因虛字解說的正確而加深對《詩經》文義的瞭解；辨別毛《傳》、鄭《箋》、孔《正義》三者在字詞解說與文義瞭解上的差異。分析其表現的功能，可以得知其具有下述的價值與意義：揚州學派「博通」治學精神的呈現；表現詩經學由「共尊」《毛詩注疏》說解，走向直接由經的文本入手，因而區別毛、鄭、孔說解的不同，並傾向「特尊」毛《傳》的變化情形；書中未曾出現直接批評朱子《詩集傳》的文字，可能是文字獄無形的心理壓力下不自覺的呈現；對《毛詩注疏》的重新評價則表現詩經學再次「解放」的實情。

　　經由這些論證與分析，不但可以見出王引之在詩經學上的貢獻，並且對揚州學風、清代詩經學、清代文字獄等相關的研究，具有深化認知的助益。❸

第四場會議

　　四月四日上午八點正至九點三十分，由龔鵬程師與彭林主持：
13.揚州學派與蘇南學人
　　上海社會科學院歷史研究所研究員兼所長承載先生發表〈揚州

---

❸　龔鵬程師提醒要注意名之為「釋詞」的本意，所謂「詞」指的是否即未具固定意義的「語詞」、「口語」？換言之；指的是否「語法」的問題，而不僅僅是文字的問題而已。漆永祥則以為「文字獄」相關論述的證據不足。不過此文也僅由觀察到的現象而提出此一懷疑，是否屬實，實際上也很難證實或證偽，然作為一種可能性的解說，或者也還具有一些參考的意義吧！

學派與蘇南學人〉，主要討論具有「皖派」血緣的揚州學者，與具有「吳派」血緣的蘇南學者間的學術交往，並論其在學術發展上的意義。

兩地學者交往的基礎條件是歷史的淵源與學術的淵源。他們在學術上固然涇渭分明，但對不同見解的學術爭論，大多能以學術論辯「務求其眞」的原則處理，因此並不妨礙相處的感情。例如汪中與孫星衍論「石鼓文」年代、眞僞的問題，孫氏認爲是北朝後周時期的遺物；汪中則從書寫習慣、前人考證成果、與同代人書法相比等理由，堅信「石鼓文」應屬「三代遺物」。汪中又與孫氏爭辯「明堂」問題：汪氏說「明堂」有六，名稱雖同，作用卻不一。孫氏則謂「明堂」與「辟雍」關係密切，建立的主要目的是樹立天子的權威性，因此可以因時代而變化。孫氏治學的目的是實用的，與汪中恢復孔子之學眞面目的目的有別，孫氏在此問題上亦自承有不及汪中者。事實上孫氏嘗自述兩人「學術最相契合」，但不會因此而故意抹煞不同的學術意見。阮元在「明堂」問題上，也曾提出與孫星衍不同的觀點：阮元透過清理前人的論述，追本溯源的指出，「明堂」的規制與作用是不斷變化發展的，所以先後不一。阮元以這種「求之經史」與求徵諸家論證的材料，說明其歷史變化的事實，表現的正是廣徵博引、不拘一家之說的考證方式，故所得最爲可信。

江聲亦曾以前輩的身分，要求焦循改正《群經宮室圖》中某些他認爲的訛誤，焦循固然沒有接受，然卻保留江聲規誡之信，且加〈跋文〉云：「人有撰述以示于人，能移書規之，必此書首尾皆閱之矣。於人之書首尾閱之，是親我重我，因而規我。其規之當，則依而改之。其規之不當，則與之辨明，亦因親我重我，而不敢不布

之以誠。非惡夫人之規己，而務勝之也。」❹這種先肯定他人規勸的誠意，然後繼與之論辯的態度，可代表揚州學者以豁達大度對待學術異見、以務實求真的精神開展學術交流的態度。

校勘的工作上，王念孫在《淮南子》、《晏子春秋》、《荀子》等書的校勘，均得到顧千里的協助改正，王氏也不加隱瞞，更在文中稱讚顧千里的成就。汪中的遺著：《知新記》與《強識錄》係由劉逢祿校勘；《廣陵通典》經顧千里、李兆洛精校後刊印；《述學》由劉端臨與顧千里校勘後付印。這些均可看出蘇南學者對揚州學者的助益。當時學者對揚州學者的推崇，可藉「常州今文學派」劉逢祿對汪中的肯定，以見其一二，劉氏稱美汪中「學問廣博、學力深邃」、「治學艱辛、態度誠懇與謙和」、「不偏廢考據之學、不作無端之推測臆斷」，此實包含對揚州學者之稱許。

結論是：揚州學者在與蘇南學人的交往過程中，開闊了學術心胸；蘇南學人則從揚州學者身上，看到了自己缺乏的東西。揚州學者以兼容包併的精神，打破學界因觀點不同而互相牴牾、壁壘森嚴的局面，這不但是對「漢學」內部的自我完善和調節的表現，同時也是孕育新思想生命的發端。

14.戴震義理學中情理的社會基礎與驗證

臺灣埔里國立暨南國際大學中文系周昌龍宣讀：〈戴震義理學中情理的社會基礎與驗證〉，認為清代新義理學的代言人戴震，承

---

❹　按：焦循此說與筆者平日參與學術討論會發表論文時，面對提問質疑之際，所持之心態相同。不意焦循早我提出，相距二百年而竟有完全相同之觀點，此亦讀書一樂也，特誌此以示不忘。

接明中葉以來正面審視人之情欲問題的趨勢，結合清代實事求是的
學風，要在聖王係爲人民謀人欲之事的社會基礎上，肯定情欲
「公」與「同」的性質，並以此公同之情欲爲「理」之出發點；於
是將宋儒之天理轉爲情理，此與杜威（John Dewey, 1859－1952）
等將哲學家問題變成生活問題的趨向相似。

　　文中認爲戴震關心的是人間可知、可驗證的情事條理，通過人
際平實忠恕的以情絜情，使可知、可驗證的分理，無不得其平。所
以他先肯定飲食男女的自然之身，以爲倫理道德不是脫離人間的
「天理」，而是人之大欲中的「情理」，他的義理學因此是由尊重
個體的自然生命出發，再擴展至整體社會生命，使每個人本然自有
的情欲，都能取得公與同的社會基礎，轉情入理，而這一具有社會
基礎的共同情欲，就是《大學》的「民之好惡」。戴氏新義理學的
部分內容是要撫平宋儒將理欲對立後，引發天人之間緊張的警戒關
係，程朱的理欲之分，當然並非如戴氏指責的「捨情言理」或「以
理殺人」，然對戴氏而言，理欲關係之緊張對立，以致出現普遍
「以理殺人」的現象，癥結就在於「欲」能否脫離「天理」而恢復
其固有之獨立領域，進而約制理之內容，將天理轉爲在客觀事物
中，可受驗證的情理和事理。這種「心之所同然」的理，纔是可實
際運用於行事上的理義，儒家的道德是行事道德，關心的是人之共
同情欲有關的社會民生問題，因此必須具有社會基礎。日本學者村
賴裕也教授也認爲：戴氏一開始注重的，就是關於人類存在之基礎
性認識的問題。

　　戴震要將宋儒「個己私欲」的意義，轉爲「社會公欲」的新意
義，必須解決兩個問題：如何證明存乎欲的理，確係「心之所同

然」的理？個人自然的情欲之念，其共同性與必然性如何確定？戴震以知識考據的方式加以解決，故其義理學因之而帶有實證研究的精神。驗證前述兩個問題的方法有三：「以情絜情」、「求諸《六經》」與「十分之見」等。所謂「十分之見」實是一種治學標準：必須徵諸古之典據、合乎道之實踐、知廣探微、窮本推流，最後歸於深思自得，成爲如繩繩木、如水準地的定理。

結論是：戴震認爲人事上的義理都具有「心之所同然」的基礎，通過對公欲、同欲的強恕絜矩過程，輔以對經典研究的深思自得，再加上嚴格的治學方法控制，所有人情事爲上的「大共之理」，都應該可以受驗證而成爲「至當不易之則」。

15.略論戴震的自然科學觀及其影響

上海中國人民解放軍南京政治學院上海分院黨史教研室教授華強先生宣讀：〈略論戴震的自然科學觀及其影響〉，主要在說明戴震自然科學觀的淵源、內容、傳承、影響。文中同意王茂：戴震首先是一位自然科學的學者，然後纔是一位經學家和哲學思想家的看法，故以爲戴氏的哲學思想是建築在自然科學的基礎上；並與其唯物主義認識論的形成，具有密不可分的關係。

戴氏平生著述、校勘之作近五十種，《孟子字義疏證》乃戴氏自認「生平論述最大者」，書中提出一種新的「人性自然論」的觀點，認爲道是極有規律的「陰陽二氣」的運動變化，所以「理在氣中」，這表達了戴氏的唯物主義世界觀和認識論，這些創見與特色，就是戴氏將其對於自然科學的研究，反映和運用到哲學上的結果。文中強調戴氏自然科學觀的形成，與當時中西文化的交流關係密切。自十七世紀以來，西方一些先進的科學技術，隨著傳教士傳

入中國，從清朝初年以來，幾乎每年都有自然科學相關的翻譯或著述出版，這些書籍的傳播，對戴氏自然科學觀的形成，發生極大的影響。如完成於二十二歲的《策算》，法國學者戴密微就認爲可能受到「耐普爾計算法」的影響。

戴震自然科學觀的形成，也與他立志「聞道」的志向有關，如何從《六經》的文字記載中「聞道」？乃其終生追求的問題。最後總結的方法是：「必由字以通其辭，由辭以通其道。」但經學博大精深、包羅萬象，無哲學與數學知識則無法研究《易經》、無歷史與地理知識則無法研究《書經》，因此致力於語言文字和自然科學的研究，以作爲「聞道」的鑰匙。戴震的自然科學知識源自江永，然成就更大，戴氏因始終以「聞道」爲目標，所以有重視物質世界，提倡「經世致用」，批判封建等級、要求平等一類的先進觀念，在歷史觀上則有過分推崇聖人的作用，而抹煞廣大民眾創造實踐的缺陷。

戴氏在「算學」上的成就：二十二歲著的《籌算》後更名爲《策算》一書，詳述乘、除、開平方等籌算方法的具體步驟，並用來作爲解決古典經籍中有關算術問題的工具；三十三歲作〈勾股割圓記〉；入「四庫館」後，更對古代算學著作進行廣泛的蒐集、整理和校勘，包括：《九章算術》、《海島算經》、《孫子算經》、《五曹算經》、《夏侯陽算經》、《周髀算經》、《張丘建算經》等，使得這些瀕於失傳的古籍，得以保存與流傳。在地理學方面，費十年功夫三校《水經注》，補二一二八個闕漏字、刪一四四八個妄增字、正三七一五個臆改字；一七六八年應直隸總督方恪敏之邀，修成《直隸河渠書》初稿，後由王履太續成，易名爲《畿輔安

瀾志》；一七六九年修成《汾州府志》；一七七一年有《汾陽縣志》及〈水經酈道元注序〉、〈書水經注後〉、〈答曹給事書〉、〈應州續志序〉、〈記洞過水〉、〈與段若膺論縣志〉等文，其重視地圖之繪製、及以記山川走向為主，郡縣沿革為輔的敘述方式，為其主要創建。天文方面有：〈與丁升衢書〉、〈原象〉、〈迎日推策記〉、〈續天文略〉等文。機械方面有〈自轉車記〉、〈嬴旋車記〉。建築學、鑄造學及古代典章制度方面有：〈考工記圖注〉、〈明堂考〉、〈樂器考〉、〈記冕服〉、〈記朝服〉等。不過這些研究的目的，並不在自然科學本身，而是經學；研究自然科學的目的，就是要為經學服務，戴震因此是經學家而非數學家或地理學家。

　　戴氏以自然科學為「聞道」手段的治學方法，對揚州學派的影響相當深遠，如焦循的《孟子正義》、《論語通釋》即仿《孟子字義疏證》而作；數學方面的〈理堂學算記〉、〈加減乘除釋〉、《孫子算經注》等；地理學方面的《毛詩地理釋》、《北湖小志》等；及把數學、地理學引進《易經》的研究，皆可看出戴氏影響的痕跡。任大椿繼戴氏而作《弁服釋例》、《深衣釋例》、〈釋繒〉，受影響更為顯著。阮元精通算法，編《疇人傳》、《考工記車制圖解》、《浙江圖考》等；另外如王念孫、段玉裁、孔廣森、汪中及後起的劉師培等，莫不是紹承戴震，將研究自然科學作為「聞道」的工具，因而得到較佳的研究成績。❺

---

❺　討論中有學者對戴震《策算》受「耐普爾計算法」影響之論及報告中提及《四庫全書總目》中有關「天文」一類書籍「提要」，係戴氏所撰的說法，提出質疑。

16.全祖望與揚州學術

　　臺灣新竹國立交通大學共同科國文組詹海雲論文：〈全祖望與揚州學術〉，討論全祖望在揚州的交遊、所受的影響與對揚州學者的影響。全氏在北京受李紱的賞識，認識許多拜訪李紱者，編了一部記載九十九人生平事蹟的《公車徵士錄》，但最友好的不過是厲鶚、趙信、趙昱、杭士駿等四人而已，後來五人都到杭州，且成立詩社，又都到了揚州，並與揚州的馬曰琯、馬曰璐兄弟認識。

　　全祖望約在乾隆八年（1743）至乾隆十三年（1748）間，先後兩次長期居留揚州，且和當地「韓江詩社」諸人唱和，並和厲鶚、馬曰琯三人編成《韓江雅集》，收錄：胡期恒、唐建中、程夢星、馬曰琯、汪玉樞、厲鶚、王藻、方士麻、馬曰璐、陳章、閔崋、楊述曾、陸鍾輝、全祖望、張四科、方士庶、洪振珂、劉師恕、王文充、高翔、姚世鈺、程士械、張世進、團昇、陸錫疇、方正舉、鮑辛甫、釋明中、邵泰、杭士駿、樓錡、趙一清、戴文燈、趙信、趙昱、丁敬、金農、陳祖范、查祥、團冠霞、方西疇等四十一人的詩作。全氏因為參與編輯此集，因此提昇了他個人在題畫詩與古文方面的質量；此集內容表現的，則是打破學術與文學的界線，發揚厲鶚倡導的學人之詩，因而扭轉了以往偏主唐人格律的詩風。沈德潛作於乾隆十二年（1747）的〈序〉，就認為該集的「唱和于野」、「公乎同人」、「林園往復，迭為賓主；寄興詠吟，聯結常課」等三點，大不同於前人諸集，他們「既有興寄，又復切磋」，可說是「性靈」與「學問」的合一。

　　全氏對揚州本有成見，認識馬氏兄弟後，則完全改觀，甚至認為能與馬氏兄弟及詩社那一批「生逢太平之世，書淫墨癖是處留

連」的人作朋友，實爲「江湖之幸民」。主要是全氏發現馬氏兄弟等藏書，不是據爲己有，而是在精校後，開放給有心人閱讀，且資助刊刻書籍，甚至有心要將私人藏書「部次別居」，編成目錄，以作爲國史的底本。馬氏兄弟又曾聘醫治癒全氏的惡疾，所以《宋元學案》、《三箋困學紀聞》、《水經注》等大書，均完成於揚州，不能不說與馬氏兄弟等維揚詩社友朋的資助有關。

　　文中又認爲全氏「重視書籍內容的生命」的家風，影響揚州藏書家馬氏兄弟與趙昱、趙信兄弟；全祖望結合「理學」與「文學」，提出「稱情而出，一往情深」的觀點，說明史可法不朽價值之所在，並在〈梅花嶺記〉中表章史可法「正氣垂宇宙」的精神，使揚州增色不少；阮元十分崇拜全氏「經學、史學、辭章三者兼具」的成就，《揅經室集》、《淮海英靈集》、《兩浙金石志》等書中，未嘗沒有全氏治學途徑的影子。

　　結論是：全祖望在揚州不僅得到安定的生活，也獲得心靈的喜樂，因此很樂意把著作留給揚州的馬曰琯，成就了一段揚州對外學術交流的佳話。

17.從揚州地理概念的變化說揚州與江南的密切關係

　　蘇州大學人文學院歷史系教授張承宗先生論文：〈從揚州地理概念的變化說揚州與江南的密切關係〉，文中說：按照《禹貢》的記載，揚州的地域範圍，北至淮河，南至大海，包括江南在內，足見上古時期揚州與江南有密切關係。西漢時期，武帝分全國爲十三部（州），仍以東南爲揚州，據《漢書·地理志》和顏師古《注》的記載，其物有孔雀、犀牛、象，這些均產於熱帶地區，故當時揚州之地應猶南至大海。東漢時期，揚州轄境包括：淮南與江南的大

片地區，兼及今江西、浙江、福建等地；揚州治所原在歷陽（安徽和縣），東漢末移壽春（安徽壽縣）、再移合肥（安徽合肥西北）。三國時代，魏、吳各置揚州，西晉時復合，治所在建鄴，改稱建康（江蘇南京）。南朝時期，又稱南都，轄境仍屬江南地域範圍。隋朝開皇九年（589），改揚州爲蔣州，並將分別設在江南、江北三個同時稱作「吳州」的城鎮，其中治所設在江都的那一個改稱「揚州」，從此揚州的轄境相當於今日江蘇的揚州、泰州、江都、高郵、寶應等地。唐代時期，揚州經濟、文化開始繁榮，有「揚一益二」之稱；當時揚州雖已位於江北，然人們仍將其視爲江南：李白「烟花三月下揚州」，寫出人們對揚州春天的嚮往；杜牧「二十四橋明月夜」，寫的是揚州美麗的秋景。雖然揚州已在江北，但在作者的心目中，揚州依然是江南，其豐富的經濟文化內涵，與蘇州具有同樣重要的意義。

第五場會議

四月四日上午十點整至十一點三十分，由賴貴三、錢宗武主持：

18.孫喬年對古文尚書的考辨

臺灣中央研究院中國文哲研究所籌備處蔣秋華發表：〈孫喬年對古文尚書的考辨〉，主要是在表彰揚州學者高郵孫喬年（？－1765）之生平學術及其《尚書古文證疑》一書之價值。根據《高郵縣志》等相關資料記載，孫氏係無功名之塾師，著作有《大學補傳說》、《尚書古文證疑》、《尚書今文集說》、《三正考》、《禹貢釋詁》、《孫氏七經讀法》、《五經合解》、《禮大學傳說》、

《讀南北史》、《華國編》、《文選》等書。其中《大學補傳說》曾受任啓運的推崇;《禹貢釋詁》倫明以爲沿前人之誤而不知改,連胡渭的《禹貢錐指》亦未見,其狹隘可知;《孫氏七經讀法》江瀚稱其:謂《易》當以朱子《本義》爲主;《毛詩》則取《呂氏家塾讀詩記》而不以《集傳》爲然;謂《周禮》醇疵各半;《儀禮》枝葉繁瑣,未甚切日用;《禮記》多名言微理,故獨以爲粹;於〈檀弓〉《論語》《孟子》則純論制藝文法;唯〈讀春秋〉論胡《傳》之失,較爲中肯。從倫、江二氏之評語,可見孫氏之成就與限制。

　　《尙書古文證疑》共四卷,自稱「凡七易稿」,書前有乾隆二十九年八月(1764)撰成之〈自序〉,該書或成於此時,今有嘉慶十五年(1810)其子全奭、全巖所刊之天心閣本,其書流傳不廣,故未見有評論或引用者。該書主要在聲援補益閻若璩《尙書古文疏證》的看法,主張辨正《古文尙書》眞僞的方法,應先以《史記》、《漢書》、《後漢書》的記載來加強論證的說服力,因三書乃學者所共信的「實錄」;再以孔《正義》所載鄭《註》的篇目卷軸互相印證;又以先秦、兩漢諸叢書爲證,然後繼以「詞旨之難易」和「格制之古今」作證,再備列「諸家發明朱子之說者」於後,如此所得的結果,就不會再引發爭論,「而二十五篇之不類伏生書,可昭然共信矣」,其書之辨正即以此法爲之。

　　孫氏還稱諸家之說「考證不確者、氾濫無據者、毛舉細璅無關體要者、氣不平和攻詰太過者」皆不錄,其著作目的在證成朱子之疑,故名「證疑」。其書引有:吳棫、朱熹、馬存、趙孟頫、吳澄、王充耘、朱升、鄭瑗、鄭曉、郝敬、孫鑛、馮班、楊士雲、朱

彝尊、閻若璩、姚際恆、王懋竑、徐與喬、張彝歎等十九人之說，
除王懋竑、徐與喬兩人外，餘皆轉剿自閻若璩之書，明代學者引用
最多的則是郝敬。該書卷一，將《尚書》分爲「今文尚書」、「眞
古文尚書」、「梅賾奏上古文尚書」等三部份，然後分別考辨其源
流；卷二，考辨古文之僞與《書序》之謬；卷三，稽考眾說以論
「僞古文」諸篇之不當；卷四，指出「僞古文」採撅經傳之辭有三
百〇六條、經傳所引而「僞古文」未採者又有七十二條，此卷江瀚
稱其證「頗爲詳密」。唯誤《忠經》爲馬季長之書、臆斷《古文尚
書》經文爲王肅僞作。

　　結論是：孫氏此書之辨證，較閻若璩之書更有條理，更有系
統，故可補充發明閻書不足之處，足爲研究考辨《古文尚書》眞僞
之參考，同時也可藉以瞭解揚州學者對《古文尚書》眞僞考辨的部
分成績。

19.《經義述聞》通假借之芻議

　　揚州大學人文學院中文系教授張其昀先生宣讀：〈《經義述
聞》通假借之芻議〉，以爲「因聲求義」地「通經史古籍之假
借」，是《經義述聞》的主要內容之一，王氏所謂「假借」分爲兩
類：一、聲同義異之借用（聲同包括聲近，如雙聲、疊韻、雙聲兼
疊韻）；二、源同義通之通用（即同源字之通用）。如：謂「咸秩
無文」之「文」當讀爲紊，亂也。是爲第一類假借；「伊嘏文王」
爲「大哉文王」，解「嘏」作「大」，則爲第二類假借。

　　通假借的具體方法主要有五種：㈠據異文或類似記載參證而通
假借：書中有近二十處，如「予仁若考」之「考」爲「巧」。㈡據
原文與注疏比照而通假借：書中約八、九處，如「裹荊之旅」，據

鄭《箋》「俘虜其士眾」之解，謂鄭讀「裒」為「俘」。㈢據文脈文理而通假借：書中約五十餘條，如「得其儕」之「儕」為「齊」，謂得其中正。文理秩然有條；若依字形而解作輩、類，則文意齟齬難合。又如「蔦掩書土田，度山林，鳩藪澤」，王氏依聲讀「鳩」為「究」，語義遂安。書土田、度山林、究藪澤，三事皆關乎人用智力之舉，一脈貫通，略無窒礙。㈣據章法文例而通假：書中近二十條，如「暫遇奸宄」，王氏據《尚書》多四字平列之文例，讀「暫」為「漸」，訓為詐；以「遇」通「隅」，即為愚，義為愚弄。又如「獄成而孚，輸而孚」，王氏根據相對為文的章法，推明上一句言獄辭定而人信之，下一句言獄辭更而人亦信之；故而「輸」當為「渝」之借，如此方能與上句之「成」相對。㈤據用字常例而通假借：書中有十餘處，如「眾穉且狂」，王氏指出古多借「眾」為「終」，又訓「穉」為「驕」。終義為既，故「眾穉且狂」即「既驕且妄」，如此文義始安。上述五種方法有時兩種、三種結合運用，如「惟訖于富」一句，王氏先據威、福相對之章法，推斷「富」當讀為「福」；又依文脈指出下文「有慶」云云，正釋福字之義。如此雙管齊下，辯駁有力，孔《傳》之誤自明。此外還有：「據韻文用韻以通假借」、「據方言俗語以通假借」、「據文物考證以通假借」、「據勾稽史實以通假借」等等，亦可在書中見其例。

唯王氏或因對於音義關係過分執著，而有完全不顧及字形者，遂不免於失誤。蓋以音義關係論，同一語根表示同一意義範疇（即同源詞）；但是同一意義範疇未必同一語根（即同義詞）；不同意義範疇亦未必不可同一語根（即同音詞）。再者某字本義、別義、

借義在同書、同篇或同章中，未必不可併用，若強其一致則不免有專輒之失。如「孝弟睦友子愛」，固可讀「子」爲「慈」，然其下「子庶民也」、「子民如父母」，卻不必一例，讀「子」爲「愛」，恐更得其意。然此類疏漏實佔極少數，故其功也鉅，其治學方法與精神，足爲後學之典範。

20.《廣雅疏證》與漢語詞族研究

揚州大學人文學院中文系副教授趙中方先生發表〈《廣雅疏證》與漢語詞族研究〉，以爲從不同的角度歸類詞彙，可以得出不同的詞群，其中音近義同具有同一來源的詞，稱「同族詞」，研究探求其最初形式的語根者，即構成詞族的研究內容。王念孫《廣雅疏證》就古音以求古義，著重從語言的角度說明音義相通和聲音相轉的關係，這種做法接近詞族的研究，該書最大的貢獻即是：以語音爲紅線、以詞義爲核心、以書證爲依據，從紛繁的漢語詞匯中，歸納、繫聯出眾多音近義同的同族詞。

《廣雅疏證》的方法與成果，具體而言有三項：㈠明義類。這是漢民族對物命名的一種原則，基於感覺器官的感受，即對在一定環境下的一類事物的體驗，而以語言的形式表達之，可分爲兩類：一類重在事物的外表性狀，強調事務的綜合同一，以直覺的意象（image）爲主；一類重在事物的內在屬性，強調事物的類屬區分，以抽象的概念（concept）爲主。在《疏證》一書中可以看到大量視覺形象的詞群：大小、高低、長短、形狀等。如「胡、湖、祜」皆有大意；「桶、涌、侗」均有長意；「秒、杪」都有細小意。顏色類的詞群，如「蔥、驄」皆有青義。聲音類如「鍠、瑝、喤」均與聲音相關。又如「憂思相牽」與「樹枝相牽」皆謂之「嬋

媛」；「厲、癘」皆「惡之意」等。這類以事物表象上的某點相似作爲命名依據的方式，表現了漢人思維著重對具體事物感知的特點。㈡明類比（類推）。即將若干聲義相關的詞加以類比，指出其對應性。從字音、字形分，可分「字音、字形俱同」，如「厚、大、敦、龐」互訓；及「音同而字形不同」，如「寒、愴、凄、悲」之義相近。從類比的項目分，有「雙項」，如「始、方、律、法」之類；又有「多項」，如「大、幠、奄、覆、撫」一類。從詞義考慮，所比詞項間之關係，則有三類：⑴「相近」，此類往往表明漢語詞族構成的平行性。如「止、閣；至、格」、「止、底；至、抵」、「止、訖；至、迄」間因「止與至義相近」而形成之關係，此即同義詞之同步引申。⑵「相因」，此類表明漢語詞族構成的承遞性。如「黨、比、頻、數」的義相因相應關係。⑶「相反而實相因」，表明漢語詞族構成的對稱性。如「枉謂之匡，故正框亦謂之匡」、「斂爲欲、爲與；乞、丐爲求、爲與；貸爲借、爲與；稟爲受、爲與」之類，即《公羊傳・隱公元年》所謂「美惡不嫌同辭」，即「語義的異化」。唯無論相似或相因，實皆表明漢語詞義界說範圍的不確定性、模糊性。㈢明語源，即訓詁學之「推因」。《疏證》所謂「某之言某也」實探求語源之意，指的是漢語書面語中某一同族詞群的較早音義形式，而非原始漢語的某詞族的語音形式；或指單個詞的音義由來，實即命名之由來、該詞之理據。此類又可分兩小類：一類有關字形，或聲轉，或聲不轉，字形有別，詞義無變，與詞族有關。如「郎之言良也」、「隱之言意也」之類。一類有關詞，即詞義之由來，屬詞義之推衍，不但與詞源且與詞族有關，此類明語源之例，可分爲八項：⑴以功用釋名物，如「角之

言觸也」；(2)以特徵釋名物，如「梯之言次第也」；(3)以性狀釋名物，如「盂之言迂曲也」；(4)以位置釋名物，如「廁之言側也，亦僻側也」；(5)比況，訓釋詞與被訓釋詞具有某種共同的語義內容，用以比照，如「暮之言冥漠也」；(6)以通名釋散名，通名指通用之詞，出現時間或較早，用法較多、詞義較抽象普通、包容性較強。散名指僅限於某一方面的詞，用法單一，詞義較具體。在相同的語境裡，通名與散名可互用，許多狀況之下，則散名是通名分化之結果。如「臥之言委也，今俗語猶云僵臥矣」；(7)以動作釋動作方式，如「撮之言最也，謂聚持之也」；(8)以重言釋狀詞，如「較之言皎皎也」。從詞匯學的觀點考慮，語源相當於源詞，源詞派生出來的詞稱派生詞。文字學家稱源詞爲初文、派生詞爲孳乳字，因爲最初詞具有「總括」意義，也纔有派生或孳乳等語言現象，尋求語根實即尋求此類「源詞」。

從文化意義上解釋詞義者，如「《白虎通義》云：『學之爲言覺也，以覺悟所不知也。』」這種用聲音相同或相近的詞來作注釋推因，就是「聲訓」，現代人對聲訓的否定是相當不公平的，理由有三：(1)運用詞義進行交際和研究詞義是兩回事，對每一聲訓材料，作爲研究，不應規定正誤，而是分析其背景知識，看這材料本身說明什麼；(2)聲訓證明了語音的象徵作用，而迄今爲止，這類的研究還有待加強；(3)漢語的聲訓是基於聯想，由形式與意義同時進行的詞義聚合方式，是通過表層語音的相近相同，使得深層隱喻實現的概念運動，與修辭構詞密切相關，也是詞族研究的重要方面，故有深入探討的必要。

21.從〈與李方伯書〉看王念孫古音研究的貢獻

　　揚州大學人文學院中文系副教授班吉慶先生宣讀：〈從《與李方伯書》看王念孫古音研究的貢獻〉，王念孫〈與李方伯書〉寫於嘉慶二十一年（1816）七十三歲時，信中闡述其主張分古韻爲二十一部的觀點，並對顧炎武、江永、段玉裁的古韻分部，提出四條意見：⑴「緝、合、盍、葉、帖、洽、狎、業、乏」九部當分爲二部，即王氏所分僅有入聲的「盍第十五」與「緝第十六」。相應的平聲「侵、覃、談、鹽、添、咸、銜、嚴、凡」九部也應分爲沒有入聲的「侵第三」和「談第四」；⑵「至部」宜從「脂部」分出，自成一部，即含去、入聲的「至第十二」，此爲公認的王氏之特見；⑶「祭、泰、夬、廢」應從「脂部」分出，而與「月、曷、末、黠、鎋、薛」合爲含去、入聲的「祭第十四」；⑷「屋、沃、燭、覺」四韻爲「侯部」的入聲，此見與孔廣森、江有誥不謀而合。清代的古音研究到王念孫、江有誥已達極至，故一般人討論先秦古音，多以其說爲依據，此即王氏之貢獻。

　　從王氏的古音研究可以看出其優良的學風和治學態度：⑴實事求是，言之有據，所分二十一部係「遍考《三百篇》及群經、《楚辭》所用之韻」的結果；⑵廣綜博取，擇善而從，充分利用清代學者總結而得的「詩韻繫聯」、「諧聲類推」、「離析唐韻」等有效的研究方法。王氏在分二十一部時，並未採納孔廣森較正確的「東」、「冬」分部的意見，然在晚年完成的《合韻譜》中，則已增加「冬部」而成古韻二十二部的最終結論。這也是非常值得學習之胸襟。

22.王氏父子校釋群書的方法與成就

　　揚州大學人文學院歷史系副教授郭明道先生宣讀：〈王氏父子校釋群書的方法與成就〉，王念孫、王引之父子在訓詁、校勘、虛

詞等方面的成就爲學界所公認，其校注群書，最稱精善，因而嘗試分析《讀書雜誌》、《經義述聞》二書，以見王氏父子的校書方法與成就。

一般的校書步驟有三：發現訛誤、改正訛誤、證明所改不誤，其中自以「發現訛誤」爲前提，王氏父子發現問題的方式和學養表現有六：一、校版本，以底本校對其他不同的版本。如《淮南子》即以不同版本，再參以群書所引，共訂正九〇〇餘條，並分析歸納其致誤之由爲六十四種；二、識文字，以文字學的素養，發現傳鈔、刊刻過程中形近而誤、憑臆妄改等產生的訛誤。如指出《淮南子·說林篇》「設鼠者機動，釣魚者泛杭」之「杭」當爲「杋」，今作「杭」實因形近而誤；三、審文義，細查文義是否通順？遣詞造句是否合規範？王氏所謂「文不成義」、「義不相屬」，即指這種在語言規範性上發生矛盾的情形。可分爲四類：⑴詞語不合規範。如指出《史記·越王句踐世家》「與吳王闔廬戰而相怨伐」之「怨伐」二字「義不相屬」，於是根據《文選·鵬鳥賦》李善《注》，斷定「伐」字爲衍文。⑵詞語搭配不當。如謂《史記·田敬仲完世家》「其粟予民以大斗」一句「文不成義」，以《太平御覽》引文爲證，斷定「粟」當作「稟」，義爲「賜穀」，今本因字形相近而誤。⑶句子不合規範。如指出《晏子春秋·內篇》「乃令出裘發粟與飢寒」一句，「粟」後缺「以」字、「飢寒」後缺「者」字，因而顯得不合規範，於是據《藝文類聚》，《太平御覽》引文而校正之。⑷前後文義發生矛盾。如《逸周書·度訓篇》「罰多則困，賞多則乏」中「賞多則乏」，當作「賞少則乏」，纔能與上句「人眾罰多賞少，政之惡也」相應。四、諧音韻，古書中

出現的「因音同或音近而致誤」及「因不知古人多用假借字而望文
生訓，憑臆妄改之誤」的情形，校勘者必須通曉古音假借，纔能發
現問題，王氏父子在這方面的成就特別大。可分二項說明：⑴校正
古書因音同音近而致誤者。如指出《史記·魯周公世家》「必問於
遺訓而咨於故實。不干所問，不犯所知」中「所知」當作「所
咨」，「咨」作「知」，聲之誤也。「所問」、「所咨」皆承上文
而言，《國語》正作「所咨」。⑵糾正因不通古音而誤校誤注者。
如《詩經·鴇羽》「王事靡盬」，毛、鄭皆誤訓「盬」爲「不精
緻」之意；實則古代「盬、苦」音同義通，「盬」乃「苦」之借
字，「王事靡盬」即「王事沒有止息」之義，故下句云「不能藝稷
黍」，謂小民不能播種五穀也。又如〈中古有蓷〉是一首棄婦悲傷
無告之詩，這位棄婦在荒年被丈夫遺棄了。詩中以蓷（益母草）傷
於旱而枯焦，比喻女子被遺棄而憔悴。「暵其濕矣」之「暵」，係
形容乾燥之貌；毛、鄭訓「濕」爲「濕潤」，顯與文義不合，因此
王氏認爲「濕」當是訓「曝」訓「欲燥、欲乾」的「曝」字之假
借，蓋歲旱則草枯，蓷傷於旱，非傷於水也。五、明訓詁，校勘離
不開對詞義的理解，缺乏訓詁知識，校勘就無從著手，王氏父子憑
其對古音古字的通曉和深厚的訓詁功底，糾正不少古書之誤。如
《詩經·碩鼠》「樂國樂國，爰得我直」，毛《傳》謂「直，得其
直道」；王氏根據古書之例證，以爲「直」當讀爲「職」，直、職
古字通，「職」亦「所」也，此詩是國人刺其君之重斂，使民不得
其所，非謂不得其直道也。六、察義例，「義例」即某書特有的用
詞造句之規律。如根據《漢書·地理志》八十六處凡上言某山而下
言某水所出，一定有「所」字的規律，斷定「伊水出，東北入雒」

之「伊水出」，應作「伊水所出」。

歸納王氏父子校勘的特點有三：其一，重證據，不空言；其二，不迷信漢人，不盲從古人；其三，無門戶之見，唯求其是，擇善而從，且能承認自己之失誤。王氏父子之校勘與後來出土古籍不謀而合者：如指出《淮南子・本經訓》「太清之始也」應作「太清之治也」，宋本正作「治」；如謂《戰國策・趙策》「太后盛氣而揖之」之「揖」，當是「胥」字之誤，一九七三年馬王堆出土的帛書正作「胥」；又如《晏子春秋・內篇・諫下》「故節於身，謂於民」，「謂」字，孫星衍只說「疑誤」、劉師培說當作「為」、于省吾說讀若「惠」、吳則虞謂當作「誨」、王念孫則說「當作調，形相似而誤也」，一九七二年銀雀山漢墓出土《晏子春秋》殘簡此字正作「調」。由此可見其在校勘上的成就與貢獻。

23.《經傳釋詞》簡論

揚州大學圖書館教授單殿元先生發表：〈《經傳釋詞》簡論〉，認為《經傳釋詞》雖署名王引之，實際應是王念孫與王引之父子合璧之作，理由是：(1)相當多的條目直接引用王念孫的解說作為義項；(2)對所說虛詞的用法、引證、解釋、辨析，有不少採用王念孫的研究成果；(3)有些未標明「家大人曰」的條目，王念孫在《讀書雜誌》和《廣雅疏證》中已作了解釋，這些很可能是王念孫的研究成果；(4)王引之在《經義述聞》的〈自序〉中表明，此書是「謹錄所聞於大人者以為圭臬，日積月累，遂成卷帙」，書中許多條目之前也有「家大人曰」，據此可推知《經傳釋詞》也是「謹錄所聞於大人者以為圭臬」，經過長時間的累積，纔編纂成書的。

《經傳釋詞》是解釋儒家經典虛詞之書，細思其書名，不但能

顯示其內容，還能揭示作者的語言觀念。「經傳」表明該書取材的
範圍，東漢以下的語言材料不錄，將虛詞研究的範圍限定在先秦、
西漢，正說明王氏對語言具有時代的觀念。「詞」則專指今日所謂
「虛詞」，訓詁學家除用「詞」字外，還用「辭」、「語助」、
「助字」等術語，毛《傳》用「辭」字，因為這類字有音無義，僅
僅是語言中助語的辭，因此用「辭」字來解釋。許慎《說文解字》
改用「詞」字稱虛詞，對虛詞的解釋更加具體，已帶有語法的觀
念，如：「皆，俱詞也」、「凡，最詞也」、「矣，語已詞也」、
「乎，語之餘也」等，《經傳釋詞》正承繼許慎之義而來，「詞」
字義為「意內而言外」，是「摹繪物狀及發生助語之文字」，用
「詞」而不用「辭」，是一種正確的選擇，楊樹達的虛詞詞典名
《詞詮》，顯然贊同王氏之見解。

　　王氏父子是清代富於創新精神的語言學家，研究之際，擇善而
從，絕不專守一家，若前人諸說皆不合經義，則博引他書為證，另
作新解。其創新精神表現在有些古書中的虛詞，前人都未涉及，直
到《經傳釋詞》纔有正確的解釋，如卷二「謂」字列的四個義項，
就是前人從未涉及的新解；又如不少被誤解為「實字」的「虛
詞」，也要到《經傳釋詞》纔得以糾正，如《詩經·衛風·芃蘭》
「雖則佩觽，能不我知」之「能」，直到王引之纔糾正實詞「才
能」之誤解，正確的理解為虛詞的「而」。王氏父子所以能破舊說
而立新解的重要原因之一，就是善於把古音學和語法學運用到虛詞
的研究上，如《經傳釋詞》十卷按古聲母排列，依次為：喉、牙、
舌、半齒、半舌、齒頭、正齒、唇等音，這種安排可見其以聲為
綱，注重從字音方面去研究語言的新思路。不過以聲音通訓詁的方

法，只是詞義訓釋的一種輔助手段，運用這種方法，有助於探索詞源意義和揭示詞與詞之間在語音上的聯繫。考《經傳釋詞》研究虛詞的基本方法，主要還是從句子入手，從句子結構中分析虛詞的意義與用法，即綜合結構相同的用例，觀察虛詞在這些句子中的位次和作用，從而得知其意義，如解《詩經·終風》「終風且暴」之「終」爲「既」之例。另外還利用類推的辦法擴大詞義解釋的範圍，如舉「有夏」、「有殷」之例，以論「有」字有作語助詞用者一類。這些就是通過比較句法與觀察屬詞之例以研究虛詞的例證。

《經傳釋詞》成就固高，然亦有兩點缺失：第一是「義項分合，不盡合理」，如卷五「其」字項下，「擬議之詞也」與「猶『殆』也」，都與語末助詞「乎」字相呼應，分爲兩項的差異性並不清楚。卷七「如」字條，《尚書·堯典》「如五器」之「如」，可訓爲「與、及」；《論語·先進》「如五六十」，「如會同」之「如」，應訓爲「或」，王氏把作用不同的「如」字，納入同一個義項下，使得原有差異的用法變得模糊不清。第二是「引用書證，不盡恰當」，如卷五「固」字條，舉《戰國策·趙策》「而小弱顧能得之於強大乎」一例之「顧」，當爲「反」義，與「固」之爲「乃」義，實不相應；又如卷五《莊子·徐無鬼》「幾天與之也」一句之「幾」，出現在「詞也」、「猶『其』也」兩個義項下。當然這些小瑕疵自不足以掩其虛詞解釋的經典之地位。❻

---

❻　楊晉龍發言提醒單先生「引用」是內容來源的問題；「作者」則是著作權的問題，兩者應加區分。《經傳釋詞》引用甚多王念孫之研究成果，用以考知王引之受其父影響之大小則可，因其引用而謂該書係兩人合著，恐待商榷。

第六場會議

四月五日上午八點正到九點三十分，由蔣秋華、承載共同主持：

24.阮元〈釋訓〉析論

臺灣國立臺北科技大學共同科劉玉國宣讀：〈阮元〈釋訓〉析論〉，以爲讀古書遇到有可能是通假字時，應特別注意，以免誤借字爲本字，致曲解文意。因舉阮元〈釋訓〉一文，以論古書中幾則「訓」、「順」通假之例，並考阮元之說與舊說間之是非。

《禮記·王制》曾述及四類殺無赦之罪狀，中有「順非而澤以疑眾」一條，自孔《正義》以「順」爲「順從」、「澤」爲「光澤文飾」後，學者多無異議。阮元則謂「順」爲「訓」、「澤」爲「釋」之借字，全句之義：「言其所訓說者，似是而非，強釋之以惑人也。」依阮說「順乃訓之借字」，「訓」有「說教」意，「訓非」即「教人以非」，則在罪行的確定、前後文句的呼應上，皆較舊說可取。然「澤」雖與「釋」音近，亦有通假之例，唯從句法觀之，「順非而澤」與前文「行僞而堅」、「言僞而辯」、「學非而博」爲整齊之對應句組，堅、辯、博、澤等在詞性上應屬一致，孔氏解「澤」爲「光澤」，在詞格上正與「堅爲堅固」、「博爲廣博」、「辯爲明辯」諸解相應，若依阮解爲「強釋之」，則「澤」爲動詞，與前三字之爲形容詞不相稱。另外漢語語法中「而」字係連接動詞與動詞、或形容詞與形容詞，無連接形容詞與動詞者，依阮說則「非而澤」即連接形容詞與動詞，故難成立。《大戴記·小辨篇》「士學順辨言以遂志」之「順」亦爲「訓」之借字，「順」

與「言」關係密切，則阮以「順」為「訓」，謂「即訓詁之訓字」，自屬允當，故「順辨言」即「訓辨言」也。《禮記·坊記》引《尚書·君陳》「女乃順之于外曰」一句，阮元也說「順」為「訓」之借字，「訓」有「告」意，在句法語意上可與前句「入告爾后于內」相應；語勢文氣上亦可與下文「曰」字密合無間，此說與宋代夏僎《夏氏尚書詳解》「言之于外」之解相近，而更可以「音近通假」之理由，補充夏氏所以解「順」為「言」之故。《詩經·大雅·抑》「無競維人，四方其訓之；有覺德行，四國順之」中之「順」，阮氏亦謂為「訓」之借字，蓋因詩人嫌用字重複，故易「四國訓之」之「訓」為「順」，阮元稱之為「義同字變」，此從修辭學角度而提出的訓解古書之義例，係阮元之創見，然此句以「順」為「訓之」、「即諄諄用為教也」，而解「四國順之」之說，則有待商榷，蓋自先秦至漢引用此詩句者，均同於鄭《箋》、孔《正義》作「順從」解；且就原詩文觀之，若依阮解則施教表率者變成「四國之人」，而非「有覺德行」之人，與原詩文意相反，可知阮說欠妥。又「其維哲人，告之話言，順德之行」一句，阮元亦稱「順」為「訓」之借字、「德之行」即「有覺德行」之「德行」，此說亦屬失察。若如其說，則「順德之行」與上句「告之話言」語意重複，且與原詩句法和詩意乖違。再則「順德之行」的「行」字係動詞，「之」相當於「是」，整句應如鄭《箋》「順著善言去做」之意，即《新序·雜事》所謂「從善而行」之意。「無競維人，四方其訓之」一句，又見《詩經·周頌·烈文》，阮元以為〈抑〉詩此句引自〈烈文〉，按〈烈文〉成於周初，〈抑〉為衛武公之作，阮說可從。然阮謂「四方其訓之」之「訓」為本字，則

有待商榷。蓋〈烈文〉係成王即政之初，以朝享之禮祭於祖考，諸侯助祭之樂歌，旨在緬懷先王之德業而歎美之。「四方訓之」句法與下句「百辟刑之」句法相同，若依阮說解「訓」爲「訓誨」，則「四方訓誨之」便與「百辟師法之」文意扞格，而《左傳》哀公二十六年引此詩句，「訓」正作「順」，故「四方其訓之」之「訓」，當從王先謙讀爲「順」之見，意爲「得賢則四方皆順之矣」，阮說亦欠妥。

　　結論是：從阮元運用語法分析和通假字辨識，而糾正古書訓詁訛誤的例證，可知在訓解古書之際，不僅要按形求義，更要兼顧其在整句中的位格；絕不能忽略文句結構、整體搭配的問題。阮元在詁解時已能注意到運用前後文參伍互證的方法，尤其提出「義同字變」的條例，更將語法、修辭與訓詁絽合，實大有功於古書之解讀。

25.阮元注經方法中的語言意識及其詮釋學意義

　　臺灣中央研究院中國文哲研究所籌備處博士培育計劃博士候選人：日本國立九州大學中國哲學史研究室博士生金培懿女士發表：〈阮元注經方法中的語言意識及其詮釋學意義〉，以爲清代知識分子爲矯正心學末流「空言性命，束書不觀」之弊，除重視經史考證之學外，亦有發揚實學精神者，尤其受到西學輸入的影響，算學特別興盛，故清代經學家多數兼爲算學家，其訓詁考證之學實大有別於漢代，即使同爲重視考證的漢學家，惠棟與戴震的學問性質也有差異，這種儒學內部思想的差異，產生的原因與意義，均與儒學本質相關，不能等閒視之。所謂儒學本非儒者刻意表達一己思想之物，而是儒者將古代經典視爲聖人絕對教義的大前提下，再現經典

世界於現代的方式。按理說，面對同一經典的詮釋，其根本性的思想應不會產生差異，但實際則非如此，同注一經會因所重不同而出現差異，以清人注釋《論語》一書而言，就其所重至少可以分為：漢學、宋學、漢宋兼採等三大派，漢學派又可因其所重不同而分幾類：採漢、魏舊說以解整本《論語》之傳注類，如陳鱣《論語古訓》、劉寶楠《論語正義》、俞樾《論語古注擇從》等；考證名物、制度、文字異同，而摘要論之的考證類，如毛奇齡《論語稽求篇》、江聲《論語俟質》、方觀旭《論語偶記》等；常州今文經學家專明微言大義的義理類，如劉逢祿《論語述何》、宋翔鳳《論語說義》、康有為《論語注》等；另有非今文學派之漢學家而治義理者，是為漢學義理類，如焦循《論語通釋》、阮元〈論語論仁論〉、俞樾《續論語駢枝》等。詮釋經典而產生差異現象的原因，主要是當代儒者解讀成立於古代的經典，是有困難的，蓋今人解讀古代經典就如同解讀一組暗碼的作業，蘊藏著無限多的可能性，這也就是歷代「注疏」大量存在的原因，由於學者思想、個性、特質的差異，於是在將古代聖人遺留下的經典「語言」，置換成當代的「語言」時，呈現出來的古代聖人世界，也就迥然大異其趣。所以「儒學史」可說是在比較、檢討歷代儒者思想的差別與獨特性後，加以區別分類的工作。後人瞭解某位儒者思想的方式，最常見的就是將其已然體系化了的思想表述代表作（代表性經典），視作其思想的完成型態而論述之，如果考慮儒者思想實際是透過經典的詮注，纔被導引出來而形成的這一點上，則其如何進行詮注經典，應該是儒者思想真實面貌的最佳表現，因此儒者思想上的特色、本質與其如何詮解經典、採取何種注經方法間，便有非常密切的關係，

儒者選擇的注釋「方法」，於是便也蘊含有該儒者思想的獨特性、個性存在，注釋「方法」本身也就可以成爲根本體現儒者思想的表現手法。本文即試圖經由阮元〈論語論仁論〉採取的注釋方法、注釋方法本身表現的思想主張、方法和思想蘊含的詮釋學上的意義等的表現，以說明阮元注經的根本態度。

就「語言意識的覺醒」一點而言；阮元生逢清代盛世，幼從喬椿齡、李道南學；長與江藩、淩廷堪、焦循、孫星衍等爲友；入京後，又向王念孫、任大椿、邵晉涵等前輩請益，因而發展出其折衷漢、宋的獨特學風，視漢儒之學爲學問之本、而以宋儒道理心性之學爲修身準則，這一兼取二者之長的爲學精神，可以在其〈擬儒林傳稿凡例〉及〈學海堂集序〉中見到。不過在詮注經典的方法論上，阮元還是主張「尊信漢儒」，在其〈西湖詁經精舍記〉中，阮元表達了兩個重要的概念：語言是記憶、傳達「意識」，即聖人之道的道具；語言也是認識、解讀聖人之道時不可欠缺之物。換言之；語言是後人在憑藉文本解讀聖人之道時，絕對必要的媒介，唯有依據語言本身，認識聖人意識的作爲纔得以開始，阮元深知語言在注經時舉足輕重的地位，所以纔會藉由解釋字義或尋求語源、或瞭解文字通假、或找出文字規則等訓詁手法，以解經明道。阮元又清楚的認識聖人之道此一「原初」意識，經語言「複製」後，在「原初」和「複製」間產生誤差及不正確質素的必然性，於是將注經的焦點轉向語言本身，結果發現人類始終被範圍在語言之內，人們在語言世界中，與他人相晤、與自己照面，也在語言中被理解，更藉著語言爲媒介而傳達經驗，這一「語言」的概念範圍甚廣，包括古代的器物、制度、金石、水道、甚至書法一類的藝術語言。語

言本身因時間、空間而產生的言義差異現象，就阮元來說，代表著
聖人意識的道，經魏、晉、唐、宋、元、明等不同的語言「複
製」，「原初」的經典語言因而不復存在，此即聖人之道漸次崩壞
的過程；再則唐、宋人引佛入儒，無視語言因空間而產生無法會通
之性質，以翻譯混淆了聖人之道，因此主張詮注經典當克服時間差
距，跨越語言分崩的階段，直探原初，相較之下，漢人之詮注當然
是最靠近原初的。阮元不是以語言爲是非，而是關注聖人「原初」
意識，在「複製」的語言遞嬗中，持續崩壞而不復原貌。於是考慮
到語言本有的「表現」功效，這也是語言意義的產生、存在成立的
理由，然就經典注釋的主要對象──文獻而言，當語言「表現」時
必然受到時、空的限制，所以必須注重語言的「本義」，因爲「訓
詁不明，則聖賢之語必誤」。阮元因而認爲研究訓詁的第一步工作
便是釐清尋找出語言的「本義」：「古聖人造一字，必有一字之本
義，本義最精確無弊」，尋求本義之法，便是將一字之語義，按時
代變遷而衍生的引申義，一一切割開來，這種追溯語言源頭意義的
注釋方法，即表現在其注解《論語》時，不像其他漢學家考校整本
《論語》的訓詁或名物、制度、文字的異同，而是就《論語》書中
出現的一○五次「仁」字，輯而說之，以闡夫子「論仁」之要義。

　　其次就「閱讀地平線的融合」❼一點而論；阮元對語言的敏銳

---

❼　「地平線」一詞，當即「HORIZON」之中譯。該詞又譯作「視域」、
　　「疆界」、「視界」等，指的是讀者閱讀作品時，認知上先天的限制，也
　　就是讀者瞭解作品時最大的空間，意即不可能有一位「全知」的讀者出
　　現。此詞有「限制」與「範圍」之意，故譯爲「視野」、「見地」似乎也

感覺，使他在注經方法上，注意到語言的結構、意義會隨時間遞嬗
而改變，但他並沒有因此而產生對語言的不信任，反而藉由歸納與
比較以找尋語言的本義，企圖恢復原經典所承載的聖人「原初」意
識。這種探求原義的作業，即是阮元與過去的「會晤」。蓋過去對
學者的「呼喚」，乃是注經作業中的「最高制約」，來自過去的
「呼喚」是後人「理解」運動的開始，與「呼喚」相對應的則是
「聆聽」，「聆聽」是採取某種方式「理解」過去的「呼喚」，所
謂採取某種方式，實際上正意味著「歸屬性」的問題，事實上人早
就歸屬到某個「傳統」裏，傳統是由過去傳承到現今之物，因而形
成人們的「先入為主之見」，由於人們均受傳統制約而形成「先入
為主之見」，遂與過去保持了「共通性」乃至「連續性」，於是人
們就重新被賦予了理解過去時的「先行理解」，這便是理解過去必
備的基本條件。阮元就是在乾嘉考據學，尤其皖派的學術傳統中，
形成其對經書及其他種種的「先行理解」，他所以傾耳「聆聽」過
去的「呼喚」，乃因過去和現代之間產生斷絕之故，亦即文本語言
在古今懸隔下，產生異義。對解經者而言，如果與過去完全斷絕，
則不可能理解，如果與過去完全連接，則不必理解，所以試圖理
解，正由於處於現在與過去的親密與疏遠兩極之間，過去與現代既
有連續的「共通性」，也有隔開的「對象性」，當現代與過去「會

並無不可，或者更誇張的譯作「視疆」、「視限」、「眼界」，也似乎比
譯作「地平線」而不加任何解說，要來得容易瞭解。譯為「視域」，不知
是否借用心理學「Threshold of consciousness」一詞之意：意識作用之界
限？此心理學之詞一般譯為「識閾」或「識域」。

晤」時，便產生一種緊張關係，這一緊張關係又往往被隱蔽，因此
掌握住此一關係，乃爲當務之急。阮元在與經典「會晤」時，即一
面感受到傳述聖人意識的經典語言與其所歸屬的傳統——考證學問
的連續；然而又在語言意義衍變的古今懸隔中，清楚地察覺到經典
語言足以成爲其研究對象的性質。認識閱讀主體與經典之間的緊張
關係後，還要注意：閱讀主體要讀取的「文本意義」，不得不是一
「眞理的要求」；亦即爲了充分理解文本，閱讀主體就不得不傾耳
聆聽「眞理的要求」，然而這並不容易，所以很容易陷入兩種陷阱
中：一、閱讀主體性急地將過去的文本同化成現在所期待的文本意
義，因而遺漏了傾聽過去的眞理要求；二、過分清楚地自覺到「時
代的懸隔」，於是致力於從過去本身來瞭解過去，反而將閱讀主體
自身所處的歷史情境置之度外。阮元顯然陷入第一個陷阱，他不顧
文本所記載的各個場面事件出現的差異性，因而應有不同的理解、
眞理要求，而企圖以「相人偶」爲一切「仁」字之解；同時又只從
漢人的訓詁中去求最古的字義。不過這也許是阮元特意忽略原著者
的意圖，而代之以閱讀主體的注經舉動。

關於「實事求是」的治學公式，阮元理解爲「凡事求是必以
實」，這也成爲他解經的意圖，所以解「先天太極」時，反對其虛
象；解《中庸》時，也迴避「誠」、「和」、「中」等議題，而將
之導引入其「節性說」、「禮治說」等主張中；在〈論語論仁論〉
中，也同樣要把程、朱所說形上的「仁」世界，拉回具體的人間
世；在〈孟子論仁論〉中，也不管孟子是否有視「仁」爲心或概
念、意識的可能，而說「不能充仁之事實，不得謂之爲仁」。毋怪
何佑森先生謂其所求古訓「一律是漢儒一家之言」了。在阮元之前

或同時的學者，如徐文靖、許桂林、任兆麟，也和阮元持相同的觀點，當時儒者這種致力將哲思虛理實象化的現象，在詮釋學上具有什麼意義？本文的解說是：後人通常會將著者（經典注釋者）的意圖，視為注釋經典時的基準，然而經典傳承下來的意義，並非都是依照著者的意圖而被閱讀者讀取：首先，任何具有獨創性的著者，也都是時代下的一員，用其所處時代的共通語言在敘述，純屬個人獨創者微乎其微，因此著者之意圖不過是經典的一個側面而已，經典所以卓越，不是因其含有超越時代性的普遍性真理，而在於其意義之豐饒，非一次可以汲盡。其次，著者的意圖不過是某一特定時空下特定人物的心理作用之產物，而經典的意義，則教示了各個不同時代的讀者，其內容也成為閱讀主體再思考或轉換思惟的依據，最後更可能轉換成閱讀主體的意圖。所以經典的意義本身超越時代性的制約而具有普遍性，後代注解者的意圖作用並不大。阮元首先理解了經典的客觀性意義，接著將其理解的意義轉用於自身所處的歷史情境中。如果理解經典原意是注經的唯一理想，則經典的意義對任何時代的人都是同一的，那麼注經豈非就是要中斷掉經典的歷史性？然而注經者若無法使經典的意義與自己的生命、歷史、時代情境產生關聯，恐怕也無法真正瞭解經典。換言之；對解經者而言，能否適用纔是最根本的。清代乾嘉考據學者試圖在經典的上下文中理解經典的意義，這一具有「歷史性意識」的努力，肯定具有一定的意義。不過要注意的是：理解過去並不是將過去同化成為現在，也不是將現在同化成過去，而是在現在的情況中使過去的真理要求成為己物，或是使過去的真理要求「適用」於現在的狀況。這樣閱讀主體可以修正先入為主之見，擴大其主見之範圍，使現在讀

者所處的地平與過去的地平相融合，於是過去與現代的隔閡被克服，因而獲得了更高的普遍性，事物的真理也在更高的次元被實現，在地平融合中，新的共通性被打造出、新的自我理解也得形成。阮元的解經法有著融合閱讀地平線的性質。❽

26. 《漢學師承記》史源考辨

　　北京大學文獻研究所博士，北京大學中文系漆永祥先生發表：〈《漢學師承記》史源考辨〉，作者首先聲明其《乾嘉考據學研究》第三章第二節有關俞樾《古書疑義舉例》抄襲江藩《經解入門》一書的說法，是因為不知道《經解入門》係後出偽書的誤解，希望此書的讀者加以刪除更正。❾本文主要在考證江藩《漢學師承記》記載的學者之傳記使用的史料來源，並論該書之缺失，與周予同、鍾哲整理標點之訛誤。

　　有關學者傳記史料來源部分，舉出：閻若璩、胡渭、張爾岐、馬驌、惠周惕、沈彤、余蕭客、江聲、褚寅亮、王鳴盛、錢大昕、錢塘、錢坫、王昶、朱筠、武億、洪亮吉、江永、金榜、戴震、盧文弨、紀昀、邵晉涵、任大椿、洪榜、孔廣森、李文藻、陳厚耀、

---

❽　龔鵬程師發言指出，傳統中國學者對於道（聖人真意）的理解，有兩種截然不同的觀點。一種主張語言文字都是糟粕，並且是理解道的障礙，因此必須「忘言」纔能「得意」；另一種則主張要理解道，必須透過語言文字纔有可能，因為道的真理就蘊含在語言文字中。乾嘉學者如阮元等人，爲了證明其解說的根據，於是對經典文字的意義，乃從溯源的角度求其流變的過程，是否因此而促成史學研究的興盛，最後因而取代了經學的地位？

❾　見漆永祥：《乾嘉考據學研究》（北京：中國社會科學出版社，1998 年 12 月），頁 97。

程晉芳、賈田祖、李惇、江德量、汪中、劉台拱、徐復、汪光燨、李鍾泗、凌廷堪、黃宗羲、顧炎武等四十人之史料來源；該書相關的缺失則有七項：(1)有姓名字號誤者：如「蔡景君」誤作「蔡君謨」、桂馥「字多卉，號未谷」誤作「字未谷」；(2)有生卒年月誤者：如沈彤（1688－1752）年「六十五」誤作「六十四」、江聲（1721－1799）年「七十九」誤作「七十八」❿、王鳴盛（1722－1797）年「七十六」誤作「七十八」、紀昀卒於嘉慶十年二月「十四日」誤作「十五日」；(3)有仕履行事史實誤者：閻若璩祖父閻世科「官至遼東寧前兵備道參議」誤作「布政使司參議」、閻若璩「康熙二十一年客閩歸」訛作「三十一年」、胡渭在「康熙四十三年獻〈平成頌〉」誤作「四十二年」、錢大昕乾隆三十年為「浙江鄉試副考官」、「乾隆三十八年十一月擢詹事府少詹事」誤作「浙江鄉試主考官」及「三十七年冬」；(4)有引文誤者：卷二〈褚學亮記〉引錢大昕〈儀禮管見序〉，將錢氏所言「嘗謂宋人說經……乃盛行於世」一段誤作褚氏之語、卷三〈錢大昕記〉誤合錢氏《元史稿》與《元詩紀事》為一書，曰「重修《元史》，後恐有違功令，改為《元詩紀事》」；(5)有史實闕略不清可補者：卷二〈沈彤記〉云「有人薦修《三禮》及《大清一統志》」，實則薦舉入京者為內閣學士吳家騏，薦入「三禮館」者為方苞、卷三〈王鳴盛記〉「罣吏議，左遷」一事，實因王氏「奉命典試，于路置妾」之故、卷六〈盧文弨記〉「部議左遷」之故，係因盧氏「以學政言州縣吏不應杖辱生員」；(6)有無徵可信不知其何者：卷一〈閻若璩記〉轉述顧

---

❿　按：原稿此條誤作「余蕭客記」（頁4），據《漢學師承記》原文改正。

廣圻誣閻氏嘗爲顧炎武弟子而背師之言，了無證據、卷六〈任大椿記〉引道聽途說之流言，謂任氏《字林考逸》一書竊自丁杰，不謹之至；(7)有故意歪曲史實者：卷五〈江永記〉謂方苞與江永論學，「苞負氣不服，永哂之而已」，實則江永「從容置答，（方苞）乃大折服」，絕非如江藩所言，此江氏因門戶之見而刻意厚誣方苞。另外也指出卷三〈錢大昕記〉「巡撫雅蔚文」一句，周予同、鍾哲誤斷爲「巡撫雅蔚」；「虞仲翔說《易》，專取旁通與之卦。旁通者，乾與坤……」，周、鍾亦誤斷作「與之卦旁通者」。⓫

　　根據分析《漢學師承記》正記四十人、附記十七人，這五十七人的傳記，江藩引錄最多的是錢大昕的著述，有十人，且多爲其中主幹人物，故此書幾可稱爲錢、江之合著；襲用參考諸家傳狀者有十九人；或係江氏自得者有十二人；該書主要紀錄雖爲已卒者，唯全書涉及的學者約一百二十人，清代中葉以前治漢學的代表人物，幾已全部涵括在內；再者江氏探錄著述並非毫無選擇，多採錢大昕、戴震、段玉裁、汪中、焦循、阮元等漢學家之文，而於李光地、方苞、姚鼐、劉大櫆、章學誠、羅有高等諸人之文，則多視而不見。至於該書的編輯，至遲在乾隆五十三年（1788）前後就已開始，直至嘉慶二十三年（1818）底開雕之際，尚有增改，實際刻成應在嘉慶二十四年，前後歷三十年。

　　結論是：《漢學師承記》正如龔自珍所言，即清代「經學師承

⓫　按：〔清〕江藩著，徐洪興編校：《漢學師承記（外二種）》（北京：三聯書店，1998 年 6 月）一書中，「雅蔚文」已改正、「旁通與之卦」一段則猶作「與之卦旁通者」，見頁 51、頁 53。

記」，其書所記人物較廣且具有代表性，根據之資料亦多徵實可信，在篇幅安排與史料剪裁上有其匠心獨運之處，又以當時人記當代事，故有較強之學術性與可靠性。該書認為清儒上承兩漢，下啓當時，準確掌握清代經學重師法、溯源流、遵古訓、重證佐、輕臆說的學術特徵；也比較詳細的論述了清初至清中葉經學之淵源、師承關係、學術宗旨及成就得失，突顯了清代的經學研究成績，具有很高的文獻價值。至於棄宋尊漢、甚至歪曲史料等一類表現江藩學術宗旨和好惡的情形，自當與史實之錯訛缺略，分別觀之。

第七場會議

　　四月五日上午十點正至十一點三十分，由北京中國社會科學院文學研究所研究員錢競先生與詹海雲共同主持：

27.試論焦循《群經宮室圖》

　　北京清華大學思想文化研究所教授彭林先生發表：〈試論焦循《群經宮室圖》〉，全文分四節以論《群經宮室圖》研究方法上的特色：一、依傍〈考工記〉建立綱目體系：前賢研究「宮室」，多以《儀禮》記載為主，然《儀禮》並無討論宮室制度之專章，因之論者所言每多語焉不詳。焦循《群經宮室圖》則以著成於東周的〈考工記〉之宮室制度為綱，間採《儀禮》等書之記載，凡分：城、宮、門、屋、社稷、宗廟、明堂、壇、學等九類，五十圖，全書之編排，由內及外、由近及遠。書雖以「宮室圖」為名，實廣及國中種種建築，格局明晰，以「城隅之制」為例，焦氏引《爾雅》、《詩經》毛《傳》、〈禮器〉鄭《注》等，證明「闍」為曲城門上之臺，每門皆有，在城門之正面；繼而證明「隅」在城之四

角，或名「浮思」，整理爬梳，使格局明晰。二、以群經解禮經宮
室：歷來考論宮室之制最多及於《三禮》，焦氏則以群經解禮經，
以會通求義理。蓋宮室制度爲古代日常生活所有，故群經之中亦時
有所見，正可補禮經記載之不足，例如有關「天子七廟」中：「廟
與寢的相對位置」、「廟與祧在一地或兩地」、「廟與廟是否共壁
相連」等問題，禮書皆未之及，焦氏乃根據《周官・隸僕》鄭
《注》和《左傳》等記載，證「廟皆有寢，廟前寢後」、「祧無寢
而與廟異地」、「廟與廟不共壁，而以巷相連」。三、從傳注而不
株守：《群經宮室圖》發明傳注處，觸目皆是，訂正傳注處，亦復
不少，如先秦之「明堂制度」，直至朱熹，始知爲天子祀天享親、
布政朝會之所，然其構造則有：鄭玄五室，太廟、太室居中，餘
「四室在四隅」之說；朱子九室「四室之『个』左右相借」之說，
焦氏根據《左傳》及〈考工記〉、〈月令〉、〈鄉射記〉、〈大射
儀〉、〈鄉射禮〉、〈梓人〉等記載與鄭《注》、孔《疏》；《釋
文》、《說文》、《釋名》等相關資料，力主太廟、太室居中，四
室各居四方之正，四隅各分割爲二，共得八「个」，其狀成三角形
之說，其說雖不能遽爲定論，然立論堅實，多有發鄭氏及傳注所未
及者。四、證之以實而運之於虛：焦循精於算學，故於宮室之制，
每以步算驗之，所謂「證之以實而運之於虛」，即以實測所得爲依
據，建立普遍原則。如「雉」之長度，據《毛詩》孔《疏》引鄭
《駁異義》，而知「五百步爲百雉，則知雉五步；五步於度長三
丈，則雉長三丈也」，「每里爲雉六十，爲步三百，爲長一百八
十」；又「天子之廟數」、「七廟」之論中；有祧廟與太廟、四親
廟在「一地」或「兩地」之爭，千古未決，焦氏「準以燕寢知有

廷，其制必非甚狹者」，而推其佔地過廣，不可能平列於一地。又如依鄭玄之《禮注》，而謂「室即兩塾，即所謂門側之堂，非塾中另有室也」，並推算出「夏世室」、「殷重屋」、「周明堂」及「門堂」之修廣尺寸，此類記載，經文簡奧、義甚游移，若無算學基礎，以及精密推算，則必無法得其眞相。焦循《群經宮室圖》雖僅二卷，然疏解古代宮室之制，考據索隱，精發古義，創獲甚多，使聖賢制作之本意復顯於世，大有補於禮學；這也是焦循揚實學之風、得樸學之眞的具體表現。

28.《尚書補疏》疏證

揚州大學人文學院中文系教授錢宗武先生宣讀：〈《尚書補疏》疏證〉，主要討論焦循《尚書補疏》在學術思想與治學方法上的成就。⑫《尚書補疏》成於焦循五十六歲，距其卒年僅兩年，可

---

⑫　在宣讀之前，錢先生曾感慨現代中國人對自己文化的疏離，因而論及學校教育內容與文化傳承的問題，此說引發與會學者熱烈的討論。大陸學者發言多強調大陸的教育政策，即使經過「文化大革命」十年的摧殘，也並沒有悖離中國的傳統文化，並舉北京清華大學等多所大學設置研究中國傳統文化的系所爲例，以證明大陸教育體系與學界重視中國傳統文化的研究。楊晉龍則認爲在大學設置研究系所的方式，是培養學術研究專才，就如同研究外國文化一樣，對傳統文化的普及，在功能上恐怕不會有太大的作用！並舉臺灣在義務教育中，即有紹介傳統文化相關的課程，例如「國學概論」、「中國文化基本教材」、「中國文化史」等科目，而質疑大陸的教育體系何以不能從義務教育階段即設置加強認識傳統文化的課程？因爲從教育的觀點來看，從小接受的教育是比較有效的，對於整個人生的影響也是較大的，這和在大學設置研究系所的狀況與作用完全不同。關於此點質疑，大陸學者無法做出比較有效的解釋，只說教育體系不能說變就變，

謂焦氏「所有私見」之集成，畢生治《書》之總結，其書旨在補疏孔《傳》。清代早期《尚書》研究的最大成就即在辨僞方面：肯定《古文尚書》與孔安國《傳》之僞。然也因此而造成全面否定孔《傳》的偏失，焦氏則指出應將孔《傳》看作魏、晉間人之傳，並從語境、修辭、文例、義理等角度具體例釋孔《傳》之價值，謂其有「七善」，其說言而有據，將考據與義理融爲一爐，合情合理。

焦循對孔《傳》的研究，採取對比法：「縱向對比」，一是用孔《傳》與鄭玄《注》比較而旁及別的漢儒《書》詁、一是用孔《傳》與孔《疏》比較；「橫向比」是孔《傳》與魏晉《書》詁的比較。通過比較以判明孔《傳》的訓詁價值，焦氏補疏孔《傳》的方式，大約可以概括爲五種大類型：⑴證孔《傳》之訓詁：如〈周書·酒誥〉「矧曰其敢崇飲」，孔《傳》釋「崇」爲「聚」，未說明根據；《補疏》則引《廣雅》與杜預《左傳注》以證明之。⑵申

需要一點時間來改變。不過我非常懷疑這些沒有實質意義的「保證」，因爲大陸教育體系中似乎在小學前三年僅教以 A、B、C……等音符號，而不是如臺灣教給中文注音符號，這樣一開始就接近「非中文」的教育方式，記性最好的，三年不接觸中文，其影響如何也就不言可喻了。這種重視口語過於書面語的方式，當然是外來的思考模式，目的是希望對推廣教育有實質的幫助，但卻把教育最重要的內容給遺落了，不是有點捨本逐末嗎？更何況臺灣教育普及的過程中，並沒有因爲不用這些洋符號而產生什麼大困難，反而是利用這些洋符號，以爲可以馬上見效的大陸教育界，教育的成果遠遠落後於臺灣呢！如果這種捨本逐末的方式繼續下去，即使設一堆研究所，在我看來，成效也不會太大，恐怕「中國性」會越來越走味，最後大概就埋沒在某種洋味兒中了。不過這也許是我過分關心的不當「焦慮」吧！一心搞政治的人會在乎嗎？

孔《傳》之立論：如〈周書・洪範〉「鯀則殛死」，孔《傳》曰：「放鯀，至死不赦。」《補疏》非《說文》「誅死」之解，申孔《傳》之說，「殛」即流放，唐堯虞舜之時，罪之極爲流放之罰，文獻多有記載，孔《傳》合於史實。⑶正孔《傳》之誤說：如〈虞書・堯典〉「曰若稽古帝堯」，《補疏》謂：「『帝堯』兩字當不連，止四字。『曰若稽古』，乃史臣之言。」此說甚確。又「共工方鳩僝功」，孔《傳》曰：「鳩，聚。僝，見也。歎共工能方方聚見其功。」《補疏》謂：「《傳》中兩『見』字，疑皆是『具』字之訛。」焦氏疑「見」、「具」形近而訛，可能性甚高。⑷明孔《疏》破孔《傳》而力申孔《傳》：如〈虞書・堯典〉「分北三苗」，孔《傳》曰：「三苗幽暗，君臣善否分別流之，不令相從。」《補疏》謂：「『北』古『別』字，《傳》以『分北』即『分別』耳。《正義》以『分』爲『別』、以『北』爲『背』，非《傳》義。」陳喬樅、王先謙、江聲、惠定宇等皆同此說。⑸明孔《疏》孔《傳》皆誤而另立新義：如〈虞書・堯典〉「黎民於變時雍」，孔《傳》曰：「言天下眾民皆變化從上，是以風俗大和。」《補疏》謂：「《傳》以『皆』字釋『於』字。《正義》解釋『萬國之眾人於是變化從上』，非《傳》義也。……其實《爾雅》訓『於』爲『代』，『代』猶『更』也，『於變』即『代變』，『代變』即『更變』耳。」⑬此焦氏謂《傳》、《疏》皆誤，自立新

---

⑬　晉龍案：此段原文作「於」諸字，因大陸簡化漢字之結果，在錢宗武教授文章內，皆被改成「于」，對相傳古書文義、解說之瞭解，橫生窒礙，所得恐不如所失之多矣。

義，卓然的論。除上述五種類型以外，還有：「申孔《傳》正經文
句讀」、「申孔《傳》明經文語序」、「申孔《傳》正經文訛
字」、「正孔《傳》句讀」、「正孔《傳》訛字」、「明孔《傳》
與經文不合」、「明孔《傳》不識經文語序」、「正孔《疏》破孔
《傳》句讀」、「正孔《疏》破孔《傳》音讀」、「明孔《疏》增
字解經」等等。

　　《補疏》在訓詁上的成就固大，然亦有可商之處，如〈周書·
大誥〉「王若曰」，孔《傳》「周公稱成王命」，《補疏》盛稱
之，然核之史實，則應當以鄭《注》謂周公「攝政稱王」為是。唯
《補疏》以降，孔《傳》為魏晉訓詁的學術認識漸成定論，焦氏求
眞求實的學術思想，對後代所具的啓迪作用，於此可見。

29.解釋學與修辭學：以焦循《易》學的假借引申論為例

　　北京清華大學思想文化研究所博士程鋼先生發表：〈解釋學與
修辭學：以焦循《易》學的假借引申論為例〉，文中說「解釋學」
是以經典著作的解讀為目標的一門學問；「修辭學」則是研究根據
具體的題旨、語境更為恰當的表達思想的一種文學活動。這兩門學
問在清代的關係惡化，導致一些經學上特殊的政治——倫理涵義的
問題產生，因此就有學者試圖調和兩者，這種和解亦有經學與政治
上的意義，此文即以焦循（1763－1820）的《易》學研究為例，剖
析修辭學與解釋學和解的「解釋學中介」，說明和解的經學意義與
政治——倫理意義。

　　全文分：《易》為訓詁之學、假借與焦循《易》學、假借在
《易通釋》中的運用案例、假借的修辭學功能、修辭學的政治——
倫理意義等五節討論。(1)《易》為訓詁之學：焦循《易》學就其實

質而言，即對於訓詁的反思，即焦氏所言「《易》為訓詁之祖」。一般皆以焦氏《易》學為「象數《易》學」，若如所言，則無法解釋焦氏稱與象數思想毫無關聯的孟子「實深於《易》學」之論，此因學者多注意其解釋《易》之技術，而不知論其《易》學的動機與旨趣，因之使其《易》學對當時整體知識世界的整合旨趣，變得晦澀不彰。實則焦氏認為儒家思想有歷史性的傳承譜系：伏羲、文王、周公、孔子、孟子，他們的道一致而具體表述則有差異。道一致，故孔孟之解釋與《五經》之解釋也應一致，此一譜系起自伏羲畫卦，終於孟子暢發儒家義理，也可以說是同一個根本道理的不同訓詁版本的表現，孟子的闡發表現較伏羲等人詳盡、透徹，所以說孟子最深於《易》。從文本結構而言，《易》除經文外，還包括對原始經文文本解釋的「傳」，就清儒而言，後代聖人作者的思想，意味著對前代聖人思想的繼承與發揮，繼承與發揮則都在解釋的過程中完成，在《易》則卦與卦辭、爻辭之間存在著解釋關係，揭示此一解釋過程的，即是訓詁，因此《周易》可說是自己訓詁自己，是一部揭示訓詁學原理的經典，故曰「《易》為訓詁之祖」。訓詁的本質在「以語言解釋語言」，至於以今語解釋古語、以雅言解釋方言則是語言學之責任。經學的訓詁是：以「解釋者所用的語言」解釋「經書的語言」，其本質就是解釋，所以訓詁學即等同於解釋學，這就是廣義的訓詁學；現在所謂訓詁學，實際上是狹義的、語言學的詞義學。訓詁本來就是針對某一具體對象（文本），運用某種分析方法（聲訓、形訓等），以克服其意義障礙的解釋活動，所以是一種特殊的活動。根據施萊爾馬赫的說法：解釋學關注的不是局部性的解釋活動，而是一般性的解釋活動。所以像《爾雅》以

《詩經》這部具體經典為解釋中心的特殊種類的訓詁，即屬局部性的解釋活動，非解釋學所要討論的所有經典解釋中的一般性特點。將訓詁學界定為「以語言解釋語言」的活動，則係將所有特殊對象、方法、特殊障礙等完全解消，僅剩抽象而普遍的「以語言解釋語言」的關係，使得訓詁學構成為解釋學，焦循的「《易》為訓詁之祖」的命題，在某種意義上，預示了廣義訓詁學的意義，標誌著訓詁學史上對訓詁學概念進行反思的萌芽。(2)假借與焦循《易》學：東漢許慎的象形、指事、會意、形聲、轉注、假借等六書之說，解釋了漢字的歷史起源，清代戴震將之重新詮釋為「四體二用」，以轉注、假借為「用字之法」，餘為「造字之法」，「用字之法」較好地解釋用字中產生的複雜關係，蓋有些不同形體的文字，必須借助於假借技術，纔能看出兩者之間的關係，這種揭示字與字之間假借關係的技術，稱為「破假借字」，這是清代訓詁學重要的成就之一。由於假借僅是作為一種訓詁的手段，本身並沒有任何特定的內容，因此和其他「小學」科目被稱為「工具學科」，不過焦循在其《易》學中卻賦予「假借」特殊的內涵，成為《易》學內部固有的、代表著《易》學本質的屬性，有著超乎訓詁工具地位的重要意義，在其〈《易》學用假借論〉中，甚至強調「假借」是《易》學得以成立的重要理由之一。焦循在其《易》學中全力以赴的任務是：在訓詁實踐中，將《易》學與訓詁學的內在關係說明清楚，其主要《易》學著作有《易通釋》和《易圖略》，焦氏主要精力花在《易通釋》上，其論述使得《易圖略》中運用的象數學技巧，具有超乎工具理性的地位，從而上升為一種《易》學本體論中必不可少的運動模式。《易通釋》的關鍵是「通」，即「通其

辭」，其過程即在看似不同的詞之間，發現訓詁聯繫的關係，其方式則由辭的內在本質屬性決定，對《周易》中的辭，焦氏認爲具有特殊的涵義，它們提示著卦、爻、象之間的運動與交換，所以說是「各指其所之」，「所之」指卦、爻、象之間的交換，即所謂「某之某」：由某卦的某爻運動至某卦某爻，統稱之爲「所之」，這正表現「以語言解釋語言」的敘述結構。由訓詁學的假借技術出發，揭示卦、爻、象之間的「所之」關係；或是由卦、爻、象之間的「所之」，論證訓詁學假借關係的正確性，因而起到「通其辭」的作用，此即「假借」在焦循《易》學中的作用。(3)假借在《易通釋》中的運用案例：《易通釋》是焦氏《易》學「通其辭」的示範性作品，其書宗旨是「參伍錯綜以求其通」，此即《易圖略・原辭》所謂：橫通、縱通、參伍錯綜之通等「三通」之一，其內容如〈比・初六〉「有孚盈缶，无咎」，焦氏說：「『有孚』便與全經諸『有孚』，一氣相貫；『缶』字便與全經『缶』字一氣相貫。……此參伍錯綜之无不通也。」所謂「一氣相貫」指意義的同一性與等價性，處於不同卦爻位置的同一個詞，應該有相同的意義；所謂「全經」指跨越卦的界限，尋求卦與卦之間的卦爻象聯繫，因屬不同的卦與卦爻位，故曰「參伍錯綜」；不同卦爻位的卦爻辭之間相互引申，使其間之意義如一氣之相貫通，故曰「一氣相貫」，「參伍錯綜」之「通」即「通其辭」之「通」。這些在意義上具有某種特定關聯的辭之間的關係即「引申」，焦循共提出十二種引申，最簡單的是「同辭引申」、最複雜的是「假借引申」。如《易通釋》卷十討論「紱、沛」二字一段，即是「假借引申」最簡單的例證：第一段，從文字學角度說明「紱」具有「蔽」義；第二

段，討論〈困卦〉「困於赤紱，朱紱方來」的卦爻象運動理由；第三段，討論「沛」在對應卦〈豐卦〉所代表的卦爻象運動，並說明「沛」的卦爻象運動，與「紱」的卦爻象運動之間的等價關係（比例）。「比例」概念除了反映兩組數之間的相等靜態結構關係外，也可以將其看成兩組數字在計算過程中，保持動態的相等關係，焦循即將此「比例」概念中潛藏的動態特點，運用在《易》辭的解釋過程中，此點對於瞭解清代解釋學頗有助益；第四段，評論歷代涉及「沛」與「紱」的訓詁解說之是非；第五段，總結說明「蔽」的涵義何以在〈困卦〉寫作「紱」、在〈豐卦〉寫作「沛」的原因等。這段文字涉及三個層面：（一）兩個相互假借的辭之間的訓詁學聯繫；（二）《易》辭象徵的卦爻象運動，以及兩個互假借的辭所象徵的卦爻象運動的等價關係；（三）《易》辭的涵義分爲：基本涵義、情境義、評價義等三部份。就訓詁學與《易》的關係論，第二層的關係最爲重要，從訓詁學的角度看，兩個辭之間是假借的關係；從《易》學的角度看，兩個辭所象徵的卦爻象運動之間呈現「比例」關係。從訓詁學講，兩個假借的辭的意義之間應爲等價或相等關係，這是假借的基礎；從《易》學角度講，這是一種動態的等價關係。不過意義之間的等價或相等關係，不是不證自明的，而是偶然的、經驗的，必須靠訓詁材料來保證，例如兩個有假借關係的辭之間纔能建立卦爻象的等價關係，這是表象的關係；至於相互假借的辭所象徵的卦爻象運動的比例關係，則是不證自明的、先天的、必然的，這纔是本體。就焦循而言，《易》學本質上就是一種訓詁哲學（《易》爲訓詁之祖），訓詁的本質是無法通過文字自身的訓詁加以論證，文字訓詁進行的是表象層面的連通，但訓詁本身

不能為這種連通提供徹底的、本體論的說明，這種本體論的說明是通過卦爻象運動的比例關係而完成的；就其本質而言，卦爻象運動的比例關係是一種數學關係，它是必然的、先天的，是從數學本體上，保證了假借的意義相等的性質。⑷假借的修辭學功能：《易》辭意義可分為基本義與情境義，從詞彙學角度看，詞的意義在歷史演變過程中，會發生變化，但仍然會存在著某種基本義，基本義保證了詞同一性和身分，基本義是不變的，情境義則會隨著詞的語境而發生變化。卦爻象的比例說明了假借辭之間，基本義的穩定性、也演示了情境義的變化性。從基本義立場言，假借尤其是本有其字的假借，存在著「以曲文其直，以隱蘊其顯」的晦澀不明的缺點；然從情境義的立場言，此一缺點卻成優點，因其提供了修辭的途徑。在焦循的《易》學（即訓詁哲學）中，「假借」是作為修辭的成分而引入《易》學的，《周易》就是一部「以曲文其直，以隱蘊其顯」的經典文本，由於引入「假借引申」，使得焦氏之《易》學除有訓詁學的近似科學的成分外，還帶有修辭的文學成分，科學與文學在此達成了某種平衡。假借表現的「以曲文其直，以隱蘊其顯」的特性，是一種特殊的經學修辭特性，代表的是一種文學傳統。科學說理，文學講情，假借也可以看成是一種情的傳統，這種傳統在經學傳統中早已丟失了，然而卻存在於文學中，所以經學要從文學中借鑑學習。焦循因而說：「文、周繫《易》之例，晦於經師，尚揚其波，存其迹於文人、詩客之口。其辭借、其義則質，知其借而通之，目瞭乎明，確乎實也。……即以比〈風〉詩之起興，亦彼會於言辭之外，而此案於字句之中也。《易》辭之用假借也，似俳也而妙也、似鑿也而神也，願與好學深思、心知其意者商

之。」(5)修辭學的政治——倫理涵義：從根本上言，古代解釋學乃
實踐學科，必有實際之目的，例如捍衛正統性、維護道德的合理性
等等，焦循之《易》學，牟宗三早就將其界定爲「道德哲學」，但
並沒有將其放在乾嘉經學的背景下，考察其道德涵義，也沒有將焦
循研究其他經書所展現的道德涵義，與其《易》學的道德涵義進行
比較，以便更具體地理解焦循道德學說的學術涵義。因此本文希望
通過文學（修辭學）的通道考察焦循的道德學說，從而考察《易》
學——訓詁——假借——修辭——道德諸範疇之間的內在聯繫。焦
循在《論語通釋》中謂「學《詩》不學《易》，不知《易》也」，
明確表示《詩經》的主旨對於理解《周易》是必不可少的，《易》
的「以曲文其直，以隱蘊其顯」的特性，與《詩》的「比興」在文學
本質上是一致的，因爲比興的文學特點就在於曲折地表達情感。析
論焦循在其〈群經補疏自序・毛詩鄭氏箋〉文中表達出的《詩經》
學觀點，可得如下幾層意思：第一，「《詩》學不同於理學」：《詩》
學是言情的，目的在感動人而不是折服人，是文學的而非說理的科
學；第二，「批評理學的消極社會後果」：理學達不到應有的社會
效果，因爲它忽視了人的感情本體的存在。焦氏的批評是一種以實
踐爲導向的批評，由於批評的實際動機，解釋學與修辭學於是都轉
化成爲「政治——倫理解釋學」與「政治——倫理修辭學」；第
三，「焦循對理學的批評蘊涵有深刻的歷史反思意識」：焦循反對
的理學是與「大禮議」、「三案」（梃擊、紅丸、移宮）相關的政
治鬥爭的明代理學，認爲這些政治抗爭與明代衰亡有必然的歷史聯
繫，發生政治抗爭的根本原因在「《詩》教之亡」，這是乾嘉學者
的共識，此種分析方式與顧炎武純從知識上分析問題的方式不同，

乾嘉學者是從情感層面加以分析，因而拓寬了反思的視野。乾嘉學者由知識出發，將問題深化，進一步擴展成情感問題，從不同的途徑發展了儒家思想。經由上述詩經學的政治──倫理立場的討論，可以推測到焦循《易》學政治──倫理動機，因爲兩者有共同的學術媒介──「以曲文其直，以隱蘊其顯」的修辭學。焦循《易》學「假借引申論」的形成過程是：先將假借作爲訓詁學的一個問題，欲求其徹底瞭解而不可得，乃轉向《易》學（即訓詁哲學），因而引入了修辭學，修辭學不但解決了訓詁問題，還協助解決了《易》學問題。解釋學與修辭學因而在此互相發現了對方，但由於解釋學具有的強烈實踐性的性格，於是使得解釋學與修辭學都沿著學理向實踐層面延伸，因而推論出明王朝因「《詩》教之亡」而衰亡的反思，這同時也是對當時儒家知識分子政治與倫理意識的思考。

　　本文將訓詁學看成解釋學，隨後又將狹義訓詁學看成科學，其「科學」的涵義，首先指這種脫離了局部性的普遍性，這種普遍性同時也擺脫了經典標題的偶然性，而探索經典解釋的必然性趨向。以戴震爲代表的經學傳統特徵，就在於將這一普遍性建立在文字學、音韻學中的六書和因聲求義等可靠的基礎上，它們所關注的都在解釋學的科學性上，並沒有注意到解釋學的文學性，戴震雖在《孟子字義疏證》中開啓了「重情」的理路，然這一理路的內化、融貫到解釋學中，則是由焦循完成的。現代思想（現代性）設定了若干個截然對立的二分法，如思想與情感的區分（即情與理的區分）、科學與文學的對立，而解釋學與修辭學的融合與貫通，恰好可以向這二分法提出挑戰。本文通過清代學術的一個具體案例，表明儒家經學也可以對這一問題的討論，做出自己應有的貢獻。

30.批判繼承與創造發展——清乾嘉通儒焦循經學述評：以手批《十三經註疏》為例簡說

臺灣臺北國立臺灣師範大學國文學系副教授賴貴三發表：〈批判繼承與創造發展——清乾嘉通儒焦循經學述評：以手批《十三經註疏》為例簡說〉**❹**，此文以臺北中央研究院歷史語言研究所傅斯年圖書館收藏的焦循手批《十三經註疏》為討論主體，該書為焦循乾隆四十六年（1781）十九歲時，以五千錢購得，購書之際，曾典當其妻十餘粒珍珠而得三千錢。此書為明末毛晉汲古閣所刊，其中以《周易》、《毛詩》、《左傳》之批語較多。此書首冊《周易兼義》有嘉慶五年（1800）及嘉慶十三年（1808）之批語、又《毛詩註疏》卷六有嘉慶三年（1798）十月二十日「單點乃乾隆辛丑（1781）所閱；今閱則加圈矣」之批語，可知焦氏近三十年來一直未曾間斷該書之閱讀。該書散出的原因，或可從一封藏於揚州博物館的阮元之信，考見其端倪，該信云：「《北湖小志》乃理堂先生所撰，乃元所刻板，今欲取印，乃自然之理，而焦外孫固留不付，意欲何為？焦外孫賣其父、祖之書，已為公論所不許，今又扣留阮氏之板，更為無理！字到即命一船去取，不許少一塊。『散頭』二字何解？它是秀才，若差門斗來取，恐不便；且《孟子》、《周易》也是阮氏所刻之板，莫非也『散頭』耶？」此書或即焦氏外孫賣出耶？

---

❹ 按：賴貴三另有《焦循手批《十三經註疏》研究》（臺北：里仁書局，2000 年 3 月）一書，可與本文互相發明，故本文未及詳論或不明之處，可參見該書相關章節之論證。

　　焦氏手批諸書情況與意義如下：⑴《周易兼義》：此書刻於明崇禎四年（1631），四冊。焦氏為著名之《易》學專家，其《雕菰樓易學三書》：《易章句》、《易圖略》、《易通釋》蜚聲士林，從此書批注可見其《易》學發展之軌跡，批注中引用最多的是虞翻，其他依次為：荀爽、鄭玄、馬融、侯果、京房、蜀才、……李鼎祚等二十七家；並及惠棟、毛奇齡之《易》學著作。分析其資料，知其以李鼎祚《周易集解》和惠棟《易漢學》為主，蓋全以漢學為尚也。其批注之方式，先引諸家之說，然後再加按語，以「循按」一語發揮己見：闡述、增益或批判前賢諸說的闕疑訛誤。此一「循按」的發揮方式，成為日後焦循諸書著述的標準體例。⑵《尚書正義》：六冊。此書批注係焦氏最早治《尚書》的資料，其中頗多校改文字訛誤之處，可與阮元《十三經註疏校勘記》互相發明；訓詁、義理之解釋發揮，亦可與其後出的《尚書補疏》比較、互證。⑶《毛詩註疏》：二十冊。焦氏二十七年（1781－1807）來不斷閱讀此書，其批語於毛《傳》、鄭《箋》及《正義》之短長得失，多引錄時儒之說以論其是非；於字句之訛誤，則多引《十三經註疏校勘記》以正之，所引《校勘記》之內容，頗有出於今傳本之外者。故此書之批注除對《毛詩補疏》之淵源的瞭解，大有助益外，復可以斟酌補益今本《校勘記》之部分內容。另外統計其批注時間的多寡，亦可見其治學之歷程，依其批注條文之多寡，可排列如下：嘉慶三年（1798）、乾隆四十六年（1781）、嘉慶四年（1799）、乾隆五十二年（1787）、乾隆五十五年（1790）、嘉慶十二年（1807）、嘉慶七年（1802）、乾隆四十九年（1784）、乾隆五十七年（1792）。⑷《三禮註疏》：《儀禮註疏》刻於崇禎九

年（1636），十冊；《周禮正義》刻於崇禎十一年（1638），十二冊；《禮記正義》刻於崇禎十二年（1639），二十冊。批注以《禮記》最多，《儀禮》、《周禮》約相等。主要根據宋本及《十三經註疏校勘記》所考，以訂正此本文字等之訛誤；並說明假借、轉注之實際應用情形。於《儀禮》、《禮記》頁次錯亂失序者；《儀禮》之《疏》文誤入正文者，均予以指明訂正。《禮記註疏》之批注，除校勘工作外，又注意及經、注屬文之法與《正義》疏解之是非，並加以解說釋證。(5)《春秋左傳註疏》：二十冊。《春秋》三《傳》中，《穀梁傳》無批注。此書之批注除例行的校勘工作外，主要用心在考證《左傳》中出現的地名，歷代設置沿革的情形，對研究地理沿革，有相當大的用處；另外也指出《左傳》的文章義法，稱其文「奇變不可測」、「神品」，故曰「真文章之祖也」。其批注語可與其《春秋左傳補疏》互證，以考其學問之淵源發展。(6)《春秋公羊傳註疏》：八冊。此係焦氏存世唯一的「公羊學」資料，彌足珍貴。批注除用心於校刊外，還大量引用許慎《五經異義》、鄭玄《駁五經異議》、惠棟《九經古義》之文，以檢證《公羊傳》中諸多考據、義理等相關問題的是非。(7)《孝經註疏》：一冊。批注僅有一條，引《爾雅·釋詁》「顯，代也」，置於「揚名於後世，以顯父母，孝之終也」之上。作者以為此條可與《易通釋》卷十七「鴻、楊」條互觀，以見焦氏以文字訓詁、聲音假借，以明經義，以通達條貫的經學特識。(8)《論語註疏》：刊於崇禎十年（1637），三冊。此書批注與《論語補疏》相較，發現批注語多為《論語補疏》所本：或全文鈔錄、或簡括其文、或發揮增詳，其遞衍傳承之跡非常明顯。表現之義理思想，亦為《論語通釋》之基

礎，其繼承、發展之跡，的然可考。(9)《孟子註疏》：刻於崇禎六年（1633），七冊。批注以孔本（乾隆壬辰曲阜孔繼涵微波榭本）為底本，再據宋本、岳本、閩本……等加以勘校，訂正訛謬甚多；又辨正趙歧《注》之句讀、章旨誤入《注》文者；再加上義旨之闡發，這些均成為《孟子正義》一書之張本。(10)《爾雅註疏》：三冊。批注多引用類書以為校訂之資，對郭璞《注》之增補、阮元《校勘記》之補缺，均有其作用。再則此為焦氏唯一與《爾雅》相關的資料，對於焦循以《爾雅》之字義訓詁，轉化為《周易》義理詮釋的創造性方法的瞭解，也有不可忽視的重要性。相較於他書，則此書批注有六多：印記多、便條多、引書多、輯佚多、補正多、自釋多等特點。印記更可提供瞭解此書典藏流傳之情形。

　　結論是：從焦氏批注的校勘成果，可見其對校勘的重視，這也就是清儒強調的治經第一步工作；汲古閣本號稱善本，然從焦氏批校可見出其訛誤衍奪甚多，這不但提醒學者注意「盡信書，不如無書」，更可見出清儒「證之以實」、「實事求是」的樸學精神；從焦氏旁徵博引的論證方式，可看出清儒「博通」的治學方法；再者焦氏的不拘於一家之說，實事求是的論辨是非，融貫諸說而出以己意的精神，真不愧其「通儒」之稱。批注的作用除在校勘上和阮元《十三經註疏校勘記》的互證互補外，對瞭解焦氏學術思想的形成與發展，更有相當重要的參考價值，另外書中出現的少量焦廷琥的批語，亦有助於瞭解焦氏父子學術傳承的關係。

第八場會議

　　四月五日下午二點三十分至四點正，由劉玉國、張承宗主持：

31.焦循參撰《揚州圖經》說質疑

揚州大學人文學院副教授張連生先生發表：〈焦循參撰《揚州圖經》說質疑〉，主要在探討焦循是否編纂過《揚州圖經》一書。蓋一九八一年揚州廣陵古籍刻印社出版木刻本《揚州圖經》，一九九八年江蘇古籍出版社將之標點出版，均署名爲：焦循、江藩撰。本文根據下述理由，認爲焦循並無編纂《揚州圖經》一事：一、現存重要書目、相關人物傳記和年譜、焦循的傳記和年譜中，均未及《揚州圖經》之事。出版社有關書籍來源和版本交代不清，僅云「據嘉慶底本校刊」。《江蘇舊方志提要》稱《揚州圖經》爲嘉慶六年（1801）修，有「嘉慶十一年（1806）刻本」，不可靠；二、焦循及其親友，包括焦廷琥、阮元、阮亨等，從未有撰成《揚州圖經》一書的記載。《揚州足徵錄·自序》及其他相關著述，提及伊秉綬約焦循編寫而未成的《揚州圖經》，實即嘉慶十四年（1809）完成的《揚州府志》，非另有其書；三、今本《揚州圖經》瑕疵甚多，不可能爲焦循所撰。歸納其出現的問題如下：(1)當取不取，遺漏重要史事：如楚懷王城廣陵、董仲舒任江都相、張紘與孫策決策江都、隋煬帝在江都編《江都集禮》、徐湛之在廣陵造園林、杜佑治理揚州等皆遺漏未載。(2)該刪不刪，收錄無用資料：如紀錄一批唐、宋被授與揚州大都督、江都郡王、廣陵郡王的王族宗室名單，然實與揚州無涉。(3)隨意取材，不明史料源流：如「東漢事」不取《後漢書》而用《資治通鑑》、「三國事」不用《三國志》而取《建康實錄》、「南宋事」取用《御批歷代通鑑集覽》與《兩朝綱目備要》等。(4)有文無圖，不合良史規範：焦循所撰地方文獻均極重視繪圖一事，不可能名爲「圖經」而無圖。(5)書中按語，學術價

值不高：全書僅五十一條按語，標明「焦循」者一條、「江藩」者三條、餘皆未署名。內容爲年代、人物、地名等存異、存疑者三十六條；有份量之考證僅六條，餘九條則是一般性說明。有些按語如「天寶十五載，《通鑑》作至德元載」、元代人「逯魯曾」當作「人魯曾」，毫無價值。

結論是：今本《揚州圖經》不可能爲焦循所編纂，很可能是後人收羅部分參與修「府志」者手中的「長編」資料拼湊成書，署以「揚州圖經」之名，所謂「嘉慶十一年刻本」，可能並不存在。

32.焦循《集舊文鈔》考證

揚州大學人文學院歷史系講師劉建臻先生宣讀：〈焦循《集舊文鈔》考證〉，主要在析論收藏於揚州市圖書館焦循抄錄的《集舊文鈔》之內容與價值。焦循治學廣涉博覽，勤於抄錄，《集舊文鈔》即其中之一，收錄五種：《輿地隅說》、〈哀裔烈娥〉、《讀史小識》、《易說》、〈楊龍友墨筆山水卷〉。一、《輿地隅說》作者孫蘭，字滋九，一名御寇，自號柳庭，晚號聽翁。明末清初的揚州名士，精於天文，嘗從湯若望學。該書又名《格理推事外方考證四論》，嘉慶丁卯（1807）焦循刪節成三卷，光緒己酉（1909）吳丙湘校刊傳世，即「蟄園校刊本」。抄本與刊本有顯著的差異：⑴篇題不同：刊本分上、中、下三卷，抄本分〈治河〉、〈形勢〉兩篇；⑵段落不同：抄本〈形勢〉篇段落順序與刊本頗有差異；⑶文字頗有不同：或異體、或別稱、或衍文、或脫字、或文句不同、或形近或音近而誤等等。二、〈哀裔烈娥〉作者施銓，生平不詳，此文記載嫁與孫家的貞烈婦裔娥之事，又見焦氏之《北湖小志》及《雕菰集》卷二十三。三、《讀史小識》作者范莅（1597－

1669），本名恒美，字德一，號石湖，以教授生徒爲業，其書不傳，故焦循雖是擇錄，亦彌足珍貴，所錄之內容爲：⑴論述玄學、理學之蔽；⑵論述戰國四君子之得失；⑶論述《史記·貨殖列傳》的宗旨；⑷論述屯田制度的優點；⑸評述元儒許衡「治生爲先務」之說爲非。四、《易說》作者張照（1709年進士），字得天，江南婁縣人，《清史稿》卷三〇四有傳。鈔錄《易說》正文八段的內容：⑴總論《周易》義旨；⑵論述「用九」、「用六」之義；⑶論述陰陽二爻「善與不善」的本質特點；⑷論述「九」、「六」的成因；⑸簡釋〈坎〉、〈離〉之象；⑹簡釋〈震〉、〈巽〉之象；⑺簡釋〈艮〉、〈兌〉之象；⑻論證〈坤〉六二〈爻辭〉「不習」之義。另外又抄錄有：張照、顧成天、蔡世遠、周菽、承點、勵宗萬、彭啓豐、周霽、曹一士、陶正靖、凌如煥、王俊臣、曹培謙、陳浩、于枋、張若木、黃樹谷、于敏中等人之跋文。五、〈楊龍友墨筆山水卷〉畫者楊文驄（1597－1646），字龍友，精書畫，著有《洵美堂集》，此畫爲祝壽之作，錄有：吳兆瑩、李瑞和、楊文驄、董其昌等人之詩句與跋文。

《集舊文鈔》的筆跡有三種：汪鋆（1816－？）、孫壽彭、費丹旭（1801－1850）。經詳細考對，知此書爲費丹旭抄本，費氏，浙江烏程（吳興）人，字子苕，號環溪生、環堵生，長於書畫，有《依舊草堂遺稿》。此書雜抄之文中，《輿地隅說》、〈哀裔烈娥〉、《讀史小識》三種，皆與《北湖小志》有關，或爲焦氏撰寫《北湖小志》時所蒐集之資料。至於《集舊文鈔》的主旨，則是其書封面所題「世教」二字。由於嘉慶十一年（1806）五月淮水爲患，次年焦氏即節抄了《輿地隅說》中「治河」之篇章，且置於

《集舊文鈔》之首，焦氏經世之心可見；再則焦氏以節烈爲「人倫」之道，〈哀裔烈娥〉正爲倡導貞節孝義而抄，以正風俗、明教化；擇錄《讀史小識》係爲救「末世」、「季世」之蔽，而期有補於「輓世」，其「世教」之用意可知；《易說》從「《易》之言，皆言仁也」一言，可見與「世教」之關係。此「世教」之主旨，實與焦循《易》學互爲貫通，故此書於研究焦循《易》學，亦有不可忽視的價值與意義。

　　《集舊文鈔》有「費丹旭爲瓜纑外史題」一句，「瓜纑外史」爲章授銜（1804－1875）之號，章氏爲浙江歸安（湖州）人，字紫伯，工書善畫，藏書甚多，約在道光二十八年（1848）前後擁有此書；汪鋆在光緒十年（1884）有題識，汪氏儀徵人，字硯山，室名十二硯齋，有《清湘老人題記》、《十二硯齋金石過眼錄》、《十二硯齋金石過眼續錄》、《十二硯齋隨錄》等書；孫壽彭則於光緒二十九年(1903)看過此書，1960 年代歸揚州市圖書館收藏至今。❺

33.二十一世紀與揚州學派

　　北京藝術文化研究所教授秦華生先生即席演講：〈二十一世紀與揚州學派〉，認爲揚州學派的研究，由於相關學者的提倡和深入的討論，以及揚州學派「通貫」的治學精神與方法的特點，符合現代世界學術多元化思想表現的要求，所以揚州學派可說是一個具有

---

❺　　按：一九九九年初中央研究院中國文哲研究所籌備處與揚州大學商討學術交流合作事宜時，曾有雙方加強整理揚州學者出版或未出版的文集與著作之共識，因此中國文哲研究所籌備處整理出版了《汪中集》；劉先生此文亦在此共識下的成果之一。

現代學術研究精神的學術團隊，因此在二十一世紀將會有更多學者
投入研究的行列，揚州學派的治學精神也將可以得到最好的發揚，
對相關的學術研究也會有助益。❶

　　未宣讀的論文

　　或因作者堅持、或由於時間不足……等等原因，有些論文雖已
發給與會學者，卻未曾安排在會場宣讀討論，共有七篇，其內容如
下：

34.清乾嘉後期揚州三儒學術發微

　　揚州大學人文學院教授祁龍威先生：〈清乾嘉後期揚州三儒學
術發微〉，評析焦循、阮元、淩廷堪等三人的經學思想，及說明乾
嘉經學反「空談」的經世精神。他說學術所以由盛而衰，由衰而變
的原因，在於是否切合人事實際。在西學東漸之前，學界應「變」
之方，多爲「反求諸《六經》」，明末至乾嘉之季，再次表現出此
種「窮則變」之規律，從顧炎武揚「經學」之實，斥理學末流「空
談心性」之虛，開啓清代漢學；至乾嘉後期揚州焦循和阮元、以及
受揚州文化薰陶的徽人淩廷堪等，又起而糾漢學末流之蔽，故剖析
三儒「思變」學說，可知揚學之歷史地位。

　　乾嘉學者謂致治之道萃於孔孟諸經，而經學莫盛於漢，唯漢儒

---

❶　按：據秦先生的自述，其學術專業是「戲曲文學理論的研究」，在蘇州參
　　加有關戲曲的學術研討會之後，趕來揚州，因爲聽了與會學者的論文宣讀
　　及討論，有一些感觸，纔要求大會安排其發言。然因係臨時參加，並沒有
　　論文，甚至「大綱」或「提要」也沒有，發言內容又頗多與論文主題無關
　　之感慨，所以僅能作如上的簡單敘述，希望這些敘述沒有誤解或歪曲秦先
　　生表達的意思。

得經學眞諦，魏晉以降，經學已晦，至清儒始復其眞。於是江藩等遂以「漢學」名派，以惠棟、江永、戴震爲漢學者之代表，然戴氏之學與惠棟不同，戴氏實不以惠氏之「復漢」爲極峰，蓋漢儒說經亦有誤也。戴氏以申明孔孟之道爲宗旨，故其學術精華實在《孟子字義疏證》一書，唯在當時學術與人倫日用嚴重脫節，學者以支離破碎一字一句的考據當作經學極致的風氣下，其書並未受到重視。就在此時，揚州三儒連袂而起，力糾漢學末流之蔽，將顧炎武等所開創的以經世爲宗旨的樸學，向前繼續推進。揚州三儒亦尊信漢儒說經，然並不盲從漢儒，即使是漢代大儒之說，也必折衷於經傳而後定其是非。對於當時惟漢必信、非漢不信、歪曲漢學的偏向及惠棟盲從漢人的僵化思想等，均極力反對。焦循甚至因而主張取消「考據」之名，力圖克服當時漢學末流所形成的僵化思想、鑽牛角尖的方法及狹隘的門戶之見。面對當時的漢學之蔽，淩廷堪也「思起而變之」，其《校禮堂文集·與胡敬仲書》云：「蓋嘗論之，學術之在天下也，閱數百年而必變。其將變也，必有一二人開其端，而千百人嘩然攻之。其既變也，又必有一二人集其成，而千百人靡然從之。夫嘩然而攻之，天下見學術之異，其蔽未形也。靡然而從之，天下不見學術之異，其蔽始生矣。當其時，必有一二人矯其蔽，毅然而持之；及其變之既久，有國家者繩之以法制，誘之以利祿，童稚習其說，耄耋不知非，而天下相與安之；天下安之既久，則又有人焉，思起而變之。此千古學術之大較也。……元和惠氏、休寧戴氏繼之，諧聲詁字必求舊音，援傳釋經必尋古義，蓋彬彬乎有兩漢之風焉，浮慕之者，襲其名而忘其實，得其似而遺其眞。……不明千古學術之源流，而但以譏彈宋儒爲能事，所謂天下

不見學術之異，其蔽將有不可勝言者。嗟乎！當其將變也，千百人嘩然而攻之者，庸人也；及其既變也，靡然而從之者，亦庸人也。」此即淩氏痛斥漢學末流浮誇淺競的不良學風之論。

　　焦、阮、淩三氏雖皆沿戴震「由字以通詞；由詞以通道」之門徑以治經學，然並不墨守戴學，焦氏即惜戴氏《孟子字義疏證》「於孔子一貫仁恕之說，未及暢發」，其《易》學諸作，即在補戴氏之缺而暢發孔子仁恕之旨。淩氏則指責戴震批判宋人援釋入儒不夠徹底，因而有「聖人不求理而求諸禮，蓋求諸理必至師心，求諸禮始可以復性」之論，並作〈復禮〉三篇以實其說。阮元則遠宗顧炎武經世致用之學，近師戴震研經之法，而在與人事的結合上，有其獨得之見。阮氏以爲學者讀經，當由訓詁以明道，並身體力行之，稽古之效當見諸政事，這種注重行事實踐的要求，與戴震的偏重哲理有別。阮元堅持經學必須切合於人倫日用，與焦循《易》學、淩廷堪《禮》學的宗旨、方法一致。

　　結論是：乾嘉經學的主流，前後歷經三期變化：初期是以惠棟爲代表，復漢人訓詁的「吳學」，又可稱「漢學」；其次是以戴震爲代表，主張由訓詁以明道的「皖學」；最後則是以阮元、焦循、淩廷堪爲代表的「揚學」，其特色是：面向人倫日用。他們力圖使經學切合於人事，故焦循以《周易》爲改過之書、阮元則發揮孔孟「仁論」、淩廷堪倡「以禮代理」。有此三人之貢獻，纔使得「揚學」能繼吳、皖而起，確立了自己的學術地位。

35. 鹽商群體的地域結構與揚州文化的多元性

　　揚州大學人文學院副教授朱宗宙先生：〈鹽商群體的地域結構與揚州文化的多元性〉，主要從揚州鹽商群體的形成、地域結構以

探討古代揚州文化的多元性。認爲明清時期揚州多元性文化形成的原因有：地理區位的優勢（長江和南北大運河的交匯點）、社會經濟的發展（商業及鹽業經濟的發達、鹽商經濟實力的雄厚）、社會人口的變遷及流動性大（各地移民湧入）等，這些原因對清代揚州學派「會通」學術特點形成的瞭解，頗有助益。

　　本文分三節討論：一、揚州鹽商群體的地域結構：隨著鹽稅在國家財政中比重的增加、鹽業政策的調整，揚州鹽商經濟實力也跟著提昇，明清時期揚州鹽商已經成爲擁有雄厚資金與經濟實力的商業群體。揚州鹽商又稱「淮商」，是由多個地域性商幫組成的群體，在揚州經營鹽業的商人，包括：陝西、山西、徽州、湖廣、江西、浙江、江蘇等地的人。揚州鹽商地域性群體的形成，是伴隨著明代商品經濟的發展、以及「開中制」（商屯）的鹽業政策而來的。明朝洪武三年（1370）實施「開中制」，即商人納糧給邊境的軍隊，以換取食鹽的買賣許可執照；後來鹽商又分化爲：專以報中出售鹽引，不直接經營販售的「邊商」及專以下鹽場支鹽而運銷販賣的「內商」兩種。接著由於以銀兩替代食糧的「開中折色制」之實施，使得原在邊地開墾種糧的鹽商（商屯），紛紛內遷至揚州，奠定了揚州鹽商地域群體的基礎；明代萬曆年間「鹽政綱法」（綱鹽制）的實施，食鹽由官賣演變成鹽商的世襲專賣，保證了鹽商的地位與利益，因而在體制上促成鹽商地域群體的最終確立。二、各地鹽商徙居和著籍揚州：兩淮鹽區的鹽價較高，利潤較厚，故鹽商紛紛寄籍在揚州，以方便支領食鹽。其中尤以徽商爲最，多把揚州看作第二故鄉，例如清代的：洪徵治、汪應庚、鮑志道、江春、汪廷璋、鄭鑑之、馬曰琯、馬曰璐、黃晟、曹鎮、鄭子彥、程晉芳

等。這些鹽商不但在揚州建造園林別業，更爲了聯誼、濟貧，建造了不少會館：湖南會館、江西會館、湖北會館、安徽會館、浙紹會館、嘉興會館、旌德會館、嶺南會館等，這也可以看出揚州社會人口地域結構的多元化現象。三、揚州文化的多元性：大批分屬不同地域文化鹽商的進駐，除促使揚州社會商業經濟的繁榮與發展外，也爲揚州文化注入了新的活力與樣式：徽州、三秦、吳越、湖湘、江漢等文化都在「浸染」著揚州文化，其中以徽州文化的影響最大。

　　揚州文化就是在繼承傳統文化的基礎上，揉進了上述各地區的文化，因而形成一種新的文化樣式：寬容大度、開放而不排外、會通而不專錮、進取而不保守。蓋商人具有追求新、異、奇的觀念，其思想與行爲往往開風氣之先，可知商人與文化有其相聯繫的一面。揚州鹽商群體地域結構的多樣性，帶來了揚州地域文化的多元性，表現在各個方面，如：(1)飲食文化：維揚菜（淮揚菜）的特色是清淡入味、鹹甜適中，既吸取了南方菜的鮮脆嫩甜的特色，又融進了北方菜的鹹而色濃的特色，反映了揚州人擅長取各地物質或文化之長，吸取並用的特點。(2)戲曲文化：徽州鹽商江春的家班：「春臺班」，可爲代表。其演員不但擅長崑腔，又擅二簧、京、秦諸腔，既能演雅部戲，又能演花部戲。不僅如此，鹽商還重金聘人製作劇目，如江春聘蔣士銓、盧見曾請金兆燕等。由於揚州戲曲的繁榮與發展，因此乾隆四十二年（1777）伊齡阿奉旨於揚州設局修改曲劇，共刪編了一一〇〇多種劇目，歷經四年纔完成，總校爲黃文暘和李經，其他參與者有四十三人，凌廷堪即其中之一。(3)民俗文化：揚州由於經濟發達，故人口流動甚大，外來人口佔了十分之

九，因此風俗大至信仰節慶、婚喪嫁娶；小至飲食愛好，均形成四方雜處、異彩紛呈的特色。如山西人有「關壯繆侯廟」、鹽商以吳王劉濞爲「財神爺」等。(4)文學藝術：揚州自古即有非常濃郁的文化氣息，一般人家都喜背詩記詞，幾乎家家多有藏書。揚州鹽商之中也不乏具有文化素養者，如：馬曰琯、馬曰璐、江春、江昉、汪楫、汪懋麟、許承宣、許承家、孫枝蔚、程夢星、程晉芳、鮑志通、鮑淑芳等等，他們以經濟實力招致文人，交流創作的體會，切磋思想心得，《揚州畫舫錄》載有八○多人、阮元《淮海英靈集》則多達七八○多人。更值得一提的是文人詩文之會的「雅集」，對推動詩文創作有重大的作用與意義，不少鹽商即利用自己的園林舉行「雅集」，如鄭元勛「影園」、鄭俠如「休園」、淮泰「東園」、馬氏兄弟「小玲瓏山館」、盧見曾「蘇亭」、程夢星「个園」、曾燠「南園」、汪玉樞「九峰園」等等。另外「揚州八怪」（揚州畫派）與鹽商們的密切交往，以及鹽商們在經濟上和精神上的倡導與支持的重要性，更是一般性的普通常識。(5)學術文化：濃郁的文化氛圍、雄厚的經濟條件、寬鬆的政治環境，共同孕育了清代的揚州學派。揚州學派受吳、皖兩派影響，更多的是皖派，形成揚州學者實事求是、不專主一家的持平學術之態度。然無論何派都與揚州鹽商脫離不了關係，戴震與惠棟是在盧見曾處會面，並同時參加了鹽商汪棣的文酒之會；汪中與淩廷堪來自徽州，阮元則是大鹽商江春的從外甥孫，從這些實情也就可以想見其間的關係了。

36.清代揚州學者方志學成就簡論

　　揚州大學師範學院副教授許衛平先生：〈清代揚州學者方志學成就簡論〉，主要在討論揚州學派學者於方志學上的成就與貢獻。

全文分三節論述：一、積極投身地方志的編修實踐：清代是中國地方志書編纂的鼎盛期，揚州學派的先導：王念孫、汪中、劉台拱、朱彬；後續：江藩、焦循、阮元、王引之、劉文淇、劉寶楠；殿軍：劉師培等，均曾從事參與或主持地方志書的編修，經由揚州學者主修、主纂、自撰的地方志書有近二十種，揚州學者參與地方志編纂的情況有三：(1)為官在任倡導編修志書：如阮元曾主修嘉慶《浙江通志》、道光《雲南通志》及頗受好評的道光《（重修）廣東通志》。(2)受聘官府參與纂修志書：如王念孫受聘續纂《高郵州志》；江藩與焦循受伊秉綬之聘，修纂《（嘉慶）重修揚州府志》；江藩也參與了道光《（重修）廣東通志》；劉文淇、劉毓崧父子受聘重纂《儀徵縣志》；劉壽曾受聘纂修《江都縣續志》。(3)發己私願自行編撰志書：如阮元私邀江藩、焦循等輯纂《揚州府圖經》；朱彬編《寶應邑乘志餘》；焦循編撰《北湖小志》、《邗記》、《揚州足徵錄》；阮先編《北湖續志》、《北湖續志補遺》；劉寶楠撰《寶應圖經》等。在這些地方志書中，灌注了揚州學派「通」、「創」精神，既博採眾家之長，又自創新例，所編志書形式多樣，佳構迭出。二、深入展開方志理論的研究探討：揚州學者將其嚴謹慎密而又實事求是的治學態度，運用在方志的起源、性質、功用等問題的討論上，包括：(1)關於志書的義例問題：即有關志書的編修宗旨和體例。對於志書的編修要求，焦循強調要按照自身記述的特點要求來寫：「按事立格，依文樹義」；劉師培則強調要以進化論的思想為主導，創編新志。對於志書的體例，劉文淇主張要吸取眾家之長，又結合實際加以改創，使志書體例精益求精；阮元主修道光《（重修）廣東通志》即做到此點，故其書「體

例淵雅」。志書採用的體裁，焦循認為「當依《史記》」；阮元則強調「圖」與「表」的設置，並主張立「氏族表」，自生員以上皆附見於表。(2)關於志書的內容問題：揚州學者強調內容要注重實業、經濟等方面的實情，要具有「經世致用」的精神。如阮元稱美元代《（至順）鎮江志》臚陳物產土貢等經濟狀況，有裨實用；朱彬在其撰作的邑乘中，反復詳論水利諸事，以為寶應地方治河者戒；劉師培主張方志應彙編地方文物，闡明實學。在志書具體門目內容上，阮元認為要設「事志門」，即綜記一方事蹟的「大事記」；焦循重視地理內容的記述，主張「人物傳」的收列，應以業績為重，而不以官職高低為考慮；劉師培更認為「人物志」撰寫的目的是要教育後人，因此對那些「以死力捍衛地方者」、「與民生計相關者」、「與政事相關者」、「與學術相關者」等，均要立「專志」。「藝文志」中收錄的詩文，焦循認為隨類取入「有關於事實者」、「有切於揚州者」，至於前志芊濫之記載，則當毅然刪之，阮元亦贊同之。(3)關於志書的編纂原則問題：揚州學者不為當時志書「崇古薄今」、「詮釋故訓，究索名物」的風氣所限，強調編纂要以「及今時事」為重的原則。如焦循讚賞司馬遷《史記》不但利用文獻資料，同時也注重調查、實際情況的撰寫方式；阮元也強調「實事求是，不為鑿空之談」；劉師培也強調「廣於徵求」、「以實事為限」的編撰原則。(4)關於續志的問題：明代以來修志的弊病有二：一則不知保存舊志，輕易廢棄；二則皆要貫通古今，從頭開始，事倍費冗。阮元因而指責明人修志者「攘善掠美」、「輕改妄刪」。對於續志的問題，阮元主張準《漢書》之例，「但續新志，而舊志不必更張」：列舊志於前，再列新增，如有訂正則另列

「校補」一類；劉文淇同樣主張：條列舊志於前，後附續修新增。

三、努力從事舊方志的整理利用：揚州學者也將其在研經治史和典籍整理的方法與成績，運用到地方志的整理上，包括：⑴對舊志的考證：如焦循作〈舊揚州府志儀徵醫士殷、高郵醫士袁體菴事妄〉；劉文淇考證出阮元珍藏的五部舊志中，「宋本《通州志》係僞本」；劉寶楠不但在所撰的《寶應圖經》中糾正舊志相沿的訛誤，還考證了《（乾隆）江南通志》以海陵之麋峻屬天長之誤、勘正《（雍正）揚州府志》「江橋鎮」之誤、糾正《（萬曆）寶應縣志》將在縣南十里運河堤上的槐樓鎮，誤做二十里之誤；又經考證而否定舊志所載揚州運堤爲唐李吉甫所築平津偃之事。考證使得方志的資料更可靠，同時也拓寬了考證學的應用範圍。⑵對舊志的校補、校勘：如江藩校補陸師的《儀徵縣志》而成《校補陸志》一卷；成蓉鏡整理宋代舊志，成《宋州郡志校勘記》一卷；劉文淇、劉毓崧父子校勘《輿地紀勝》而成《輿地紀勝校勘記》五十二卷；劉文淇又校勘過宋元本《鎮江府志》、《（嘉定）鎮江志》、《（至順）鎮江志》；又以《（隆慶）儀眞志》校《（嘉定）眞州志》、以新《揚州府志》校嘉泰與寶祐二《志》。校勘的原則是：不妄改字，注補異文於下。⑶對舊志的輯錄：如阮元在《永樂大典》中發現南宋《（紹熙）儀眞志》和《（嘉定）眞州志》，於是命人抄輯，惜後燬於火。⑷對舊志的運用：利用地方志的資料以爲學術研究之助，如劉文淇即利用各種舊志，相互參照考證而成《輿地紀勝校勘記》一書；劉寶楠則據《（康熙）寶應縣志》的記載，糾正《明實錄》、《明史・王廷瞻傳》、《行水金鑑》等書記載寶應氾光湖決堤一事：「決爲八淺」，實係「決於八淺」之誤，且

「八淺」是地名而非決堤後所造成的後果。以上即揚州學者在方志學上的成就，這是他們學術文化成就的組成部份，更是後人學習研究之際不可忽略的一部份。

37.揚州學派與戲劇曲藝關係述評

揚州市文化局韋明鏵先生：〈揚州學派與戲劇曲藝關係述評〉，討論揚州學者在戲曲方面的作品及評論、與戲曲相關人士之交往等。論文認爲揚州學派是繼承發揚皖學餘緒，集吳、皖二派之長的學術流派。除在治經方面表現貫通、創見外，對戲曲也表現出淵博的學識和獨到的見解，這類精於曲學的揚州學者如：焦循，著有《花部農譚》、《劇說》、《曲考》等戲曲論著，及《續邯鄲記》傳奇。《花部農譚》評述了清代中葉花部所演的一些著名劇目，相對於當時鄙視地方戲曲的風氣，足見焦循的別具眼光；再則也表現出當時民間戲曲的發展與興盛；《劇說》共輯錄一六六種以上著作中有關論曲、論劇之語而成，其中頗有罕見珍本，故爲古典戲曲研究重要的參考資料；《曲考》已佚，李斗《揚州畫舫錄》卷五謂黃文暘《曲海總目》共收元、明、清雜劇、傳奇一千一百一十三種，《曲考》則增益雜劇四十二種、傳奇二十六種，是一部比較完備的戲曲目錄學著作；《續邯鄲記》傳奇已佚，在《劇說》卷三曾加敘述，主旨在揭露宦海生涯的無常，這是揚州學派學者唯一的創作劇本。淩廷堪有《燕樂考原》六卷，以論述琵琶調爲主，結合當時俗樂宮調，考證唐宋以來燕樂調的演變，既舉前人成說，又述一己心得，總結歷史上有關燕樂二十八調的研究。劉熙載《藝概·詞曲概》討論詞與曲的內容形式和歷史淵源，以爲詞曲本是一家：「未有曲時，詞即是曲；既有曲時，曲可悟詞。」除此之外，《揚州畫

舫錄》卷九載焦循著有《名優記》一書，今未見；再者諸家論著
中，亦不乏與戲曲相關的論述：如王念孫《讀書雜誌》曾考證「偶
人」、「巫鬼」和「瞽史」，有助於對傀儡、儺戲和說書的研究；
阮元的《廣陵詩事》、《淮海英靈集》等書中，記載許多戲劇家和
曲藝家的生平；李詳（審言，1859－1931）在《藥裏慵談》、《愧
生叢錄》中，論及《桃花扇》、《白練裙》、《紅拂記》諸劇；劉
師培在文學史的相關著作中的特色之一，就是詳細討論了戲曲在文
學史上的地位。

　　揚州學者與戲劇相關人士的交遊亦甚密切：如淩廷堪曾與編
《曲海總目》的戲曲家黃文暘一起審訂戲曲，阮元也相當器重黃
氏；阮元、江藩、焦循皆與《揚州畫舫錄》作者李斗有詩文來往；
淩廷堪、江藩均極讚賞戲劇作家許鴻磐；另外受學於查慎行和方苞
的雜劇作家沈廷芳、主講於安定書院的劇作家蔣士銓皆與揚州學者
交往密切；劉師培則為戲劇作家汪宗沂撰〈傳〉；焦循、阮元與秦
腔名伶魏長生，說書名家葉英等也有交情。揚州學者與戲劇家、曲
藝家的交往，正是對戴震「反理學思想」的一種實踐，因為戲劇和
曲藝最能表達「喜怒哀樂之情、聲色臭味之欲、是非美惡之知」的
人生藝術。

　　揚州學派的戲曲觀，可以從三個方面來說；一、肯定戲劇、曲
藝與其他文學樣式相同，均為社會文化財富的組成部分：如焦循
《易餘籥錄》卷十五謂要「一代還其一代之所勝」，而「元專錄其
曲」；劉師培則謂劇曲是八股文的先導；焦循引葉英之論，把評話
與演劇看成是傳於後世之事業；阮元在〈赤湖雜詩〉中熱情描繪
「秧歌」；劉毓崧在〈古謠諺序〉中肯定民間諺謠的價值；江藩在

《漢學師承記》中稱讚王蘭泉四、五歲時能演說楊愼《廿一史彈詞》等。可見他們不排斥下里巴人藝術的平等觀點。二、認爲戲曲是不斷進化的，而其演進則有跡可循：如焦循在《花部農譚》中以爲花部勝于崑腔，表現出新興的戲曲必然勝過陳舊的戲曲，戲曲的進化是不可阻擋的觀點；淩廷堪在《校禮堂文集·與程實齋論曲書》中，具體論述了從雜劇到傳奇的演變過程：北曲→雜劇→南曲→傳奇。這種「戲曲進化論」的觀點，又可在李詳《學制齋駢文·劉蔥石參議四十壽序》、劉師培《論文雜記》中看到，他們都不把戲曲看成是一成不變的。三、認爲戲曲和曲藝除娛樂消遣功能外，還具有道德上與政治上的諷諭作用：如焦循稱讚花部戲《清風亭》將不孝子張繼，由自縊改爲雷劈死；肯定葉英《宗澤交印》的政治諷諭作用；劉師培肯定王夫之《龍舟會》雜劇反清復明的意識。

　　揚州學派所以能在曲學方面取得突出的成就，從客觀上言，清代揚州是全國民間戲劇、曲藝的一個中心，曲壇高度繁榮的局面，提供學者觀賞的機會，也成爲他們瞭解與研究戲劇曲藝的外部條件；從主觀上看，揚州學者不視戲曲爲「小道」，經常主動接近或參與各類戲曲活動，如阮元熟悉小曲與秧歌、焦循常在鄉間觀戲、淩廷堪親校過劇曲的工作、李詳校過《暖紅室匯刻傳奇》、劉毓崧的《古謠諺》中不乏戲曲材料。可見揚州學者在治經之外，也接觸不少戲曲曲藝相關的書或事。所以把揚州學派當成一個只知治經，而不過問其他學術的學派，顯然是一種誤會。揚州學者把治學的範圍，從傳統的經學、小學擴大到數學、哲學，乃至曲學，此即其超出同代其他考據學之處。

38.焦循〈後漢書訓纂序〉書後

揚州大學人文學院歷史系副教授王永平先生：〈焦循〈後漢書訓纂序〉書後〉，主要在論析焦循《雕菰集》卷十五〈後漢書訓纂序〉一文內容的是非。焦循在乾隆五十二年（1787）於揚州爲教師時，與汪光燨交往，獲觀惠棟贈與汪之《後漢書訓纂》一書，於是在乾隆五十七年（1792）加以「細考校訂」，並抄一本留存，遂有〈後漢書訓纂序〉和〈書《鮚埼亭集》後〉二文，文中論及惠棟《後漢書訓纂》一書的成書、抄本流傳及與揚州學者的關係。焦氏文中說明惠棟寫作此書始於雍正九年（1731），成於乾隆七年（1742），歷時十一年；開始寫作的地點是北京，修訂完成則在揚州。揚州學者以汪棣貢獻最大，不但出資爲惠棟療病、協助查核資料、還校寫整理此書，惠氏乃將此書贈予，惠棟草稿稱「草本」而名「訓纂」；汪氏以楷書校寫者則稱「眞本」，改名爲「補注」。惠棟至揚州係應王士禎（1634－1711）之邀而參與校書之事，據初刻於乾隆六十年（1795）的李斗《揚州畫舫錄》猶稱此書爲《後漢書訓纂》，可知李斗未見《後漢書補注》。

焦氏〈後漢書訓纂序〉所言猶有一些值得斟酌之處：如謂《後漢書補注》一書知者甚少，實則不然，事實上早在乾隆十九年（1754）惠棟已經以二十四卷本的《後漢書補注》請顧棟高作〈序〉。再則有關《後漢書補注》「眞本」流傳的情形是：據李保泰嘉慶八年（1803）〈後漢書補注跋〉、馮集梧〈後漢書補注序〉所言，汪棣家道中落後，乃將繕本（眞本）付同里陳氏，冀其付梓，然陳氏亦未及刻，於是李保泰乃利用惠棟「草本」、焦循「讎校本」和焦循、汪光燨所不知的定本（繕本）等三種本子，互相讎校後付梓，所以「眞本」的內容事實上已被傳世的馮刻本《後漢書

補注》納入，則焦循在〈書《鮚埼亭集》後〉謂馮刻本是依據「草本」《訓纂》刻印，顯係誤解。至於書名的變化是：惠棟最初定為「後漢書訓纂」、晚年定稿則稱「後漢書補注」，蓋因「補梁劉昭、唐章懷太子賢《注》，故云」。又焦循「世所傳十五卷本者為贋本」之論，亦不當。蓋與惠棟關係密切的錢大昕、江藩等人，皆載惠棟有《後漢書補注》十五卷之作，事實上根據李保泰〈後漢書補注跋補〉所言，此十五卷本乃惠氏吳下弟子從惠氏所閱《後漢書》批注中整理出來的文字，雖然其學術價值遠不如二十四卷的「定本」，但也不能說是「贋本」。焦循《孟子正義》中所引惠棟《後漢書補注》之文，實是馮刻的二十四卷本，而非焦氏手抄的《訓纂》本。原存於揚州的惠棟《稿本》，顧廣圻曾於嘉慶二十四年（1819）揚州陳穆堂家見到；其後又為揚州徐氏、李盛鐸收藏；今藏於北京大學圖書館。

39.乾嘉社會經濟與揚州學人

　　揚州大學商學院副教授黃俶成先生：〈乾嘉社會經濟與揚州學人〉，論述揚州經濟對社會價值觀的改變、學術思想與研究的影響，並及揚州學派的認定和範圍等問題。全文分四節：一、經濟變遷，資產重組：乾隆年間，揚州每年食鹽吞吐量約為一五二五九〇〇餘引，食鹽產地價為每引值銀零點六四兩，加稅和利潤後為壹點八八兩，運至內地則可賣十餘兩，揚州鹽商每年的利潤在一千五百萬兩以上，揚州鹽商因之富甲天下。商業交易需要與鹽業富商的消費，帶動了其他相關行業的發展：鹽商好字畫、好觀戲、好聲色、喜到茶樓洽談，於是相關的藝術品、戲班、妓院、花粉業、茶肆等，均因而繁榮興盛。由於經濟的變革，社會價值取向也跟著改

變，如戶部尚書曹文埴要其次子到揚州經商；出身「九世一品」世家的李復堂到揚州賣畫；經學大家程瑤田命其兒子到揚州經商；歙人程夢星更辭官到揚州業鹽。揚州社會商品經濟的發展，豐富了自然經濟的內涵，揚州學人的生活狀況、價值取向、治學風格等在這一轉變中，也受到挑戰，因而激起他們的反響，思索自己的學術定位。二、應對變革，潛心學問：就揚州學人的經濟狀況，略可分爲四種類型：(1)赤貧之家：任陳晉、汪中、淩廷堪、淩曙、劉文淇等皆是，任氏家極貧，然「日坐小樓玩《易》」，著有《易象大意存解》等書，開揚州學派經學研究之先河；其孫任大椿，以儒家準則立身，淹通《禮經》；其內姪，即大椿之表叔顧九苞亦赤貧，得之母教，長於《毛詩》、《三禮》；汪中家酷貧，當村塾雜役和書販，終博通《書》、《禮》、《春秋》、《爾雅》成大家；淩曙（1775－1829）雜作傭保，後成《公羊》一家，又栽培貧窮之外甥劉文淇（1789－1854），終爲《左傳》一家，劉氏子、孫、曾延續家業，代有發明，至民國方止。(2)寒士之家：鄭燮、焦循、高玉桂、高翔、羅聘、黃承吉等均生於寒士之家。鄭家以客塾維生；焦氏數代業占；高玉桂（1668－1738後）所畫〈焦窗讀易圖〉可見其苦讀，子高翔爲「揚州八怪」之一；羅聘爲武職後裔，著有《正信錄》；黃承吉（1771－1842）得族祖黃生《字詁》、《義府》二書，發明聲音訓詁之學。江藩、焦循、黃承吉、李鍾泗相友善，時有「江焦黃李」之目。(3)小康之家：阮元、江藩、黃奭等。阮元不積家財，全力支持學術；江藩利用家資遊學；黃奭爲甘泉商家子弟，經曾燠之薦，禮聘江藩爲師，後成《爾雅古義》、《端綺集》、輯《高密遺書》等。(4)世宦書香之家：李方膺、王念孫、王引之等，

皆以著述自娛。儘管出身境遇有別，然皆以學問為首要，以「修齊治平」為人生奮鬥目標。三、賈人積善，士人乘便：商品經濟促進學術的繁榮。學人刻古自勵，商人與士紳亦提供有利條件：開闢文化市場、提供讀書場所、贊助刻印書籍。揚州行善之賈不下百餘家，最著名者為歙縣人有「揚州三馬」之稱的：馬曰琯、馬曰璐兄弟；賀氏；江村的江春（1720－1789）等。大賈喜以書畫妝點門面，揚州於是成為全國文化產品的中心市場，商業經營有無文化因素，即影響其價格之高下；文化市場不斷發育，人們審美能力不斷提高，且向多元化方向發展；畫家賣畫、文人則賣文。如全祖望為揚州人作墓志、寫壽序，大獲其利；金農因賣文價錢不高而改學畫；袁枚為鹽商安岐所刻《孫過庭書譜》題二十幾字，就得潤筆二千兩銀；劉文淇為阮元校《鎮江府志》、替岑建功校《舊唐書》和《輿地紀勝》、應童濂之請參注《南北史》、應儀徵知縣之請主纂《儀徵縣志》等，校勘工作，實際也是一種高雅文化商品。鹽商購書藏書，成為一時風尚，四庫全書館徵書，馬氏家藏書被採者有七七六種，佔《四庫全書》收書總數三四五七種的百分之二十二點七，足見鹽商藏書之豐，其對揚州學術發展之影響，亦可不言而諭了。揚州之安定、梅花、敬亭、維陽等書院，馬氏、江氏先後出資修建，知名學者如：姚鼐、厲鶚、趙翼、杭士駿、全祖望、蔣士銓等皆來講學；學生亦可得膏火銀三十六兩。揚州學者任大椿、王念孫、汪中、焦循、劉台拱等，皆出於安定、梅花二書院。鹽商喜築園林，內藏圖書，招納四方文士，或免費提供閱讀、或協助校勘書籍，阮元早歲即曾攻讀於「康山草堂」。這些園林如：馬氏兄弟的「小玲瓏山館」、「街南書屋」、「枝上村」；賀氏「賀

園」；江氏「康山」、「江園」、「深莊」、「東園」；另外還
有：黃、江、程、洪、張、王、周、閔、吳、徐、鮑、田、鄭、
巴、羅等十餘家。鹽商好戲，全國各大劇種皆集於揚州，如崑、
京、秦、弋陽、梆子、羅羅、二簧，無腔不備。鹽商供養戲班、延
聘文人編劇，江春家的德音、春臺兩班，從揚州唱到京城。戲曲的
繁榮，成全了焦循、江藩戲曲理論的形成。鹽商資助學人刻書，如
馬氏助刻《經義考》、裝潢書法家蔣衡花十二年寫成的《十三
經》；又刻《廣韻》、《字鑑》、《許氏說文》等書；江春築「隨
月讀書樓」，專為學人刊行詩文集；黃晟出資刻《太平廣記》、
《三才圖會》；黃履刻《葉氏指南》、《聖濟總錄》。另外如阮元
利用各種手段刻書；盧見曾更集官僚、商人、學者於一身，營造良
好的學術環境，把揚州商人、揚州學者、皖派領袖、吳派鉅子等聯
繫在一起，對揚州新學派的產生，貢獻特大，所以李審言認為揚州
學派即發端於盧氏。再者後來的曾燠對良好學術環境的營造，也有
幫助。四、士商互滲，群星燦爛：清乾嘉時期，士人與商人不但在
居住上逐漸靠攏，更在生活方式、意識型態、價值取向上，互相滲
透。⑴商人士化：傳統視商人為「賤民」，故商人在擁有巨資後，
總要向士紳階級攀緣，獲「商名儒行」之益，以期進入儒家行列。
所以如馬曰琯、馬曰璐之精於詩；江春精戲曲亦工詩等，且多有詩
文集傳世。鄭鍾山、鄭鑑元弟兄更築室讀經，子孫即有中進士、舉
人者，鄭鑑元之孫鄭兆玨，中舉人，好經術，僅與焦循、李道南等
一二人講學論文，實已完全士人化。⑵士人商化：社會經濟發展使
得士人必須注意改善自己的生活狀況，於是不得不取「治生」之
道；再者經濟的發達也使得讀書人越來越多，中舉入仕的機會相對

減少，「士而成功者十之一，賈而成功者十之九」，因此業賈經商已成士人實現人生抱負、體現人生價值的途徑之一，於是汪中、焦循不得不「分心貿易」，所謂「諸生家貧必兼逐末」。⑶士商互滲的社會效果：第一、儒家的倫理道德傳統，培養了商人經營活動中誠信不欺、公平守信的商德；第二、改善士人生活讀書條件，使其得以維持與繼續為學之事；第三、改變士人的價值取向，賤商的心理逐漸淡化，人與人之間的關係，經濟因素更加突出，由恥言利而變為公開談利。第四、揚州鹽商來自晉、陝、漢、皖多處，且流轉各地，因而從根本上擺脫文化上「近親繁殖」的狀態，拓寬了士人的學術視野，鹽商有「三通人」：馬曰璐、汪懋麟、江春；學者也有「三通儒」：汪中、焦循、阮元。第五、士人的勤謹與商人的才智結合，提高了社會整體的素質。

　　揚州學人在士商互滲、合流的過程中，時時刻刻警惕從俗、媚俗的流弊，因而不斷的探尋新的創作方法，各人盡情發揮聰明才智，文化產品的品質不斷提昇，於是造就了不少文化明星：「二李」、「二堂」、「二王」、「三民」、「三友」、「三高」、「三通」、「三不通」、「四鳳」、「四葉」、「四聖手」、「四君三美」、「五君子」、「七山人」、「十哲」、「二十三友」、「新羅派」、「板橋派」、「文蕭公派」、「近陳詞派」、「羅家梅派」等等，其中最著名的乃是「揚州畫派」和「揚州學派」。揚州畫派若從石濤算起，約有三四百人，其中金農、鄭燮等十五人，號為「揚州八怪」，蓋揚州俚語中「八」非數目字，而是形容詞。然「揚州八怪」與「揚州畫派」又有區別：「八怪」成員雖是畫家，然其第一身分實是詩人，其次纔是畫家，且兼擅詞、聯、曲、

文，故「八怪」實爲綜合性文人群體，包括：膠州高鳳翰、淮陰邊壽明、上行華喦、興化李鱓、徽州汪士愼、鄞縣陳撰、仁和金農、寧化黃愼、江都高翔、懷寧李勉、興化鄭燮、通州李方膺、江寧楊法、歙縣羅聘、南昌閔貞等十五人。「揚州學派」之名首得之於方東樹，至李審言（李詳，1859－1931）〈論揚州學派〉始列齊全，梁啓超、尹炎武實本李說，李氏精於《選》學，推崇阮元、錢大昕，所列「揚州學派」學者：發其端者爲盧見曾、惠棟、戴震；主要成員有：顧九苞、任大椿、賈田祖、王念孫、李孝臣、劉台拱、汪中、江德量、焦循、阮元、王引之、黃承吉、鍾懷、李鍾泗、徐復、凌廷堪、江藩、凌曙、汪喜孫、薛傳均、梅植之、劉寶楠、成蓉鏡、劉文淇、劉毓崧、劉壽曾、劉貴曾、劉師培、田溥光、薛壽、陳立、劉恭冕、梅毓等人。比較「揚州學派」與「揚州畫派」，共同處是：⑴皆以清代揚州爲活動舞臺，且以地名作派名；⑵皆與商人有密切關係；⑶皆把自己的智力勞動產品投向市場；⑷其得名也，皆爲他派攻訐之貶意，後來沿用，貶意均消。不同點爲：⑴就時間言，畫派稍前，學派較後；⑵就成員論，畫派多外地人，學派多揚州籍；⑶畫派多講變革，多所創新；學派治學嚴謹，多在總結。然兩者均爲乾嘉社會經濟的產物，對後世文明皆有其不可磨滅的貢獻。

40.略述焦循的修志觀點

　　揚州市檔案局《揚州史志》編輯部黃繼林先生：〈略述焦循的修志觀點〉，此文旨在歸納焦循修志的觀點，並以爲可作今日修志之參考。焦循在嘉慶十年（1805）應伊秉綬之聘纂修《揚州圖經》、嘉慶十四年（1809）輔佐姚文田重修《揚州府志》，焦氏修

志的觀點即集中在〈上郡守伊公書〉和〈復姚秋農先生書〉二文中，歸納起來有四點：一、在編纂形式上，主張「按事立格，依文樹義」，反對用纂錄體：伊秉綬規定的形式是：「僅用纂錄，不易一字，而標以出處」，以顯示文獻的足徵。焦氏則以為這樣編成的志書，「實皆述古，不及今時事」，故志書當依《史記》述古而兼及今時事的作法。再者纂錄古代文獻若僅取一二言，則容易「掛一漏萬」；若全抄則「字句冗繁」，故不可行。二、在編述原則上，主張詳今略古，「以見聞為主」，反對「賴以傳聞」：焦循認為纂錄體之病在：只能述古，不能及今；志書應該要融貫古今、略古詳今，這樣資料才能詳實可靠，主張記近代事要「不厭於詳，不嫌於瑣」，並且注重實地研究調查。三、在史料的選用上，主張區別對待，博採眾長，反對兼收並蓄：他認為見於「正史」的資料，如果僅有一文則全錄；見於數處則取其詳要者，荒渺之語則入注；散處數處而互為詳要者，則取其善而參之。「正史」未記載者，則「必博取而叢拾之」，以「集腋成裘」；至於舊志的訛誤，則要「毅然刪之」。四、在詩文、人物入志的標準上，主張要「關於事實」、有「功業文章」，反對以詩文入藝文，空圖虛名：詩文必取與史實相關者，隨類入錄，不必考慮是否名家之作；文人學士的重要作品，則於其「本傳」中「備載」。人物傳則以政績為主，不論職位高低，若無政績，僅附於「表」即可。對於志書的綱目，焦循認為在體例上，要地文、人文、藝文三者俱備；在體裁上，要圖、表、志、紀、傳五者皆全。

　　清代乾嘉考據學的弊病是：一味在煩瑣的考證中用心，為考證而考證，只知有古，不知有今，完全脫離現實生活。這個弊病也影

響到修志的領域，當時修志的流派主要有二：以戴震爲首的「考據派」，伊秉綬的觀點即出於此派；以章學誠爲主的「歷史派」，兩派的觀點大相逕庭。焦循對於材料的嚴謹考實，是與戴震相承；在古今詳略的問題上，則與戴氏相悖，而接近章學誠。焦氏此種不泥古、不唯上的治學精神，值得學習。

結論是：焦循主張修志書應按事立格、依文樹義、融貫古今、詳今略古、詳近略遠；且要注重史實、不輕信古籍、不立門戶之見、集各家之長的修志觀點，對現今的修志工作，也不無借鑑意義；遺憾的是現修的某些志書，在人物入志的問題上，還在以「級別」爲主；詩文入志上，還在考慮平衡；資料選審不嚴；語言拉雜、冗煩等現象，也時有存在，應當加以訂補改正。

閉幕式

四月五日下午四點正至五點正，由俣榮本院長主持：

俣院長報告會議實際情況爲：揚州大學以外，包括臺灣、北京、南京、上海等各地的代表有四十五位，全部與會學者，包括眷屬共有六十多位，大會收到的論文有三十九篇，安排了八場論文發表會，宣讀發表的論文有三十二篇。

龔鵬程師代表臺灣與會學者發言：首先認爲有關揚州學派的歷史地位、功能及內涵，都值得繼續研究探討；再者肯定此次會議的成功，以爲可以做爲兩岸學術研究合作的典範，並指出兩岸的學術合作，除了可以共同整理相關學者的著作出版外，在研究合作上，還應特別注意學術經驗、學術風格等兩岸不同的互補功能；接著代表臺灣學者感謝揚州大學的招待、安排；最後指出揚州學派以地域

爲劃分標準的觀點，其實是清代以來的一種風氣，例如「桐城派」、「湘鄉派」等等，直到梁啓超依然如此，甚至陳寅恪有關天師道與濱海地區關係的論述，也未脫離此種模式，此種地域性的劃分方法，事實上頗有值得懷疑之處，不過對於地域發展的文化特性，文化認同的作用上，也還具有其意義。以往揚州的盛況，現在固然已經不存在，但是揚州學派的研究，不應僅是具有考古的歷史意義而已，現代的研究者應能創造出新的文化生命，使揚州學派的研究，重新具有發展再生的意義。

　　湯志鈞先生發言，認爲揚州學派的定位問題、地域空間的問題、時間延續的問題，均值得注意。此次參與會議學者研究的範圍已相當廣泛，有專書的研究、人物的研究、時間斷代的研究、又旁及文字、訓詁、考古發掘等等細節。不過在時間的斷代上，像劉家《左傳》的研究，一直延續到劉師培，事實上離開乾嘉時代已經很遠，恐怕很難歸入乾嘉時期的研究中。再者會議討論之際，牽涉到的許多問題，如斷代、延續、定義等等，不必急著在現在就要下結論，還是繼續探討較爲妥當。與會學者的學術專長包括文、史兩方面，但對於傳統文化的研究，還是「文史通義」比較好。海峽兩岸人民對待歷史古書的態度不同，臺灣對古書比較注重，這一點非常好，因爲越年輕記性越好，年輕時代讀的書比較能記住，臺灣在這方面有其地區性的特點。不過大陸在九二年以後也開始注意這方面的問題，在學制方面也做了相應的改革，例如清華大學已經開始注意文科的恢復，相信大陸以後在中國古籍的研究與推廣普及方面，會有比現在更深入、更繁榮的發展。研究傳統的「經籍」，不懂文字、聲韻、訓詁，根本就無法做有效的瞭解，因此像《說文》在以

往多是一字一句的點讀，即使現在發掘出許多的古文獻資料，如果沒有透過《說文》，也無法瞭解。雖然中國過去的歷史文獻與記載，經過現代考古發掘而發現一些問題，但是真實可信的還是佔絕大多數，研究歷史不能忘掉文學、研究文學也不能忘掉歷史發展，所以說融合文史的「文史通義」最好，揚州學派的研究如果能在這一點上用心，一定會有更好的發展。另外在資料的收集上，有許多考古出土的文物，應該加以重視，還有一些資料可以更進一步的蒐集，例如賴貴三先生整理蒐集焦循的相關資料，還將焦循手批的《十三經注疏》整理出版，這種工作值得肯定與重視。揚州學者之間、以及和其他地區學者之間，來往的信札很多，這些信札上海、北京的圖書收藏單位均有收藏，上海圖書館除了收藏不少揚州學者的信札外，也收藏了許多揚州學者的稿件，例如劉家關於《左傳》研究的稿子，就藏在上海圖書館，以前曾經影印出版過，但不知道是否已將全部的稿子印出，因為不同時間的稿子不同，其中還有一些材料可以再進一步的探討。有關劉師培的研究，似乎很少人注意劉師培無政府主義的思想，事實上劉師培在一九○七年二月到日本以後，受到日本社會黨左派幸德秋水、山川均等無政府主義者的影響，六月即與其妻何班（何震）創辦了《天義報》，發表了不少有關無政府主義思想的文章，日本東京大學圖書館收藏的報紙中，即有許多這方面的資料，這類相關的問題應該可以再進一步的研究。兩岸的學術交流，能夠互相補益、互相增長進步，是非常有意義的工作，例如揚州大學的祁龍威教授在文字訓詁方面就很有研究，可以在這一方面指導相關的研究。

揚州市文化單位趙昌治先生發言：揚州文化的底蘊非常豐厚，

展現出文化的多元性，所以包容性特別強，在清代文化發展中居於
領先地位，各種文化產品多具有地域性的特色，如繪畫、玉器、花
派等，揚州學派在清代的學術地位非常重要，如果沒有揚州學派的
出現，清代學術即有缺乏「高潮」的感覺。現在研究揚州學派最重
要的是如何繼承以往輝煌的成果，如何在承繼舊文化傳統而發展開
發出新的文化生機？也就是在面對優秀文化傳統時要做什麼？應該
留給後人什麼？揚州市政府文化單位準備對揚州學派學者著作加以
整理、點校出版，並邀請學者寫作年譜、傳記、評傳等等，編寫出
一套「揚州文化叢書」，此外還成立「揚州文化研究會」，以推動
相關的研究編寫工作。著作編寫的原則是：首先放在中國文化的大
背景下作研究，注重與其他地域文化的比較研究。有關揚州學者著
作的整理點校，與編纂年譜、傳記、評傳並重；寫作的內容則專門
與普及並重；古籍的整理與收集保護並重；揚州學派的研究與其他
文化活動的研究並重。普及性的要求，主要是認為對文化的重視與
發展，不應只是少數人的責任，而是全體揚州人的責任，透過普及
性的作品，可以喚起一般民眾的重視，形成風氣，這就是需要有普
及性考慮的重要原因。

　　祁龍威教授因為自認國語不好，又為了表達交班傳承之意，因
而委由田漢雲教授代為答謝大家熱烈參與會議之雅意，並宣讀祁老
〈再一次對我校「揚州學派」研究的回顧與展望〉一文：田教授首
先說明成立「揚州文化研究中心」的用意，即在響應各地的地域文
化研究，透過地域文化特色的瞭解，對中國傳統文化的融合及整體
特色的形成，將會有更深入的認識。接著宣讀祁老之文，祁老說：
一九八八年揚州舉辦的「揚州學派」學術研討會，是揚州大學研究

清代「揚州學派」之始，會上印行的《揚州學派研究》一書，經由黎東方教授帶回臺北，開啓了兩岸「揚州學派」研究的交流；一九九九年林慶彰等六位臺灣學者到揚州考察訪問，開始了資料的交流與此次會議的催生，觀察臺灣學者的著作後，歸納其治學方法爲：其一、非常重視文字、訓詁、音韻、目錄、版本、校勘等方面的基本功夫；其二、千方百計收集並研讀原始資料；其三、廣泛比較並吸取前賢和當代人的研究成果；其四、鍥而不捨，精益求精。揚州大學一年來則進行了三項研究工作，表現在此次的會議論文中：一、以經學爲中心，論證「揚州學派」的歷史地位：乾嘉學者就研究方法言是「考據學派」，就其研究對象言則是「經書」，就其研究目的言乃是「儒家『內聖外王』的經世之學」。將經書的內容、版本等考釋清楚僅是「通經」；將經書中的原理、措施與人事相結合纔是「致用」。乾嘉學者反對的是「宋學」的「鑿空說經」、「空談性道」，先是以惠棟爲代表的「吳派」，努力恢復漢人的經訓，形成「漢學」；然後是戴震的「皖派」，講求「實事求是」，由訓詁以明孔孟之道，以別於宋人「援佛入儒」之義理；接著是焦循、阮元、淩廷堪等的「揚州學派」，將研經之成果與人事相結合，三者相繼構成乾嘉經學之主流。「揚州學派」不離「漢學」，而能糾「漢學」株守之弊；心折戴震之學而「突出人倫日用」，故非「吳派」亦非「皖派」，而爲「揚州學派」，此〈清乾嘉後期揚州三儒學術發微〉之觀點。田漢雲之文則就學術群體、治學風格等方面，確認「揚州學派」在乾嘉經學史上的地位。二、從多種學科探討乾嘉揚州學人的成就；和從各方面析論當時揚州文化發達的社會基礎：揚州學人的成就，除經學外，在小學、史學、子學、文

學、數學、地理、律呂、金石……等等均有貢獻，排除這些則無由
見揚州學者「博通」的特點。錢宗武、張其昀、單殿元、班吉慶、
趙中方、許衛平、趙葦航、郭明道等之論文，即對揚州學者的經
學、小學、方志學、地理學、校勘學等方面的學術成就加以探討；
朱宗宙、陳文和的論文，分別從鹽商經濟的繁榮、書院教育的發
達，以探討清代揚州文化盛極一時的因素。三、爲整理點校清代乾
嘉「揚州學派」著作做準備：「揚州學派」的著作，大多無點校
本，也有一些未刊著作，因此曾建議人文學院與各方面合作，整理
點校並出版「揚州學派叢書」。首先整理點校焦循遺著：⑴考訂已
刊之作：對刊行之書，進行考訂，以補正其內容和版本上的疏誤，
王永平〈書焦循〈後漢書訓纂序〉後〉一文，即成果之一。⑵發掘
未刊之作：劉建臻〈焦循《集舊文鈔》考證〉即是此類作品，另有
〈焦循《古銅鏡錄》考釋〉一文，亦將問世。經過考訂、整理、發
掘後新編成的《焦循全集》，應該會有更高的價值。最後則勉勵新
一代的揚州學者能潛心續學，繼阮元、焦循而起，再次宏揚「揚州
文化」的精神。

　　林慶彰先生最後發言：首先代表中央研究院中國文哲研究所籌
備處說明與揚州大學學術合作的緣由，以及長期研究合作的關係，
和雙方在學術研究上各自的研究重點，最後報告本處在「揚州學派
研究計劃」相關研究上的成果，以及正在進行中、或準備進行的研
究計劃，並希望與會學者共襄盛舉。

三、會後的反響

參與「海峽兩岸清代揚州學派學術研討會」討論的三十九篇論文，祁龍威教授在「閉幕式」中已經做了部分歸納分析，現在根據全部論文討論的範圍，大約可以分爲下述幾大類：㈠析論揚州學派產生的社會、經濟、教育等背景：陳文和、朱宗宙、黃俶成、王章濤等四位教授。㈡說明揚州的地理沿革：張承宗教授。㈢綜論清代學術流派的淵源、特色與發展：有戴逸、湯志鈞、王俊義、龔鵬程師、黃愛平、田漢雲等六位教授。㈣論證揚州學派與其他學人的關係：詹海雲與承載兩位教授。㈤討論揚州學派在某方面的學術成就：祁龍威、趙葦航、許衛平、劉仲華、韋明鏵等五位教授。㈥論說揚州學派中個別學者的學術成就：周昌龍、華強二位教授論戴震；劉玉國、金培懿二人論阮元；論王念孫與王引之父子者有張其昀、趙中方、班吉慶、郭明道、單殿元、楊晉龍等六人；論焦循的有張連生、黃繼林、王永平、錢宗武、劉建臻、程鋼、賴貴三、彭林等八位學者；蔣秋華論孫喬年；漆永祥論江藩等。㈦對揚州學者的批評：有林慶彰先生一文。

依據文章研究的專業加以區分，則可分爲：㈠經學：《尚書》：蔣秋華、錢宗武；《詩經》：楊晉龍；《三禮》：彭林。㈡小學：訓詁：劉玉國、張其昀、單殿元、趙中方；音韻：班吉慶。㈢詮釋學：程剛、金培懿。㈣輯佚整理：賴貴三、劉建臻。㈤校勘：郭明道。㈥諸子學：劉仲華。㈦經世致用：華強、趙葦航、王章濤。㈧義理：周昌龍。㈨學術史：祁龍威、林慶彰、龔鵬程師、戴逸、湯志鈞、王俊義、王愛平、田漢雲、詹海雲、承載、陳文和

等教授。㈩史學：漆永祥、王永平二位。㈠經濟：朱宗宙、黃俶成。㈠方志地理：張連生、黃繼林、許衛平、張承宗。㈠戲曲：韋明鏵。

　　從上述的的分類可看出此次會議論文內容的多樣性，研究者關心層面的廣袤，對揚州學派相關問題瞭解的深入，有非常大的幫助，其中以焦循或王氏父子爲研究對象的研究者最多，學術史相關的論文亦有不少，正可見學者主要關心的問題所在。賴貴三與劉建臻整理焦循未刊書稿；程剛與金培懿運用西洋詮釋學的理論，以發焦循和阮元著作之幽微；龔鵬程師指出揚州學派呈現學人向文人類化、文人階層逐漸涵融學者的藝術化境界；田漢雲確認揚州學派的形成、特徵與地位；周昌龍論證戴震的倫理道德不是離開飲食男女的「天理」，是原存於人之大欲中的情理之社會基礎；劉仲華論證揚州學者在諸子學方面的成就與影響；蔣秋華挖掘未被注意著作的價值等等，均是其中值得特別注意的研究成果。

　　大陸學者對臺灣學者相關研究成果的瞭解與繼承上，比較缺乏，因此某些臺灣學者已經有相當成果的議題。例如有關焦循編纂方志的思想和成就、論《古文尚書》孔《傳》的定位與價值、《揚州圖經》非焦循所編修諸事，實際上何澤恆老師在《焦循研究》（臺北：大安出版社，1990 年 5 月）一書中，均已有確切的研究成果，大陸學者在相關的論文中，均未能加以蒐集參考，實在可惜。這當然與兩岸長期隔絕相關，但恐怕也不能免除部分大陸學者視學術研討會爲「聯誼會」性質的觀點有關；或者是不瞭解臺灣學術研究的水準之故，這是需要加強溝通、交流之後，纔有機會改進、互相獲益的問題。

　　揚州學派的相關研究，固然已經有一些成果，但還有更多的問題需要繼續努力，例如最基本的原始文獻資料問題，誠如湯志鈞先生所言，沒有人去注意藏在日本的劉師培有關無政府主義的文獻一樣，許多文獻資料至今依舊沒有公開刊行，靜靜的躺在收藏單位，沒有得到應有的注意，像賴貴三那樣尋找挖掘文獻者，實在不多見；即使是已經出版的著作，也沒有人加以標點校勘。這類基本的問題，兩岸應該可以更爲加強合作，儘量尋找出未公開的著作，首先考明著作的內容和收藏單位，作爲有心研究者尋找資料的指引，如果可能，更要加以整理出版。文獻資料掌握得越齊全，對研究者愈有利，對揚州學派的瞭解與更進一步的深入研究，自然也更具有正面的意義。

——原載《中國文哲通訊》第 40 期（2000 年 12 月），頁 237－303

國家圖書館出版品預行編目資料

清代揚州學術研究

祁龍威，林慶彰主編.— 初版.— 臺北市：臺灣學生，
2001[民 90]
冊；公分
ISBN 957-15-1075-0 (一套：精裝)
ISBN 957-15-1076-9 (一套：平裝)

1.學術思想 — 中國 — 清(1644—1912) — 論文，講詞等

112.707   90005523

清代揚州學術研究(全二冊)

主　編　者：祁　龍　威　、　林　慶　彰
編　　　輯：黃　　　　智　　　　明
出　版　者：臺　灣　學　生　書　局
發　行　人：孫　　　善　　　治
發　行　所：臺　灣　學　生　書　局
　　　　　　臺北市和平東路一段一九八號
　　　　　　郵政劃撥帳號０００２４６６８號
　　　　　　電　話：(０２)２３６３４１５６
　　　　　　傳　真：(０２)２３６３６３３４
本書局登
記證字號　：行政院新聞局局版北市業字第玖捌壹號
印　刷　所：宏　輝　彩　色　印　刷　公　司
　　　　　　中和市永和路三六三巷四二號
　　　　　　電　話：(０２)２２２６８８５３

定價：精裝新臺幣九四○元
　　　平裝新臺幣八○○元

西　元　二　○　○　一　年　四　月　初　版

有著作權·侵害必究
ISBN 957-15-1075-0 (精裝)
ISBN 957-15-1076-9 (平裝)